À QUI LA FORTUNE SOURIT

À qui la fortune sourit

LA BANQUE DE MONTRÉAL
ET L'ESSOR FINANCIER DE
L'AMÉRIQUE DU NORD

Volume 1 : Un dominion et des capitaux,
1817-1945

LAURENCE B. MUSSIO

Avant-propos de Niall Ferguson

Traduit de l'anglais sous la direction de Michel Buttiens
avec la collaboration de Daniel Mainville

McGill-Queen's University Press
Montreal & Kingston | London | Chicago

ISBN 978-0-2280-0070-9 (relié toile)
ISBN 978-0-2280-0071-6 (ePDF)

Dépôt légal, premier trimestre 2020
Bibliothèque nationale du Québec

Imprimé au Canada sur papier non acide

Funded by the Government of Canada | Financé par le gouvernement du Canada | Canada
Canada Council for the Arts | Conseil des arts du Canada

Nous remercions le Conseil des arts du Canada de son soutien.

Catalogage avant publication de Bibliothèque et Archives Canada

Titre : À qui la fortune sourit : la Banque de Montréal et l'essor financier de l'Amérique du Nord / Laurence B. Mussio; avant-propos de Niall Ferguson; traduit de l'anglais sous la direction de Michel Buttiens avec la collaboration de Daniel Mainville.

Autres titres : Whom fortune favours. Français | Un dominion et des capitaux, 1817-1945. | Domaines en mutation, 1946-2017.

Noms : Mussio, Laurence B, auteur. | Mussio, Laurence B. Dominion of capital, 1817-1945. Français | Mussio, Laurence B. Territories of transformation, 1946-2017. Français

Description : Traduction de Whom fortune favours. | Comprend des références bibliographiques et un index. | Sommaire : volume I. Un dominion et des capitaux, 1817-1945 – volume II. Domaines en mutation, 1946-2017.

Identifiants : Canadiana (livre imprimé) 20190230371 | Canadiana (livre numérique) 20190230452 | ISBN 9780228000709 (ensemble; couverture rigide) | ISBN 9780228000716 (ensemble; PDF)

Vedettes-matière : RVM : Banque de Montréal—Histoire. | RVM : Banques—Canada—Histoire.

Classification : LCC HG2708.M63 M8814 2020 | CDD 332.1/20971—dc23

Composé en 11/14 Sina Nova par Sayre Street Books
Dessin et mise en page par Garet Markvoort, zijn digital

Cet ouvrage est dédié aux quatre dirigeants passés et actuels
de la Banque de Montréal toujours en vie :

W. Darryl White
William A. Downe
F. Anthony Comper
Matthew W. Barrett

Qui, chacun en leur temps,
se sont vu conférer le fardeau et le privilège
d'hériter d'un passé remarquable,
de réagir face aux immenses défis et aux grandes occasions du présent,
et de renouveler leur institution en fonction de l'avenir.

TABLE DES MATIÈRES

VOLUME I : UN DOMINION ET DES CAPITAUX, 1817-1945

NOTE À L'INTENTION DES LECTEURS

Darryl White
Chef de la direction, BMO Groupe financier

Être le sujet d'un ouvrage d'histoire universitaire est un peu comme entendre un enregistrement de sa voix pour la première fois, ou se voir en photo : on est habituellement surpris – est-ce bien moi qui parle? – et comme la caméra ne ment pas, on acquiert une nouvelle perspective.

Pour ceux d'entre nous qui ont eu l'honneur de travailler pour la Banque de Montréal, il est fort probable que la lecture d'*À qui la fortune sourit* produise le même effet. L'histoire complète et définitive rédigée par Laurence Mussio pose un regard neuf sur l'institution que nous connaissons et que nous aimons, et sur les générations de banquiers qui en ont fait ce qu'elle est aujourd'hui.

J'ai le privilège d'être le premier chef de la direction du troisième siècle d'existence de BMO. Mon mandat a débuté à la veille des célébrations du bicentenaire de la Banque, le 3 novembre 2017. Ainsi, il va de soi que les pages qui suivent racontent l'histoire des dirigeants qui m'ont précédé.

Deux d'entre eux – mes amis Bill Downe et Tony Comper – sont à l'origine du projet. C'est Tony qui s'est d'abord tourné vers Laurence pour qu'il enregistre l'histoire orale de la Banque en s'entretenant avec ses principaux dirigeants, puis Bill, qui l'a invité à écrire le livre. Il l'a fait à la condition que Laurence aborde le projet avec la discipline de l'historien et qu'il jouisse de l'indépendance et de la liberté nécessaires pour réaliser une analyse rigoureuse de la Banque, digne d'être revue par ses pairs.

Notre intérêt et notre volonté de participer au projet découlent de la conviction qu'un examen critique de soi permet d'éclairer les gestes que nous poserons dans l'avenir. La nouvelle génération de banquiers doit apprendre de l'expérience des générations antérieures.

L'ouvrage remplit ces deux conditions – et va même plus loin.

Si elles reposent en partie sur des dossiers originaux tirés des Archives de BMO, inaccessibles aux chercheurs de l'extérieur, les minutieuses recherches menées par Laurence dépassent largement les documents d'archives de la Banque. *À qui la fortune sourit* relate non seulement la croissance de BMO au fil du temps, mais aussi son rôle dans l'évolution de l'économie canadienne et celle des services financiers à l'échelle mondiale. Les décideurs d'aujourd'hui constateront rapidement des ressemblances avec les enjeux auxquels leurs prédécesseurs ont été confrontés; les forces motrices qui nous animent en 2020 – l'adaptation aux changements technologiques, la croissance à travers les cycles économiques, le service à la clientèle et la lutte à la concurrence – étaient, à bien des égards, déjà à l'œuvre en 1817.

Une autre constante se dégage de notre histoire : ce sont les valeurs partagées par dix générations de banquiers de BMO et qui ont orienté leurs actions. Nous les nommons aujourd'hui l'intégrité, l'empathie, la diversité et la responsabilité, mais peu importe les termes employés pour les définir, elles nous motivent à aider les entreprises et les particuliers à réussir et, par le fait même, à rendre notre nation et notre société plus prospères et déterminées. Ou, comme Laurence l'écrit, « il existe une manière BMO, une personnalité BMO, une solidarité, une façon d'aborder les gens et les projets, une réputation bien méritée de soutenir ses clients et de savoir traverser les épreuves ensemble ».

Je recommande cet ouvrage à tous ceux qui veulent comprendre comment les organisations s'épanouissent et évoluent avec le temps, ou qui cherchent une nouvelle perspective sur les forces économiques en cause dans la création du Canada, ou qui souhaitent simplement en apprendre plus sur le secteur des services financiers – et à tous ceux qui aiment une bonne histoire, bien racontée, car Laurence possède un formidable talent de conteur. Plus particulièrement, je le recommande à mes collègues de la Banque de Montréal qui sont, comme moi, fiers de faire partie de la première banque du Canada et qui ont maintenant l'occasion de mieux la connaître.

Je suis persuadé que vous prendrez plaisir à lire cette histoire de notre Banque, qui dépeint avec soin les épreuves et les triomphes de ceux qui nous ont précédés. Et qu'en est-il de la génération de banquiers au service des clients de BMO en 2020?

Nous ne faisons que commencer.

AVANT-PROPOS

Niall Ferguson

D'habitude, les livres qui parlent de banquiers sont moins populaires auprès des lecteurs que ceux qui présentent des rois, des reines, des empereurs, des généraux, des présidents et des princesses. C'est dommage, car, pour la plupart, nous avons beaucoup plus souvent affaire au système financier qu'à l'appareil politique. Nos visites au guichet automatique sont plus fréquentes que nos présences dans l'isoloir. Ceux d'entre nous qui sont d'un naturel prudent consultent aussi attentivement leur relevé bancaire que la une des quotidiens. L'ignorance de l'aspect financier de l'histoire revient donc à ignorer un élément indispensable de la vie économique moderne.

À bien des égards, les États-Unis et le Canada se ressemblent. Il faudra un certain temps à la Britannique moyenne qui débarque à Toronto ou à Vancouver pour s'apercevoir qu'elle ne se trouve en réalité ni à Chicago ni à Seattle. Pour les Européens, l'accent nord-américain est partout le même. Lors de ma première visite au Canada dans les années 1970, alors que j'étais encore un petit garçon, j'ai été frappé de voir à quel point le pays ressemblait davantage au luxe criard des États-Unis véhiculé par la télévision qu'au côté sombre de la vieille Écosse.

Pourtant, en dépit de cette ressemblance superficielle, le Canada et les États-Unis sont bien différents sous de nombreux aspects fondamentaux; c'est peut-être dans leurs systèmes financiers que la différence est la plus marquée. La lecture de l'histoire de la Banque de Montréal, fruit du travail de recherche extrêmement consciencieux et perspicace de Laurence B. Mussio, permet de mesurer toute la profondeur de cette différence. Certes, la Banque de Montréal est aujourd'hui une banque nord-américaine – et compte parmi les dix plus grandes. Pendant un siècle et demi, elle ressemblait toutefois beaucoup plus à une banque britannique – écossaise en fait.

Lors de la publication des statuts constitutifs de la Banque de Montréal le 19 mai 1817, il s'était écoulé moins de deux ans depuis la défaite de Napoléon à Waterloo. Cinq ans plus tôt seulement, l'armée états-unienne avait déclenché une vaine invasion de ce qu'il restait des colonies nord-américaines de la Grande-Bretagne. Depuis les années 1770, la population du futur Canada bénéficiait d'un puissant afflux de loyalistes – jusqu'à un demi-million de personnes qui avaient choisi de demeurer fidèles à la Couronne en quittant les treize colonies rebelles pour émigrer vers le nord.

La surreprésentation des Écossais dans l'Empire britannique était manifeste. À la fin du dix-neuvième siècle, près des trois quarts de la population de la Grande-Bretagne vivaient en Angleterre, comparativement à un dixième en Écosse et un autre dixième en Irlande. Au sein de l'Empire, cependant, les Anglais représentaient à peine la moitié des colons. La population de Canadiens de naissance britannique était constituée de vingt et un pour cent d'Écossais et d'une proportion semblable d'Irlandais. Parallèlement à cela, parmi les neuf fondateurs de la Banque de Montréal, on comptait un Québécois, Augustin (Austin) Cuvillier, et un homme originaire du Massachusetts, Horatio Gates. Mais ils étaient pour la plupart Écossais. John Richardson s'est manifestement inspiré de la First Bank of the United States d'Alexander Hamilton, lui-même à moitié Écossais, pour structurer la Banque de Montréal. Les autres fondateurs comprenaient le presbytérien George Garden et Peter McGill, « sans doute l'Écossais le plus populaire de Montréal ». Thomas B. Anderson, le successeur de McGill au poste de président, est né à Édimbourg en 1796. Quant à John Redpath, qui a été vice-président de la Banque de 1860 à 1869, il a vu le jour à Earlston dans le Berwickshire la même année.

À la fin du dix-neuvième siècle également, la Banque de Montréal était, à bien des égards, une institution gérée par des expatriés écossais. David Torrance était originaire des « basses terres » d'Écosse. George Stephen est né dans le Banffshire. Richard Bladworth Angus provenait de Bathgate. Sir George Alexander Drummond a vu le jour à Édimbourg. Le plus connu d'entre eux était Donald Alexander Smith, 1er Baron Strathcona et Mount Royal, qui naquit à Forres sur la côte de Moray en 1820. Il n'est donc pas surprenant que l'édifice qui abrita le siège social de la Banque à partir de 1848 était une quasi-réplique néoclassique du bureau principal de la Commercial Bank of Scotland à Édimbourg.

Il n'y avait rien là d'inhabituel. Dans une mesure que l'on a encore tendance à sous-estimer, c'est un réseau de professionnels écossais qui était l'âme de l'Empire britannique, pourtant parfois décrit comme une hiérarchie anglaise complexe ayant à son sommet la reine-impératrice Victoria : non seulement des banquiers, mais aussi des ingénieurs, des physiciens, des enseignants et des ecclésiastiques.

Cette influence écossaise marquée explique en partie non seulement l'architecture de la Banque de Montréal, mais aussi la grande différence dans la réglementation financière entre le Canada et les États-Unis. Comme l'explique Laurence Mussio :

> Fondée sur un modèle britannique d'origine écossaise, cette approche est favorisée en 1860 par Alexander Tilloch Galt, homme d'affaires anglo-canadien bien connu, alors ministre des Finances, qui souhaite implanter un tel système dans tout le pays « en établissant un réseau de succursales issues des banques existantes plutôt que voir apparaître de nouvelles institutions bancaires ». Sa proposition contraste fortement avec le modèle choisi par les États-Unis, lequel est formé de « banques individuelles » qui relèvent du gouvernement fédéral ou de celui des États. D'ailleurs, ce pays abandonne complètement le système de succursales bancaires avec l'adoption de la *National Banking Act* de 1864. Dès lors, chaque État vote les lois qui régissent les banques non constituées selon une charte fédérale.

Le système très différent qu'ont connu les États-Unis a entraîné la formation de centaines – on en comptait 849 en 1839 – puis de milliers de banques. Par opposition (comme ce fut également le cas en Écosse), au Canada apparurent de grandes banques peu nombreuses. Au dix-neuvième siècle, la rivalité entre la Banque de Montréal et la Banque Royale du Canada eut son équivalent entre la Bank of Scotland et la Royal Bank of Scotland. En 1856, la Banque de Montréal comptait vingt et une succursales et trois sous-agences, alors qu'aux États-Unis, il aurait fallu compter vingt-quatre établissements distincts.

Vu la proximité des États-Unis et l'inexorable croissance de son interaction économique avec ces derniers, le Canada s'est exposé aux nombreuses crises financières – des « paniques » – qui ont caractérisé le système décentralisé des É.-U., principalement celles de 1837, 1857 et 1907. Par contre, étant donné la poursuite de son intégration dans l'Empire, les crises britanniques eurent aussi leurs répercussions au Canada, celles de 1847-1848 et 1878, en particulier.

Néanmoins, c'est dans la gestion et le développement de l'économie canadienne que la Banque de Montréal se signala principalement depuis sa création jusque dans les années 1930. Elle était, nous dit Mussio, « la coordonnatrice en chef des banques à charte canadiennes avant la création de la Banque du Canada ». Elle fut aussi le fer de lance du financement de grands projets comme le canal de Lachine (1821), la Magnetic Telegraph Company, qui construisit la première ligne télégraphique entre Montréal et Toronto en 1847, et le chemin de fer du Canadien Pacifique. En dépit de toute la place que conservait Londres dans l'existence des hauts dirigeants de la Banque, à la suite de l'arrivée d'un gouvernement responsable en 1849 et de la Confédération en 1867, à la fin du dix-neuvième siècle, elle était principalement devenue une entité canadienne plutôt qu'impériale britannique.

Était-ce vraiment le cas? En 1912, la Banque de Montréal comptait 167 bureaux dans tout le Canada. Mais elle avait aussi « des succursales en Grande-Bretagne, aux États-Unis et au Mexique, de même que des succursales affiliées dans des grandes villes de l'Asie, de l'Europe, de l'Australie, de la Nouvelle-Zélande, de l'Argentine, de la Bolivie, du Brésil, du Chili, du Pérou et de la Guyane britannique ». Entre 1870 et 1947, des décisions essentielles concernant le placement de prêts du gouvernement et des entreprises du Dominion dans la ville de Londres furent prises sur place par le comité directeur de Londres de la Banque, placé pendant de nombreuses années sous la direction de sir John Rose.

Avec l'avènement de la « guerre mondiale » – les deux grands conflits qui menacèrent l'existence même de l'Empire britannique entre 1914 et 1945 – le caractère fondamentalement britannique de la Banque de Montréal fut réaffirmé avec vigueur. Tandis que les Américains pouvaient se contenter d'un rôle de spectateurs – jusqu'en 1917 – les Canadiens combattirent aux côtés des Britanniques dès le début de la Première Guerre mondiale, et les directeurs de succursales et les employés de banque ne bénéficiaient d'aucune exemption. On commémora ceux qui « ont fait le dernier grand sacrifice pour la cause de la liberté et de la civilisation » en édifiant une statue en bronze de neuf pieds de haut (2,70 m), réalisée par le sculpteur américain James Earl Fraser, qui fut placée à l'extérieur de la succursale bancaire de Winnipeg en décembre 1923. La Banque elle-même était profondément immergée dans les finances d'après-guerre du Dominion, un rôle plus patriotique que rentable cependant.

Pourtant, le centre de gravité financier du monde était en train de se déplacer de Londres à New York. Bien que les États-Unis gardèrent leur neutralité jusqu'en 1917, Wall Street prêta assistance à ce qu'on appela les puissances de l'Entente dès le début de la guerre. La Banque de Montréal résista à l'attraction d'un voisin du sud soudain devenu beaucoup plus puissant. Pour la génération de sir Charles Blair Gordon, le système canadien demeurait manifestement supérieur au système américain. À dire vrai, il n'était pas parfait, et la faillite de la Home Bank en 1923 en fut la preuve. Mais les Canadiens n'avaient pas tort de prétendre qu'avec leur système beaucoup plus concentré, ils n'avaient nul besoin d'une banque centrale publique comme la

Réserve fédérale (la Fed). Pendant longtemps, les historiens ont été d'accord pour dire que la gestion des suites du krach de 1929 par la Fed, qui maintint les politiques d'austérité à l'origine de la faillite de près de cinq mille banques américaines, fut désastreuse. Le Canada, n'avait pas de banque centrale et il ne connut aucune faillite bancaire pendant la Crise en dépit du fait que l'ampleur de la catastrophe macroéconomique était essentiellement la même que celle qui avait frappé les États-Unis.

Le problème était que cet argument impressionnait de moins en moins une nouvelle génération de politiciens canadiens, qui voyaient d'un œil suspicieux l'oligopole des grandes banques qui dominaient le système financier de leur pays. William Lyon Mackenzie King, alors premier ministre, fit observer qu'il « ne semblait y avoir aucun désir de les voir [la Banque de Montréal] monopoliser les affaires gouvernementales ». Aux yeux d'un Ontarien, il y avait de bonnes raisons de se méfier des « intérêts montréalais ». En dépit de l'opposition soutenue de la haute direction de la Banque de Montréal, la Banque du Canada vit le jour en 1935. Il s'agissait toutefois d'une copie de la Banque d'Angleterre, et non de la Fed.

C'est toutefois l'aspect commercial plutôt que politique qui justifiait le mieux la remise en question du duopole Banque de Montréal–Banque Royale. En fait, comme le démontre Mussio, dans les années 1940, leur longue prédominance avait donné lieu à une culture malsaine. À un moment ou l'autre, toutes les entreprises prospères atteignent le stade de la bureaucratie, surtout celles qui, comme la Banque de Montréal, ont une structure hiérarchique centralisant la prise de décision au siège social et traitant les employés des succursales à peu près comme des fonctionnaires. Il arrive cependant un moment auquel les coûts l'emportent sur les avantages d'une organisation rationnelle. Pour citer Mussio, en raison de sa « structure hiérarchique, de sa taille [...] et de la nécessité d'un ordre fondé sur la réglementation, la Banque a pris une tangente vers une approche et une perspective conservatrices dans la conduite de ses affaires autant que dans le fonctionnement de son organisation. Souvent, dans son approche des personnes et des ressources, la Banque a aussi ressemblé à une organisation militaire. » Comme l'a exprimé un haut dirigeant de la période d'après-guerre, « On fait son temps, puis on gravit les échelons ». Ajoutons à cela la culture des clubs de l'époque – surtout les longs déjeuners bien arrosés – et on voit à quel point la Banque s'était éloignée du génie dur et dynamique de ses fondateurs écossais. Les conséquences commerciales en étaient prévisibles. Utilisant un euphémisme tellement caractéristique de l'ancienne classe de dirigeants, le conseiller économique de la Banque W. T. G. Hackett fit une synthèse polie du problème en ces termes : « une prépondérance de gros comptes et peu d'emprunts ont tendance à avoir un effet néfaste sur la production d'intérêts ».

À la traîne par rapport à de nouveaux concurrents, la Banque de Montréal était mal préparée à faire face à la combinaison des chocs, dévastateurs pour elle dans les années 1970, de la stagflation, de la nouvelle technologie de l'information et de la forte concurrence américaine. Pourtant, il s'avéra qu'il y avait une façon de s'en sortir. Ce n'est pas tant grâce aux conseils des consultants de McKinsey qu'au leadership virulent de William David Mulholland Jr que la Banque de Montréal finit par y parvenir. Originaire d'Albany, dans l'État de New York, héros de guerre de l'armée américaine et diplômé de Harvard et de la Harvard Business School, Mulholland entreprit une thérapie choc depuis longtemps nécessaire. « C'est une banque », déclara-t-il à son équipe de direction endormie alors qu'il était occupé à se débarrasser du bois mort. « Pas un club social. »

Mussio appelle Mulholland un « sauveur providentiel ». Tout le monde ne vit pas en lui le messie cuirassé de la Banque. En 1989, il était « entré dans la légende pour les humiliations publiques qu'il a fait subir aux cadres les plus gradés ». Ses incursions outre-mer au Brésil, au Mexique et dans les Antilles se soldèrent généralement par des échecs. Pourtant, Mulholland transforma la Banque de Montréal. Ses subordonnés ne tardèrent pas à adopter son éthique de travail, car ceux qui refusaient de travailler comme lui des journées exténuantes ne firent pas long feu. Il comprit très clairement que la mise en valeur des ressources naturelles canadiennes – principalement dans le secteur énergétique – constituait la meilleure façon de se sortir du malaise économique. Il saisit aussi qu'il était préférable pour la Banque de Montréal de s'immiscer aux États-Unis que de s'inquiéter de devoir garder les banques américaines hors du Canada, d'où l'acquisition de la Harris Bank of Chicago en 1984, qui marqua le début d'une expansion longue et profitable dans le *Midwest*.

Dans un avant-propos, il n'est pas de bon ton de divulguer le contenu de l'ouvrage. Qu'il suffise de dire que la « grande régénération » des années 1990 de la Banque – en dépit du lancement par trop ambitieux des services bancaires en ligne et de l'échec de la fusion avec la Banque Royale – constitue une étude de cas en matière de survie et de renouveau dans une ère qui vit la disparition de nombreuses institutions bancaires vénérables des deux côtés de l'Atlantique. Les lecteurs gagneront aussi une plus grande considération pour la compétence avec laquelle le chef de la direction Bill Downe a tenu la barre pendant la tempête de la crise financière mondiale, qui a donné de nouvelles preuves de la résilience du système financier canadien.

De nos jours, la Banque de Montréal est la quatrième banque canadienne sur le plan de la capitalisation boursière et la dixième en Amérique du Nord. Mais c'est l'une des très rares banques parmi les quarante premières au monde à avoir célébré son 200e anniversaire. Les bicentenaires ne sont pas légion dans l'histoire financière. Souvent, les sociétés qui y parviennent sont des banques qui se sont distinguées par leur détermination à tirer des leçons de l'histoire financière, à laquelle elles ont par ailleurs contribué. Au moment à peu près où la Banque de Montréal fêtait son bicentenaire, un journaliste a demandé à Bill Downe quel genre de conversations il avait avec son successeur, Darryl White. « La conversation que nous avons actuellement, répondit-il, porte sur l'importance de l'histoire, car il y a des analogies dont on peut tenir compte. »

C'est dans cet esprit que Laurence Mussio a rédigé cette histoire exemplaire de la Banque de Montréal. De fait, l'histoire a son importance – et il s'avère que celle des institutions financières canadiennes en a beaucoup plus que la plupart des gens le croient.

Niall Ferguson
Stanford (United States of America)
Septembre 2019

REMERCIEMENTS

Il y a trois ans, j'ai eu le privilège de remercier les personnes qui m'avaient aidé à publier *Un destin plus grand que soi : L'histoire de la Banque de Montréal de 1817 à 2017*. Aujourd'hui, j'ai l'honneur d'adresser de nouveau des remerciements, cette fois-ci pour l'ouvrage que vous avez entre les mains.

À qui la fortune sourit : La Banque de Montréal et l'essor financier de l'Amérique du Nord s'est révélé une entreprise complexe, gigantesque et qui a monopolisé toute mon attention. La longue expérience de la Banque est au centre de la plupart de mes réflexions et conversations sur le plan professionnel depuis près d'une décennie. La difficulté consistait à produire une œuvre à la mesure du rôle unique en son genre de BMO dans la vie économique et financière du Canada et de l'Amérique du Nord. Pourtant, si, au bout du compte, l'historien se retrouve seul avec ses réflexions, ses jugements, son analyse et ses preuves, ils sont nombreux ceux et celles qui partagent le fardeau et, par conséquent, la réalisation du travail. Dans un certain sens, pour emprunter une expression de Niall Ferguson, si les réseaux n'ont pas rendu ce livre possible (cet honneur revient à William A. Downe), ils ont certes permis d'en enrichir énormément le contenu et de l'avoir rendu beaucoup plus agréable à écrire. S'il vous était possible de voir le réseau à la base de sa rédaction – les centaines et les centaines de contacts qui ont éclairé la voie de sa réalisation – vous seriez témoin d'une somme de contacts remarquable et, à certains égards, étonnante. Ce réseau comprendrait de nombreux hauts dirigeants, administrateurs et directeurs de banques. Cent cinquante de ces contacts, reliés au passé de BMO, ont été interviewés, constituant ainsi les principaux nœuds de ce réseau. De nombreuses lignes seraient aussi tracées entre des collègues, des chercheurs et des amis travaillant dans le domaine et la chambre des machines du projet, où ont été rassemblés des idées et des cadres conceptuels couvrant une période deux cents ans de l'histoire de l'Atlantique Nord. Parmi les autres contacts, on peut noter ceux qui ont travaillé en étroite collaboration avec moi pour m'aider à rassembler et trier des centaines de milliers de documents. D'autres nœuds sont constitués de nombreux contacts personnels et professionnels, des gens qui m'ont donné des conseils stratégiques et pratiques sur la navigation dans des dédales de structures bureaucratiques. Certains nœuds sont très locaux, tandis que d'autres sont nationaux et dépassent largement la région de l'Atlantique Nord. Les réseaux informels, ceux qui sont constitués d'amis proches et de parents, ont eu une plus grande influence sur la fabrication de ce livre que ne pourrait le laisser croire le sujet abordé. Prise dans son ensemble, l'architecture du réseau à la base de cet ouvrage a formé une entité remarquablement productive et résiliente, fondée à la fois sur une idée et une passion. C'est la conviction de la pertinence d'analyser et de faire connaître la longue expérience d'institutions comme la Banque de Montréal qui était l'idée de base. Pour beaucoup de personnes au sein de BMO, la passion qui a servi de catalyseur à leur participation trouve son origine dans leur position unique dans l'histoire financière d'un pays et d'un continent. Elle a aussi été motivée par l'impatience d'écrire le chapitre suivant de cette histoire au vingt et unième siècle.

Un des sommets de ma carrière professionnelle a été de retrouver mon travail au centre de ce réseau fonctionnel. Jamais je n'aurais pu imaginer il y a quelques années seulement le potentiel qu'aurait ce projet de créer non seulement une histoire (d'autres l'ont fait avant moi) mais aussi un réseau de personnes au sein de la Banque et en dehors qui se sont rassemblées autour de l'idée de la pertinence de bien cerner le contexte historique de nos jours. La Long Run Initiative (LRI), un organisme international que j'ai fondé en 2018 avec Michael Aldous et John Turner à Queen's University, à Belfast, est l'une des nombreuses initiatives, tant au sein de la Banque de Montréal que dans le monde extérieur, capable de retracer, en partie à tout le moins, la genèse du désir de tirer parti des bienfaits de la rétrospective pour surmonter les difficultés du monde moderne. Bill Downe, Kevin G. Lynch et Mona Malone, qui sont tous des gouverneurs de la LRI, sont la personnification de l'engagement individuel envers cette idée.

J'aimerais pouvoir remercier davantage de personnes que l'espace disponible le permet. Mes premiers remerciements vont à William A. Downe, qui a parrainé cet ouvrage et en a prédit l'utilité. La différence entre Bill et moi est que, alors que nous sommes tous deux férus d'histoire, lui en est également un acteur. Miada Neklawi a été la haute dirigeante responsable des aspects administratifs et financiers du projet, tâche qu'on ne saurait sous-estimer. Brian J. Smith a été choisi pour diriger un comité de révision et s'occuper des nombreux détails administratifs menant à la publication, avec l'aide de Ron Taylor. David J. Montgomery, Maurice Hudon, Peter E. Scott et Yolaine Toussaint ont révisé les premières ébauches. Le Comité des arts et des archives de la Banque, d'abord placé sous la présidence d'Anthony Comper, puis sous celle de Catherine Roche, a été d'un grand soutien tout au long de ce projet. Mes remerciements les plus sincères à vous tous.

Il m'aurait tout simplement été impossible de rédiger cet ouvrage sans le soutien essentiel du service des Archives de la Banque de Montréal. Je tiens tout particulièrement à rendre hommage à Yolaine Toussaint, aujourd'hui ancienne archiviste, à Shawna Satz, archiviste en chef adjointe et à Shannon Mooney, archiviste adjointe. Je les considère comme mes compagnons d'armes! Je tiens aussi à remercier John D. Stoneman de son amitié et de sa remarquable détermination à voir réussir ce projet, ainsi que de son superbe travail d'intendance. Rick Kuwayti a servi de caisse de résonance en plus de donner de nombreux avis perspicaces sur l'état passé et actuel de la Banque au service de laquelle il a investi avec grande distinction une créativité exceptionnelle. Mes remerciements vont aussi à mon plus vieil ami, Mark B. P. Ryan, qui a accueilli mes fréquentes mises à jour sur la progression du travail avec un intérêt véritable et une grande patience.

J'ai eu le privilège de pouvoir compter sur de remarquables assistants de recherche pour ce projet : la première, Brittany Gataveckas, Ph. D., a contribué à jeter les bases d'un immense projet. Son successeur, Tim Müller, Ph. D., a travaillé autant sur *Un destin plus grand que soi* que sur *À qui la fortune sourit*. Tim et moi avons collaboré de manière très étroite presque chaque jour pendant cinq ans environ. Bien qu'il ait quitté le navire bien longtemps avant la finalisation du présent ouvrage, il est difficile d'imaginer sa publication sans lui. En revanche, j'espère que Tim Müller estime que sa participation à ce projet a constitué un apprentissage unique en son genre. Ruud Huyskamp, Ph. D., un jeune historien exceptionnel, a apporté ses compétences de professionnel, d'érudit et de diplomate au projet au cours des dernières années pour le mener à bon terme.

Cet ouvrage est mon cinquième publié par McGill-Queen's University Press, tous sous la houlette créative de son directeur administratif Philip J. Cercone. Il y a près d'un quart de siècle que Philip et moi sommes amis et cela a été toute une aventure. C'est grâce à son leadership que MQUP est une véritable institution littéraire canadienne; longue vie à MQUP. Je tiens également à remercier mes réviseurs, Curtis Fahey et Eleanor Gasparik, les pairs réviseurs anonymes de cet ouvrage, ainsi que toutes les personnes à McGill-Queen's qui ont travaillé pour assurer la réussite de ce très gros livre. Mes remerciements également au responsable de la traduction de cet ouvrage en français, Michel Buttiens.

Je tiens aussi à adresser mes sincères remerciements à Darryl White, président-directeur général de Groupe financier BMO, pour les aimables propos qui paraissent au début de cet ouvrage. Darryl partage la passion de son prédécesseur envers les bienfaits de la rétrospective, surtout en cette ère de perturbation. Tous mes remerciements aussi à Niall Ferguson pour le remarquable avant-propos qu'il a écrit. J'ai de l'admiration pour ces deux êtres extraordinaires en raison de leur courage, de leur dynamisme et de leur passion à servir le vaste univers de manières différentes mais marquantes. Chacun d'entre eux suscite l'inspiration. C'est un honneur que je chérirai toujours que d'avoir vu ces deux amis jouer un rôle notable dans la publication de cet ouvrage.

Derrière chaque auteur qui parvient à mener à bien un projet aussi gigantesque se cache souvent un conjoint surpris et sans doute soulagé! À Flavia, ma merveilleuse et ingénieuse épouse, ma partenaire dans la vie et ma plus grande critique, je tiens à dire merci. Flavia est férue de grammaire et d'orthographe et en respecte les normes sans compromis : si elle est satisfaite de mon travail, je sais que j'aurai au moins la chance de mériter les faveurs des sceptiques avertis.

La confection de *À qui la fortune sourit* a signifié de nombreuses choses. Interpréter au profit de la génération actuelle une institution canadienne fondatrice a constitué un remarquable privilège. Ça a été une joyeuse expérience, même dans les moments les plus solidaires, grâce à la foi et au soutien qu'ont exprimés amis et partisans. Et cela a été une leçon d'humilité que de m'apercevoir qu'on ne peut accomplir de grandes choses seul.

À notre époque de réflexion à court terme, alors que la valeur de l'expérience et de l'analyse à long terme est remise en question mais qu'on n'en a jamais autant eu besoin, cet ouvrage est en quelque sorte contradictoire en ce qu'il nous pousse au devoir de mémoire, à la réflexion et à la réaction face au passé, au présent et à l'avenir de l'institution nord-américaine singulière et particulière qu'est la Banque de Montréal.

Laurence B. Mussio (Ph. D.)
Toronto (Canada)
Septembre 2019

TABLEAUX ET FIGURES

Tableaux

Figures

INTRODUCTION GÉNÉRALE

Il peut se révéler difficile et pénible de tâcher d'appréhender une chose aussi évasive que l'expérience historique. Pour réaliser une synthèse fidèle de n'importe quelle expérience, il faut à la fois de la mémoire et de la réflexion, des preuves et de l'analyse. C'est le temps et la distance qui confèrent la perspective, atténuant les passions et les contradictions momentanées pour permettre l'émergence d'une forme d'organisation. De nouvelles indications apparaissent. Et pourtant, le temps et la distance peuvent aussi affaiblir les réalités du passé. On perd l'évidence; les éléments de preuve se dispersent; les exigences de l'instant présent imposent leur empreinte sur de nouvelles interprétations.

Le temps rythme l'existence des individus; c'est aussi vrai pour les institutions. De nos jours, tout le monde manque de temps; c'est aussi vrai pour la plupart des institutions. Du point de vue de l'historien, les existences définies par le temps facilitent la tâche de cristallisation de l'expérience. Le temps façonne la trame de l'histoire. Il y a un début, un milieu et une fin. Par contraste, les institutions qui parviennent à survivre présentent un immense défi historique tout en offrant une excellente occasion de comprendre pour quelle raison les organisations qui connaissent du succès non seulement parviennent à survivre, mais aussi à s'adapter, croître et connaître la prospérité.

Dans la région de l'Atlantique Nord, les rares institutions privées et sociétés commerciales qui ont survécu pendant deux siècles constituent un club très restreint. Plus rares encore sont les entreprises qui ont maintenu leur prééminence en dépit de transformations, d'innovations et d'adaptations continues. Au Canada, très peu d'entreprises peuvent se vanter d'avoir cette longévité :

on peut penser à la Compagnie de la Baie d'Hudson (fondée en 1670) et à Molson (1786), pourtant toutes deux détenues en tout ou en partie par des intérêts états-uniens. À cet égard, la fortune a souri à une institution canadienne en particulier : la Banque de Montréal (BMO)[1]. Fondée en 1817, la Banque de Montréal a été la première banque du Canada et elle constitue le sujet de notre histoire. Plus de deux cents ans d'activité ininterrompue constituent une remarquable réalisation à l'échelle canadienne. De nos jours, BMO est la huitième institution financière de par son actif en Amérique du Nord[2].

La Banque au fil du temps

Il est extrêmement difficile d'appréhender l'expérience d'une institution possédant des racines aussi profondes dans l'histoire du Canada que la Banque de Montréal. Ces racines plongent en effet dans l'ensemble du continent et deux siècles en arrière, soit un demi-siècle avant que le Canada devienne une nation ou, en fait, avant que les principaux États-nations européens voient le jour. Pour des institutions financières en particulier, cette persistance au-delà des siècles peut être le fruit de la capacité d'adaptation, d'une stratégie en évolution et de la faculté de se renouveler. Connaître la prospérité au fil du temps représente aussi une prime à la capacité de répondre à la dynamique de la complexité, du risque et de l'incertitude.

On ne peut que souligner et admirer cette capacité d'intégrer le cycle de la réaction, de la régénération et du renouvellement, une génération après l'autre, entre le lendemain de l'ère napoléonienne au début du dix-neuvième siècle et l'époque contemporaine à forte saveur technologique du vingt-et-unième siècle. Même en appuyant sur la touche d'avance rapide, les deux cents dernières années constituent une revue des actualités saccadée de proportions gigantesques – comprenant la formation et le déclin d'empires, l'émergence d'États-nations, des paniques, des crises, des guerres mondiales, la montée de la classe moyenne, la participation et l'émancipation plus vastes des populations, la mondialisation et les nouvelles frontières, les nouvelles technologies et le flux de l'information, de nouveaux courants sociaux et politiques, des changements d'hégémonies économiques, des révolutions dans les sciences, l'éducation, la culture, l'esthétique, la mode et la pensée. Simultanément, l'activité bancaire a connu des transformations semblables dans ses produits, son personnel, ses services, ses marchés, ses technologies et ses approches.

S'il vaut la peine de s'arrêter pour réfléchir à l'ampleur des transformations que connaît notre univers, il faut aussi insister sur ce qui ne change pas. S'ils étaient téléportés sur les parquets des bourses ou dans les bureaux de direction de 2019, nul doute que les dirigeants bancaires du début du dix-neuvième siècle répondraient aux stéréotypes du voyage dans le temps auxquels on s'attend. Ils tomberaient en pâmoison devant l'étendue des produits et services, les millions d'opérations et d'échanges réalisés quotidiennement, la commodité et l'ampleur des opérations bancaires, la capacité de transmettre des données en quelques microsecondes, le caractère informel des relations, peut-être aussi la présence des femmes. Une fois la nouveauté quelque peu assumée cependant, ils admettraient sans doute que, dans le fond, les fonctions bancaires – les dépôts, les prêts, les placements, le service à la clientèle – n'ont pas tellement changé. Ils comprendraient aussi d'instinct le caractère étroit des relations de la banque avec ses clients, ses concurrents et l'État. Autrement dit, si Peter McGill ou Lord Mount Stephen, deux éminents présidents du dix-neuvième siècle de la Banque de Montréal, venaient observer le président-directeur général du vingt et unième siècle Darryl White pendant une journée, sans doute saisiraient-ils la nature des difficultés auxquelles sont confrontés les dirigeants modernes et les relations astreignantes imposées par la compétitivité et la fluidité du marché financier mondial, tout en demeurant peut-être pantois devant le volume d'information à la disposition de leur successeur contemporain. Ils pourraient même être surpris devant l'intensité et l'implacabilité du rythme. Certaines choses changent; d'autres sont immuables.

Mais la longévité en elle-même n'est que le début de l'histoire. Elle est un point de référence : une orientation qui nous mène au récit plus substantiel, diversifié et surtout renversant des deux derniers siècles – vers les triomphes, les difficultés, les moments de panique et les crises, les rebellions et les soulèvements, les guerres mondiales et les nouvelles technologies. Cet ouvrage constitue une opportunité unique pour la génération actuelle, et ce pour plusieurs raisons. Les deux siècles d'existence de la Banque de Montréal nous donnent l'occasion d'explorer un aspect vital de l'histoire du pays sur le plan de l'activité bancaire, des finances et des investissements. À cet égard, la Banque représente une source essentielle de savoir sur l'évolution du capitalisme canadien. Son histoire dévoile la manière dont les Canadiens ont produit de la richesse et ce qu'ils en ont fait. Elle nous donne l'occasion de constater de quelle façon les dirigeants bancaires ont créé, maintenu et géré les relations avec les clients, les municipalités, les provinces, les États et les nations. Le capital passe par des canaux tant publics que privés : la manière de s'en servir et de le déployer relève dès lors de l'intérêt privé comme public. De surcroît, l'histoire de la Banque offre aussi l'occasion d'examiner le leadership, la stratégie, le rendement, l'organisation structurelle, la réglementation, les politiques et les changements technologiques au sein d'une institution canadienne clé.

L'histoire de la Banque de Montréal nous propose un point de vue additionnel non seulement en raison de ses racines mais aussi à cause de son rôle. Il s'agit en effet de la première banque au Canada, de la plus influente, pendant un siècle ou davantage la coordonnatrice en chef des banques à charte canadiennes avant la création de la Banque du Canada. La Banque de Montréal a été la banque du gouvernement, l'institution financière de l'infrastructure publique essentielle, depuis le télégraphe et le chemin de fer jusqu'à un nombre incalculable de projets de travaux publics. De par sa taille, sa puissance et sa stabilité, elle a tout naturellement été le porte-étendard de la finance canadienne dans les grandes capitales du monde. De concert avec un petit groupe de banques à charte canadiennes et l'État fédéral, la Banque a contribué à façonner la nature des activités bancaires, de la réglementation et des politiques bancaires canadiennes. Le caractère tissé serré du capitalisme canadien est tributaire de la prééminence de ses dirigeants aux dix-neuvième et vingtième siècles – des élites marchandes de Montréal au début du dix-neuvième siècle jusqu'aux hauts dirigeants de l'après-guerre. Le capital de la Banque ne reposait pas seulement sur les devises, l'or ou les réserves; autant sa réussite que sa longévité ont dépendu de grandes réserves de capital de réputation également. Jamais dans l'histoire canadienne des banques, la vigueur des classes, sociales et culturelles, n'a-t-elle cessé d'affleurer à la surface.

D'un point de vue assez large, l'histoire de la Banque offre aussi l'occasion à la génération actuelle de saisir la genèse et l'évolution de notre système financier ainsi que le rôle important des banques et de l'activité bancaire dans le développement économique national. La Banque de Montréal a joué un rôle essentiel ou secondaire dans la constitution du capital de l'Amérique du Nord britannique, l'expansion transcontinentale du Canada depuis l'Atlantique jusqu'au Pacifique, les finances des gouvernements et la naissance du Dominion du Canada, l'industrialisation du pays et le financement d'un nombre incalculable de projets et d'initiatives dans tous les secteurs, toutes les régions et toutes les économies. Son influence s'est étendue pour embrasser le *Midwest* et les pays étrangers selon les circonstances. Son expérience nous donne par ailleurs la chance de constater à quel point notre relation avec l'argent et la richesse a changé dans la façon de le gagner, de le garder, de l'investir, de le prêter et de l'emprunter. Plus récemment, elle nous a aussi permis d'examiner la financiarisation de l'économie, son intégration à la culture populaire et la nature des changements organisationnels. Le leadership et le changement sont deux des puissants thèmes généraux de l'ensemble de cette histoire.

Au niveau de la Banque, l'organisation donne à ceux qui étudient le monde des affaires l'occasion de constater la manière dont la stratégie et la structure évoluent et s'adaptent à la concurrence, aux occasions et aux menaces pour se renforcer ou, au contraire, s'affaiblir. Nous sommes aussi témoins de nombreuses transformations pour les dirigeants bancaires et les clients.

Le courant

On peut comparer – et ce peut être utile – l'histoire de la Banque au fil des deux derniers siècles à une sorte de bassin versant complexe. À chacune des époques, dans chacune de ces vingt décennies, l'expérience de la Banque de Montréal a tourné autour de sa capacité à influencer les changements dans les écosystèmes des finances et des affaires bancaires tout en se laissant façonner par eux. Par un heureux hasard, le premier grand prêt de la Banque a permis de parachever le canal de Lachine en 1821 pour ainsi débloquer la navigation vers l'ouest. La première génération de la Banque n'ignorait rien des courants et de la circulation tant au sens littéral que métaphorique. Au sens littéral, ses membres ont voyagé, expédié et reçu des marchandises, exploré et colonisé. Au sens métaphorique, ils ont imaginé un pays et un continent davantage connecté avec Montréal au centre. À l'instar des grands lacs et des cours d'eau importants qui définissent le territoire ou dont le tracé est modifié par l'homme ou par des phénomènes naturels, certains courants et certains canaux de circulation modifient et caractérisent l'histoire de la Banque elle-même. Et, en réalité, ils ont joué un rôle essentiel dans l'histoire de la Banque dès le tout début. La circulation des lettres de change, des prêts, des devises, du papier-monnaie et du numéraire a été un élément non seulement essentiel mais synonyme des affaires. Les courants historiques et contemporains qui les définissent sont les flux des capitaux et de l'information, les flux du savoir et de l'expertise, les flux entre métropoles en concurrence et les flux commerciaux par-delà les frontières régionales, nationales et internationales. Cette histoire est en outre façonnée par les flux de capital humain à l'intérieur et à l'extérieur de la Banque. Les flux temporels historiques entre les institutions publiques et privées, entre le gouvernement et les entreprises à l'intérieur de réseaux établis et en dehors de ceux-ci. La principale difficulté pour les dirigeants de la Banque consistait à libérer ces flux pour produire de la richesse, des occasions et de la croissance.

Ces flux multiples, l'interaction entre eux, les tentatives pour les canaliser et les contrôler, en créer de nouveaux, maîtriser les rapides et éviter les inondations, se combinent pour former le grand réseau de circulation – l'expérience à l'origine de la vie – de la Banque de Montréal. Ces flux se combinent pour créer un noyau indépendant de relations reliant les personnes au capital, et le capital aux marchés, et à des nouvelles possibilités suivant des voies complexes et en évolution rapide. Au cours des deux derniers siècles, ces courants et ces réseaux ont pu rassembler de la richesse, des ressources, du capital et de la technologie avec des idées, des visions et des projets. Les dirigeants de la Banque ont conçu des plans destinés à générer de la richesse, établir des infrastructures, élargir leur présence au sein de l'industrie et répondre aux perturbations de la concurrence et à l'évolution de l'environnement. Avec, bien entendu, des résultats variables. La réaction de systèmes complexes aux situations nouvelles a varié selon l'époque et le contexte.

Il y a aussi d'autres courants souterrains, plus subtils mais aussi envahissants, plus difficiles à percevoir et plus encore à contrôler, qui exercent pourtant eux aussi une influence sur l'écosystème. À Londres, par exemple, sur la rive nord de la Tamise, plus d'une dizaine de rivières coulent sous la mégapole, des rivières qui ont donné leur nom à des lieux – de Hackney Brook et Stamford Brook à River Fleet et à Moselle. Et on peut dire la même chose de Montréal, Toronto, Chicago et New York, dont la topographie est sillonnée par des rivières souterraines. Certaines ont été creusées par l'homme; d'autres sont le résultat d'aménagements; d'autres encore sont des dérivations. Mais elles coulent, à l'abri des regards ou non, et ont leurs histoires à raconter. De la même manière, dans le contexte de la Banque de Montréal, on peut voir ces courants souterrains comme un territoire plus difficile à définir et quantifier – l'élaboration d'une façon de faire les choses (un stratégie, des approches), un culture d'entreprise (ayant horreur du risque et complexe sur le plan organisationnel), et un ensemble d'hypothèses (à propos du rôle des banques dans la vie des individus et des économies) qu'on ne perçoit que lorsqu'on les cherche délibérément sous les fondations de l'institution. D'autres rivières traversent l'histoire des banques au Canada et ailleurs, dont la présence ne saute pas immédiatement aux yeux à moins qu'on se mette à leur recherche – l'évolution de notre rapport avec l'argent, avec le crédit, avec le statut et la propriété, avec la richesse et la prospérité, et avec l'évolution du rôle des institutions publiques et privées. Les écosystèmes façonnent le paysage et fixent les frontières du possible sur le plan de la prospérité et de la productivité que les hommes souhaitent atteindre. C'est la détermination de ses dirigeants autant que son expérience globale dans le temps et l'espace qui a façonné l'écosystème de la Banque de Montréal. En matière bancaire, la résilience et l'adaptation sont absolument essentielles, comme le sont la puissance, la taille et la stabilité.

Une histoire nouvelle pour une ère nouvelle

L'histoire de la Banque de Montréal est partiellement connue. Il s'est écoulé plus d'un demi-siècle depuis que le journaliste et historien populaire Merrill Denison a écrit *La première banque du Canada*. Pour l'époque, l'ouvrage de Denison était une entreprise d'une rare envergure; il l'a commencée en

1955 pour la terminer en 1967 avec la parution du second volume. La réalisation de cet ouvrage mérite sans doute qu'on s'y attarde étant donné qu'il s'agissait d'une première tentative d'écriture de l'histoire d'une entreprise, ce qui impliquait le transfert en plein été de chargements complets d'une voiture familiale constitués de documents provenant des Archives nationales du Canada jusqu'au chalet de Denison, gracieuseté de l'archiviste du Dominion, W. Kaye Lamb. Denison a pris ses responsabilités d'auteur au sérieux. Bien sûr, les temps ont changé et, comme le reconnaîtra avec inquiétude tout employé de Bibliothèque et Archives Canada (BAC) qui lira ces lignes, les conditions d'accès sont un peu différentes de nos jours. Le style savant et les approches ont aussi changé. La chronique de l'entreprise de Denison jetait de la lumière sur un grand nombre de points intéressants sans jamais prétendre à l'érudition ou à l'indépendance. Par contraste, *À qui la fortune sourit* cherche à revêtir ces deux qualités. En réalité, il vise à atteindre quatre objectifs clairement définis.

Primo, il n'a pas simplement pour but de mettre l'histoire de la Banque à jour, mais de la remanier en l'ancrant fermement dans les archives probantes les plus vastes possible. Simultanément, il cherche à replacer l'expérience de la Banque dans son propre contexte historique en la reliant aux travaux les meilleurs et les plus récents des chercheurs et analystes du domaine. De plus, il vise dans une certaine mesure à *détacher* le lecteur de l'enquête historique ordinaire ou familière en proposant de nouveaux points de vue et les nouvelles pièces auxquelles l'auteur a eu accès – afin de jeter un éclairage nouveau et de proposer de nouvelles interprétations d'événements archiconnus.

Secundo, cette histoire constitue, pour la génération actuelle, l'occasion de se faire une perception nouvelle de l'expérience de la Banque grâce au passage du temps et aux circonstances connexes – en situant ses réseaux, ses décisions et ses interactions à titre d'organisation financière de premier plan – au fil de l'évolution de ses activités de l'échelle de la ville à celles de la province, de la nation et de la région de l'Atlantique Nord et au-delà. Elle nous donne la chance d'analyser et de saisir de quelle manière les entreprises prospères ont pu s'accommoder des transformations résultant de décisions ou imposées par les circonstances.

Tertio, cette histoire de l'aînée des banques du Canada offre également un aperçu des principaux marchés autant du Canada que de la Banque de Montréal sous l'angle des activités bancaires et de la finance. L'expérience interne de la Banque – à travers les événements mondiaux et sur le plan du personnel, de l'organisation, de la technologie, du leadership et de la concurrence – éclaire aussi cependant l'évolution de la forme des entreprises. Sa longue expérience est une plate-forme sur laquelle certains des plus grands modèles parmi les dirigeants de l'économie et des finances canadiennes ont fondé l'élaboration et la mise en œuvre de stratégies à toutes les époques, du début de l'ère coloniale jusqu'à aujourd'hui.

Enfin, du passé lointain, on comprend en quelque sorte le statut de première banque du Canada de la Banque de Montréal et son rôle vital dans l'évolution du pays. Du passé plus récent, on se rappellera peut-être davantage des fusions, des acquisitions et de l'expansion internationale. La façon d'aborder cette histoire n'est pas de donner une simple chronologie des événements. L'idée maîtresse sera plutôt d'analyser et d'examiner la performance de la Banque de Montréal comme organisation à travers les ans – sa façon de canaliser les courants dont nous avons parlé plus haut et de se laisser porter par eux. Parallèlement à son courant narratif général, cet ouvrage se concentre sur certains thèmes particuliers de l'expérience de la Banque – des thèmes qui mettent en évidence les possibilités et les risques de se retrouver sans cesse à l'avant-scène des activités bancaires au Canada. Parmi ces sujets, on peut mentionner l'économie politique, le développement économique, le rôle de la réputation et, à diverses époques, la perturbation causée par la technologie.

Les Canadiens sont fiers de l'efficacité de leur système bancaire et de son architecture réglementaire, surtout si l'on considère les ratés des affaires bancaires et de la réglementation gouvernementale ailleurs dans la région de l'Atlantique Nord. Cette histoire donne l'occasion de mettre ces hypothèses à l'épreuve, de retracer le parcours suivi par le système canadien jusqu'à devenir sans conteste un système solide, sûr et résilient. Elle offre aussi la possibilité d'examiner l'interdépendance entre les secteurs public et privé pour bâtir le système bancaire canadien. L'expérience de la Banque dans des centres essentiels, des villes comme Londres, New York et Chicago nous permet de voir les capitalistes canadiens en action sur des marchés plus vastes et à une échelle plus vaste.

À titre de sujets de recherche historique, les banques et les affaires bancaires canadiennes, à l'encontre de leurs équivalentes dans le reste du monde, sont généralement considérées comme sous-exploitées et ce pour plusieurs raisons. Seul un petit nombre d'historiens professionnels ou universitaires s'intéressent à l'histoire des affaires au Canada; les historiens des banques sont encore plus rares, quoique le domaine attire parfois sa part d'amateurs bien intentionnés. Si l'on retrouve dans la littérature internationale à divers endroits des textes portant sur les affaires bancaires canadiennes, presque tous puisent à des sources utiles mais anciennes datant du dix-neuvième siècle et presque aucun n'est le fruit de nouvelles recherches dans les archives. Les historiens Adam Shortt and R. M. Breckenridge ont tous deux retracé la naissance du système bancaire canadien en adoptant le point de vue de la fin du dix-neuvième siècle. Il y a, bien sûr, des exceptions contemporaines dignes de mention à cette règle, notamment l'histoire de la Banque Royale du Canada de Duncan McDowall et l'ouvrage de James Darroch portant sur les affaires bancaires en contexte international[3]. Beaucoup plus récemment, Andrew Smith s'est penché sur certains aspects des activités bancaires canadiennes dans les années 1860 et 1870 sous l'angle des assises réglementaires de la *Loi sur les banques*. Une autre catégorie de textes confère un ton plus polémique et combatif à l'histoire des banques ou, sinon, en chante sans réserve les mérites en se basant sur leurs récentes réussites, surtout après la Grande Récession de 2008. La Banque de Montréal et le système bancaire canadien ont en commun des histoires beaucoup plus complexes et plus intéressantes que ces deux approches nous porteraient à croire. Cette histoire mérite donc d'être fondée sur des archives probantes et étayée par l'analyse – une manière de faire au cœur de cet ouvrage.

Fortunes

Quelques mots d'explication à propos du titre, *À qui la fortune sourit*. Avec ce titre, mon intention était de jouer sur le vieux dicton « La fortune sourit aux audacieux ». Le lien entre la fortune et la banque est assez clair étant donné que les établissements financiers s'occupent de la richesse en la créant, en l'accumulant, en l'amassant, en l'allouant et en l'investissant. Mais le titre indique aussi une référence classique plus forte. Fortuna est une déesse du panthéon romain, la patronne du hasard, de la chance, de la richesse et de la prospérité. Fait intéressant, l'un des surnoms les plus fréquents de Fortuna est *primogenia*, l'aînée des dieux – un nom qui, croit-on, atteste de son antiquité particulière. La Banque de Montréal étant l'aînée des banques canadiennes, ce titre est donc approprié. La formulation « À qui la fortune sourit » est aussi équivoque. On constitue et on protège sa fortune, on l'investit et on l'accroît, on la déploie et on la disperse. Elle peut aussi être perdue, volée, convoitée, et ainsi de suite. La fortune dont il est question renvoie non seulement à la richesse mais implique aussi le hasard et la destinée. Les dirigeants de la Banque connaissent très bien depuis longtemps les ambiguïtés du hasard et l'appel au clairon de la destinée.

La fortune a souvent souri à la Banque de Montréal – à ses dirigeants, ses employés et ses clients – en plus d'embrasser et de soutenir les destinées locales, régionales et nationales. Elle n'a bien évidemment pas toujours souri à la Banque. La roue de la fortune tourne, comme celle du temps. Les destinées sont aussi reliées – enchevêtrées avec celles des industries, des marchés et des nations. Jumeler les capacités et les aspirations, la bonne stratégie à un environnement concurrentiel en évolution, une année après l'autre pendant deux cents ans, ne peut que donner lieu à des difficultés et des revirements.

L'histoire devient alors celle de la réplique, du ralliement et de la façon dont les dirigeants et les employés de la Banque de Montréal ont réagi.

À vous qui lisez ces pages

Les lecteurs potentiels de *À qui la fortune sourit* proviendront d'un vaste public. Ils auront aussi des attentes différentes quant au contenu de cet ouvrage. Voici ce que j'espère qu'il leur offrira. Fondamentalement, il s'agit de l'histoire de la première banque du Canada et de l'une des institutions fondatrices du pays. Aux étudiants en histoire, principalement en histoire des banques et de la finance, ce livre propose un examen complet et en profondeur de l'évolution d'une des plus vieilles et des plus en vue parmi les institutions nord-américaines. Il offre ainsi de nouvelles perspectives et de nouvelles preuves du point de vue de la Banque. L'histoire de la Banque de Montréal recoupe des courants et des contre-courants importants dans le développement du Canada et celui de la région de l'Atlantique Nord. L'analyse de cette histoire est l'occasion d'examiner la manière dont les organisations complexes survivent, prospèrent, livrent concurrence et persistent au fil du temps.

Souvent, la postérité maintient les protagonistes de l'histoire dans le baume de la louange ou du discrédit éternel, ce qui complique notre *détachement* de ce que nous savons dans l'enquête historique. Enfermés dans un hologramme historique, les protagonistes progressent d'une manière prévisible et presque prédéterminée en fonction de leurs intérêts et sont irrévocablement liés aux issues qui leur sont familières. Si l'histoire leur est présentée ainsi, comment se surprendre si les gens ont un sourire poli avant de chercher à se défiler. Avec cet ouvrage, j'espère parvenir à démontrer que, à des moments clés, les dirigeants et les employés réguliers de la Banque ont été confrontés à des choix difficiles, qu'ils ont dû prendre des risques, adopter des stratégies et se frotter à de la concurrence. Dans ses passages les plus héroïques, cette histoire est celle de gens qui ont non seulement fondé une banque, mais ont aussi contribué à bâtir une ville (Montréal) et une nation. Elle parle aussi d'une organisation au cœur du développement d'un marché des capitaux canadiens et nord-américains, ainsi que d'un style distinct d'activité bancaire canadienne. Autrement dit, la Banque de Montréal a été un point cardinal de référence pour le développement du capitalisme canadien à diverses étapes. Et elle a joué ce rôle de diverses manières – parfois comme intervenant clé, parfois comme acteur principal, d'autres fois comme membre d'un groupe plus vaste d'acteurs – dans des circonstances souvent instables et en évolution rapide.

Comme pour n'importe quelle organisation, les moments héroïques ou les virages importants ne peuvent qu'être rares, mais ils constituent les jalons de l'histoire. Ils nous permettent aussi de concentrer notre attention sur un événement essentiel révélateur du potentiel stratégique de l'entreprise, de sa mobilisation, de sa souplesse et de sa persistance. Par ses côtés les plus prosaïques, cette histoire évoque de longues périodes d'activité routinière, les opérations quotidiennes ordinaires qui constituent les fondements des affaires de la Banque, depuis les dépôts jusqu'aux prêts, au change et aux placements. Ces millions d'actes individuels n'intéresseront pas le lecteur, mais ce qui devrait le faire, ce sont les schémas uniques et les rythmes opérationnels au fil des ans, leur persistance et leur évolution, de même que la culture d'organisation et d'entreprise créée par la Banque. Pour comprendre son histoire, il faut non seulement trouver les causes mais aussi la manière : une tâche qui exige de nous d'oublier le présent pour nous intéresser rétroactivement à la profondeur de l'expérience de la Banque.

L'histoire de la Banque de Montréal nous offre sans conteste un meilleur mode d'appréciation des réalisations et des échecs d'une organisation au fil du temps. Mais sa pertinence peut aussi être contemporaine. Comprendre la manière dont les générations antérieures de dirigeants de la Banque de Montréal ont manœuvré face à la concurrence, aux marchés volatils, aux contraintes réglementaires, au défi de l'expansion régionale et internationale ainsi qu'aux rigidités organisationnelles peut former un contexte spécifique d'une grande utilité. À certains égards, cette histoire cerne les points dont les gens et les institutions oublient de se souvenir. Il peut en émerger une meilleure compréhension des aptitudes de l'organisation – l'évolution de sa culture, la manière de définir ses hypothèses, la façon dont elle a réagi à la tournure des événements, etc. Il peut être instructif de saisir la logique du comportement et de l'organisation, d'un point de vue non seulement historique, mais aussi contemporain.

Les historiens qui comprennent le mode de fonctionnement du monde des affaires admettent qu'il est hasardeux de tracer une simple ligne entre l'histoire qu'ils écrivent et les « enseignements » potentiels de l'histoire pour les gestionnaires. Et pourtant, les cadres contemporains peuvent trouver un point de référence dans une meilleure compréhension de la façon dont s'est formée une organisation et dont elle a subi l'influence de son environnement dans des situations particulières et à certains points tournants. Pour les institutions, il peut être bon d'avoir accès à la mémoire institutionnelle, mais uniquement lorsqu'elle est combinée à l'acuité analytique nécessaire pour évaluer les situations opérationnelles passées et actuelles. L'image des généraux qui font la guerre aujourd'hui en ayant recours aux stratégies et aux tactiques de guerre d'hier est un bon exemple de mauvaises leçons à tirer de l'histoire. Comprendre ce qui a marché et pour quelles raisons, comment les organisations ont réagi et pourquoi, et comment on a pu atteindre ou manquer les objectifs, selon le cas, est à la fois pertinent et important pour ce qui nous intéresse ici.

Pour tous ces publics, une simple mise à jour de la chronique des événements ne ferait pas l'affaire. L'esprit qui anime *À qui la fortune sourit* est plutôt le désir de comprendre les grands événements et les moments marquants du passé – les cultures, les fils conducteurs et les transformations dans la vie de la Banque de Montréal. En réalité, l'ouvrage a été conçu comme une tentative d'expliquer en quoi l'histoire de la Banque recoupe certains des grands changements historiques qu'a connus la région de l'Atlantique Nord au cours des deux derniers siècles. En visant cet objectif, on obtient un angle de vision plus aigu de l'expérience de la Banque, une démarche utile et pratique nous permettant de concentrer notre attention sur ce qui comptait vraiment pour différentes générations de dirigeants de la Banque. Si l'on veut que cela soit vraiment utile pour la génération actuelle, il peut être décourageant de tâcher de comprendre deux siècles d'histoire de n'importe quelle institution. À cette fin, voici quelques observations qui s'appliquent non seulement à la Banque de Montréal mais aussi à la manière dont les historiens du monde des affaires abordent l'existence des organisations au fil du temps.

Comme l'ont fait observer mes collègues Philip Scranton et Patrick Friedensen, les acteurs contemporains sont tentés de présenter le cours des affaires en faisant appel à un sens rationnel d'événements souvent divers. Les « résumés rigoureux sur le plan professionnel et l'analyse de la dynamique méthodique » du passé peuvent induire en erreur car nous avons tendance à rationaliser rétrospectivement des performances en affaires qui ont souvent été « expérimentales, chaotiques, imprécises et conflictuelles[4] ». L'histoire de la Banque de Montréal, surtout mais pas exclusivement au cours des quelques premières générations, cadre souvent bien avec cette description. Si l'on demandait à un haut dirigeant contemporain prospère et bien formé quel est son plus grand défi (et peut-être son plus grand stimulant), il répondrait sans doute que c'est d'être confronté aux opportunités et aux difficultés inhérentes à la gestion du risque et de l'incertitude. Pourtant, les organisations doivent y parvenir en dépit de structures imparfaites, d'une technologie problématique et d'une participation fluide plutôt qu'à l'aide d'« une planification rationnelle, une technologie et une hiérarchie efficace[5] ».

Il nous faut aussi reconnaître que, dans le cas de la Banque de Montréal comme dans celui d'autres institutions avec un si lointain héritage, selon les époques, il a fallu pouvoir compter sur différentes sortes de dirigeants réagissant à des conditions différentes et servant des commettants différents. Les premières générations de dirigeants ont été confrontées aux problèmes de l'établissement et de l'expansion. Les générations plus récentes sont confrontées à la complexité organisationnelle, au dévouement envers de nouvelles causes et à la difficulté d'éviter une complaisance facile[6]. Sur ce plan, la longue expérience d'une institution peut être d'une grande utilité en jetant la lumière sur les changements historiques survenus au fil du temps comme catégorie d'analyse de gestion et de prise de décision. La « machine à prendre des décisions » de la banque fonctionne à son maximum quand elle s'abreuve de la meilleure analyse possible, et cela doit comprendre le long terme.

La démarche que j'ai choisie a été de concentrer mon attention sur l'approche de la Banque face au risque et à l'incertitude, une caractéristique essentielle de l'histoire financière de la région de l'Atlantique Nord et de ses marchés. Tout au long de leur histoire, les dirigeants de la Banque de Montréal ont dû s'accommoder d'un accès variable à des connaissances fiables et à l'absence totale de connaissances fiables quant à l'avenir. Le risque et l'incertitude finissent par devenir des acteurs historiques plutôt présents dans l'histoire de la Banque. Comme le souligne Scranton, la différence entre ces deux concepts – le risque et l'incertitude – est importante. Le risque est compliqué, sujet à la rationalité, et il fait appel à des notions, des étapes et des occasions susceptibles d'être connues. L'incertitude, par contre, est complexe et au-delà de la raison.

Par moments, les dirigeants de la Banque de Montréal ont été confrontés à une incertitude considérable provenant autant de sources anciennes que contemporaines – la politique et l'autorité, la finance et la technologie. Parfois, un seul élément était à l'ascendant[7]. Ainsi, il semble que la politique a été l'élément marquant, parfois très marquant, de l'histoire à certaines périodes : au cours de la première génération de l'histoire de la Banque, puis dans les années 1860 et 1880 et de nouveau dans les années 1930, 1960 et 1990. En matière de finances, de réglementation et d'organisation industrielle du secteur, quand les règles du jeu changent, on assiste à l'apparition de gagnants et de perdants parmi les banquiers. L'incertitude financière s'est manifestée à diverses reprises par des périodes de panique, de récession et de dépression (1837, 1857, 1873, 1893, 1907, 1929, etc.). En réalité, cette incertitude est un élément typique du système, mais, au cours de ces années-là, elle était d'un tout autre ordre. La technologie a représenté un élément relativement stable pendant de longues périodes de l'histoire de la Banque, n'occupant la scène centrale qu'au cours de la révolution du traitement de l'information et du contrôle à la fin du dix-neuvième siècle et de nouveau à la fin des années 1960 et dans les années 1980, puis avec l'apparition d'Internet dans les années 1990. Non seulement les individus mais aussi les entreprises et les pays ont subi les incertitudes financières touchant leur crédit et leur solvabilité. Si ces incertitudes faisaient essentiellement partie de la toile de fond du déroulement général des affaires, à l'occasion, elles se sont manifestées de manière imprévue et spectaculaire. Sans doute la grave contraction économique de 2008 est-elle l'événement le plus marquant pour la génération actuelle d'employés de la Banque de Montréal.

Le travail de recherche et d'écriture investi dans *À qui la fortune sourit* a, entre autres, représenté un exercice de conservation et d'interprétation de la mémoire historique de la Banque de Montréal. Les archives de la Banque de Montréal – autant celles de Montréal que de Chicago – ont bien sûr constitué la principale source factuelle de cet ouvrage. J'ai consulté un vaste éventail d'archives régionales, nationales et internationales au Canada, aux États-Unis et au Royaume-Uni. L'histoire de la Banque est reprise sous de nombreux angles dans une gamme étonnamment vaste de fonds, de collections, de correspondance, de documents privés, de répertoires étatiques et réglementaires du Bureau des colonies du dix-neuvième siècle ou au cabinet de notre époque, de documents secrets du cabinet, de circulaires, de notes de service et bien plus encore. La preuve documentaire contenue dans ces nombreux répertoires et ces nombreuses archives a été amassée, recueillie, passée au crible, triée, cataloguée et analysée dans le seul but de proposer une histoire aussi complète et faisant autant autorité que possible. Grâce aux décisions clairvoyantes prises par la Banque afin de préserver son passé, nous sommes également en mesure de puiser dans une série de bien plus d'une centaine d'entrevues récentes avec un grand nombre de ses principaux acteurs. Ces entrevues confidentielles représentent de loin la plus importante contribution récente à la préservation de l'héritage historique de la Banque de Montréal. De plus, l'ouvrage repose aussi sur toute une gamme d'entrevues complémentaires pour combler les lacunes lorsque les données sont absentes, non disponibles ou inexistantes. Nous avons pris la précaution de faire la distinction entre les quatre dimensions de la mémoire : privée, publique, organisationnelle et historique ou professionnelle. Si, ensemble, toutes ces dimensions ont contribué à confectionner cet ouvrage, la dernière revêt la plus grande importance en ce qu'elle cherche à établir le lien entre les souvenirs individuels et les courants plus importants qui ont façonné la Banque.

La feuille de route

À qui la fortune sourit comprend deux volumes, sept sections et un épilogue. Le volume I, *Un Dominion et des capitaux, 1817-1945*, porte sur la période comprise entre la création de la Banque en 1817 et la fin de la Seconde Guerre mondiale en 1945. Il renferme également les quatre premières parties. La première partie, Les débuts, 1760-1817, étudie les défis propres à la création de la Banque de Montréal dans un environnement colonial/impérial/continental difficile. La deuxième partie, La création du secteur canadien des finances, 1817-1870, analyse plus en profondeur les fondations des activités bancaires canadiennes sous l'angle de la Banque de Montréal. Ses chapitres portent sur la lutte pour assurer la stabilité dans les premiers jours du colonialisme au Canada, l'importance de la réputation et la relation capitale entre les banquiers montréalais, les gouvernements coloniaux et les autorités impériales à Londres. Cette période couvre aussi les années tumultueuses 1860, une décennie dangereuse mais décisive dans la vie de la région de l'Atlantique Nord.

Les trois chapitres constituant la troisième partie, Les fidèles disciples de la fortune, 1870-1918, analysent la suite du développement du secteur bancaire canadien, les efforts des banquiers montréalais et des capitalistes canadiens pour créer une nation transcontinentale et l'importance croissante des institutions financières canadiennes qui, au tournant du dix-neuvième siècle, ont atteint à certains égards l'apogée de leur pouvoir et de leur influence. Ce sont aussi les années durant lesquelles la Banque de Montréal devient la première banque du Canada. Simultanément, le système financier canadien en général atteint sa maturité, engendre de nouveaux concurrents et de nouvelles formes d'instruments financiers et finit par poser les quatre piliers du système financier canadien (les banques, les sociétés d'assurance, les compagnies de fiducie et les sociétés de placements). C'est aussi à cette période que le système prend forme sous l'impulsion des politiques publiques.

Les cinq chapitres constituant la quatrième partie, Revers de fortune, 1918-1945, se concentrent sur les activités bancaires et l'économie politique à une ère compliquée, marquée par des changements dans les relations de pouvoir entre les intérêts de l'État et ceux des entreprises. Les tumultes engendrés par le boom, le fiasco et la crise déclenchent un véritable séisme au sein du système bancaire canadien, et la Banque de Montréal se trouve au centre de l'action. Il y a également un chapitre thématique à propos du rôle fascinant joué par les banquiers montréalais et canadiens pour régler la situation financière exécrable du Dominion de Terre-Neuve au début des années 1930, alors que plane une menace de défaut de paiements qui accapare l'attention des gouvernements canadien et impérial et entraîne la suspension du gouvernement responsable pendant une quinzaine d'années. Cette partie s'achève sur un examen du rôle de Banque de Montréal dans le monde canadien de la finance au cours de la Seconde Guerre mondiale.

Le volume II, *Domaines en mutation, 1946-2017*, s'ouvre avec la cinquième partie, Une magnifique façade, 1946-1974, qui retrace le développement de la Banque durant l'après-guerre, son long déclin dans les années 1950 et 1960, et les efforts des banquiers montréalais afin de moderniser la technologie et l'organisation. La sixième partie, Le chemin du retour, 1974-1989, met particulièrement l'accent sur le leadership de William D. Mulholland pour arriver à tirer la Banque de son mauvais pas et la replacer sur des fondations solides. Les chapitres thématiques se concentrent aussi sur une expansion faisant date aux États-Unis et l'extension des activités bancaires sur la scène internationale

La fin de la sixième partie coïncide avec la limite de l'histoire savante de la Banque; une fois les années 1990 passées, les archives de la Banque de Montréal sont fermées, comme il est expliqué dans l'introduction de la septième partie, Un temps pour chaque chose, 1990-1917. Cette septième partie comprend deux chapitres couvrant les événements fascinants survenus au cours des années 1990, de la première décennie du vingt et unième siècle et des années 2010 jusqu'à la fin de l'année 2017. Ils sont séparés du reste de l'ouvrage étant donné que j'ai dû me contenter d'un accès partiel à l'ensemble des dossiers historiques. Par contre, le récit est enrichi par des entrevues et des observations qui ne manqueront pas de venir apporter de l'eau au moulin lorsqu'on écrira l'histoire savante intégrale de cette période. Enfin, il y a un bref épilogue dans lequel je me place en dehors de l'histoire pour faire quelques ultimes commentaires sur le lien à établir entre cette remarquable histoire de la Banque et la génération actuelle de dirigeants et de membres du personnel de BMO.

Au cas où cela aurait échappé au lecteur, je signale que *À qui la fortune sourit* est un ouvrage imposant, tant par son poids que par son volume; j'espère qu'il aura aussi un poids correspondant à titre de contribution et de source d'inspiration. Au début de ce remarquable projet, je n'avais qu'une vague idée de l'ampleur de l'histoire de la Banque de Montréal. J'ai fini par comprendre que, pour rendre justice à l'intégralité de l'histoire de la Banque, le domaine couvert allait devoir être considérable, tant d'un point de vue temporel que thématique. Le lecteur consciencieux qui explorera le livre du début à la fin sera récompensé, je l'espère, par une vaste compréhension de toute l'histoire de la Banque de Montréal. Mais, même ceux qui concentreront leur attention sur certains points correspondant à des intérêts précis – le dix-neuvième siècle, le début du vingtième siècle, l'économie politique et ainsi de suite – auront aussi leur récompense. Ceux qui s'intéressent davantage aux questions contemporaines et souhaitent une réponse plus directe à la question « Comment la Banque en est-elle arrivée où elle est aujourd'hui dans ma vie? » pourront se concentrer sur le volume II. *À qui la fortune sourit* est écrit de manière à satisfaire un large public. La trame du récit est un puissant antidote à la prétention selon laquelle seul le présent compte. Comme l'a dit un jour un éminent homme d'affaires canadien, plus on grimpe dans l'échelle d'une société, plus le contexte est important.

Cette réflexion à propos de l'importance du contexte ne concerne pas seulement les dirigeants d'entreprises, mais quiconque a une profonde compréhension de la nature humaine. Le lauréat du prix Nobel T. S. Eliot, un employé de banque devenu poète, a comparé avec éloquence l'importance de la tradition et de l'imagination historique à un organisme vivant « intégrant le passé et le présent en interaction mutuelle[8] ». Dans *Little Gidding*, Eliot écrit :

« Nous ne cesserons pas notre exploration/ Et le terme de notre quête/ Sera d'arriver là d'où nous étions partis/ Et de savoir le lieu pour la première fois[9]. » Eliot nous parle ici d'une sensibilité historique : un engagement envers l'histoire dans le but d'en arriver à une compréhension approfondie des lieux que nous tenons pour acquis et des expériences qui ont fait de nous ce que nous sommes. Ce n'est que lorsque nous arriverons d'où nous venons – à la fin de notre voyage – que nous serons en mesure de « reconnaître l'endroit » – de véritablement le reconnaître – pour la première fois.

Dans ce livre, c'est la Banque de Montréal qui est cet endroit – une institution qui occupe une place essentielle au sein de l'histoire du Canada. Commençons donc notre exploration dans la ville coloniale britannique ethniquement déchirée et en difficulté sur le fleuve Saint-Laurent – à Montréal, au cours des années difficiles qui suivent la Guerre de 1812, durant laquelle a commencé le combat autour de la finance canadienne.

PREMIÈRE PARTIE

Les débuts, 1760-1817

1

En territoire inconnu

Le dix-neuvième siècle commence à peine que, sous l'influence de puissants courants convergeant dans toute la région de l'Atlantique Nord, naît en novembre 1817 la Banque de Montréal. La ville, comptant alors entre 15 000 et 20 000 âmes, se trouve au centre d'un réseau grandissant aux ramifications s'étendant sans cesse. Les fourrures et les marchandises essentielles alimentent le commerce, tout comme un large éventail de produits agricoles en provenance de l'arrière-pays occidental (c'est-à-dire de l'Ontario et des contrées plus à l'ouest). De Montréal, le flux des échanges emprunte l'une de trois voies – la première vers la nouvelle république des États-Unis, la deuxième vers les Antilles et la troisième vers l'Atlantique jusqu'en Angleterre; on rapportait au retour des produits finis, des outils, des tissus, du rhum et de la mélasse. Les flux bidirectionnels de capitaux entre Montréal et les centres financiers en croissance de New York et de Londres s'intensifient également. Ils sont, toutes proportions gardées, assez restreints, mais néanmoins suffisants pour inciter les marchands montréalais à se doter d'institutions conçues pour en faciliter le mouvement et à se mettre à la recherche d'un moyen de mieux faire connaître leur vision de Montréal, une métropole qu'ils croient capable de soutenir la concurrence de ses rivales de la région de l'Atlantique Nord.

La période qui recouvre la fin du dix-huitième siècle et le début du dix-neuvième et précède la fondation de la Banque de Montréal est marquée par le changement, la confrontation et le conflit. Nous ferons, dans ce chapitre, un bref résumé de ces faits saillants, en mettant en vedette l'évolution du système financier avant la naissance de la Banque en 1817.

L'économie canadienne avant l'instauration des banques

En termes économiques, l'Amérique du Nord britannique tente de s'extirper de la stagnation, en attendant la révolution industrielle. Les systèmes commerciaux émergents s'appuient sur des réseaux d'échanges chroniquement sclérosés par la rareté du numéraire et la prolifération des instruments monétaires (livre sterling, dollar mexicain, dollar d'argent espagnol, en plus d'une variété impressionnante de devises étrangères comme le johannes portugais, la caroline allemande et la piastre française) dont la valeur n'est guère fiable[1]. Dans les deux colonies canadiennes, les transactions usuelles se règlent surtout en pièces d'or, d'argent et de cuivre d'origine étrangère, ainsi qu'en bons de marchands (*bon pour*)[2]. Les colonies sont, étonnamment, fort dépendantes des apports de numéraire provenant des États-Unis, particulièrement au cours des guerres napoléoniennes (de 1806 à 1815) où l'Angleterre consacre tout son trésor au financement du conflit en Europe.

Dix ans avant la fondation de la Banque de Montréal, trois événements importants ajoutent urgence et complexité à la situation financière confrontant les marchands montréalais : le blocus des ports de la mer Baltique par la France pendant les guerres napoléoniennes, l'embargo décrété par le président américain Jefferson sur les produits britanniques en 1808 et la guerre entre l'Angleterre et les États-Unis (1812–1815). Chacun, à sa façon, exerce de fortes pressions sur le système financier canadien.

Les entreprises canadiennes savent profiter des blocus, embargos et conflits militaires. L'Angleterre se tourne vers l'Amérique du Nord pour obtenir le bois et la multitude d'autres produits autrefois importés des pays baltes. La loi décrétant l'embargo, en 1808, incite les marchands de Nouvelle-Angleterre à délaisser le marché britannique au profit des colonies nord-américaines, même si ses dispositions l'interdisent formellement[3]. Les habitants de la vallée du lac Champlain doivent passer par Montréal ou par Québec pour importer et exporter des marchandises. Le commerce des bestiaux, du bois et de produits de base comme le sel, le café et les tissus n'est pour ainsi dire jamais interrompu. En fait, l'embargo est reconnu, mais rarement respecté – les denrées sont acheminées sur terre par les États du Vermont et de New York, par les côtes ou par la haute mer (vers le Canada ou la Floride alors espagnole) ou encore de manière clandestine, sur des navires quittant les États-Unis pour des ports étrangers sans manifeste[4]. Les produits américains valent jusqu'à huit fois plus lorsqu'ils entrent au Canada, ce qui fait du non-respect de l'embargo un risque calculé. L'Angleterre, pour sa part, encourage sans retenue la contrebande, pour assurer la vigueur du commerce entre les deux pays.

En 1812, un nouveau conflit entre les États-Unis et la Grande-Bretagne met directement en danger le mouvement des capitaux dans les colonies. Au début, du moins, d'intenses pressions s'exercent sur les exportations, les droits d'importation, les capitaux d'immigrants et les dépenses gouvernementales[5]. Tout au long de la guerre, l'Empire inonde le Canada de billets « impériaux », afin de soutenir les infrastructures militaires et civiles. Le triangle commercial Canada–États-Unis–Grande-Bretagne atteint son apogée, en termes d'échanges croissants de marchandises et de numéraire entre Londres, Montréal et New York. Déjà, à cette époque, le Canada se spécialise dans l'exécution d'opérations de change.

Le démantèlement de l'ancien système

L'ancienne infrastructure exigeant l'intervention des autorités coloniales est tout simplement incapable de répondre efficacement à une demande croissante de billets de dépôt, de billets à escompte et de crédit à long terme. Le papier-monnaie utilisé en Nouvelle-France avant la Conquête (1759) a subi une forte dépréciation, se ménageant ainsi une bien piètre réputation auprès de deux générations, sinon plus, de Canadiens français.

Peu avant la fin des guerres napoléoniennes, deux fois on a tenté de créer une banque. En 1792, des marchands londoniens ont voulu, sans succès, en fonder une dans la colonie. Quinze ans plus tard, en 1807, on s'y essaie de nouveau, dans une conjoncture économique et politique bien différente. La Banque du Canada (ou Banque du Bas-Canada) est une initiative témoignant de l'évolution des conditions commerciales et politiques auxquelles est soumis le capital colonial. Ces deux tentatives, par leur nature même, créent de nouveaux capitalistes qui s'inspirent de la réalité commerciale, financière et politique du début du dix-neuvième siècle dans la région de l'Atlantique Nord.

Les promoteurs de la banque sont issus d'un petit groupe de marchands montréalais anglophones; parmi eux figurent quelques hauts dirigeants de la Compagnie du Nord-Ouest, ayant fait fortune dans le commerce des fourrures et dans d'autres entreprises sur le continent nord-américain. L'un d'entre eux, John Richardson, mène l'initiative, comme il l'a fait en 1792. Il gagne l'appui d'une forte proportion de marchands anglophones montréalais, ainsi que de partenaires de Nouvelle-Angleterre, tels qu'Horatio Gates et George Platt, très actifs au Vermont.

En février 1808, John Richardson présente à l'Assemblée législative du Bas-Canada une pétition demandant l'adoption d'une loi constituant la Banque du Canada. Le comité chargé de la question fait un résumé précis des défis toujours plus imposants que doivent relever les commerçants du Bas-Canada en raison de l'absence d'intermédiaires financiers. La colonie doit, pour sa croissance et sa prospérité, se doter d'une banque capable d'émettre du papier-monnaie, d'accorder du crédit, d'escompter des traites et de recevoir des dépôts et des rentrées de fonds. L'appui à la fondation de la Banque du Canada continue d'augmenter au printemps 1808. Le projet de loi destiné à la constituer délimite bien sa structure et son capital-actions, établit à 250 000 £ sa responsabilité en matière civile et lui fixe des règles pour la circulation de ses billets. La contrefaçon, alors fort répandue, devient un crime punissable de mort. Le projet contient également des dispositions concernant le droit de vote des actionnaires, la responsabilité des dirigeants et l'endettement total (au plus trois fois son capital libéré). La banque peut accorder des prêts hypothécaires, mais non posséder des biens immobiliers en importance[6].

D'autres facteurs, moins tangibles, encouragent le mouvement en faveur de d'une institution reprenant les caractéristiques générales de la future Banque du Canada. Les marchands montréalais sont inspirés par des idées, des modèles et des exemples nouveaux. La banque à créer doit être modelée en fonction des exigences particulières de la situation canadienne. Les capitalistes de la métropole canadienne doivent connaître son organisation et la structure de son capital. Elle doit aussi avoir acquis une grande expérience des opérations en numéraire et du crédit-fournisseurs. Les premiers banquiers canadiens veulent établir des relations et des réseaux fondés sur la connaissance mutuelle, la bonne réputation et la confiance, comme dans les modèles à imiter.

Pour Richardson et les autres fondateurs du système bancaire canadien, ces modèles se trouvent dans la république voisine, où sont nées la Bank of North America (en 1781), la Bank of New York et la Massachusetts Bank (en 1784) et surtout la First Bank of the United States (en 1791). Toutes ont d'abord été imaginées par Alexander Hamilton, le premier secrétaire au Trésor du président George Washington et père du système bancaire américain. Le modèle qui convient le mieux aux exigences et aux aspirations du Canada est celui de la First Bank of the United States, un concept créé par Hamilton. Ce dernier fait du système bancaire le noyau d'une infrastructure financière. La banque principale sera le mandataire financier du gouvernement, mais ce sera une banque privée avec ses propres actionnaires. En laissant ainsi la place au secteur privé dans la propriété et la direction, on assurera l'expansion du commerce, tandis que la présence du gouvernement garantira la stabilité. La First Bank of the United States est constituée par une loi du Congrès. Les dispositions de sa charte – contraintes en matière de biens immobiliers et de spéculation sur les marchés, règles d'émission de billets de banque, insistance sur la convertibilité, etc. – se retrouvent dans l'ensemble dans les principes fondateurs du système bancaire canadien. Comme l'indique Merrill Denison, « À part quelques modifications [...] la charte canadienne est une réplique exacte de la First Bank of the United States[7] ».

De l'expérience et de la familiarité des marchands avec New York et la Nouvelle-Angleterre naît une communauté d'intérêt et de vision. De solides liens sont créés grâce aux réseaux commerciaux unissant les villes bordant le Saint-Laurent, la métropole américaine et les États voisins. Richardson ayant lui-même été au service des bureaux new-yorkais de Phyn, Ellice et Inglis, une société ayant noué de bonnes relations dans le nouveau secteur bancaire américain, le modèle à suivre, celui de la First Bank of the United States, s'impose rapidement.

La déclaration de guerre des États-Unis à l'endroit de la Grande-Bretagne, en juin 1812, aura d'importantes répercussions sur l'économie des colonies britanniques. Une hausse soutenue des dépenses militaires permet à certains marchands bien positionnés, notamment à Kingston et à York, de réaliser des bénéfices sans précédents[8]. (Les petits marchands, surtout dans l'ouest du Haut-Canada, c'est-à-dire l'Ontario actuel, n'ont pas la même chance.) C'est toutefois peu dire, car l'économie de la colonie souffre d'un grave sous-développement, surpassant à peine le niveau de la subsistance[9]. Du point de vue bancaire et en termes de numéraire, la manière dont on finance la guerre entraîne une coupure décisive par rapport au passé. Les billets de l'armée deviennent, dans les faits, le nouveau papier-monnaie des colonies britanniques. Leur valeur s'élève à six millions de dollars espagnols, toutes coupures confondues.

Le Département de l'intendance mérite une attention particulière. Cette organisation civile dirigée par un commissaire général relève non pas de l'armée, mais du Trésor public; elle est chargée du ravitaillement et du paiement des fournisseurs, ainsi que de la reddition de comptes à l'égard des dépenses militaires[10]. En ces temps de grande pénurie et d'innombrables sacrifices personnels, le Département joue un rôle critique dans la gestion de l'énorme infrastructure assurant la subsistance des quelque 48 000 soldats ayant combattu sous le drapeau britannique.

Pendant la guerre de 1812, le commissaire général pour l'Amérique du Nord britannique, William Henry Robinson, dispose de seize officiers pour maintenir les garnisons et les postes de ravitaillement le long de la ligne de combat de 1 700 milles (2 750 km). Il peut compter, dans le Haut-Canada, sur un sous-commissaire général chargé de veiller à ce que les garnisons soient pourvues d'un nombre suffisant d'officiers, de magasiniers et de commis[11]. Le Commissariat est constamment en butte à des problèmes de paiement, des retards, des fournitures non livrées, etc.; dans des circonstances aussi imprévisibles, il joue un rôle essentiel dans la survie de la primitive économie canadienne et la protège contre la recherche exagérée du profit et les pressions inflationnistes. À la fin du conflit, les dépenses militaires s'élèvent à 5,92 millions £, dont 3,44 millions ont été payées par des billets de l'armée. Le financement de la guerre échappe à la portée du présent ouvrage, mais la structure sur laquelle il s'appuie et les mouvements de fonds connexes sont des éléments cruciaux du développement futur du système canadien.

Cette nouvelle monnaie impériale connaît un succès certain – elle permet de faire circuler les fonds (pour les échanges) et fait office d'instrument de placement (les grosses coupures rapportent un intérêt de six pour cent). La garantie donnée par le gouvernement impérial de Londres fait en sorte que les billets peuvent être achetés et vendus autrement qu'à leur valeur nominale. Ils sont très recherchés, même aux États-Unis, ce qui démontre qu'une devise saine, facilement échangeable contre du numéraire, peut surmonter les plus gros obstacles dans des circonstances aussi conflictuelles qu'une guerre. Malgré les inconvénients – pénurie chronique de numéraire, thésaurisation, contrefaçon, particulièrement pour les plus petites coupures, etc. – les billets permettent une certaine circulation du numéraire dans les colonies[12]. Les bons privés, émis en coupures variées par des associations privées et des entreprises, contribuent également à la circulation d'une monnaie d'échange, quoique de façon plus marquée au Haut-Canada qu'au Bas-Canada (c'est-à-dire le Québec actuel).

Les gagnants, les perdants et les banquiers

Le Canada a gagné la guerre, mais se retrouve perdant une fois la paix revenue. Son économie a dû absorber d'importantes pertes de guerre. Les assemblées des deux colonies adoptent des mesures protectionnistes en matière de commerce et d'immigration et réduisent les projets de travaux publics, de sorte que l'économie coloniale perd sa vitalité. La révocation et le rachat des billets de l'armée ont pour effet de ralentir encore la circulation des devises[13]. L'économie canadienne recule sur bien des plans : diminution draconienne des dépenses publiques, déclin prononcé de la demande populaire, chutes de prix désastreuses et réduction catastrophique des capitaux disponibles et en circulation. Les billets de l'armée ont permis d'envisager les possibilités du papier-monnaie et la situation constitue un incitatif puissant en faveur de l'établissement de politiques et d'institutions susceptibles d'offrir aux colonies l'occasion de se doter d'une économie durable.

Le projet de banque

La guerre terminée, de nouveaux projets bancaires sont soumis à l'Assemblée du Bas-Canada; en 1815 et en 1816, ils reçoivent un solide appui des marchands de Montréal et de Québec, les deux plus importantes villes de la colonie. Chaque fois, cependant, ils sont abandonnés parce que la nomination des juges a engendré un conflit politique plus large et intense entre la majorité canadienne-française et les gouverneurs anglophones[14]. John Richardson et son groupe de promoteurs, devant l'impasse, décident de faire preuve d'audace : la banque sera établie malgré l'absence d'une charte de l'Assemblée. En mai 1817, vingt-cinq statuts constitutifs sont rédigés, distribués, adoptés et publiés dans le numéro du 26 mai du *Spectateur canadien*. Le fort appui au projet exprimé dans la presse commerciale francophone et anglophone doit sans doute conforter le groupe qui a créé la Banque de Montréal et en particulier son âme dirigeante, John Richardson.

En termes plus généraux, la Banque de Montréal est un projet entretenu par l'ensemble des marchands de la ville, qui témoigne fidèlement de la mentalité, de l'expérience, des besoins et des aspirations des capitalistes montréalais. C'est leur réaction la plus positive et efficace à la nécessité démontrée de créer un intermédiaire financier stable. La nouvelle Banque permettra d'établir et de consolider la position de Montréal comme métropole et sa prédominance financière. Elle veillera au renforcement des réseaux commerciaux de la ville et les étendra de manière à attirer les capitaux et à en faciliter le mouvement. Ce projet est, en plus, profondément enraciné dans la vision ambitieuse de certains de ses promoteurs les plus enthousiastes, qui ont présenté puis abandonné des initiatives du même genre en 1792 et en 1808. Les neuf signataires originaux des statuts constitutifs de la Banque sont motivés par la nécessité, par la conviction et, de plus en plus, par l'ambition.

Parmi les neuf marchands montréalais qui fondent la Banque de Montréal figurent certains des hommes d'affaires les plus compétents, expérimentés et avertis de toute l'Amérique du Nord britannique. Ils constituent collectivement un échantillon de l'élite commerciale de la colonie, d'après leurs activités, intérêts et réalisations. Leur association avec la Banque, en outre, confère à celle-ci les trois types de capital nécessaires à son succès : d'abord, le vrai, c'est-à-dire les fonds nécessaires pour promouvoir un tel projet, puis le capital politique nécessaire à l'établissement et à la survie d'une institution potentiellement aussi vitale que la première banque d'un pays, car un projet de cette envergure doit être protégé de la controverse par la loi, et enfin, le capital rattaché à la réputation. Ce troisième type de capital, important dans toute entreprise fondée sur les échanges et la confiance, est absolument indispensable dans le cas d'une banque. Pour que la Banque de Montréal puisse survivre et prospérer, ses fondateurs doivent posséder en abondance les trois types de capital. C'est le cas. L'argent vient des marchands et hommes d'affaires de Montréal et du reste de la colonie, mais aussi et en grande quantité d'outre-frontière, notamment de Nouvelle-Angleterre et de New York, par l'intermédiaire de nombreux actionnaires, et même de capitalistes londoniens, quoique dans une proportion plus faible. La plupart des fondateurs sont à la fois des marchands et des hommes politiques, comme souvent dans les classes aisées de Montréal.

Le capital de réputation des neuf marchands de Montréal leur provient de l'envergure de leurs activités et de leur apport à l'économie et à la vie politique des colonies britanniques nord-américaines. Quatre personnages (Austin Cuvillier, Horatio Gates, George Garden et John Richardson) en sont des exemples représentatifs.

Austin Cuvillier, le magicien

Austin Cuvillier, de son vrai nom Augustin Cuvillier, seul Canadien français parmi les fondateurs de la Banque de Montréal, naît en 1779, à Québec, dans la première génération ayant suivi la Conquête. Il exerce la profession d'encanteur à Montréal, principalement auprès des grossistes en marchandises sèches; bien au courant des pratiques du marché et ayant un sens de plus en plus aigu des affaires et du domaine bancaire, il s'est tissé un large réseau de relations. Entêté, ambitieux et plein d'initiative, Cuvillier accumule tant de succès dans les milieux commerciaux de la colonie qu'il en vient, en 1800, à adopter le prénom plus anglophile d'« Austin »[15]. La vie de l'encanteur commercial n'étant pas de tout repos, sa carrière est marquée de réussites autant que d'échecs. Selon ses biographes, toutefois : « Les difficultés financières de Cuvillier [...] n'entam[èrent] pas son prestige[16]. » Pendant la guerre de 1812, Cuvillier est lieutenant et adjudant au sein du 5e bataillon de la milice d'élite incorporée du Bas-Canada, mieux connu sous le nom de « Devil's Own », et termine sa carrière au poste de capitaine des Chasseurs canadiens; ses efforts lui valent une médaille et le don d'un terrain[17].

Cuvillier se distingue également dans l'arène politique, étant élu en 1814 comme député du Parti canadien, d'allégeance nationaliste, qui domine alors l'Assemblée. Sa connaissance de l'économie fait de lui un personnage important dans la vie politique des Canadiens français. Sa présence est pourtant tout aussi appréciée dans le milieu des affaires. Bénéficiant de la confiance des marchands montréalais, principalement anglophones, il met à profit son influence pour contrer la franche hostilité des nationalistes canadiens-français à leur égard. Louis-Joseph Papineau et John Neilson, chefs du Parti canadien, comptent sur lui dans leurs tentatives de soumettre les finances de la colonie au contrôle de l'Assemblée[18].

Cuvillier, profitant de sa position unique entre les factions, prend à l'Assemblée la tête du mouvement en faveur de la création d'une banque à Montréal en 1815. Nous avons souligné que la première tentative s'est butée à des considérations politiques plus générales. Cet échec masque cependant un succès moins évident : grâce aux efforts de Cuvillier, l'Assemblée à majorité francophone accepte le projet ou à tout le moins ne le rejette pas. C'est un immense fait d'armes, compte tenu de la toute-puissance du Parti canadien à l'époque. Après la fondation de la Banque de Montréal, Cuvillier présente deux fois un projet de charte bancaire à la législature et sa demande est acceptée en 1821. La charte reçoit la sanction royale l'année suivante. Cuvillier revient à l'avant-scène dans les années 1820, lors de délibérations acerbes sur les dépenses publiques, l'exercice arbitraire du pouvoir et la réorganisation financière du gouvernement local.

Cuvillier, plus que tout autre, est apte à créer des liens entre les marchands britanniques et les nationalistes canadiens-français et cela facilite grandement l'établissement de la Banque de Montréal. Comme l'écrivent ses biographes, « Cuvillier [est] en mesure de concilier les intérêts antagonistes de ces deux groupes[19] », tout au moins jusqu'aux années 1830.

Horatio Gates, l'Américain installé à Montréal

La carrière et les relations d'Horatio Gates, un autre fondateur de la Banque de Montréal, témoignent derechef de l'importance cruciale du capital de réputation dans le succès du projet. Né aux États-Unis en 1777, dans la ville de Barre, au Massachusetts, Gates, dès la jeune vingtaine, commercialise les produits agricoles du Vermont et de l'État de New York à Montréal et dans la vallée du Saint-Laurent[20]. En 1807, il s'installe à Montréal et ouvre un magasin rue Saint-Paul, en collaboration avec Abel Bellows, lui aussi Américain. La guerre de 1812 lui donne l'occasion de jumeler la hausse soudaine de la demande militaire de ravitaillement dans les colonies canadiennes à l'offre américaine de viandes et de fruits et légumes. Pour assurer la liaison entre ses relations américaines et ses clients canadiens en temps de guerre, il se montre habile diplomate et fin observateur, des deux côtés de la frontière. Gates est prêt, au besoin, à vendre ses avoirs et à quitter le Bas-Canada. Non sans hésiter, il prononce le serment d'allégeance, mais n'a pas à prendre les armes contre son pays d'origine[21].

La guerre terminée, les affaires de Gates prennent une grande expansion, car il devient le principal fournisseur des garnisons du Bas-Canada en aval de Québec. Il conclut de nombreux partenariats, autant pour le ravitaillement que pour l'importation de produits finis d'Angleterre et des États-Unis et l'exportation de potasse, de blé, de farine, de porc et de douves. Gates se constitue ainsi un impressionnant réseau de relations pour réaliser des centaines de transactions réglées en billets de banque, en espèces ou par lettre de change. Plus l'économie du Bas-Canada s'émancipe du commerce unique des fourrures et cherche à s'intégrer dans une économie plus diversifiée, de nature continentale et même transatlantique, plus il devient urgent de s'intéresser à cette question, aux transactions et au crédit. Gates comprend fort bien la nécessité d'un intermédiaire financier, mais il sait aussi que le crédit et la circulation de l'information exercent une influence sur les conditions commerciales et celles qui affectent l'exploitation d'une entreprise. Selon son biographe, il fait publier des lettres et des circulaires sur le commerce canado-américain et s'intéresse particulièrement aux prix, aux récoltes et aux stocks, sans oublier le crédit[22].

L'apport d'Horatio Gates à la fondation de la Banque de Montréal est indispensable. Il y joue un rôle stratégique, comme marchand montréalais disposant de réseaux transaméricains, mandataire de la banque new-yorkaise Prime, Ward and Sands et fondateur le plus apte à recruter des capitaux et des actionnaires. Il apporte une grande contribution aux activités de la Banque dans ses dix premières années d'existence, car il croit que des établissements bancaires efficaces et correctement exploités sont essentiels à la prospérité future de la colonie. Il en est si intimement convaincu qu'il collabore aussi à la création de la Banque du Canada; cette banque, fondée en 1822, se consacre au commerce avec les États-Unis et fusionne avec la Banque de Montréal en 1831[23].

La place de Gates dans la société montréalaise, ses engagements dans le domaine de la culture et de la philanthropie et sa participation active aux affaires paroissiales font de lui un citoyen d'importance. Son tempérament conciliateur lui permet aussi d'établir des liens entre ses collègues marchands de Montréal et le Parti canadien. Selon l'historien Jean-Claude Robert, la carrière de Gates va de pair avec l'établissement graduel de Montréal comme métropole, entre 1800 et 1830. Économiquement faible au départ, la ville se développe au point de devenir la plus importante puissance économique du Bas-Canada, récompensant ainsi les efforts de sa classe moyenne[24].

George Garden : un puissant presbytérien

Autre fondateur de la Banque, George Garden est un homme d'affaires et un homme politique né en Écosse; plusieurs fois partenaire d'Alexander et George Auldjo dans la vente en gros, il vend également des contrats d'assurance incendie dans le Bas-Canada, une activité souvent risquée; il est aussi associé étroitement à l'amélioration des transports et des communications entre les deux colonies, notamment dans la construction du canal de Lachine.

Avec d'autres marchands, il plaide en faveur de l'ouverture des marchés de l'Angleterre et des Antilles aux produits agricoles et autres marchandises canadiennes[25]. À la veille des années 1820, la réputation de Garden et sa stature économique lui confèrent une position sociale enviable, comme paroissien renommé de l'église presbytérienne écossaise, gouverneur de l'Hôpital général de Montréal, député de Montréal-Ouest et juge de paix[26]. Il contribue au développement de la Banque de Montréal dans tous ses aspects : ressources, expérience et capital de réputation.

L'homme clé : John Richardson

De tous les fondateurs, celui qui représente le mieux l'esprit sous-tendant la création de la Banque est John Richardson. Né à Portsoy, en Écosse, en 1754, il étudie en sciences humaines au King's College d'Aberdeen. En 1774, grâce à des relations familiales, il entre comme clerc au service de la maison Phyn, Ellice and Company, de Schenectady, dans l'État de New York. Durant la guerre de l'Indépendance américaine, il collabore avec le principal fournisseur de l'armée anglaise, à New York; il est également capitaine des fusiliers marins du corsaire *Vengeance*, à bord duquel il vit des événements exaltants, jusqu'à ce que ce navire coule à pic sous les boulets de canon d'un vaisseau de la Marine britannique, en mai 1779.

Richardson a une grande expérience du milieu des affaires américain. En 1780, il ouvre à Charleston, en Caroline du Sud, un magasin spécialisé dans les articles de consommation d'importation. À compter de 1783, il est mandataire de son premier employeur, la société Phyn, Ellice and Company, dans l'État de New York. En 1787, on le retrouve à Montréal, où il contribue à la réorganisation de la société Robert Ellice and Company et à la rationalisation de ses activités déficitaires au Michigan. Établi à Montréal, centre du commerce des fourrures, et occupant un poste dans une société de premier plan, il se trouve au centre de l'action, pouvant observer les mouvements de ce secteur, le marché des lettres de change, la relation entre les marchands montréalais et les gouvernements des colonies et de l'Empire et, surtout, le ravitaillement des établissements loyalistes et militaires. En 1790, la société Forsyth, Richardson and Company prend la relève de la Robert Ellice and Company. Connaissant bien le commerce transitaire destiné à l'ouest (Kingston et Toronto), elle accroît ses activités d'expédition maritime sur les Grands Lacs et plaide vigoureusement en faveur du maintien des garnisons britanniques sur le territoire américain, pour protéger les intérêts des marchands montréalais dans le commerce des fourrures.

La carrière politique de Richardson s'amorce tôt après son installation à Montréal en 1787. Défendant la position des marchands, qui réclament une assemblée élue et le remplacement du droit civil français par la législation commerciale anglaise, il combat sans cesse l'administration coloniale, décidément opposée au commerce. Élu à l'Assemblée en 1792, il entame une longue carrière, participant à l'élaboration de politiques publiques et de lois touchant notamment les finances, le commerce et l'économie en général et le rehaussement des pouvoirs législatifs sur le papier-monnaie. Dans les années 1790, il est le premier à vouloir protéger la colonie de la « contagion » des idées et des influences révolutionnaires françaises. Sous son impulsion, les lois sur la milice et les non-naturalisés deviennent plus coercitives. Sa réputation de sujet incorruptiblement fidèle lui vaut d'être nommé juge de paix dans une période d'agitation sociale. En 1796-1797, on le voit à la tête des efforts de contre-espionnage de la colonie pour prévenir l'entrée de révolutionnaires français provenant des États-Unis et il est un des premiers défenseurs de Montréal contre l'ennemi de l'extérieur et de l'intérieur[27]. Son travail au sein du service de contre-espionnage acquiert une grande importance pendant la guerre déclarée à Napoléon et à la France. Au nom du gouvernement de l'Empire, il emploie un réseau d'informateurs et d'agents doubles afin d'en savoir plus sur une possible attaque de la colonie par l'armée française. Il s'efforce également de repérer d'éventuels traîtres.

Au début du dix-neuvième siècle, la présence de Richardson se reconnaît dans tous les aspects de l'activité politique, particulièrement à l'échelle des lois traitant de l'impôt, du système pénitentiaire, des transports, de la navigation maritime et d'une foule d'autres sujets. Son plus grand accomplissement, toutefois, réside dans sa défense des intérêts commerciaux canadiens. Fervent partisan de l'établissement d'une banque, quoique peut-être un peu prématurément en 1792 et surtout en 1808, il en fait un élément incontournable de la politique publique. Dans le projet de loi présenté en avril 1808 pour la constitution de la « Banque du Bas-Canada », il voit l'occasion d'établir les principes d'une banque, de répondre aux objections, de rassembler des appuis et, de façon générale, de présenter les avantages d'un système bancaire et du recours au papier-monnaie[28].

L'autre passion de Richardson, après la politique, est d'améliorer les conditions d'exploitation des marchands bas-canadiens; il les représente auprès des autorités impériales dans différents domaines, notamment l'amélioration des modalités commerciales, la protection contre la concurrence américaine dans l'importation et la réduction de la taxe d'accise sur différents biens étrangers. Le commerce des fourrures le préoccupe particulièrement, car Montréal y a un grand intérêt et lui-même et son entreprise – Richardson and McGillivray – y participent intensément. Les affaires de John Richardson sont très variées tout au long de sa carrière. Elles ont Montréal comme épicentre, mais pénètrent dans des réseaux économiques, commerciaux et politiques menant les marchands montréalais anglophones vers le sud-ouest (l'Ontario et le Michigan), vers New York et la Nouvelle-Angleterre et même de l'autre côté de l'Atlantique jusqu'au siège impérial. Richardson vit à une époque dangereuse, parfois sans recours; il se trouve ainsi mêlé à de multiples conflits. Dans l'arène commerciale, ces derniers concernent les fourrures, une percée dans le commerce des céréales ou du bois d'œuvre, la promotion des importations et des exportations ou l'imposition de droits et de taxes. En temps de guerre ou de pourparlers internationaux, Richardson, intense et rusé, est un protagoniste qui exerce une influence considérable, notamment dans l'arrière-pays, au cours de la guerre de 1812. Dans la colonie même, la promotion du commerce, la défense des intérêts des marchands anglophones devant une majorité francophone souvent hostile et la mise en place d'un encadrement législatif et réglementaire conçu pour faciliter l'expansion des affaires attirent son attention. À partir des années 1810, il est le leader du milieu des affaires de la colonie et se montre toujours disposé à le soutenir sur la scène commerciale, politique et philanthropique; loyal sujet de Sa Majesté et d'allégeance conservatrice en politique, il est un fervent partisan des institutions, lois et coutumes britanniques. Son biographe dit de lui : « Même s'il [a] parfois tendance à définir lui-même les intérêts de tous ses coéquipiers, il [est] remarquablement doué pour le travail d'équipe, ce qui lui donn[e] une énergie surabondante et engendr[e] des loyautés féroces et souvent désintéressées[29]. »

De tous ses intérêts, souvent convergents, le plus durable est celui des finances. Ses tentatives d'établissement d'une banque, en 1792 et surtout en 1808, annoncent le succès qu'il obtiendra en 1817 avec la Banque de Montréal. Ses plaidoyers soutenus en faveur des services bancaires et du papier-monnaie, en 1808, sont appuyés par les marchands montréalais, en 1817. Il est l'auteur principal du plaidoyer en faveur de la Banque et des statuts établissant ses modalités d'exploitation et son caractère unique, même s'il n'y occupera jamais de poste officiel, sauf celui de président du comité de fondation. Au cours des premières années, son influence est déterminante; il va même, en 1822, discuter lui-même avec le Bureau des colonies afin d'obtenir la sanction royale pour la Banque. Au milieu des années 1820, il fait aussi quelques interventions essentielles dans les affaires de la Banque, quand une crise menace son existence même.

Sous bien des aspects, la vie et la carrière extraordinaires de John Richardson illustrent les réseaux, les expériences et les influences dont est issue la Banque de Montréal. Il a, en matière de finances, des idées inspirées par sa profonde connaissance et sa grande compréhension de l'économie des colonies, du continent et des pays outre-Atlantique, à laquelle il doit sa situation florissante. La création de la première banque canadienne est le fruit d'un long travail intellectuel fondé sur une connaissance du commerce, des échanges et de la gestion financière acquise au cours des années 1780. L'apprentissage américain de Richardson lui confère cette expérience, mais l'amène aussi à connaître des modèles bancaires et financiers – ceux de la First Bank of the United States et de la Bank of New York – qui se sont intégrés directement dans la première version des statuts constitutifs de la Banque de Montréal. Celle-ci dérive donc, au départ, d'un concept ou, à tout le moins, d'une inspiration d'origine américaine. Banque de portée continentale depuis sa création, elle est calquée sur les intérêts et les relations commerciales qui ont mené ses fondateurs de Montréal à New York, puis en Nouvelle-Angleterre.

Si le schéma de base de la Banque de Montréal s'inspire de modèles américains et si la Banque cible tout le continent en raison de ses relations, deux facteurs essentiels font d'elle une banque associée au Canada et à une colonie britannique nord-américaine. Premièrement, elle est créée pour répondre au désir croissant des marchands canadiens (principalement montréalais) de disposer d'un intermédiaire financier stable et surtout de plus de capitaux pour stimuler l'économie peu développée de la colonie. La Banque de Montréal est donc essentiellement une initiative des milieux montréalais du commerce. Selon Jean-Claude Robert, les marchands de Montréal s'enrichissent sans doute grâce à elle, mais ils travaillent aussi à développer la puissance économique de la ville[30]. Ils saisissent fort bien combien il est important de fonder des institutions et de créer des instruments aptes non seulement à faciliter les affaires, mais aussi à faire de Montréal le centre de l'activité économique au Canada.

La collaboration étroite entre la Banque et les gouvernements de la colonie et de la mère patrie est également digne d'attention. Les autorités publiques contribuent dès le début à l'élaboration du système bancaire canadien. Les assemblées législatives et les gouverneurs édictent des conditions et des exigences axées sur les préoccupations locales et acceptent des compromis. En même temps, l'Empire établit, par l'intermédiaire de ses représentants au Canada, des paramètres, une réglementation et différentes exigences tout en prodiguant conseils et orientations dans la conception du futur système. Leur influence s'est surtout manifestée dans les premières années ayant suivi la fondation de la Banque – un sujet dont nous traiterons ultérieurement.

Les relations avec les autorités publiques peuvent se compliquer. Comme nous l'avons vu, deux tentatives d'établir une banque se sont soldées par un échec – d'abord en 1792, puis en 1808, quand de solides arguments ont finalement été présentés en faveur de ce projet. Plus tard, en 1816 et en 1817, des propositions similaires ont reçu le même accueil du fait d'une querelle entre l'Assemblée et le gouverneur sur d'autres sujets. Les desiderata des marchands montréalais n'ont pu s'imposer en raison de conflits essentiellement politiques opposant la majorité canadienne-française aux différents gouverneurs. L'établissement d'une banque et d'un système financier ne gurait donc pas parmi les priorités. Plus tard, on en a pour preuve les difficultés éprouvées par la Banque pour finalement obtenir sa charte, qui sont aplanies par des représentations exhaustives, notamment de la part de John Richardson.

Les pétitions déposées subséquemment par les actionnaires de la Banque auprès de l'Assemblée du Bas-Canada témoignent en partie des espoirs et des aspirations qu'a suscités la Banque dès sa création. Les pétitionnaires plaident que « toutes les personnes qui ont à cœur les améliorations regardent la continuation » de la Banque de Montréal « comme nécessaire pour donner un but et de l'encouragement aux entreprises agricoles et commerciales[31] ». De l'avis de ses promoteurs, la Banque était « une chose essentielle et favorable à la prospérité du pays et [...] un puissant moyen de développer ses ressources[32] ». Tous ne partagent pas cette opinion. Devant l'impasse, les promoteurs décident d'agir sans obtenir de charte législative, même si cette méthode semble préférable à toute autre.

Il faut trouver un autre moyen. Le bien-fondé des vingt-cinq statuts constitutifs et la connaissance qu'a le public des visées de l'entreprise et de la nécessité d'une banque jouent en faveur de la Banque de Montréal. Le capital de réputation considérable des neuf signataires originaux des statuts, chez les marchands montréalais, garantit que la Banque sera largement soutenue et inspirera confiance. Richardson est l'un des plus importants hommes d'affaires montréalais de l'époque et les autres fondateurs le rejoindront bientôt, si ce n'est déjà fait. Garden et Moffatt sont associés à deux des plus grandes sociétés de la ville. Moffatt s'engagera prochainement dans une illustre carrière au sein de la Banque, de même qu'en politique. James Leslie et Robert Armour sont aussi des hommes d'affaires avertis, tandis que Cuvillier, importateur prospère, procure un lien crucial avec la population canadienne-française. Les citoyens américains Horatio Gates, Thomas Turner et J. C. Bush assureront la relation à l'échelle continentale, vers New York et la Nouvelle-Angleterre.

La décision de ne pas affronter l'Assemblée, mais plutôt de la contourner, relève d'une stratégie que seules peuvent mener à bien des personnalités dominantes car, dans le secteur bancaire, la réputation, la relation de confiance et l'initiative sont des valeurs souvent critiques. On a implicitement convenu que la réputation des signataires et le bien-fondé des statuts constitutifs suffiront à démontrer l'honnêteté des entrepreneurs.

Les fondements du secteur bancaire canadien

Les statuts constitutifs de la Banque de Montréal, tels que déposés au Palais de justice de Montréal le 19 mai 1817, représentent les premiers fondements du système bancaire canadien. On peut dire que ce dernier est de conception américaine, de portée continentale et d'inspiration britannique. Il constitue également le distillat de l'expérience, des constatations et des jugements portés par les esprits montréalais les mieux informés. L'examen individuel de chacun des statuts exigerait trop de temps. Nous nous intéresserons plutôt à ceux qui ont contribué de plus près à la formation de ce système. Ils contiennent différentes dispositions clés, ainsi qu'une série de directives administratives, comme l'indiquent les tableaux 1.1 et 1.2 ci-dessous.

Au début des années 1820, la Banque de Montréal, nouvellement créée, s'est libérée des disputes de la décennie précédente. Principal projet financier des marchands montréalais, elle a surmonté d'imposants obstacles avant sa fondation – débats dans l'arène politique, complications issues de la relation coloniale avec l'Empire et vents contraires dans l'économie. Le projet s'est étendu sur au moins vingt-cinq ans et sa concrétisation exigera l'engagement total et intense de l'élite commerciale montréalaise, de son capital, de ses relations et de sa réputation. Le succès ou l'échec de l'initiative, dans les décennies à venir, dépendra d'un désir soutenu et constant de relever les défis quasi insurmontables qu'affrontera la Banque dans la formation du système bancaire canadien, sur la scène politique, sur les marchés et dans son organisation interne. Nous poursuivrons notre étude en nous penchant sur chacun de ces trois domaines.

Tableau 1.1 | Structure, organisation, propriété

La capitalisation est fixée à 250 000 £ (5 000 actions au prix unitaire de 50 £).
Le conseil d'administration comprend 13 membres, avec un roulement pour l'intégration de nouvelles perspectives; les membres ne reçoivent ni salaire, ni émoluments.
Aucune exigence de citoyenneté n'est imposée aux membres du conseil; diverses dispositions stipulent qu'ils doivent résider à Montréal ou dans la colonie pendant un certain temps.
La responsabilité des actionnaires est limitée.
Les droits de vote sont limités; un actionnaire ne peut s'exprimer plus de vingt fois pour chaque tranche de cent actions.

Tableau 1.2 | Politiques et approches

Les billets émis doivent être entièrement convertibles et appuyés par des réserves d'or ou d'argent (et non par un immeuble).
Aucun gouvernement ne peut être actionnaire de la Banque.
La Banque ne peut accorder de prêts hypothécaires, ni posséder de terrains ou d'immeubles à usage locatif (sauf pour y exercer ses activités).
La Banque cible les services aux entreprises.
Son passif ne peut dépasser le triple de la valeur de son capital d'apport.
Des dispositions prévoient la tenue d'assemblées et la publication de rapports.
Les membres du conseil d'administration peuvent consulter les livres, mais non examiner les comptes individuels.
Les dividendes doivent être versés à intervalles de six mois.

DEUXIÈME PARTIE

La naissance des finances au Canada, 1817-1870

Dans son premier demi-siècle d'existence, la Banque de Montréal connaît en général le même sort que l'économie des colonies canadiennes. Fait important, la génération « alpha » de ses dirigeants doit composer avec des circonstances traîtresses afin de profiter d'occasions souvent éphémères. Elle se donne une tâche primordiale : fonder une institution financière qui transporte avec elle les ambitions et la vision de la ville, de la colonie et de la nation et lui tailler une place sur les marchés financiers de la région de l'Atlantique Nord. La manière d'y arriver est fonction de la situation des colonies canadiennes, dont l'économie, caractérisée par la faiblesse de la population, dépend de l'agriculture et des produits de base, ce qui impose aux financiers canadiens des restrictions et des défis, mais aussi des possibilités d'évolution.

La première partie décrivait le contexte entourant l'établissement de la Banque. La présente partie englobe la période allant de 1817 aux années 1870, qui coïncide avec les deux premières générations de dirigeants. Les différents chapitres de la deuxième partie traitent des facteurs ayant conféré à la Banque sa mentalité particulière : les circonstances, les décisions prises, les forces, les idées, les institutions modèles et les stratégies. La mission de la première génération se résume à la construction, aux fins du rendement et de la stratégie de la Banque, d'une solide assise fondée sur trois éléments : la réputation, les relations et les réseaux.

Le rôle des banquiers montréalais dans l'Amérique du Nord britannique

Quiconque jette un regard sur le passé se rend compte qu'être la première banque canadienne représente un honneur incomparable. Pourtant, les Montréalais de la génération qui fonde cette institution bancaire ne s'en préoccupent guère; leur objectif est de créer une banque durable et rentable. Ils assument la responsabilité d'établir la première banque canadienne, d'en fixer le caractère, de la promouvoir et de la développer, tout cela au cœur d'une économie en croissance, mais vulnérable aux hauts et aux bas des cycles et à une concurrence débridée.

La première génération ou génération alpha des dirigeants de la Banque de Montréal choisit sa démarche en tenant compte d'un régime politique grevé de profondes lacunes, divisé par les conflits ethniques et susceptible d'éclater au moindre prétexte. Elle doit constamment négocier des arrangements avec les rouages politiques et administratifs de l'Empire. Ajoutons à cela qu'elle dépose les pierres d'assise d'un système canadien s'intégrant dans un contexte essentiellement continental – ou nord-américain – connu pour son instabilité périodique et pouvant susciter des conflits militaires, des guerres commerciales ou des mouvements cycliques. Pour compliquer encore les choses, elle construit cette institution malgré la relative absence de modèles étrangers et sans disposer d'un capital abondant pour atteindre ses buts.

Trois facteurs explicatifs

Il serait sans doute possible, mais fort peu utile, de consigner toutes les décisions, étapes, prêts, dépôts, décisions du conseil, circulaires et modifications des taux d'intérêt qui ont marqué les quatre premières décennies de l'histoire de la Banque. Cette tâche ne nous aiderait pas à mieux comprendre l'importance cruciale de cette institution canadienne. L'observateur contemporain peine à s'imaginer combien dense est l'histoire de la période coloniale, où tant de puissants facteurs contribuent à la création des institutions de l'État et de la société civile, du marché et des intermédiaires financiers.

La deuxième partie propose une approche simplifiée, mais hybride, pour l'étude de cette période. Elle examine d'abord les données historiques en tenant compte de trois facteurs explicatifs, qui sont la réputation, les relations et les réseaux, vus en fonction de l'évolution de la stratégie de la Banque. Elle jette ensuite un regard sur la relation fondamentale qui est à l'origine de la nature et des limites du système financier canadien, soit celle qui existe entre l'État et la Banque de Montréal. Elle se penche enfin sur les années 1860, dont les défis et les possibilités feront le succès ou l'échec de la Banque.

En considérant collectivement les intervenants, les stratégies, les milliers de gestes et de décisions et les situations et relations concurrentielles, on cerne trois thèmes – réputation, relations et réseaux – dont le rôle est critique dans l'histoire de la Banque. Durant ces quarante premières années, chacun agit comme un courant souterrain qui influence les décisions, les stratégies et les résultats et suggère une réaction autant aux défis à relever qu'aux occasions à saisir.

Le moment est venu d'expliquer ces trois facteurs et notre manière de les utiliser pour comprendre ce qu'a vécu la génération alpha des dirigeants de la Banque.

La réputation

Les dirigeants de la Banque de Montréal sont, pour ainsi dire, les plus importants capitalistes canadiens, sur le plan de la réputation. Pour comprendre pourquoi ils ont choisi certaines voies de développement plutôt que d'autres, il faut absolument examiner comment ils ont exploité les réputations personnelles, commerciales et politiques dans la création de la Banque et pourquoi ils ont apporté tant de soin à consolider sa réputation. Dans le secteur bancaire, la réputation est un atout dont on ne peut se passer. Au Canada, dans les années 1850, les banquiers montréalais le comprennent fort bien.

Les relations

Les banquiers montréalais tissent un réseau de relations financières, sociales et mutuelles au sein de l'économie coloniale et dans la région de l'Atlantique Nord, y intégrant clients, investisseurs, emprunteurs, fonctionnaires, politiciens et autorités réglementaires. Ces relations s'approfondissent et se multiplient au fil du temps, de manière à délimiter précisément la mentalité de la Banque et sa sphère d'influence. On peut se les imaginer comme des cercles concentriques se chevauchant et s'étendant jusqu'à recouvrir la métropole montréalaise, le Bas-Canada, les colonies rivales de l'Ouest et les grands centres de la région de l'Atlantique Nord, c'est-à-dire Londres, New York et Chicago. Elles rejoignent les entreprises et les marchands qui forment la clientèle de la Banque, de même que, ce qui est d'une suprême importance, les responsables de l'administration coloniale, à l'échelle locale et dans les officines impériales – en particulier ceux qui fixent les règles du jeu, soit entre autres le Bureau des colonies et les lords commissaires du Trésor œuvrant au palais de Whitehall, à Londres.

Les réseaux

Dans ce contexte, les réseaux regroupent des moyens d'information et des mécanismes de contrôle et de pouvoir dans le système bancaire en expansion. Ils renvoient également aux concepts, idées et modèles qui, dans les institutions financières et bancaires, ont une incidence sur l'orientation et les objectifs du système canadien.

Résumé

La réputation, les relations et les réseaux sont des critères généraux d'analyse qui s'éloignent des approches convenues dans l'étude de l'histoire financière et bancaire (les chronologies, par exemple) et mettent en vedette les origines profondes et les conditions de maintien de la réussite. La réputation a une influence bidirectionnelle. Les relations se font parfois entre égaux, mais peuvent aussi être asymétriques. Elles évoluent généralement au fil du temps. Les réseaux se forment, se dissolvent ou se forment à nouveau selon les événements; ils peuvent aussi s'agrandir et se renforcer. Ce sont des catégories qui englobent, outre le volet financier, les liens sociaux, politiques et réglementaires qui sont les fils de trame et de chaîne de la vie économique et politique canadienne au dix-neuvième siècle.

Les limites de ces catégories ne sont pas toujours fixes, évidemment. Si nous suivons le fil des événements, la réputation, les relations et les réseaux sont remarquablement interdépendants au cours des quatre premières décennies. On se rappellera toutefois que la Banque doit être prédominante dans chaque catégorie. L'enjeu réside dans sa réussite à long terme et dans le développement global des banques canadiennes.

Les colonies canadiennes dans le contexte de la concurrence mondiale

Les colonies canadiennes vivent entre des mondes en concurrence. De 1815 à la veille de la guerre civile américaine s'écoulent des décennies formatrices pour la vie politique, économique et sociale de l'Amérique du Nord britannique : des nations se créent, des économies grandissent, des institutions s'enracinent. Les établissements du Bas-Canada et du Haut-Canada peinent à se donner une pertinence économique et politique dans la région. Les colonies britanniques nord-américaines existent aussi *à l'intérieur* de mondes différents sur le plan de la classe, du commerce, de la politique, de la société, de la religion et de l'ethnicité et *entre* des puissances souvent conflictuelles : continent contre Empire, centre contre périphérie, vie rurale contre vie urbaine, francophones contre anglophones, catholiques contre protestants, Autochtones contre Européens, nationalistes contre impérialistes, loyalistes contre partisans de l'annexion. L'expression « puissance conflictuelle » prend alors son sens propre : des armées se dressent pour acquérir des terres, contrôler le commerce ou se donner un avantage concurrentiel. L'histoire de l'hémisphère est constellée de guerres, de soulèvements et de rébellions malgré la paix régnant entre les grandes puissances après 1815.

Au Canada, les conflits ont pour origine principale la politique, les idées et les modèles économiques opposés – conservatisme contre réformisme, libre-échange contre protectionnisme, république contre monarchie constitutionnelle, main-d'œuvre contre capitalisme, industrie contre agriculture. Les forces en présence ont une influence fondamentale sur l'environnement où les Canadiens vivent, travaillent et prennent des décisions. Les colonies abritent des lignes de faille qui rendent difficile l'exercice des activités des institutions financières. La conduite des affaires en Amérique du Nord britannique est assujettie aux expansions et contractions subites des systèmes économiques colonial, continental et impérial, qui exigent souvent une action immédiate. Cette époque est à la fois fluctuante, effervescente et imprévisible.

Autrement dit, les Canadiens d'alors vivent dans un environnement rude et incertain, obligés qu'ils sont de négocier au pays et ailleurs le maintien de l'équilibre instable formant la base du développement économique et de la croissance. Au cours de ces années, une élite capitaliste et politique naît, grandit et porte ensuite son attention sur l'instauration de conditions, de mécanismes, de pratiques, de règles et d'institutions financières susceptibles de permettre aux Canadiens de profiter au mieux du potentiel du pays et aux hommes d'affaires de nouer des relations, de collaborer et de soutenir la concurrence dans les colonies tout en découvrant les possibilités que leur offrent les pays de la région de l'Atlantique Nord.

L'économie canadienne au dix-neuvième siècle

Avant la Confédération, l'économie coloniale canadienne est principalement agricole et spécialisée dans le secteur de la production primaire. Évoluant en périphérie de l'Atlantique Nord, elle est particulièrement vulnérable aux conditions du commerce international, surtout entre les États-Unis et la Grande-Bretagne. Les colonies subissent aussi les hausses et les baisses cycliques du commerce des marchandises de base comme les fourrures, le bois d'œuvre et le blé, ainsi que les caprices des marchés financiers nord-américains et européens, surtout ceux de Londres et de New York. La rivalité entre, d'un côté, Montréal et l'« empire » commercial du Saint-Laurent et, de l'autre, la ville de New York s'est éteinte en 1840, avec la victoire de celle-ci.

Au milieu du siècle, les progrès dans les transports et les communications sont principalement le résultat de grands projets d'infrastructure (canaux, chemin de fer, etc.). Les capitaux requis proviennent surtout des deniers publics de l'Empire ou des États-Unis. Les colonies canadiennes, trop petites, ne peuvent figurer parmi les grands promoteurs du développement économique continental. En ce qui concerne l'arrière-pays canadien, les grands traits de son économie sont les suivants : envergure limitée, développement préindustriel fondé sur les marchandises de base et vulnérabilité aux variations cycliques de l'économie en général. La population des colonies s'accroît progressivement. De 1822 à 1831, elle passe de 452 065 à 792 226 âmes; elle augmente également entre 1848 à 1870, de 2,4 millions à 3,17 millions d'habitants.

La Banque de Montréal doit donc évoluer dans le contexte politico-économique d'une société assujettie aux variations de l'économie et des conditions du commerce, aux événements, aux débats politiques et aux décisions prises par des capitalistes et des décisionnaires politiques étrangers. Au cours des quarante ans examinés dans la deuxième partie, elle composera avec des booms et des crises économiques et connaîtra quatre paniques, une rébellion, plusieurs conflits militaires en Europe et des périodes d'intense expansion dans les travaux publics, le chemin de fer, la canalisation, la construction routière, etc.

Les principaux représentants de la génération alpha

L'équipe de direction qui, à la première génération, créera la réputation de la Banque, nouera pour elle des relations et agrandira ses réseaux est issue de l'élite commerciale et marchande de Montréal. Elle est remarquablement stable. Samuel Gerrard en est le président de 1820 à 1826 et la relève est assurée par John Molson, premier du nom (1826-1830), John Fleming (1830-1832) et Horatio Gates (1832-1834). Pendant ces années, les vice-présidents sont Thomas Thain (1822-1825), John Forsyth (1825-1826), John Fleming (1826-1830) et Peter McGill (1830-1834); ce dernier occupe le poste de président de 1834 à 1860. Il dirige deux vice-présidents : Joseph Masson (1834-1847) et T. B. Anderson (1847-1860). Deux directeurs généraux veillent aux activités quotidiennes : Benjamin Holmes (1827-1846) et Alexander Simpson (1846-1855). David Davidson est le dernier caissier et œuvre de 1855 à 1862. Le poste de caissier est par la suite remplacé par celui de directeur général[1].

Le conseil d'administration de la Banque est aussi relativement stable, la plupart des membres y siégeant longtemps. À l'instar des présidents, vice-présidents et directeurs généraux, ils viennent de l'élite marchande montréalaise. Quelques-uns – John Molson, Joseph Masson et John Redpath, notamment – sont également les principaux actionnaires, quoique leur nombre d'actions individuel soit rarement supérieur à trois cents[2].

Les activités quotidiennes de la Banque sont, au fil du temps, confiées à un nombre assez réduit d'employés clés de succursales. Dans les années 1820, Robert Griffin, premier caissier, compte sur une petite équipe bien soudée, soit un notaire (Henry Griffin), un premier caissier (Henry B. Stone), un deuxième caissier (James Jackson) et un comptable (Henry Dupuy) ainsi qu'un deuxième commis-comptable et un portier.

Pendant les premières années, les objectifs internes de la Banque visent l'établissement de l'assise des services bancaires. En novembre 1817, les bureaux montréalais entrent officiellement en service; l'année suivante, des succursales s'ouvrent à Kingston et York, on nomme des agents à New York et Londres et les premières opérations de change se réalisent à Boston. Par la suite, la Banque est aussi la première à émettre du papier-monnaie dans la colonie. Celui-ci est imprimé à Hartford, au Connecticut et cette décision pratique témoigne des liens entre la colonie et son voisin du sud[3].

La clientèle est principalement composée de maisons de commerce du Bas-Canada; comme Forsyth, Richardson and Company, Horatio Gates and

Company, Gillespie Moffat and Company, Peter McGill and Company et John Torrance, elles sont étroitement associées à la Banque et leurs dirigeants sont aussi membres du conseil d'administration[4]. Dans l'Amérique du Nord britannique, les services bancaires vont de pair avec le commerce et on les trouve naturellement là où il y a de l'argent. À cette époque, celui-ci coule à flots du Trésor public vers les autorités civiles, qui l'utilisent dans les infrastructures publiques et les dépenses militaires. Comme le laisse entendre le chapitre précédent, le commissaire général occupe une place de choix dans les finances canadiennes, qui sont à leurs débuts.

La Banque de Montréal n'est pas la seule de la colonie, car la Banque de Québec et la Banque du Canada sont fondées en 1818. Dans le Haut-Canada, la Bank of Upper Canada est créée en 1819, puis obtient une nouvelle charte en 1822. Elle soutient avec vigueur la concurrence de la Banque de Montréal au cours de la première génération. Dans les années 1830, de nouvelles banques apparaissent : l'Agricultural Bank of the City of Toronto (en 1834), la Banque du Peuple (en 1835), la Gore Bank (en 1836), la Farmer's Bank of York, Upper Canada (en 1835, devenue la Banque du Peuple en 1836), et la Banque de l'Amérique septentrionale britannique (en 1835). Aux États-Unis, on adopte une autre approche – qui ne fait pas la promotion des succursales et entraîne une prolifération d'établissements financiers. En 1834, par exemple, le pays compte 505 banques; en 1839, on en décompte 840.

La stratégie, la structure et le rendement de la Banque reposent sur plusieurs fondements : la réputation, la stratégie, la relation avec les gouvernements et l'évolution des systèmes de crédit. Les chapitres de la deuxième partie les étudient tour à tour. Dans le premier, nous examinons l'importance de la réputation pour la première génération de dirigeants et nous voyons comment elle a, sur trois « champs de bataille » différents, contribué à former l'expérience, l'approche et l'identité de la Banque.

2

Les capitalistes canadiens et la réputation

Ayant amassé suffisamment de « vrai » capital, les banquiers de la colonie reconnaissent l'importance des autres types de cet actif. Premièrement, le succès d'une banque coloniale dépend, comme ailleurs, de son organisation, de sa gestion et de ses relations politiques et commerciales. Autrement dit, elle doit tirer profit de son capital intellectuel et des connaissances acquises par l'apprentissage et l'expérience. Le capital politique, exprimé par l'influence, la persuasion et l'action, est également vital dans le contexte législatif et dans la relation avec l'Empire. La réussite durable, cependant, dépend absolument du capital de réputation – c'est-à-dire la capacité d'évaluer les caractéristiques économiques, financières, politiques et sociales qui soustendent une transaction dans un environnement marqué par l'incertitude et la rareté de l'information.

Dans le secteur bancaire, la réputation veut parfois tout dire. Les banques ne ménagent aucun effort pour conserver leur bonne réputation. Elles savent qu'elle représente un actif incorporel considérable, un jugement comparatif et une évaluation de leur rendement[1]. Dans un certain sens, au dix-neuvième siècle, la réputation a encore plus de valeur qu'aujourd'hui. Banquiers et financiers doivent se créer des réseaux basés sur la confiance malgré la distance. Ils doivent aussi y arriver dans ce qu'on pourrait appeler un « environnement limité en information ». L'évaluation de la réputation se fait de différentes manières, mais le public et les organisations en connaissent la valeur. La réputation est un facteur déterminant. En d'autres termes, le capital de réputation compte parmi les éléments importants dans le succès à long terme des banques. C'est assurément la clé de la réussite de la Banque de Montréal au début du dix-neuvième siècle.

La première banque canadienne, la réputation et ses « champs de bataille » en Amérique du Nord britannique

De nos jours, on dit que la réputation est le portrait d'ensemble des gestes d'une entreprise et de leurs résultats, résumant son aptitude à procurer à de multiples parties ce qu'elles désirent[2]. Cette définition comporte cinq éléments essentiels : la réputation est fondée sur des perceptions, elle représente l'avis collectif de toutes les parties intéressées, elle est de nature comparative, elle est positive ou négative, elle est stable à long terme[3].

À cette époque, trois « champs de bataille » permettent à la Banque d'établir sa réputation et de contrôler sa destinée : 1) la nature de l'entreprise et sa mentalité; 2) l'arène politique, alors tumultueuse; 3) son rendement économique dans un contexte d'instabilité permanente. En se fondant sur ces trois facteurs déterminants, la Banque accorde la priorité au maintien rigoureux de sa réputation dans ses activités et relations.

Au cours de cette période d'apprentissage, soit de 1817 à la fin des années 1830, la Banque de Montréal acquiert la réputation durable d'établissement bancaire canadien le plus important et influent du siècle. Non seulement peut-elle, en ces années, devenir la première banque canadienne, mais ses leaders surpassent tous les autres capitalistes canadiens sur le plan de la réputation, car ils comprennent l'importance de celle-ci pour leur entreprise. Ils veulent créer, conserver et étendre la réputation de la Banque grâce à leurs réseaux sociaux, professionnels et commerciaux, en établissant leur vision et les valeurs de celle-ci et en veillant à son bon rendement.

La réputation est un atout qui peut faciliter les échanges internationaux ou leur nuire, prévenir les gestes malveillants (qui risquent de l'atteindre) et « donner une légitimité aux entreprises et au réseau institutionnel qui les entoure ». Autrement dit, la réputation est un concept qui s'applique autant à chaque entreprise qu'aux grands réseaux de sociétés[4]. L'expérience acquise par la Banque de Montréal au cours de la première génération montre hors de tout doute l'importance qu'elle accorde à la formation, au développement et à l'élargissement de sa réputation.

Selon des études récentes, les entreprises transigeant avec des partenaires très éloignés se fient presque toujours à la réputation, particulièrement sur les marchés sous-développés ou sous-réglementés. La réputation agit comme une force historique importante dans les situations où il est difficile de rassembler de l'information ou de faire respecter un contrat[5]. Le secteur bancaire en est un excellent exemple. À l'échelle internationale, les exemples les plus fameux se retrouvent chez les Rothschild, avec leur prépondérante influence au début du dix-neuvième siècle, la maison Brown et la famille Morgan, en services bancaires d'investissement[6]. La réputation exerce ses effets sur deux plans – les agences d'évaluation du crédit, au milieu du dix-neuvième siècle, répondent à un besoin massif d'information sur la solvabilité d'une grande variété de prêteurs potentiels. Les banquiers et leurs clients sont bien au fait de l'importance de la réputation et reconnaissent son pouvoir de persuasion.

À la fin du dix-neuvième siècle, un banquier du secteur privé affirme qu'une fois la réputation perdue, les affaires cessent, même si les articles en montre sont les plus attrayants[7]. Les réseaux sociaux jouent un rôle clé dans la formation de la réputation d'une société financière, tout comme la culture[8]. De tels mécanismes chassent les exploitants malhonnêtes et facilitent le partage d'une information exclusive ou privilégiée. Un historien résume ainsi l'importance de la réputation au dix-neuvième siècle : « Tant que l'information économique demeurait imprécise et que les relations personnelles conservaient leur importance, les réseaux sociaux jouaient un rôle important dans le développement et la conservation de la réputation d'une banque, même s'ils étaient fragmentés et conflictuels[9]. » Au moment où sa génération alpha entre dans l'ère bancaire moderne, la Banque de Montréal se dote d'une organisation mieux différenciée, d'un personnel distinctif, d'une série de protocoles et d'un système de plus en plus complexe de règles, soit de tout ce qui facilite les interactions non personnelles et l'expansion du commerce. Malgré tout, les relations sociales demeurent imbriquées dans les interactions que nous jugeons « modernes ». Le « capital social » est donc un élément pertinent et le « capital de réputation » permet parfois de déterminer si les relations sociales sont efficaces dans un contexte économique[10].

Les historiens montrent les diverses manières selon lesquelles le capital de réputation peut suralimenter les relations sociales en opérationnalisant les réseaux commerciaux et d'entreprise et en influençant les décisions visant l'emploi, le capital, l'information et la sécurité[11]. Les membres d'un groupe donné de l'élite sociale peuvent profiter de sa réputation pour accéder plus facilement aux ressources[12]. C'est tout à fait ce qui arrive à la Banque de Montréal.

Les dirigeants de la Banque de Montréal, comme leurs homologues de la région de l'Atlantique Nord, savent que la réputation est un actif unique méritant d'être protégé[13]. Par ailleurs, à mesure que grandit la Banque, l'élite coloniale lui fait de plus en plus confiance, la considérant comme un intervenant important et bien établi, susceptible de demeurer longtemps sur le marché et en conséquence plus désireux de protéger sa réputation que ses concurrents moins développés. De plus, les liens entre les dirigeants de la Banque et les institutions coloniales, américaines et impériales, les autorités financières gouvernementales et les entreprises clés de Montréal ne cessent de s'intensifier.

En Amérique du Nord britannique, la politique et l'économie sont en continuel changement et toujours sujettes à controverse. Il faut se battre pour gagner et conserver une réputation, dans des circonstances sans cesse fluctuantes. Au milieu du dix-neuvième siècle, dans la région de l'Atlantique-Nord, on ne s'entend guère sur la conduite appropriée et acceptable dans le secteur bancaire. Le numéraire et le change ne sont ni des réalités, ni des concepts établis. Le papier-monnaie existe, mais n'a pas été mis à l'épreuve; on craint la contrefaçon. La colonie, avec son économie fondée sur quelques produits de base comme les fourrures et le bois d'œuvre, est particulièrement vulnérable à l'inconstance des marchés mondiaux et du commerce. Dans l'arène politique, des factions réclamant plus de liberté d'action à l'échelle locale et un gouvernement responsable s'opposent à d'autres qui demeurent partisanes du *statu quo* dans la relation entre l'Empire et la colonie. La rivalité entre les deux Canadas se manifeste de nombreuses façons, y compris le rejet par l'un des initiatives commerciales de l'autre. En 1837-1838, dans les deux colonies, des rébellions armées sèment perturbations et incertitudes. Enfin, l'humeur changeante du Bureau des colonies et des lords du Trésor, à Londres, génère souvent ses propres défis, comme nous le verrons au chapitre suivant.

Dans ces conditions, les banquiers canadiens doivent sans cesse porter attention à leur capital de réputation, en plus du « vrai » capital. Il faut qu'ils le créent, l'utilisent et le défendent dans le contexte canadien du dix-neuvième siècle afin de survivre et de prospérer. Dans les faits, la préservation et l'expansion de ce capital deviendra un élément fondamental de leur stratégie.

La création du capital de réputation et la première génération de leaders de la Banque de Montréal

La génération fondatrice de la nouvelle banque provient des tout premiers rangs de l'élite sociale et commerciale de la colonie. Quelques exemples le prouvent amplement.

John Gray, premier président de la Banque, est un marchand et commerçant prospère au sein de la Compagnie du Nord-Ouest. Thomas A. Turner fait partie d'une grande société de commerce de la ville. John Forsyth est un associé de la maison Forsyth, Richardson and Company, la plus importante société commerçante montréalaise de l'époque; il est plus tard nommé au Conseil législatif. George Garden, également grand commerçant, accède à la vice-présidence de la Banque en 1820. Horatio Gates, marchand de Nouvelle-Angleterre qui amasse suffisamment de capital pour créer la

Banque grâce à ses relations à Boston et New York, est nommé président en 1826. Samuel Gerrard (président de 1820 à 1826) est également un homme d'affaires réputé, tout comme John Fleming (président de 1830 à 1832) et John Molson, pionnier de la navigation à vapeur qui, plus tard, fondera la brasserie portant son nom, membre du Conseil législatif et du Conseil exécutif et président de la Banque de 1826 à 1834.

Peter McGill, homme d'affaires, commerçant et marchand, se joint à la Banque en 1819 comme administrateur, accède à la vice-présidence beaucoup plus tard, en 1830, et assure la présidence entre 1834 et 1860. Selon un contemporain, il est « sans doute l'Écossais le plus populaire de Montréal », en plus d'être le leader « d'office » des milieux d'affaires montréalais[14]; il a des intérêts dans le chemin de fer, les transports et les finances et il les soutient en politique, comme membre du Conseil législatif du Bas-Canada, puis du Canada-Uni à compter de 1841[15]. Étant un grand importateur de marchandises venant d'Angleterre et des Antilles, il se dote d'un réseau de relations étendu. Grâce à ses partenaires commerciaux, à ses relations avec des financiers et aux postes politiques et administratifs qu'il occupe, il figure parmi les personnalités les plus marquantes de la colonie. Les gens qu'il connaît, les membres de sa famille et ses nombreuses activités au sein de l'Église écossaise et de la loge maçonnique l'aident à exercer son influence et à acquérir une réputation dans les cercles coloniaux comme impériaux.

Tous ces gens, mais particulièrement Molson, Fleming, Gates et McGill, apportent avec eux un réseau de relations s'étendant sur toute la région de l'Atlantique Nord, Londres et New York comprises. Hommes d'affaires expérimentés, ils s'apprêtent à mieux connaître le secteur bancaire. Les opérations de change n'ont pas de secret pour eux, puisqu'ils possèdent des entreprises de transport maritime et d'importation[16].

Les réseaux sociaux, politiques et commerciaux de la première génération de dirigeants de la Banque rendent plus que probable que celle-ci réussira à se donner une réputation d'indépendance. Les membres de l'élite commerciale de Montréal qui fondent la Banque savent qu'ils s'aventurent dans un secteur très sous-développé. Les premiers intermédiaires financiers apparaissent entre 1800 et 1810; il s'agit d'assureurs contre l'incendie et les accidents (1809)[17]. Les banques à charte sont les principaux fournisseurs d'instruments de règlement et de crédit à court terme. Elles se développent en même temps que des mutuelles d'épargne, des banques d'épargne (Québec), des assureurs incendie et, finalement, le premier assureur vie canadien (soit la Compagnie d'Assurance du Canada sur la Vie). Avant 1850, l'arène financière canadienne comprend également des associations d'épargne immobilière et des banques de dépôt par actions ayant une charte royale[18].

Les colonies sont toujours à la recherche d'un instrument de règlement et d'une devise fiables. Dans les années 1820, les chartes, dont seules disposent la Banque de Montréal, la Banque de Québec, la Banque du Canada et la Bank of Upper Canada, sont contraignantes. Celle de la Banque de Montréal dure dix ans, l'empêche d'acquérir des biens immobiliers sauf pour se loger et d'accorder des prêts hypothécaires et immobiliers, l'oblige à produire un rapport chaque année et lui interdit d'exiger un taux d'intérêt annuel sur prêt supérieur à six pour cent. Certaines limitations, notamment sur les prêts hypothécaires, perdureront pendant un siècle et demi. Selon E. P. Neufeld, en ce début de l'histoire financière canadienne, le contrôle gouvernemental doit prendre la forme, non pas de stipulations précises sur les placements, mais d'une surveillance générale et croissante fondée sur un régime de rapports et d'inspections progressivement plus détaillé[19].

Sur le plan de la réputation, les dirigeants de la Banque cherchent alors à enraciner leur établissement dans la ville et sa région. Les administrateurs passent très rapidement un contrat pour la construction d'un grand immeuble de pierre taillée, de style élégant et « orné, en quatre compartiments, des symboles de l'agriculture, de l'industrie, des arts et du commerce[20]. » Cet immeuble est inauguré à la place d'Armes en 1818 et, une génération plus tard, un autre le remplace en 1847[21]. Deux semaines seulement après l'ouverture de la Banque en 1817, les administrateurs nomment un agent à Québec. L'année suivante, ils font de même à Kingston et à York, au Haut-Canada. La Banque assume ensuite la garde des comptes gouvernementaux, ce qui lui confère un avantage sur ses concurrentes et les rend jalouses.

La réputation à l'heure de la première crise de gouvernance au sein de la Banque

Le premier et révélateur combat que livre la génération fondatrice vise à transformer la Banque, d'abord une association de marchands ayant une approche basée sur la personne et le crédit aux initiés, en une institution financière exploitée de manière professionnelle. Au début des années 1820, le président Samuel Gerrard accorde des prêts et utilise la Banque comme un organe de sa propre entreprise. Selon Naomi Lamoreaux, en Nouvelle-Angleterre, les prêts à des initiés et des associés des banques sont la normale à cette époque. Au Canada, toutefois, la situation est quelque peu différente; on tolère moins ce comportement de « club d'investisseurs » si répandu au sud de la frontière[22]. Lors de la crise boursière de 1825, les prêts de la Banque de Montréal totalisent le quart de son capital libéré – Samuel Gerrard consent ces prêts, sans jamais indiquer qu'il le fait en sa qualité de président[23]. Le recouvrement de ces sommes non remboursées est un sujet de controverse une fois la crise terminée.

Outrés par la conduite du président, trois administrateurs dirigent la rébellion. George Moffatt, un « personnage très en vue dans les cercles d'affaires[24] », James Leslie, un marchand et grossiste montréalais né aux États-Unis et cumulant les succès, et Horatio Gates, un des fondateurs de la Banque, tentent de pousser Gerrard à la démission; ils y réussissent finalement à l'été 1826[25]. Ils l'accusent de se comporter de manière irrégulière et de ne pas respecter ses obligations envers la Banque. On le trouve ensuite coupable d'avoir accordé des rabais au nom de la Banque à l'insu de ses collègues et d'avoir porté la dette d'un emprunteur au-delà des 10 000 £ autorisées[26]. La décision du conseil n'est pas unanime; la position de Moffatt sur cette question est approuvée de justesse, par cinq voix contre quatre.

Le krach de 1825 exerce de graves conséquences sur l'économie de la colonie. Plusieurs grandes sociétés montréalaises éprouvent de considérables difficultés et les faillites sont nombreuses. La situation n'est pas meilleure en Angleterre. L'agent londonien de la Banque, Thomas Wilson and Company, est en difficulté, ayant trop investi en Amérique du Sud. La Banque de Montréal se trouve en si mauvaise posture que les administrateurs, oubliant le ton restreint et objectif normalement utilisé pour décrire leurs délibérations dans le cahier des résolutions, y inscrivent ce qui suit pour la réunion de juillet 1826 : « Le conseil d'administration, ayant constaté une tendance déplorable à la mésentente entre les dirigeants de la Banque, juge nécessaire de déclarer que ceux-ci ont pour devoir individuel et collectif de respecter le caractère propre de l'institution en faisant preuve de bon vouloir et de magnanimité dans leurs discussions quotidiennes – de manière à conserver la confiance du public, ainsi que l'estime mutuelle. Les membres du conseil sont déterminés à exprimer leur plus profond déplaisir en cas de désobéissance à ce devoir ou d'inconduite au sein de la Banque[27]. »

On s'inquiète principalement de la réputation de la Banque et on veut la préserver malgré le ralentissement de l'économie, les conflits à la direction et le sentiment de frustration chez certains des membres du conseil. Ceux-ci sont d'autant plus préoccupés qu'il circule des rumeurs au sujet de pertes croissantes de la Banque. Les frais de change élevés qu'exige cette dernière pour la devise anglaise à Montréal – frais qui lui sont dictés par le marché et non pas par elle-même – irritent la population, qui lui en fait ce reproche supplémentaire. Par ailleurs, la Banque persiste à ne donner aucune nouvelle sur ces pertes et cela ne fait rien d'autre qu'encourager la calomnie. La faillite de la maison Simon McGillivray, marchand important lié de près à la Banque et fort emprunteur auprès de celle-ci, est l'objet de tous les commérages en ville.

La crise est résolue, mais dans la controverse. De graves tensions entre les membres du conseil, datant d'il y a longtemps, se font jour. Les marchands de la vieille garde qui y siègent appuient Samuel Gerrard, l'homme à la source du problème, et ne se laisseront pas convaincre facilement. Dans ce groupe figure le jeune Peter McGill, protégé de Gerrard, qui contribue à prolonger le débat et à tempérer le coup final, quand une décision devient inévitable[28].

À l'été 1826, la campagne que fait George Moffatt pour professionnaliser les activités de la Banque – et surtout pour mettre fin aux transactions d'initiés et au favoritisme – arrive à son terme. On tient une assemblée spéciale des actionnaires, pour étudier et finalement adopter une réforme en profondeur du règlement interne de la Banque et l'établissement de règles délimitant la conduite du président, du caissier et de leurs subalternes[29]. Le code révisé restreint notamment les pouvoirs discrétionnaires des dirigeants et instaure des règles rigoureuses pour l'escompte de lettres de change.

L'industriel John Molson aîné accède à la présidence en 1826; il sera suivi par John Fleming et Horatio Gates. En 1834, ceux-ci étant décédés, Peter McGill prend la relève comme membre le plus ancien du conseil. Selon son biographe, il profite des grands changements que Moffatt et Leslie réussissent à faire approuver par le conseil, malgré le fait qu'il s'y soit opposé avec vigueur pour défendre son partenaire et patron Samuel Gerrard[30].

Au cours de cette première génération, les politiques et les pratiques bancaires sont le principal sujet de controverse dans laquelle la Banque s'engagera, sur le plan de la réputation. La faction de Moffatt remporte une victoire décisive : la Banque doit aborder sa mission et sa charte d'une manière plus professionnelle. La vieille garde est persuadée qu'elle peut continuer d'utiliser les ressources de la Banque pour ses projets personnels et commerciaux. Les transactions d'initiés sont pratiquement inévitables, compte tenu du petit nombre d'hommes d'affaires montréalais. Les changements défendus par Moffatt, Leslie, Gates et Fleming permettent toutefois à la Banque d'esquisser les fondements de son image de marque et d'informer le monde entier de sa présence.

La réputation sur le champ de bataille de la politique et de l'économie

Le deuxième champ de bataille, pour la réputation de la Banque, se situe dans l'arène politique et est lié de près à l'économie en général. Le Bas-Canada est alors fortement divisé entre la majorité canadienne-française catholique et la minorité anglaise protestante. La colonie possède une Assemblée législative et un Conseil exécutif, mais celui-ci n'a pas à rendre compte à celle-là. Le gouvernement responsable n'existera pas avant plusieurs années. L'élite commerciale anglophone et protestante – dont bien des membres sont rattachés à la Banque de Montréal – est dominante dans la vie économique. L'énergie et l'attention de la classe politique sont absorbées par un débat politique permanent[31], aussi bien dans la colonie qu'entre le Bas-Canada et le Haut-Canada. Les ralentissements cycliques de l'économie, la dépendance de celle-ci aux marchandises de base et une foule d'autres défis alimentent les tensions, qui ne demandent qu'à déborder dès que les choses vont mal ou que les gens sont suffisamment désespérés. Les différences ethniques, régionales, religieuses, politiques, économiques et sociales s'accompagnent d'idées conflictuelles concernant la nature de l'argent, les banques et les finances. En ajoutant à cela le recours à la politique pour réaliser des gains à l'échelle privée, locale ou sectionnelle, on obtient un portrait assez fidèle de la vie politique dans les colonies de l'Amérique du Nord britannique au milieu du dix-neuvième siècle.

Les affaires politiques, dans les colonies, sont donc tout sauf ennuyantes. En fait, les banquiers les trouvent généralement trop agitées. Comme on peut s'y attendre, en obtenant du succès en dépit des circonstances, on s'attire autant de partisans que d'ennemis. Dans les années 1820 et 1830, la Banque paraît, en fonction de l'observateur, soit comme un modèle à imiter, soit comme une institution trop confiante en elle qu'il faut rabaisser. À l'Assemblée, elle est en butte à de sévères critiques parce qu'elle refuse d'escompter des traites étrangères lors de l'achat de lettres de change du Commissaire général. On l'accuse de ne pas agir dans l'intérêt du public, de nuire aux intérêts de la ville de Québec en y installant une succursale et d'une multitude d'autres délits plus ordinaires.

En 1829, un comité de l'Assemblée législative faisant enquête sur ces accusations arrive aux conclusions suivantes : la Banque a respecté ses obligations dans les échanges de billets; la succursale de Québec a été très profitable pour le commerce et l'agriculture de la ville et du district; la Banque a, dans ses activités, respecté les principes d'équité[32]. Le comité estime également que la Banque, en rachetant et escomptant des billets, ainsi qu'en luttant contre la contrefaçon, se hausse au rang des banques les plus renommées de l'Atlantique Nord, à savoir la Banque d'Angleterre, la Banque d'Écosse et la Banque des États-Unis[33].

Le comité arrive à cette conclusion après avoir reçu un long témoignage de Benjamin Holmes, caissier de la Banque, délégué de préférence à un dirigeant de niveau supérieur afin d'éviter d'autres controverses et conflits. Holmes occupe d'ailleurs le poste de directeur de l'exploitation et peut donc se prononcer avec légitimité sur les pratiques exemplaires des banques. Sa réputation d'homme respectueux des règles a probablement impressionné les membres du comité[34]. Son biographe avance également que, grâce à son comportement apolitique, il avantage fortement la Banque à ce moment dangereux des délibérations du comité, qui se montre souvent hostile[35]. Holmes décrit les méthodes qu'emploie la Banque pour traiter ses propres effets et les racheter. Il rappelle que l'or et l'argent acheminés par l'intermédiaire de la Banque et servant à payer des taxes ou à acheter des lettres de change anglaises ou américaines provient principalement de la Banque elle-même[36].

Les conclusions du comité n'éloignent cependant pas tous les dangers pour la Banque. À cette époque, aux États-Unis, les banques et leurs activités font de plus en plus l'objet de critiques sur le plan politique; ce mouvement traverse la frontière au début des années 1830. En fait, l'absolution accordée dans le rapport du comité n'a pas un effet aussi positif dans l'opinion publique. Nombreux sont ceux qui, à la lecture de ses conclusions, estiment que la Banque a dû user de pouvoirs de persuasion considérables pour obtenir un résultat aussi favorable (sans considération des circonstances). Un autre sujet de controverse réside dans l'intervention de bien des dirigeants de la Banque dans les questions politiques du jour – union des deux colonies, modes de possession des terres, nature et pouvoirs des tribunaux. Le renouvellement de la charte de la Banque, en 1831, soulève de nettes oppositions parmi les députés radicaux et réformistes de la Chambre, notamment de la part de leurs chefs John Neilson et Louis-Joseph Papineau (aussi orateur). Ce dernier allègue que les banques ne sont pas des entreprises privées, mais plutôt des institutions publiques et politiques devant rendre compte de leur conduite auprès des autorités qui les ont créées. Selon lui, la Banque néglige ses obligations auprès du public et sa charte ne doit pas être renouvelée. Il conclut que l'intérêt privé finit généralement par détourner l'homme de ses devoirs publics et qu'il faut surveiller jalousement les entreprises de ce genre[37].

Au cours des mêmes années, la conduite de la Banque est critiquée dans d'autres domaines. Un correspondant, signant de nombreuses lettres sous le pseudonyme « ANTI-BANQUE », affirme que le papier-monnaie en petites coupures fait disparaître le numéraire métallique au pays. La Banque, ayant le monopole des opérations gouvernementales, s'attire des reproches supplémentaires. Le papier-monnaie n'a pas bonne réputation chez les Canadiens français, qui en gardent d'amers souvenirs. La charte est finalement renouvelée pour six ans seulement, jusqu'au 1er juin 1837.

Au Bas-Canada, les dissensions politiques des années 1830 mettent la Banque dans la visée des partisans anglophones et francophones. Lors de la campagne électorale de 1834, l'avis anonyme suivant est affiché :

> AVIS AUX CANADIENS!
> Par les papiers publics, vous aurez vu que la confiance du public de Québec dans les Banques, et surtout celle de Montréal a cessé, que dans peu de jours, £12,000 en ont été retirés, et que la Banque principale à Montréal a été forcée à deux reprises d'envoyer de l'argent

dur à sa branche de Québec. Ceux de vous qui ont des Billets de cette Banque entre leurs mains, et qui ne veulent pas s'exposer au risque d'en perdre la valeur en entier ou en partie, feront bien de les échanger le plutôt possible contre de l'argent dur à la Banque de Montréal, Rue St. jacques. Que l'exemple des États-Unis soit un avis aux Canadiens. Là plusieurs centaines de banques ont failli, et tous ceux qui avaient eu de la confiance en ces institutions ennemies de la liberté du peuple, ont fait des pertes considérables sur leurs chiffons de papier, qu'on prétendait être équivalents à l'argent dur. Soyez donc sur vos gardes. Canadiens, ne prenez plus de billets, et défaites-vous au plutôt possible de ceux que vous avez!
8 novembre 1834

Comme nous l'avons vu, les activités commerciales des membres du conseil d'administration de la Banque s'immiscent dans pratiquement toutes les facettes de la vie économique montréalaise. Des dirigeants réputés comme George Moffatt et Peter McGill s'intéressent également à l'immigration et aux initiatives d'occupation des terres dans les Cantons de l'Est, par l'intermédiaire de la British American Land Company. Cette entreprise veut acheter des terres pour des immigrants britanniques, mais se rend compte que la plupart d'entre eux sont incapables de se rendre ici à leurs propres frais, ce qui cause problème. L'entreprise doit aussi composer avec la situation politique des années 1830 : ses dirigeants n'ayant pas prévu la franche opposition de la majorité canadienne-française à la colonisation des Cantons de l'Est par les Britanniques[38]. Au milieu de cette décennie, les tensions entre, d'une part, la majorité représentée à l'Assemblée et, d'autre part, le gouverneur et le Bureau des colonies atteignent le point de cassure, sur ce sujet et bien d'autres. Les débats touchant les arrangements constitutionnels – les pouvoirs de la Chambre, plus précisément – se compliquent et s'intensifient à cause de profondes mésententes ethniques au sein de la colonie. Le gouverneur Gosford écrit à Lord Glenelg, en mars 1836, que la collectivité anglophone et, particulièrement, la classe des commerçants n'accepteront pas sans coup férir l'établissement de ce qui leur semble être une république française au Canada[39]. Telle est la situation dans les colonies à ce moment. Elle ne va pas tarder à empirer.

La colonie se désagrège

Au milieu des années 1830, la vie politique au Bas-Canada est en situation de crise, surtout parce que la majorité francophone réclame, avec d'autres, une plus grande autonomie gouvernementale. Le débat s'envenime; agitations populaires, boycottages et révocations de procès devant jury aboutissent finalement à la rébellion de 1837-1838. En 1836, de faibles rendements agricoles laissent présager une contraction de l'économie. Certaines banques empirent les choses : beaucoup s'installent au Haut-Canada et leurs prêts non garantis incitent les agents financiers, en 1837, à suspendre les paiements à Londres. En mai, les banques américaines assènent un coup plus fort encore, en suspendant le paiement du numéraire, ce qui force les banques du Bas-Canada à les imiter. Et, comme si cela ne suffit pas, seize banques – sans charte et regroupant principalement des citoyens de Buffalo, dans l'État de New York – tirant parti du peu de rigueur de la réglementation, commencent à émettre des billets partout aux États-Unis et dans les colonies. Lorsqu'on demande le rachat de ces billets, elles disparaissent promptement[40].

Les colonies canadiennes font face à une crise politique, financière et économique qui mène leurs institutions financières au point de rupture. Reconnue pour sa résilience et sa gestion prudente, la Banque de Montréal réussit à survivre. Elle doit tout de même réduire ses dividendes de moitié entre 1837 et 1840.

Les banques à charte prédominent dans les services bancaires commerciaux de la colonie, ainsi que sur le marché des capitaux canadien du dix-neuvième siècle. Cela ne veut pas dire qu'elles sont assurées de conserver leur position dans les années à venir. De 1820 à 1837, on essaie à de nombreuses reprises de créer des banques privées émettrices de billets par acte de constitution. C'est ainsi que sont fondées la Farmer's Bank, la Banque du Peuple, la Niagara Suspension Bank et l'Agricultural Bank of Toronto, dont aucune ne survit. Parmi les banques qui réussissent figure, outre la Banque de Montréal, la Banque de l'Amérique septentrionale britannique (fondée en 1836) – cette banque britannique peut être poursuivie et entamer des poursuites au nom de son dirigeant résident et elle bénéficie de la protection et du prestige d'une charte royale (1840).

La participation de la Banque de Montréal à de grands projets publics comme celui du canal de Lachine (terminé en 1821 au coût total de 440 000 $) et à des initiatives d'infrastructures privées (comme le Champlain and St Lawrence Railroad, qui date de 1832), combinée à de saines pratiques en opérations de change, commence à lui bâtir une solide réputation. Elle devient, par exemple, le plus grand agent de change des deux colonies et emploie la maison Prime, Ward and Sands comme représentante sur le marché de New York pour y obtenir un meilleur taux de change sur la livre sterling qu'au Bas-Canada. L'envoi des fonds dans cette ville lui procure un meilleur cours pour les lettres de change libellées en cette devise, qui sont une source de numéraire. L'établissement d'importantes réserves à Londres et à New York fait de plus en plus partie de sa stratégie fondée sur la prudence[41]. On assiste

Tableau 2.1 | Fonds mis en réserve, 1819-1840

Année	*Fonds mis en réserve*
1819	1 042 £
1825	7 570 £
1830	7 840 £
1835	20 165 £
1840	22 370 £

alors à une reprise de l'activité économique dans la colonie et les affaires de la Banque gagnent en volume et en rentabilité; ses actionnaires obtiennent des dividendes allant de douze à quatorze pour cent entre 1832 et 1836.

Le capital de réputation de la Banque s'accroît dans les années 1830 et consolide sa position au pays. Elle ne fait pas faillite, ni ne passe près de le faire (malgré quelques ponctions, parfois abondantes, dans ses réserves). En fait, les réserves demeurent en excellente santé même pendant la rébellion, comme le montre le tableau 2.1.

La Banque se démarque par son historique de stabilité et de prudence, par la rigueur de ses règles et par la vigilance de ses administrateurs. Grâce à une adroite gestion de ses affaires, elle est autorisée à exercer ses activités au Haut-Canada, alors que cela lui avait été interdit (pour des raisons politiques), sauf par l'intermédiaire d'une banque filiale (la Banque du Peuple). Quand le Canada-Uni est formé en 1841, elle reçoit une nouvelle charte durant vingt et un ans et peut accroître son capital de 250 000 à 750 000 £[42]. Ses dirigeants tirent tous les avantages possibles des tendances favorables de l'époque et ouvrent des agences dans les villes et villages nouveaux de la région maintenant appelée le sud de l'Ontario. La Banque compose avec des revirements de toutes sortes : suspension des paiements de numéraire par la Bank of the United States, tensions anglo-américaines au sujet du territoire de l'Oregon en 1845, arrivée de 100 000 Irlandais démunis en 1847, crise bancaire en Angleterre en 1848, spéculation désordonnée dans le chemin de fer, chute soudaine et prononcée du prix des denrées et du bois d'œuvre et de la construction navale dans la colonie. La Banque résiste à tout et demeure stable malgré de considérables pertes. La réaction normale aurait été d'évaluer le risque et de rajuster le crédit et les décaissements pour respecter les rigoureuses règles conçues pour entretenir la réputation d'honnêteté et de prudence de la Banque en matière financière.

Dans les années 1840, la réputation de la Banque est bien établie et bien défendue. Les dirigeants en poste sous la présidence de McGill réagissent à tout ce qui pourrait nuire à une réputation si chèrement acquise. Deux événements en sont un bon exemple. Le premier est d'ordre politique. Le caissier Benjamin Holmes entre dans l'arène de la politique coloniale canadienne et doit, dans le cours de sa carrière, supporter l'hostilité constante et le traitement vindicatif de l'opposition. En 1845, un débat particulièrement acerbe avec le Conseil exécutif, au sujet des coûts du canal, exacerbe les tempéraments au point que le Conseil, furieux, ferme tous ses comptes auprès de la Banque. Quelques mois plus tard, en 1846, Holmes démissionne de son poste au sein de la Banque et est remplacé par Alexander Simpson. Les dirigeants, par la suite, se tiennent loin du débat politique, le jugeant trop risqué et potentiellement dangereux, non seulement pour la réputation de la Banque, mais aussi pour sa position financière. Les comptes gouvernementaux retrouvent bientôt leur place et les affaires, avec les autorités coloniales, reprennent normalement[43].

Le second événement porte sur la propriété et l'actionnariat de la Banque. On réclame de plus en plus des dirigeants qu'ils divulguent le nom des actionnaires et leur pays d'origine, car on craint une influence possible des Américains. En 1845, la Banque publie quelques chiffres montrant qu'en fait, à peine 73 actions sur 15 000 appartiennent à des intérêts américains. Les Canadiens de l'est du pays (sud du Québec) en détiennent la plupart (9 739), contre 2 660 pour les Britanniques et 1 186 pour les Canadiens de l'ouest; des militaires de l'armée de terre et de la marine en détiennent 873. Le rapport annuel de 1845 indique aussi que les actionnaires, au sein de la colonie, sont assez variés : 4 401 actions appartiennent à des commerçants, 815 à des avocats et médecins et 10 144 à d'autres professionnels ou particuliers[44].

Les deux incidents – l'un basé sur les perceptions politiques et l'autre sur les perceptions publiques – soulignent l'importance que la génération alpha accorde toujours à la réputation. L'expérience acquise par la Banque de Montréal sur trois champs de bataille clés pour la réputation montre que ses dirigeants comprennent intuitivement son rôle et son influence dans l'Amérique du Nord britannique du dix-neuvième siècle. Ils agissent pour la créer, la générer et la préserver. Les crises internes au sujet des pratiques bancaires des années 1820 et les conflits des années 1830 témoignent clairement du changement de la « micro-culture[45] » de la Banque; elle est composée de valeurs et de convictions qui déterminent la réputation de l'intérieur même de l'entreprise (ce qu'on appelle l'image interne). Les débats entourant la structure de direction de la Banque, ses politiques de crédit et de vote, son administration et son règlement interne donnent l'occasion de mieux comprendre comment elle pourra faire le lien entre des capacités en expansion et un nouvel ensemble de valeurs et de convictions mettant en vedette le professionnalisme dans ses activités. La réputation bâtie à l'interne en 1825 et 1826 se détériore si rapidement que seul un plan d'action immédiat peut assurer la survie de la Banque. Des réformes fructueuses et l'élimination de certains personnages clés lui ont permis d'inverser les tendances et de commencer à exploiter ses nouvelles capacités.

L'examen des activités de la Banque qu'entame l'Assemblée législative en 1829, joint aux discussions sur le renouvellement de sa charte en 1830-1831, crée pour elle un climat d'exploitation potentiellement conflictuel et périlleux. Elle y survit malgré tout, essentiellement grâce au soutien d'un contingent suffisant de l'élite commerciale britannique. Ajoutons à cela l'opinion du Bureau des colonies et du Trésor qui, depuis Londres, exerce une influence puisque ses intermédiaires s'expriment sur la position de la Banque et ses activités.

Le succès obtenu par la Banque de Montréal, qui survit aux événements des années 1835-1840, montre qu'elle dispose d'un capital de réputation considérable, grâce à la saine gestion de ses affaires. Mais sa réussite s'explique aussi autrement. Bon nombre de ses dirigeants, dont McGill, Moffat et Holmes, sont d'inconditionnels partisans du Canada-Uni et de fidèles sujets de la Couronne. Pendant la rébellion, certains reçoivent les louanges du public parce qu'ils participent à la campagne militaire contre les Patriotes. Plusieurs marchands montréalais réclament de dures punitions pour les rebelles (jusqu'à la pendaison), indiquant clairement que les perceptions de la population canadienne-française leur importent peu, du moins tant que les passions restent vives. Les dirigeants de la Banque s'inquiètent plus de leur réputation dans leur propre milieu et auprès du gouvernement de l'Empire. Cette attitude persiste, car elle se manifeste de nouveau lors du débat sur le remboursement des pertes subies pendant la rébellion. Cependant, dès les années 1840, les relations entre les deux peuples s'améliorent lentement, à mesure que les colonies se transforment en une entité de plus grande maturité politique. Les dirigeants de la Banque s'éloignent progressivement de la politique, préférant exercer leur influence en coulisse, loin de la scène publique.

Dans les années 1820, la Banque de Montréal est au fond une société de marchands susceptible de devenir une institution plus complexe. Au fil du temps, les partisans d'une gouvernance plus stricte au sein de la Banque remporteront la victoire sur plusieurs champs de bataille où l'enjeu est la réputation. Les dirigeants s'enorgueillissent de plus en plus de cette solide réputation – associée à une gestion prudente, à un grand réseau de relations et au rendement financier (et qui éloigne la faillite quand les choses se gâtent, contrairement à ce que connaissent de nombreuses autres banques). La suite de l'histoire de la Banque montre que cet actif lui facilite un nombre grandissant de transactions et d'interactions – grâce à ses succursales en expansion, à des occasions de placement plus importantes et à la multiplication de ses agences aux États-Unis et au Canada. Autrement dit, cette période marque le début de l'établissement de la réputation de la Banque comme première banque canadienne – une réputation mise à l'épreuve et bien méritée.

Nous avons donc vu que trois « champs de bataille » de la réputation permettent à la Banque, au cours de la période, de déterminer son destin, de même que sa nature, sa mentalité et ses valeurs. Dans ces combats contre des pressions internes et externes, il s'est créé une institution de solide réputation, qui en comprend éminemment l'importance. Simultanément, la Banque de Montréal devient non seulement la première banque canadienne, mais aussi la banque canadienne prédominante du dix-neuvième siècle, tandis que ses dirigeants deviennent les capitalistes les plus renommés du pays.

3

Style, stratégie, stabilité

La réputation est un facteur et la stratégie en est un autre. Tous deux convergent, mais une stratégie fructueuse comprend différents volets, y compris la réputation, les relations et les réseaux. La Banque doit se doter de la stratégie et de la capacité organisationnelle qui lui permettront d'accomplir diverses fonctions critiques pour la colonie.

À cette époque, la Banque vise la stabilité : démarche prudente en matière de crédit, préférence pour la constitution d'importantes provisions pour éventualités et vision d'avenir délibérément axée sur la croissance, même au détriment de bénéfices rapides. Cette stratégie convient bien à sa situation, à la mentalité de ses dirigeants, à son rôle de fiduciaire, puisqu'elle est la plus grande banque, et à sa qualité d'agent bancaire du gouvernement. Tout cela exige de la stabilité, qualité essentielle à la survie d'une banque à l'ère coloniale. Les dirigeants de la Banque ne peuvent connaître le succès, dans cet environnement, que s'ils sont en mesure d'équilibrer deux forces conflictuelles : la croissance et le risque. Toutes les banques doivent bien sûr y parvenir pour survivre et prospérer. Au Canada, cependant, ces facteurs sont alors généralement imprévisibles et sujets à des revirements subits.

La Banque est d'abord appelée à profiter des points forts de l'économie canadienne, malingre et en grave manque de capital, afin de promouvoir un développement généralisé. Son principal défi consiste à contribuer à l'établissement d'un système capitaliste conçu pour promouvoir le développement local et à offrir des services bancaires critiques : circulation du numéraire, services de change, acheminement et virement de capitaux, ainsi que dépôts et prêts aux autorités publiques et aux particuliers. Cela ne peut se faire qu'au rythme de l'économie de la colonie, toutefois. Pour développer son système, elle doit améliorer son réseau d'information financière et de relations sur les marchés qui comptent : à Montréal, mais aussi à New York, Londres et Chicago, où les intérêts financiers et commerciaux canadiens doivent être représentés.

Les politiques de développement de la Banque et ses arrangements institutionnels doivent aussi être en mesure de supporter les contractions ou chocs économiques passagers, mais parfois violents, du système colonial. La nécessité de gérer le risque de marché ne s'accorde pas toujours avec les pressions populaires, à l'occasion intenses, incitant la Banque à libéraliser l'accès au crédit, à ouvrir des succursales dans les nouvelles agglomérations de la colonie ou à financer de grands projets publics.

Pour équilibrer ces forces centripètes pendant quarante ans, il faut convenir d'une vision stratégique commune et la direction, bien disciplinée, doit savoir quand prendre de l'expansion, quand agir avec audace, quand prendre des risques et quand s'abstenir. Si la Banque se contente de sa politique d'austérité, sans jamais appuyer d'autres projets que les plus sûrs, le développement économique en pâtira – et surtout les marchands montréalais, occupant le centre de l'arène commerciale. En revanche, si les dirigeants succombent à la tentation de projets plus spéculatifs, la Banque met en danger non seulement sa position, mais peut-être même sa survie. Une défaillance possible aurait des conséquences incalculables sur la destinée des intervenants canadiens, ici comme à l'étranger. La direction et le conseil d'administration de la Banque savent à coup sûr qu'elle joue un double rôle : établissement financier des capitalistes de la métropole canadienne et pilier de la stabilité financière du pays. Sa relation étroite avec les gouvernements coloniaux successifs met en lumière son importance dans la sphère publique.

C'est pourquoi la Banque se dote d'une vision stratégique souple, axée sur le long terme, en vue d'équilibrer ces deux forces conflictuelles. Dès 1830 et jusqu'à la fin des années 1850, ses dirigeants adoptent une telle perspective lorsqu'il est question d'expansion, de développement, de concurrence, de pénétration des marchés, de croissance de l'organisation et d'évolution des politiques. Ils comprennent intuitivement que la Banque doit certes rendre des comptes à ses actionnaires, mais aussi, dans un sens beaucoup plus large, à la société en général. Son rendement peut faire la différence dans l'avenir du Canada, comme colonie et comme nouvel intervenant dans la région de l'Atlantique Nord.

Dans le prochain chapitre, nous verrons que la réglementation du secteur bancaire exerce de profondes répercussions sur son évolution en général et sur celle de la Banque. Les banques canadiennes et leurs chartes contraignantes sont, au fond, le résultat d'une économie politique du secteur bancaire au Canada. Les stratégies appliquées et les décisions prises découlent toutefois de la stratégie de stabilité de la Banque de Montréal.

Cette stratégie – en un certain sens particulière à la Banque de Montréal – comprend une démarche prudente en matière de crédit et d'escompte, ce qui n'est guère étonnant quand les capitaux et l'information se font rares. On peut aussi lui attribuer en partie la sélectivité de la Banque pour ses prêts et placements, notamment en ce qui concerne le chemin de fer, un investissement qu'elle veut toujours éviter, sauf dans des circonstances particulières. Elle est également à l'origine du moment choisi pour l'ouverture de nouvelles succursales et agences, qui ne se fait qu'après une longue réflexion et, souvent, des demandes répétées de la population; elle incite aussi la Banque à se constituer et conserver des réserves très élevées, allant au-delà des exigences législatives. Enfin, la stratégie décrit pourquoi la Banque conçoit son exploitation en fonction de la croissance de ses aptitudes organisationnelles et financières à New York, Chicago et Londres. La nécessité d'agir avec doigté et prudence est renforcée encore par le rôle de la Banque comme banquier du gouvernement, dans certaines périodes cruciales de ses premières années.

Pour développer une institution financière, les financiers du dix-neuvième siècle doivent savoir réagir à tout un ensemble, parfois désarmant, de défis organisationnels, commerciaux et stratégiques. Certains sont communs à toutes les banques : organisation, stratégie, structure, politiques, tarification et réglementation. Quelques-uns sont propres au Canada : territoire immense, économie périphérique et cyclique, faible autonomie du gouvernement colonial, divisions ethniques de la société et concurrence continentale et métropolitaine avec les États-Unis et leur nouvelle capitale financière, New York. Au fil de la croissance progressive du marché, l'apparition de nouvelles banques multipliera les défis à relever.

La première génération de dirigeants de la Banque de Montréal compose donc avec une situation économique et politique animée de forces puissantes, imprévisibles ou souvent dangereuses. Les marchands montréalais acquièrent une plus grande capacité économique dans la fabrication et la vente en gros, mais les progrès sont lents. Le marché des capitaux canadien se forme à peine; l'économie des colonies est étroitement assujettie aux conditions du commerce impérial et continental et, par conséquent, vulnérable aux aléas de l'économie internationale. La conjoncture économique est souvent à la merci des mauvaises récoltes, des fluctuations du commerce des marchandises de base et des crises financières périodiques. Le lancement de grands projets d'infrastructure – canaux, voies ferrées, réseaux télégraphiques, etc. – représente des occasions et des risques pour les investisseurs. La colonisation progressive du sud de l'Ontario, notamment, exige de nouveaux investissements. Les banques, instruments financiers inédits, doivent être mises à l'épreuve avant l'acceptation finale, tout comme leurs méthodes et approches.

Dans quelque environnement où il évolue et surtout dans la situation incertaine des colonies canadiennes, un jeune établissement financier n'est jamais assuré de réussir, ni même de survivre. Pour les dirigeants et promoteurs de la Banque et bien d'autres, les obstacles sont nombreux. L'avenir incertain du Canada, son entrepreneurship ainsi que sa présence et sa participation dans les réseaux financiers naissants de la région de l'Atlantique Nord sont tous des facteurs importants du succès ou de l'échec de la Banque de Montréal. Celle-ci devient à cette époque le principal porte-drapeau, la concrétisation et le modèle du secteur financier canadien, et cela malgré le grand nombre de ses concurrentes, de ses détracteurs et critiques, sans compter ses nombreux ennemis.

Dans cette première génération, la Banque se donne un avantage vital en se dotant d'une architecture d'administration, d'organisation et d'information suffisamment solide pour résister aux conditions difficiles de l'économie, garantir une bonne circulation de l'information sur le crédit, sur les conditions du commerce, etc. Au milieu du siècle, les structures, stratégies et réseaux qui décrivent la mentalité et le style de la Banque et de ses dirigeants de la première génération sont déjà bien en place.

Un style fondé sur la stabilité

La réputation de stabilité des banques canadiennes leur viendrait des « fondements institutionnels » du pays – autrement dit du contexte réglementaire et politique et du système de succursales – et de la lente évolution de son marché des valeurs mobilières. Le système canadien, de par sa nature, limiterait les sources de risque systémique[1]. Le style canadien est bien de son époque, soit la première moitié du siècle, et il est marqué par les débats politiques intérieurs et la surveillance impériale, mais cela ne le décrit qu'à moitié. La Banque de Montréal, présence prédominante dans le système canadien, doit respecter les règles de la prudence dans les services bancaires. L'évolution de ses politiques et l'application de sa stratégie jouent un rôle important dans le développement de l'image de marque commerciale du système[2].

La capacité de se développer

« On dit qu'à son lancement la Banque de Montréal profitait d'un niveau de confiance tout à fait inattendu dans toutes les classes de la société, affirme le *Daily National Intelligencer* de Washington, D.C. en décembre 1817, à tel point que les marchands en tirent beaucoup plus d'avantages que prévu. »

On rapporte que la Banque reçoit « énormément » de dépôts depuis l'ouverture en novembre[3]. Ce compte rendu favorable des débuts de la Banque mérite l'attention pour deux raisons. Premièrement, il donne une idée de la demande de services bancaires chez les marchands montréalais. Ensuite, l'intérêt manifesté par les Américains témoigne des liens continentaux naturels qui figurent en bonne place dans les activités de la Banque et dans le profil de ses promoteurs.

Les opérations de change

Les premiers efforts de la Banque ciblent l'établissement d'une assise pour ses opérations bancaires. Elle fait tôt sa marque dans les opérations de change, grâce à ses relations avec Londres, en Angleterre, et New York, aux États-Unis. Dans ce pays, elle rentabilise la conversion de la livre sterling au profit des marchands new-yorkais. Elle remet également à Londres des traites représentant les sommes dues à l'importation de marchandises et surtout de numéraire. New York a cependant l'avantage sur l'autre capitale, car elle abrite un marché pour les lettres de change en devises britanniques, pour le numéraire et même pour l'utilisation des fonds mis en réserve. La Banque se préoccupe grandement de la circulation des pièces de monnaie, des devises et du numéraire, car ces activités sont très risquées, notamment quand il s'agit de déplacer de l'or et des objets précieux dans le territoire des colonies canadiennes.

À la fin des années 1820, les opérations de change de la Banque sont en progression constante. De 1827 à 1829, la valeur des traites achetées des gouvernements grimpe de 208 pour cent, passant de 47 000 à 145 000 £; celle des traites privées progresse de 18 729 à 60 610 £. En 1831, on lui doit tout près d'un demi-million de livres, tandis que les dépôts s'élèvent à 129 285 £ et les billets en circulation à 223 558 £. Plus de trente-cinq pour cent des sommes dues proviennent de prêts aux membres du conseil d'administration, pour la simple raison qu'ils sont les principaux marchands de la ville. Ce pourcentage baissera dans les années suivantes en raison de l'augmentation du volume d'affaires; dans les années 1840, la loi le fixera au maximum à dix pour cent de l'ensemble des prêts.

En se spécialisant très tôt dans les opérations de change et le crédit commercial, la Banque se taille une place non seulement à Montréal, mais aussi dans les grands marchés de Londres et de New York. Comme nous l'avons vu, ses succès ne plaisent pas à tous : en 1829, une pétition présentée à l'Assemblée législative lui reproche âprement son apparente politique de limiter le crédit aux commerçants, affirmant qu'elle « prive le public de ces avantages qui, dans les pays où le système des banques est mieux connu, sont regardés comme aussi importants à l'agriculture et à l'intérêt général qu'à la partie commerciale » et ajoutant qu'elle « laisse apercevoir les vues étroites, erronées et intéressées des personnes qui ne peuvent publier qu'ils sont marchands lorsqu'ils prennent la charge de directeurs[4]. » La charge semble viser l'expansion des établissements de la Banque dans la colonie, un objectif que ses administrateurs jugent louable, mais prématuré.

Le crédit au début du système bancaire

Avec la Banque de Montréal, le Canada fait son entrée sur les marchés de capitaux de la région de l'Atlantique Nord. Au milieu du dix-neuvième siècle, toutefois, le capitalisme canadien repose sur une économie primitive.

Les États-Unis et le Canada se livrent alors concurrence à l'échelle continentale et lancent une série de projets d'infrastructure dont la canalisation, dans les années 1820, est le premier exemple. Les Américains terminent en 1825 le canal Érié, liant New York aux Grands Lacs sur une distance de 585 kilomètres; aussitôt, des intérêts canadiens construisent des réseaux concurrents au nord de la frontière. Avec le canal de Lachine, Montréal « entre dans la danse », selon un historien. Long de 14,5 kilomètres, le canal relie le port de Montréal à Lachine et permet aux navires d'entrer dans le réseau des Grands Lacs; l'étape du déchargement et du chargement est ainsi évitée. À son achèvement en 1824, Montréal et les colonies peuvent se mesurer aux États américains. L'ingénieur responsable est John Richardson, personnage clé de la Banque de Montréal. Somme toute, le marché des capitaux canadiens est simplement incapable de réaliser lui-même les grands projets d'infrastructure à forte intensité de capital nécessaires au Canada. Dans les années 1820 et 1830, le capitalisme canadien commence à peine à voir le jour. Au milieu du siècle, les nombreux projets de chemin de fer et de télégraphie sont en grande partie financés par la dette publique et les capitaux étrangers.

Les banques canadiennes, dont celle de Montréal, offrent aux investisseurs du pays un nouveau marché des valeurs mobilières. En réalité, les actions de banques sont pratiquement les seules offertes; celles de la Banque sont les plus fréquemment négociées pendant une bonne partie du siècle, dès sa fondation en 1817[5]. Selon David McKeagan, les actions s'échangent directement entre les actionnaires, administrateurs et employés de la Banque servant d'intermédiaires[6]. Dans les années 1840, l'activité commerciale s'améliore, tout comme l'agriculture et les communications, et le commerce des marchandises se structure. Les maisons de courtage et les marchés apparaissant à Montréal mènent lentement mais sûrement le système de négociation des valeurs vers la professionnalisation. Le Board of Brokers (fondé en 1848) devient en 1870 la Bourse de Montréal, constituée par la loi en 1874.

Le marché montréalais demeure plutôt régional, car les opérations visent principalement les institutions financières (banques, assurance), les services publics (gaz et éclairage), le chemin de fer et les compagnies de navigation[7].

D'après les nombreuses transactions inscrites dans le registre des actionnaires, la Banque contribue, dans les années 1840 et 1850, au développement du marché des valeurs mobilières[8]; celui-ci commence bientôt à attirer des courtiers et négociateurs spécialisés, achetant et vendant des actions dont le nombre, modeste au départ, va croissant. À mesure que se crée la profession de courtier, l'intervention des dirigeants de la Banque dans la vente directe des actions de l'entreprise (ou vente hors bourse) diminue, puisque cette fonction est peu à peu confiée à des professionnels[9].

La Banque de Montréal à l'étranger

Les liens entre la Banque de Montréal et les principaux marchés de capitaux et de valeurs mobilières de la région l'Atlantique Nord, notamment New York et Londres, représentent l'apport crucial du Canada au développement du système financier. Sources d'occasions essentielles, ils créent des réseaux d'information avec l'autre côté de l'Atlantique et l'arrière-pays. Petits au départ, ils grandissent dans les années 1820 et 1830. Entre 1840 et 1860, la construction du chemin de fer et l'arrivée du télégraphe donneront un grand élan aux marchés boursiers[10].

À Londres, les réseaux de la Banque passent surtout par des agents établis sur place. Elle publie régulièrement des annonces dans le *Times* pour attirer des déposants envisageant d'émigrer ou « désireux d'envoyer de l'argent au Canada ». Dans les années 1830, son principal agent était la maison Thomas Wilson and Company, de Londres et de Liverpool. La Banque offre la possibilité de déposer de l'argent en Angleterre et de le retirer à Montréal ou dans un de ses bureaux du Haut-Canada ou du Bas-Canada, sans frais et au taux de change courant[11].

Défis, occasions et investissement

En vérité, avant 1850, l'économie canadienne est principalement agricole et spécialisée dans le secteur de la production primaire. Elle se développe lentement, par à-coups, et manque cruellement de capital. Les investisseurs britanniques et américains lui reconnaissent cependant un potentiel considérable. Au dix-neuvième siècle, le chemin de fer est le meilleur moyen de l'exploiter. Le marché canadien se définit donc par deux excellentes sources de valeurs mobilières et d'investissement : les gouvernements et les sociétés ferroviaires.

La Banque de Montréal est le principal investisseur dans la société Champlain and Saint Lawrence Railroad; ce chemin de fer, datant de 1832, est bien plus petit que ceux qui le suivront. La population canadienne ne peut pas rassembler seule le capital nécessaire pour exploiter le potentiel ferroviaire. La Compagnie du grand Chemin de fer Occidental (1845) et la Compagnie de Chemin de fer du Grand Tronc du Canada (1852) sont presque entièrement financées par des intérêts britanniques[12]. La Banque contribue toutefois grandement au financement du marché secondaire – entrepreneurs, ingénieurs et sociétés de construction – d'un apport critique dans la construction du Grand Tronc. Par la suite, les chemins de fer entre le Canada et les États-Unis seront presque entièrement financés par des investisseurs américains ou anglais, à l'exception notable du Canadien Pacifique, dans les années 1880.

Le développement de l'économie canadienne, au dix-neuvième siècle, est donc le fruit d'une collaboration entre les sources de capital et d'investissement publiques et privées de la région de l'Atlantique Nord. Jeune partenaire colonial, le Canada d'avant la Confédération compte sur les conditions du commerce et sur le capital étranger pour financer ses progrès. Le secteur bancaire est la seule exception. Les banques canadiennes se distinguent parce qu'elles appartiennent principalement à des intérêts canadiens. La Banque de Montréal, par exemple, a au départ plusieurs actionnaires américains, mais la plupart sont canadiens dès 1830. Après deux générations, elle absorbe la Banque de l'Amérique septentrionale britannique, d'origine anglaise. Les titres bancaires sont pratiquement les seuls à être offerts au marché canadien, à ses débuts.

Relations et réseaux, 1840-1860

Dans les années 1830, la Banque doit composer avec la politique, le marché et la situation générale des colonies et de l'Empire. Se bâtir une réputation, dans ces circonstances, est une tâche ardue, mais elle y arrive. De 1840 à 1860, les conflits demeurent et les débats sont à peine moins acerbes. Elle décide alors de se donner une stratégie et un rendement qui la rendront concurrentielle malgré l'évolution rapide de son environnement.

À cette époque, les banques se livrent une concurrence sans merci. En septembre 1841, par exemple, la Banque Commerciale du district de Midland exige le rachat, en un seul jour et en argent sterling, de 40 000 £ en billets de la Banque de Montréal qu'elle gardait en réserve; elle voulait ainsi déstabiliser la Banque, en lui réclamant environ le tiers de ses pièces de monnaie et de son métal précieux. Le stratagème échoue, évidemment, mais il est typique des colonies canadiennes[13].

En règle générale, les décisions prises par la Banque dans les années 1840 sont modelées sur sa stratégie de stabilité. Ses dirigeants surveillent de près les modalités de crédit et, quand un changement s'annonce, ils prêtent moins aux entreprises. Elle instaure aussi différents règlements de remboursement à soixante ou quatre-vingt-dix jours. Bien entendu, le meilleur moyen d'appliquer la stratégie consiste à accroître les réserves; les dirigeants sont bien près d'en faire une obsession.

En même temps, la Banque consolide aussi sa position dans le Canada-Ouest, ouvrant des succursales à Toronto et Ottawa en 1842, ainsi qu'à Kingston, Hamilton, Cobourg, Brockville, London, St. Catharines et St. Thomas au cours des mêmes années. D'autres agglomérations situées dans le territoire de la Banque le réclament également auprès du siège social de Montréal. La raison en est simple : une nouvelle succursale est un stimulant économique à l'échelle locale, car elle apporte le prestige et la puissance de l'organisation de la Banque. Le crédit et l'escompte sont aussi critiques pour la croissance des territoires non développés de la colonie que pour ceux qui sont plus avancés. La Banque, fidèle à sa préférence pour la stabilité, ajoute des succursales et des facilités de crédit tout en prévenant les risques. En pratique, cela signifie que le conseil refuse plus de demandes qu'il n'en accepte.

L'ouverture de nouvelles succursales dans les années 1840, principalement dans le Canada-Ouest (c'est-à-dire le sud de l'Ontario), va de pair avec l'embauche de représentants. Des hommes politiques conservateurs comme William Wilson et William Henry Draper deviennent des agents renommés dans cette région. Ce réseau de dirigeants et de représentants bien connus dans la colonie favorise les plans d'expansion de la Banque.

Dans ces années, on se concentre surtout sur le financement des projets de travaux publics et d'infrastructure. L'expérience de la Banque lui recommande encore d'avancer après mûre considération, ce qui la différencie des autres. Poursuivant cet objectif, le Canada amorce la construction de nombreux projets : ports, voies navigables et phares, chemins de schlitte, bureaux de douane et de poste, palais de justice, prisons, édifices parlementaires, postes de quarantaine et hôpitaux de marine. Tout cela est financé par le gouvernement, grâce à des prêts bancaires. La Banque de Montréal appuie ces projets par l'intermédiaire d'entrepreneurs, qui font confiance aux succursales pour le traitement des bordereaux d'ingénieurs. En 1845, les déboursements totaux atteignent 1,48 million $; de cette somme, 330 000 $ sont associés au Canada-Ouest[14]. La Banque accorde même un prêt et fait des placements dans la Magnetic Telegraph Company – qui inaugure une ligne télégraphique entre Montréal et Toronto en 1847. Ce prêt, d'une valeur de 2 000 £, est garanti par différents membres du conseil d'administration de la Banque[15].

La réputation d'austérité monétaire de la Banque lui vaut plus de critiques que de louanges pendant cette période. Les reproches sont moins fréquents, toutefois, quand le cycle économique génère une crise ou une dépression.

En 1848, par exemple, une année que le président McGill qualifie de « plus désastreuse dans l'histoire commerciale de la Grande-Bretagne », la panique cause de nombreuses faillites dans toutes les colonies[16]. La Banque limite ses pertes à 90 514 £[17]. Sa politique de resserrement monétaire et son refus de suivre les tendances du jour lui permettent de survivre aux écarts cycliques de l'économie. Les dirigeants de la première génération ne sont pas seulement prudents : ils se méfient de tout projet qui leur semble exagérément risqué.

La stratégie de stabilité de la Banque se manifeste très clairement dans le financement du chemin de fer. Au dix-neuvième siècle, les projets ferroviaires représentent les occasions de placement les plus attirantes (voire séduisantes) pour les banques et les investisseurs. Les banquiers cèdent souvent à l'enthousiasme général. À la fin des années 1850, le Canada compte plus de trois mille kilomètres de voies ferrées, principalement grâce au financement britannique. La politique de la Banque consiste alors à contribuer à la réalisation de projets ferroviaires comme celui du Grand Tronc et de la St. Lawrence and Atlantic en accordant des prêts garantis par les responsables, en facilitant le placement des créances publiques sur le marché de Londres ou en obtenant l'appui du gouvernement lui-même. La Banque consent des prêts ou des facilités d'escompte non pas à la société ferroviaire, mais bien aux entrepreneurs chargés de construire les voies, de façon à se faciliter le recouvrement des sommes prêtées. Elle finance également l'achat du matériel roulant.

Le rendement

À la fin des années 1830, la Banque s'installe fermement en tête de ses concurrentes dans la province, d'après l'importance de ses activités et sa compétence croissante. En 1839, par exemple, on accueille avec plaisir la nouvelle voulant que la Banque étende ses activités dans le Haut-Canada (bientôt le Canada-Ouest), car elle y mettrait son expertise au service d'un système bancaire sous-développé : elle « montrerait aux dirigeants en quoi consistent les services bancaires aux entreprises car, dit-on, peu les comprennent bien[18]. »

Dans le système canadien de circulation des liquidités en devenir, la Banque a pour rôle de traiter un nombre croissant de transactions en pièces de monnaie, billets et numéraire exigeant une organisation et une sûreté améliorées non seulement entre le bureau central et les succursales, mais aussi outre-frontière. Au Canada, le numéraire circule dans un cycle commençant aux États-Unis ou dans le Haut-Canada, pour atteindre Montréal, puis enfin Québec. Dans ces villes, il passe aux mains des gouvernements provincial et impérial pour le prélèvement des droits et le rachat de billets tirés en livres sterling. Pour terminer le cycle, le gouvernement effectue des dépenses à des fins civiles et militaires et retourne le numéraire aux commerçants[19]. »

À la fin des années 1830, la compétence grandissante de la Banque est mise à l'épreuve par les perturbations économiques et politiques. De 1837 à 1840, la crise économique entraîne la suspension des paiements en numéraire et force les banques à effectuer les rachats en devises. Ce faisant, elles sont en mesure d'exiger des frais qui leur permettent d'effacer en partie les pertes subies[20]. Durant cette période difficile, on observe notamment que les banques rachètent des billets qu'elles refusent de reprendre d'une autre banque. Les banques débitrices doivent se défaire, en règlement, des billets escomptés auxquels elles tiennent le plus. Comme le note l'Association des banquiers canadiens, « les billets sont rachetés en temps voulu par ceux qui les ont établis, c'est-à-dire les principaux marchands exportateurs, au moyen de traites en livres sterling correspondant à des expéditions de céréales, de potasse, de ginseng et de bois d'œuvre[21]. »

Les trois années de crise économique (1837-1840) sont difficiles autant pour la Banque que pour ses rivales. Celles qui agissent en tandem, toutefois, survivent et acquièrent une stabilité et une solidité dont profite la colonie. Elles sont donc mieux placées quand la reprise se fait sentir au début des années 1840, avec la montée des prix et l'amélioration des conditions du commerce.

En 1848, un ralentissement de l'économie, attribuable notamment à la débâcle de placements anglais dans le chemin de fer et à la perte de la position privilégiée de la colonie dans les importations de bois d'œuvre et autres denrées de l'Empire, oblige le système bancaire canadien à relever une autre série de défis. La Banque réussit malgré tout à respecter sa stratégie de stabilité. Ses dirigeants se préoccupent alors de l'établissement et de la consolidation d'une réserve. Celle-ci grandirait dans les années de prospérité, mais la Banque pourrait, dans le cas contraire, y puiser les sommes nécessaires pour assurer sa solvabilité et poursuivre les paiements en numéraire. Les pertes seraient absorbées uniquement par les actionnaires.

Le rendement vu de près

L'analyse du rendement de la Banque de 1840 à 1860 montre que la stratégie de stabilité fonctionne comme prévu. Elle comporte évidemment des avantages et des inconvénients. Les trois figures ci-dessous (3.1, 3.2 et 3.3), qui traitent de la circulation des liquidités, des dépôts et de l'actif pour la période 1847-1859, le démontrent bien.

La figure 3.3 souligne particulièrement la volonté de la Banque d'étendre avec prudence ses activités. L'actif augmente légèrement, même une fois

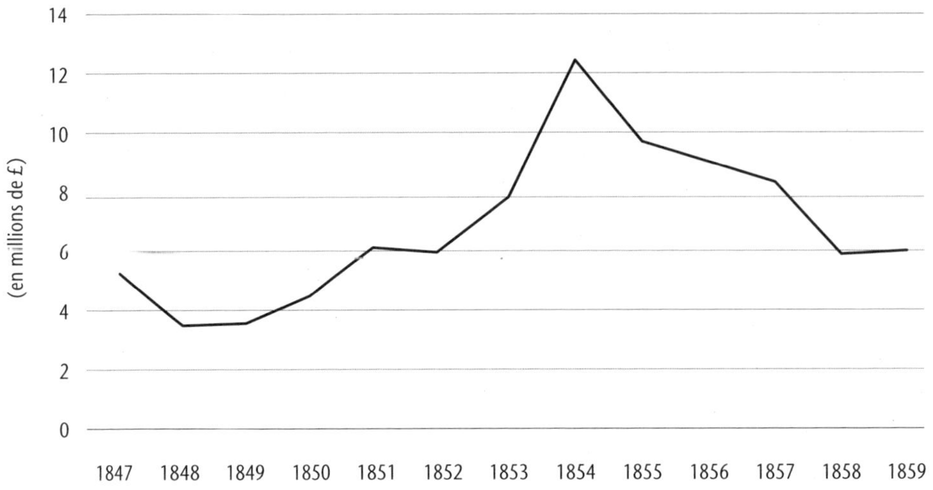

Figure 3.1 | Billets en circulation à de la Banque de Montréal (1847-1859)
Source : Rapports annuels de la Banque de Montréal (1847-1859).

passée la crise politique et économique de 1848 dans la région de l'Atlantique Nord. À compter de 1850 (suivant la réception d'un prêt de sauvetage de l'Empire à la colonie), il reprend son mouvement ascendant prononcé puis, en 1853, avec le retour de bon augure de la prospérité, la tendance s'accentue et l'actif dépasse les 3 millions £. Même après la crise des années 1850, l'actif de la Banque reste stable à 1,8 million £ avant de revenir à 3 millions en 1860.

Prises collectivement, ces figures autorisent quelques observations générales. Premièrement, la stratégie de stabilité donne des résultats financiers positifs, mais souvent mitigés. L'actif montre une tendance ascendante prononcée, mais il y a plus encore : la Banque a pu l'afficher malgré les puissantes forces cycliques caractérisant l'économie canadienne à cette époque. À coup sûr, la Banque subit toutefois quelques répercussions incidentes inévitables. Deuxièmement, les prêts et les activités d'escompte suivent le rythme de l'augmentation de la capitalisation de la Banque dans les années 1840 et 1850, ce qui laisse entendre que la politique de crédit n'est pas aussi rigoureuse qu'on le supposait auparavant. Elle respecte les limites sûres, mais les prêts atteignent tout de même 2,6 millions £ en 1857.

À la fin des années 1850, la stratégie de stabilité a fait de la Banque un concurrent rusé, prudent et dominant dans le système bancaire canadien. En 1856, elle compte vingt et une succursales et trois sous-agences, en plus de 112 employés. La valeur des billets traités cette année-là atteint approximativement 900 000 £, une hausse de cent pour cent par rapport au début de la

Figure 3.2 | Dépôts auprès de la Banque de Montréal (1847-1859)

Source : Rapports annuels de la Banque de Montréal (1847-1859).

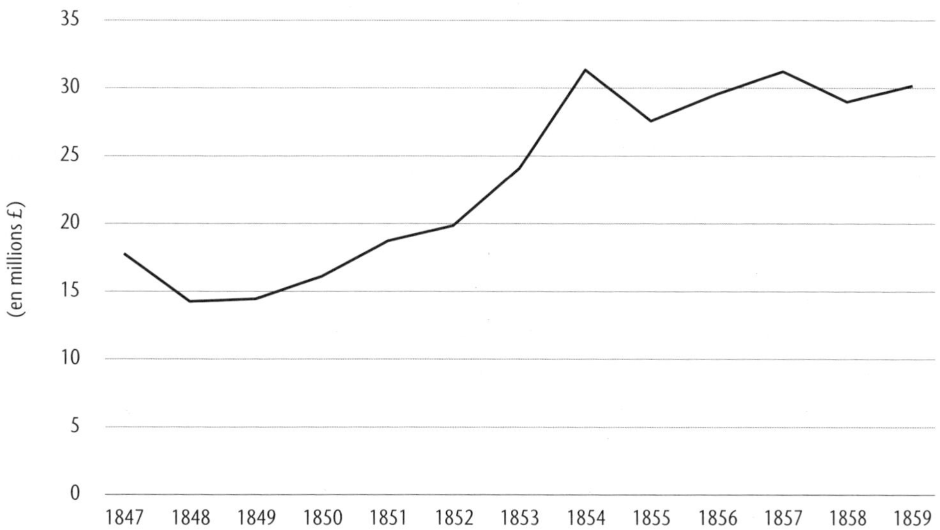

Figure 3.3 | Actif de la Banque de Montréal (1847-1859)

Source : Rapports annuels de la Banque de Montréal (1847-1859).

décennie[22]. Elle prend de l'expansion pour offrir plus de services à l'économie du Canada-Uni pendant l'essor des années 1850. Son mot d'ordre consiste à répondre à la demande, mais en respectant les limites de sa stratégie.

Une assise solide

À la fin des années 1850, la stratégie de stabilité de la Banque, ses aptitudes organisationnelles croissantes et ses vastes réseaux à l'échelle locale et dans la région de l'Atlantique Nord donnent aux banquiers montréalais une puissance méritée dans le système bancaire canadien et une image respectable sur les marchés new-yorkais et londonien. Ses conditions d'escompte et de circulation contraignantes et souvent irritantes nuisent à sa popularité, mais assurent sa survie en toute circonstance. Elle poursuit sans relâche une politique d'expansion de ses réseaux – de succursales, de renseignement et d'information sur le crédit.

Tout au long de la période, ses projets de construction témoignent de sa réputation grandissante, du développement de ses relations et de l'amélioration de ses réseaux. En 1845, elle fait dresser les plans d'un nouveau siège social montréalais. L'édifice inauguré en 1848 rend un impressionnant hommage à celui qui l'a inspiré, c'est-à-dire le siège social de la Commercial Bank of Scotland, dont le dôme néoclassique surplombe la ville d'Édimbourg. On pourrait aussi dire que cette banque sert d'exemple dans ses méthodes, sa structure en propriété conjointe et ses succès sur le marché bancaire écossais. Dix ans plus tard, John Redpath, qui dirige le comité de construction de la Banque, propose que l'on érige de nouvelles succursales à Toronto, Hamilton et ailleurs.

Les concurrentes de la Banque gagnent toutefois rapidement du terrain, en particulier la Bank of Upper Canada, dont la croissance est spectaculaire dans les années 1850. En 1855, cinq nouvelles banques se créent : la Banque Molson, la Bank of PEI, la Banque de Toronto, la Niagara District Bank et la Banque du Canada (qui deviendra la Banque de commerce en 1867). La rivalité s'amplifie en raison de la faible taille de l'économie coloniale. La Banque de Montréal doit composer avec ces pressions concurrentielles. Quand arrive 1860, toutefois, sa réputation est bien établie, ses relations sont solides et fructueuses et ses réseaux la placent en tête du secteur bancaire canadien. Au moment où la première génération de dirigeants se prépare à quitter la scène, il reste une question importante : ses successeurs seront-ils en mesure de s'y maintenir ou seront-ils éclipsés par des banques plus audacieuses et ambitieuses?

4

Législateurs, lords, banquiers

Dans le chapitre précédent, nous avons vu comment, au milieu du dix-neuvième siècle, le succès du secteur bancaire canadien reposait sur un lacis de relations personnelles, commerciales et institutionnelles de la région de l'Atlantique Nord, lesquelles ont façonné le secteur financier canadien. Mais celles qu'entretenaient les législateurs, les lords et les banquiers a eu l'incidence la plus marquée sur la structure, la nature et les règles du système bancaire canadien. La dynamique des rapports entre les législateurs politiques coloniaux, les lords du Trésor à Londres et les banquiers de Montréal a joué un rôle central dans la définition de la sphère d'activité de la Banque de Montréal et des contours généraux du système financier canadien. D'où l'importance d'y consacrer un chapitre distinct.

La relation qu'entretient la Banque avec l'État, à ses débuts, est la plus intense et la plus cruciale qu'elle ait connue au cours de ses deux siècles d'existence. Ses activités sont alors étroitement surveillées, réglementées et scrutées, tant par les politiciens coloniaux que par les administrateurs impériaux. L'intensité de la relation est exacerbée par le rôle clé tenu par la Banque dans la sécurité financière des colonies de l'Amérique du Nord britannique. Si, à l'époque, la Banque n'est pas encore « assez grosse pour faire faillite », dans les années 1830 elle devient trop « importante » pour être abandonnée à son sort. Son rôle particulier dans la structure des paiements militaires élargit sa sphère d'activité en y intégrant les affaires relevant de la sécurité militaire impériale.

La relation triangulaire entre législateurs, lords et banquiers permet au secteur colonial bancaire canadien de répondre aux exigences locales tout en adhérant aux normes impériales établies en matière de sécurité et de réserves. Mais sa portée est plus large encore puisqu'elle englobe la collaboration et la coordination des affaires concernant la structure des paiements militaires et la stabilité du système colonial. Les parties agissent parfois de concert, mais elles ont aussi, et souvent, des vues divergentes sur des questions financières spécifiques. La définition des règles du jeu et des frontières du champ d'action, par exemple, est marquée par des différends d'une intensité inégalée. La Banque joue un rôle central dans ce contexte. Les caractéristiques fondamentales du système bancaire canadien sont négociées – depuis la capitalisation adéquate des banques jusqu'au choix de la devise employée au Canada. Les décisions et mesures prises par la Banque renforcent son importance à titre d'acteur de premier plan dans le déploiement du système économique et financier canadien – un rôle qui, par ricochet, renforce le soutien à la stratégie de prudence de la Banque sur le marché.

Le rôle de la Banque comme chef de file du système bancaire canadien prendra de l'ampleur au fil du temps. Le milieu du dix-neuvième siècle est une période de rodage pour l'organisation du marché bancaire au Canada. L'État agit alors comme arbitre, organisme de réglementation et client. La capacité et la volonté du gouvernement impérial de verser des rentes aux agents économiques coloniaux visent un double objectif, à savoir : soutenir la mise en place de ses systèmes de crédit et de règlement en Amérique du Nord britannique et stimuler le développement d'une infrastructure financière. Essentiellement, la relation entre l'État et les banques place alors la Banque de Montréal sur une trajectoire évolutive particulière dans le secteur financier canadien en tant que caution et modèle, ce qui a pour effet de guider son approche, d'accentuer sa préférence pour la stabilité et de renforcer sa stratégie de prudence pour les questions bancaires fondamentales. L'économie politique de l'Amérique du Nord britannique joue un rôle central dans plusieurs aspects clés de la destinée de la Banque. Le pouvoir public d'accorder des chartes bancaires et de fixer des règles particulières pour les banques témoigne de l'apport déterminant des milieux politiques et administratifs dans l'édification de la Banque.

Première parmi ses pairs

Entre 1820 et 1850, la relation entre la Banque de Montréal et l'État présente certains points communs avec celle qu'entretiennent les autres banques présentes dans les colonies. Par exemple, toutes sont soumises à la surveillance législative et réglementaire. La nature de leurs activités leur impose aussi une relation plus ou moins poussée, tant avec les pouvoirs législatifs qu'avec les autorités impériales. La Banque se distingue toutefois des autres institutions bancaires à divers égards, à commencer par son importance fondamentale dans le cadre du système financier canadien émergent. Sa suprématie sur les banques canadiennes, du fait de sa taille et de sa portée, de l'étendue de ses réseaux et relations, ainsi que de sa solide réputation, confère un statut particulier à ses activités. Sa capacité à composer avec l'instabilité financière et économique cyclique des systèmes économiques des colonies et de l'Atlantique Nord lui procure un statut privilégié en Amérique du Nord britannique. Enfin, la Banque de Montréal est au cœur de l'action quand les colonies gagnent du territoire et que le système financier canadien commence à prendre forme.

Comme l'indique le titre du présent chapitre, les relations entre la Banque et les pouvoirs publics se déploient sur plusieurs fronts, chacun faisant appel à des éventails de compétences diplomatiques et politiques distincts. Sur place, c'est l'autorité législative coloniale qui adopte les lois bancaires, approuve les mandats, impose les modalités et établit les mécanismes de réglementation et de supervision. L'Assemblée et les comités de la Banque font souvent l'objet d'une surveillance si minutieuse et critique qu'elle peut parfois prendre une tournure hostile ou litigieuse. L'arène législative de l'Amérique du Nord britannique coloniale est un environnement particulièrement contesté, les initiatives économiques étant souvent subordonnées à des questions plus urgentes comme la politique, les divisions ethniques, les dépenses militaires, les échanges, la tarification et le commerce.

La Banque a aussi des liens directs avec le gouvernement impérial, et tout particulièrement avec l'Office des colonies et les lords du Trésor de Whitehall, à Londres. Ensemble, ces entités du gouvernement impérial forment un réseau bien coordonné d'information et de renseignement en matière bancaire et financière. Les agents coloniaux et les officiers militaires du Canada tiennent Londres informée des enjeux et des événements qui ont cours.

Pour le département de l'intendance, responsable du paiement et de l'approvisionnement des troupes, la relation entre la Couronne et la Banque relève de la sécurité *militaire*. Pour les lords du Trésor, qui surveillent le vaste champ des intérêts financiers et commerciaux de l'Empire britannique, c'est plutôt une question de sécurité *économique*. Les bureaux du Trésor à Whitehall forment le noyau central d'un réseau d'information qui reçoit les renseignements commerciaux relayés par les hommes sur place dans les colonies. Pour leur part, les lords du Trésor sont responsables d'assurer le déploiement ordonné et avisé des institutions financières coloniales. Les lords formulent des recommandations de sanction royale des projets de lois (en vue de leur promulgation), de rejet ou d'amendements possibles à ceux-ci, ou en matière de structure et de réglementation du secteur bancaire. Ils suivent de très près son évolution au Canada selon une perspective impériale et exprìment parfois leur désaccord avec la législature coloniale. Ils sont loin d'être des observateurs ou des participants impartiaux relativement aux affaires financières coloniales. Le système bancaire canadien ne porte toutefois pas le marquage impérial de leurs approbations, désapprobations ou acquiescements.

Entre les années 1820 et 1850, l'influence considérable du gouvernement impérial sur le système bancaire canadien émergent s'explique par un ensemble de facteurs, notamment la jeunesse et l'impressionnabilité du secteur bancaire. Les crises périodiques comme la Panique de 1837 aux États-Unis, qui a acculé de nombreuses banques à la faillite, contribuent aussi à intensifier les intérêts impériaux dans les affaires coloniales. L'autonomie restreinte des institutions parlementaires du Canada figure également parmi ces facteurs. Par suite de l'avènement d'un gouvernement responsable, en 1851, l'autorité directe du Trésor sur le système bancaire canadien et son intérêt dans celui-ci s'estompent progressivement à mesure que les institutions et les priorités locales s'imposent dans l'évolution des finances coloniales. Londres avait jusqu'alors été un acteur clé de la mise au point du système canadien.

Législateurs et banquiers

La première relation déterminante s'établit entre la Banque et les législatures coloniales (d'abord le Bas-Canada [1817-1841], puis la Province unie du Canada [1841-1867]). La législature coloniale est l'arène politique dans laquelle la Banque de Montréal et ses promoteurs doivent descendre pour faire approuver les chartes et établir les règles, exposer leur vision de l'entreprise et résoudre leurs problèmes. Le processus législatif par lequel doivent passer les diverses versions de la charte de la Banque permet d'en fixer les règles de fonctionnement et de lui conférer la légitimité requise, mais, comme nous le verrons plus loin, il peut parfois être vivement contesté. Puisqu'elles constituent une activité économique cruciale, les affaires bancaires et financières peuvent faire office de paratonnerre pour d'autres formes de mécontentement. Le secteur bancaire du dix-neuvième siècle n'est pas exploité dans le cadre d'une sphère distincte; il est plutôt intimement lié aux considérations politiques, économiques et sociales de la colonie.

Dans le chapitre précédent, nous avons décrit les difficultés auxquelles se sont heurtés les premiers promoteurs de la Banque pour faire adopter sa charte par la législature du Bas-Canada, ainsi que le parcours tumultueux menant à la sanction royale. La toute nouvelle banque canadienne a dû patienter encore un an avant d'être officiellement créée, car le gouverneur n'a enchâssé la charte dans la loi qu'en 1822. Pour le « président et les administrateurs de la Banque de Montréal », sa seconde date de naissance, législative celle-là, serait le 22 juillet 1822, quand son existence est officiellement proclamée. La charte de la Banque sera en vigueur jusqu'au 1er juin 1831.

La charte initiale de la Banque est extrêmement normative. Ses cent quarante-quatre actionnaires élisent treize administrateurs, qui doivent tous être des sujets britanniques satisfaisant aux exigences de résidence, tant pour la ville que pour la province. La charte décrit dans le menu détail les règles établies en matière de conflits d'intérêts (aucun administrateur ne peut agir à titre de banquier privé), de responsabilité (limitée aux actions détenues par les administrateurs), de nomination des administrateurs, de taux d'intérêt (maximum de six pour cent sur toute transaction), de tenue de comptes, de transfert d'actions, d'assemblées annuelles, de créances, de circulation des billets, de réception des dépôts et de dividendes. Elle prévoit même la dissolution de la Banque dans l'éventualité où la législature instituerait une banque provinciale dans les sept années suivant la ratification de la charte initiale de la Banque de Montréal. La charte de la Banque devient désormais un modèle pour les banques créées ultérieurement dans la province.

Les administrateurs et les promoteurs de la Banque figurent souvent parmi les invités de la Chambre d'assemblée du Bas-Canada. Ici encore, comme nous l'avons vu dans les chapitres précédents, la Banque est souvent l'objet de critiques ou de contre-interrogatoires de la part de politiciens représentant les intérêts de ses concurrentes. L'arène politique et législative s'avère souvent imprévisible pour la Banque et ses promoteurs. Avec le recul, nous constatons toutefois qu'un comité législatif saluait « l'effet positif de la politique de prudence des [banques] et des contraintes imposées par la loi, les circonstances et leur concurrence mutuelle », qui ont permis au système canadien de maintenir sa solidité et sa stabilité jusqu'à ce que le commerce et l'agriculture reprennent enfin de la vigueur, au début des années 1830[1].

Les années 1840 et 1850

Les années 1840 et 1850 offrent un climat plus serein que celui de la décennie 1830. Après la création de la Province unie du Canada, issue de la fusion des anciennes colonies du Bas et du Haut-Canada, les politiques bancaires continuent d'être assujetties aux normes et systèmes établis par les législatures précédentes. Les législateurs proposent des chartes, mènent les débats qui s'y rapportent et approuvent leurs modifications, en mettant l'accent sur l'adéquation des capitaux, la sécurité et d'autres éléments organisationnels des activités bancaires[2].

Au début des années 1840, des protagonistes clés de la Banque de Montréal présentent leur candidature à l'Assemblée législative de la nouvelle Province unie. Benjamin Holmes et George Moffatt jouent non seulement un rôle de premier plan dans les premiers succès de la Banque, mais ils sont également perçus comme des représentants éloquents de la collectivité marchande de Montréal qui contribuent activement à forger l'avenir constitutionnel de la colonie. George Moffatt, par exemple, un membre important de la délégation de l'Association constitutionnelle de Montréal, va à Londres pour faire valoir l'utilité de l'union auprès du gouvernement britannique[3]. « Il suffit de dire », écrit un éditorialiste de la *Montreal Gazette* en mars 1841, qu'ils « sont à tous égards dignes de représenter une telle métropole, en toutes circonstances », que leur réélection « fera honneur à nos concitoyens » et que, « si les intérêts et libertés civiles [des marchands montréalais] peuvent continuer d'être confiés aux bons soins de délégués comme Holmes et Moffatt [...] ils ne seront jamais compromis ou trahis[4] ».

George Moffatt, notamment, est un ardent défenseur de la promotion de la culture et des intérêts britanniques. C'est un inlassable opposant du Parti patriote des Canadiens français (successeur du Parti canadien), qui souhaite l'anglicisation pacifique du Bas-Canada. Il prétend que les éléments républicains du Parti patriote aspirent à « l'établissement d'une république française sur les rives du Saint-Laurent ». Dans le contexte de la Rébellion des années 1830, ces perspectives et clivages sont tout à fait prévisibles. Des tensions entre Anglais et Français – entre protestants et catholiques – sont constamment sur le point d'éclater, les législateurs ayant la difficile, mais nécessaire, responsabilité de gouverner un État régionalement et culturellement divisé. Ce qui est inusité, toutefois, c'est que les premières incursions des banquiers en politique de première ligne ne se poursuivent pas bien au-delà des années 1840 et 1850. Les dirigeants de la Banque préfèrent de plus en plus s'en tenir aux affaires bancaires et rester en coulisses ou à l'écart.

Sur la scène politique canadienne des années 1840, les principales sources de tension en matière bancaire sont la croissance économique, la circulation monétaire et les flux de capitaux. Sur le plan législatif, la création de la Province unie offre une nouvelle occasion d'aborder certains aspects clés de la structure financière émergente du Canada. Les dirigeants de la Banque sont des protagonistes et participants clés du processus. Ils mettent l'accent sur les lois sur la faillite, les lois immobilières et l'usure, notamment, et accordent une attention toute particulière au concept d'une banque centrale d'État émettrice exclusive de monnaie. À tous ces égards, la conception du secteur financier canadien du milieu du dix-neuvième siècle résulte en fait d'une rivalité triangulaire entre législateurs, lords et banquiers. Sur d'autres plans, les divisions sur les questions bancaires opposent les points de vue et l'expérience des coloniaux canadiens à ceux des décideurs du gouvernement impérial.

La monnaie de la discorde

Le choix de la monnaie est l'une des principales sources de discorde entre l'État et les banques : le Canada devrait-il adopter la livre sterling ? La plupart des Canadiens sont contre l'idée. En plus d'avoir une incidence sur le prix des produits de base, la conversion à la livre sterling créerait aussi de la confusion dans l'ensemble des relations commerciales de la province, en particulier pour la population d'origine française. Benjamin Holmes, caissier (directeur général) de la Banque, estime que, s'il faut modifier la monnaie de compte, il serait beaucoup plus souhaitable de suivre l'exemple américain en adoptant le système monétaire décimal fondé sur le dollar plutôt que sur la livre sterling.

Les observateurs britanniques ont des opinions très arrêtées à propos du choix de la monnaie canadienne, notamment sur la résistance canadienne à l'adoption de la livre sterling[5]. Dans un mémorandum du Trésor, on lit que : « l'histoire de la monnaie des colonies britanniques renferme de nombreux exemples démontrant la nécessité d'un pouvoir de contrôle de l'État. Les anomalies observées par le passé et les difficultés qui, dans certains cas, n'ont pas encore été aplanies, trouvent leur origine dans les procédures inconsidérées et partiales adoptées dans les colonies en l'absence d'une surveillance systématique et judicieuse de la part du gouvernement local[6]. » Et plus loin, que : « la nature de la législation proposée récemment dans plus d'une colonie porte le présent Conseil à craindre que l'expérience passée ne soit de peu d'utilité s'il fallait laisser aux assemblées coloniales le soin de légiférer sans contrôle en ces matières, et que ces entités continuent d'être gouvernées selon une perspective partiale et restreinte plutôt que sur la base de principes larges et généraux[7]. »

Les lords du Trésor à Whitehall sont résolument favorables à l'unification de la monnaie à l'échelle de l'Empire et selon le modèle britannique. Ils peuvent aussi compter sur un farouche défenseur de ce principe en la personne du commissaire général Randolph Isham Routh, le fonctionnaire impérial le plus influent dans le cadre de l'édification du système bancaire canadien. Né en 1782 à Poole, dans le Dorset, Routh étudie au collège Eton de 1796 à 1803. En 1805, il devient membre du Commissariat et y occupe divers postes de cadre à responsabilités croissantes, notamment à Waterloo (1815), à Malte (1816-1822) et aux Antilles (1822-1826). Au mois d'août 1826, Routh est promu à la plus haute fonction au sein du commissariat et mandaté au Canada en qualité de commissaire général[8]. Il occupera ce poste durant dix-sept ans, au moment où le secteur financier canadien commence à acquérir ses caractéristiques fondamentales.

Routh est un ardent défenseur de l'adoption de la livre sterling pour le Canada. Du point de vue impérial, le système bancaire canadien émergent est trop tributaire des marchés monétaires américains, en particulier en ce qui concerne le numéraire. Routh estime aussi que les activités de change et d'émission de petites coupures des banques coloniales sont inefficaces et trop coûteuses et, surtout, que le succès des billets de banque canadiens entrave l'émission et la circulation des pièces d'argent britanniques. Il nourrit une passion particulière pour l'adoption d'une loi monétaire rigoureuse, qui définirait la monnaie ayant cours légal et empêcherait la Banque d'imposer des primes sur la monnaie métallique exportable tant que les billets de banque ne pourront pas être librement échangés contre du numéraire.

Routh prétend que l'adoption de la livre sterling britannique comme monnaie d'échange officielle dans le Bas-Canada chassera la confusion entourant la pluralité des monnaies étrangères utilisées dans la colonie. Londres trouve le raisonnement parfaitement sensé. Ce l'est toutefois beaucoup moins pour la colonie, dont les liens commerciaux avec les États-Unis gagnent en importance. Pour la Banque de Montréal, dont la spécialisation croissante dans les opérations sur devises s'avère très lucrative, c'est tout simplement insensé. Les propositions de Routh demeurent lettre morte, et les dirigeants de la Banque veillent à ce qu'elles le restent.

Il existe un autre point de discorde. En effet, au début des années 1840, le gouverneur général de la Province unie, Lord Sydenham, fait pression pour que soit adoptée une monnaie papier forte émise par une banque d'État qui porterait le nom de Banque de l'Amérique septentrionale britannique et aurait son siège social à Londres. Le projet suscite une vive résistance de la part des banques à charte, qui rappellent qu'elles se sont bien sorties de la récente crise et qu'aucune d'elles ne s'est trouvée en situation de défaut quant à ses obligations. La perte du privilège d'émission de leurs propres billets de banque se traduirait par une diminution non seulement de leurs profits, mais aussi du nombre de succursales et de leur capacité d'octroi de crédit[9]. Les banquiers locaux disent aussi que cela aurait pour effet de restreindre l'émission d'effets de complaisance dans la province et de conférer encore plus de pouvoirs à l'organe exécutif provincial qui n'est soumis à aucun contrôle.

L'opposition des banques à charte a finalement raison du projet de création d'une banque d'émission d'État canadienne et de la proposition d'adoption de la livre sterling. L'opposition vient aussi de nombreux Canadiens français, qui voient dans le projet de l'État une tentative de l'exécutif d'accroître son pouvoir au détriment de la législature et une intrusion impériale dans les affaires coloniales[10]. « Nous avons osé espérer, écrit à ce propos le comité législatif qui se penche sur la question en septembre 1841, [sur la foi de] la teneur des récentes dépêches adressées par le secrétaire d'État de Votre Majesté pour les colonies au représentant de Votre Majesté dans sa Province, que la non-interférence dans ces affaires serait le principe qui [guiderait] désormais les activités des conseils de Votre Majesté [...] relativement aux affaires de cette colonie[11]. »

Malgré ces différends, les réglementations adoptées dans les années 1840 jettent les bases du développement futur des systèmes bancaire et financier canadiens. Le Comité spécial sur le système bancaire et la monnaie émet des recommandations et des restrictions qui auront ultérieurement force de loi. Des réglementations sont adoptées pour contrôler la capitalisation, indiquer aux banques le genre de crédit qu'elles peuvent octroyer en toute sécurité et leur imposer des modalités de remboursement à vue et en numéraire. Les réglementations des années 1840 ordonnent aussi aux banques à charte de rester à l'écart du marché hypothécaire et de s'en tenir aux opérations d'escompte de papiers commerciaux, à l'émission de titres négociables et aux « autres activités bancaires légitimes ». Les banques sont aussi tenues de publier des états financiers détaillés et de fournir au Trésor toute information demandée relativement aux affaires bancaires.

Vers la fin des années 1840, de fortes contractions économiques, notamment dans la foulée de l'effondrement ferroviaire de 1847 en Angleterre et de la Grande Dépression de 1848, remettent en question la pertinence d'offrir de nouveaux services bancaires. Ces revirements n'entament en rien la stabilité du système bancaire grâce, surtout, à la circonspection et à la prudence exercées par la plupart des banquiers. Au plus fort de la tourmente, la Banque doit réduire sa réserve de 60 000 £ et d'autres banques comme la Bank of Upper Canada, sa grande rivale, croulent sous les pertes. Cependant, aucune banque à charte ne déclare faillite, les paiements sont maintenus et les pertes sont assumées uniquement par les actionnaires. Paradoxalement, le principal reproche que l'on puisse faire au système bancaire canadien de la fin des années 1840, en particulier à la Banque de Montréal, c'est l'origine de sa réputation de stabilité, à savoir : sa grande prudence en matière financière et son conservatisme en matière de politiques de crédit. Le peuplement de nouvelles régions et leur intégration au grand système économique fait bondir la demande de capitaux. Davantage de capitaux, plus de succursales, élargissement de la palette de services bancaires : les banques à charte peinent à répondre aux besoins.

La plupart des jeunes banques de cette époque doivent renoncer à leur charte, car elles sont incapables de réunir le capital minimum requis. Pendant ce temps, les banques à charte des régions à croissance rapide de la province ne parviennent pas à répondre à la demande de capitaux. Dans l'esprit du public, à tout le moins, le problème réside dans l'insuffisance de banques, de facilités bancaires et de capitaux. Le Canada n'attire tout simplement pas le genre d'investissements et de capitaux bancaires requis pour justifier une expansion territoriale d'envergure. À la fin des années 1850, les banques obtiennent l'accès à d'autres facilités dans le cadre de leurs opérations commerciales et sont autorisées à acquérir des droits de propriété sur des biens ou des marchandises comme garantie de crédit. Douze nouvelles banques à charte intègrent le système bancaire canadien, ce qui ajoute 6,3 millions £ de devises aux fonds propres autorisés des banques dc la province et représente plus du double du capital entièrement versé des banques en 1851.

Dans les années 1850, les rapports entre les législateurs et les banquiers sont plus harmonieux malgré la persistance des dissensions sur des questions comme la monnaie, la capitalisation, la structure et le crédit. Par ailleurs, le financement de l'État peut parfois représenter un sujet particulièrement épineux, notamment avec l'apparition de rivalités régionales et métropolitaines. Mais, en ce qui concerne les activités propres de la Banque, celle-ci considère l'arène législative comme étant mieux encadrée, ce qui causerait moins de surprises désagréables.

Lords et banquiers

Durant cette période, l'autre relation fondamentale de la Banque de Montréal – avec le gouvernement impérial, celle-là – se resserre, s'élargit et se complexifie. Elle s'avère, parfois aussi, conflictuelle. C'est ce qui la rend aussi déterminante pour le système bancaire canadien. La Banque joue un rôle de premier plan dans le financement des obligations militaires impériales dans la colonie. De son côté, le gouvernement impérial s'intéresse de près aux chartes bancaires, tout particulièrement aux incidences politiques et économiques des affaires financières coloniales. Il est de ce fait un client, un organisme de réglementation et un observateur très engagé dans l'espace politique, économique et social agité du Canada.

La Banque de Montréal est loin d'être la seule banque canadienne d'Amérique du Nord britannique à faire l'objet d'autant d'attention, mais elle est la plus importante, puisqu'elle est un pilier du système financier canadien émergent. Les questions relatives aux paiements, aux flux des capitaux, aux échanges, au numéraire et à la devise ne relèvent pas uniquement du domaine financier. Étant également de nature politique, elles doivent être vues et comprises dans un contexte impérial. Londres met à profit le Trésor et le Bureau des colonies pour exercer tant sa puissance que son influence sur le système bancaire canadien chargé d'établir les frontières du possible dans le contexte de l'Amérique du Nord britannique. Les législatures du Canada gagnent en autorité, surtout depuis l'avènement d'un gouvernement responsable en 1851 et la réalisation de la Confédération en 1867. Les écrits historiques sous-estiment toutefois le rôle du gouvernement britannique dans l'édification du système bancaire canadien.

Surveillance

La surveillance impériale du secteur bancaire colonial prend diverses formes. Le rejet des projets de loi coloniaux de nature financière en est l'instrument privilégié, et le plus direct, mais ce n'est pas le seul. Tout au long de cette période, le comité du Conseil privé pour le commerce et les lords du Trésor à Londres émettent une série d'avis, de règlements et de décrets qui façonneront le système bancaire canadien. Dans les années 1830, la réglementation – qui porte principalement sur la capitalisation adéquate des banques et la création potentielle de nouvelles banques, tout spécialement dans le Haut-Canada, – vise en grande partie à éviter les excès et les risques pour l'intérêt public qui caractérisent le système bancaire américain. L'Assemblée législative du Haut-Canada est régulièrement en désaccord avec les autorités impériales à propos de l'approche plus libérale de l'Assemblée en matière bancaire. Comme le fait observer Roeliff M. Breckenridge dans son ouvrage sur les débuts de l'histoire bancaire canadienne, la relation est parsemée d'embûches, comme le dépôt de protestations et de pétitions devant la Couronne par suite de l'adoption de réglementations impopulaires, ou la menace du recours à la prérogative royale pour rejeter tout projet de loi qui ne serait pas judicieusement modifié[12].

Le gouvernement client

Le rôle central de la Banque de Montréal en matière de flux de capitaux dans la colonie – en particulier les flux monétaires – la rapproche des autorités impériales. Le numéraire circule depuis le Sud et l'Ouest (depuis les États-Unis et le Haut-Canada) vers Montréal. Les gouvernements provincial et impérial sont les principaux destinataires du numéraire au titre de droits de douane et de traites de change tirées sur la Grande-Bretagne. Pour sa part, le gouvernement doit engager des dépenses pour s'acquitter de ses responsabilités civiles et militaires dans les colonies. La spécialisation croissante de la Banque dans les devises, les échanges en numéraire et les titres d'État, tout comme son commerce florissant de la monnaie privée, attirent l'attention. Les banquiers montréalais sont tellement compétents en la matière que, vers la fin des années 1820, ses concurrents l'accusent de « monopoliser les échanges dans le pays ».

Au début des années 1830, la Banque commence à ressembler à l'endroit le plus utile et le plus sûr où placer les fonds du gouvernement impérial. En mai 1831, le lieutenant-gouverneur Aylmer du Bas-Canada écrit que « les banques de la province figurent parmi les plus respectables » et qu'elles sont soumises à la supervision de la législature provinciale. Son unique préoccupation concerne les liens étroits que les banques coloniales entretiennent avec les États-Unis. En temps de paix, le déploiement de fonds dans des banques canadiennes ne pose pas problème. En cas de crise, toutefois, ce peut être le cas en ce qui a trait à la commande de numéraire – une nécessité absolue pour Londres en temps de guerre. Dans un tel contexte, la conversion de titres en numéraire peut s'avérer difficile. Si l'on ajoute la conviction de Lord Aylmer voulant que toutes les banques américaines « valent un peu mieux que les maisons de jeu », on a une bonne idée de la conception que se font Londres et ses représentants de l'univers bancaire nord-américain. Le besoin croissant de l'administration impériale en matière de crédit et d'échange amène ses agents du Département de l'intendance à nouer des liens plus étroits et plus formels avec la Banque. En janvier 1833, la *Gazette de Québec* annonce que toutes les réclamations présentées au Département de l'intendance seront dorénavant payées au moyen de chèques tirés sur la Banque de Montréal, ce qui constitue le premier recours aux banques canadiennes pour les paiements relevant de Londres[13].

En leur qualité de principaux agents financiers de Londres dans les colonies, les représentants du Trésor au Commissariat jouissent d'une position de pouvoir unique en matière financière. Leur relation avec la Banque est donc aussi étroite qu'importante. Celle-ci agit de plus en plus comme le banquier du gouvernement relativement aux flux de capitaux substantiels provenant d'entités possédant d'importants intérêts financiers dans les colonies, comme la Compagnie des Indes orientales (dont les agents à Montréal, Forsyth, Richardson and Company, figurent également parmi les fondateurs de la Banque de Montréal). Comme nous l'avons vu précédemment, le commissaire général Routh supervise les opérations financières de l'Armée britannique au Canada. Sous sa gouverne, la caisse militaire du Canada dispose de ressources égales ou supérieures au budget total des comptes publics du Bas-Canada. Il exerce ainsi une influence substantielle sur le système bancaire canadien émergent, bien que sa conception des affaires financières soit parfois diamétralement à l'opposé de celle des intérêts locaux de la colonie. Ses positions sur deux questions clés – le choix de la devise et la proposition de confier aux banques locales l'ensemble des affaires financières militaires – sont extrêmement controversées. Elles le mènent aussi tout droit à l'affrontement avec la Banque.

Au milieu des années 1820, Routh prend pour cible la Banque de Montréal et son influence croissante qui, d'après lui, sape l'autorité de l'État. Son arme éventuelle consiste en une nouvelle politique imposant des restrictions à la

Banque en matière de lettres de change – l'une de ses activités les plus rentables – et d'émission de petites coupures. Le cas échéant, compte tenu des projets de travaux publics d'envergure entrepris par le gouvernement impérial, comme celui du canal Rideau, et des importantes dépenses militaires engagées par celui-ci, Londres exigera des banques qu'elles fournissent le capital requis. Les projets relatifs à la devise aboutissent discrètement sur une tablette, pour le moment du moins.

Toujours en 1832, Routh exprime un malaise par rapport à la puissance émergente de la Banque, particulièrement en ce qui concerne le Trésor, qui vient d'autoriser le transfert de l'argent destiné aux dépenses militaires du Commissariat vers les principales banques canadiennes. La Banque de Montréal et la York Bank sont particulièrement favorisées en raison de leur présence tant dans le Haut que dans le Bas-Canada[14]. Le réseau efficace de la Banque et sa bonne gestion des comptes de l'État pour le Haut et le Bas-Canada créent un certain ressentiment dans le Haut-Canada – au point où Routh craint que la grogne contre les capitalistes de Montréal ne s'amplifie si les responsabilités ne sont pas réparties de façon plus équitable[15]. Le succès de la Banque, pense-t-il, nuirait aux intérêts du Haut-Canada. « Nous craignons, écrit-il au Trésor en novembre 1832, qu'un manque de confiance ou une méprise n'ait privilégié indûment la Banque de Montréal au détriment d'un autre établissement pourtant aussi solide qu'elle[16]. » La préférence pour la Banque « a sans doute, et par inadvertance, constitué un appui injustifié à une forme de rivalité non prévue dans la charte de la première ». Routh suggère donc que la Bank of Upper Canada hérite des comptes de l'État dans cette colonie.

La relation entre les agents du gouvernement impérial et la Banque comporte de multiples points de contact. Routh et ses supérieurs du Trésor entretiennent une correspondance abondante au sujet du paiement des comptes, des listes de paie, des modalités et des soldes. Ils ont aussi des échanges occasionnels à propos des écarts inévitables entre la rétribution des militaires et les décaissements de l'État dans la colonie[17]. La relation entre la Banque et le gouvernement impérial peut donc parfois devenir litigieuse du fait de leurs intérêts et points de vue divergents, notamment en ce qui a trait au choix de la devise et de l'agent financier de l'armée dans les années 1830. Le fait que la question plus importante de la devise se règle en faveur des intérêts locaux, plutôt qu'au bénéfice des intérêts impériaux, met en évidence le pouvoir croissant des institutions coloniales.

La relation entre l'État et les banques dépasse largement le cadre de ces deux questions de politique. Les autorités impériales prennent aussi très à cœur la défense, la conservation et la protection de la réputation de la Banque en période agitée. C'est justement le cas au milieu des années 1830, quand la colonie du Bas-Canada est ébranlée par des tensions politiques, une crise économique et une épidémie de choléra dévastatrice. En novembre 1834, l'inquiétude concernant la capacité de la Banque à s'acquitter de ses obligations en numéraire atteint un point critique. Il semble y avoir un début de ruée vers « une succursale de la Banque de Montréal » située à Montréal même. Routh écrit au Trésor que « la panique gagne l'ensemble du district[18] ». Ce n'est toutefois pas vraiment le cas puisque, si les clients s'étaient rués vers les deux succursales de la ville (il n'y en a alors que deux) pour racheter sur-le-champ tous leurs billets en circulation, cela aurait « créé un émoi et un danger qui auraient pu avoir de très graves répercussions[19] ». En fait, une fois la confusion dissipée, on constate qu'il n'y a pas eu de véritable ruée vers la succursale principale de la Banque. « Nous avons finalement eu beaucoup de chance », conclut Routh[20].

Ce qui préoccupe Routh, c'est que la Compagnie des Indes orientales est sur le point de déposer 100 000 $ dans le compte d'État de la Banque de Montréal et que, si la Banque devait suspendre ses paiements, ces fonds essentiels deviendraient indisponibles. Le problème, c'est que les billets de banque ont graduellement remplacé le numéraire et que, quand la demande de numéraire bondit soudainement, la Banque n'est parfois tout simplement pas en mesure d'y répondre, ne serait-ce que temporairement.

La raison sous-jacente des difficultés de la Banque est en fait de nature politique. « La Banque de Montréal est très prospère, écrit Routh à Londres, puisqu'elle offre un dividende de huit pour cent et une prime de six pour cent. Elle ne pourrait pas réaliser de tels bénéfices sans prendre de risques ou pratiquer la spéculation – probablement en établissant des escomptes d'émission élevés, ou en achetant des devises étrangères à bas prix et en vendant les siennes à fort prix[21]. » Quoi qu'il en soit, Routh note l'existence, dans le pays, d'un « esprit partisan acerbe » qui dénigre la Banque et ses billets, ajoutant que les Patriotes « déploient des efforts considérables pour alimenter un sentiment antibritannique parmi les plus discrets et, sans en connaître la cause ou l'objet, ils commencent à soupçonner que quelque chose se trame contre eux[22] ».

Si les troupes devaient être déployées dans la colonie, les prêts et les billets de la Banque ne vaudraient plus rien. La « solidité remarquable de l'institution » ne serait toutefois pas ébranlée, d'autant plus que sa fiabilité est aussi étroitement liée à celle de ses agents des maisons de commerce de Londres et de New York. Routh qualifie la situation de délicate, tant pour la Banque que pour le gouvernement impérial, bien qu'il ait la « ferme conviction que cet établissement se fait un point d'honneur d'agir avec prudence et circonspection[23] ». La grande préoccupation, en fait, concerne la confiance du public envers la Banque. Par ailleurs, Routh a aussi l'obligation de « protéger [sa] propre réputation en tant qu'agent public, et les intérêts que le gouvernement [lui] a confiés[24] ».

La nature précaire du jeune système bancaire canadien en période de crise appelle les fonctionnaires impériaux à protéger la réputation de la Banque de Montréal. En novembre 1834, Routh écrit qu'il « a une bonne idée de la faction qui fomente la présente attaque envers la [Banque de Montréal] et [qu'il mettra] tout en œuvre pour la faire échouer[25] ». Pour faire taire les rumeurs insidieuses à propos de la Banque et démontrer sa confiance, il y dépose 30 000 $ en numéraire. Il évite également de se rendre à Montréal, au cas où un tel voyage « serait vu comme une perte de confiance » envers la Banque. Toute intervention en lien avec le « crédit d'une institution » doit être menée avec prudence et discernement, conclut Routh, et « uniquement en cas de nécessité absolue[26] ».

À l'automne 1834, la préoccupation de Routh à l'égard de la Banque est également de nature stratégique. En sa qualité de commissaire général, lui et son adjoint à Québec, J. B. Price, ne doutent aucunement de la capacité de la Banque à s'acquitter de ses paiements, ni de sa « solidité à toute épreuve »; ils s'inquiètent plutôt d'une quelconque hésitation qui paralyserait un mouvement militaire, « si besoin était[27] ».

La Banque de Montréal et la sécurité impériale

La principale source de l'anxiété impériale est le lien entre l'état de préparation des banques coloniales et celui des forces armées impériales, puisque la fiabilité des flux de paiement relève de la sécurité militaire. Comme le souligne Routh dans un communiqué sur le sujet : « Si nos finances étaient désordonnées, la sédition ne serait pas très loin » – et, le cas échéant, quelle en serait l'utilité si la Banque pouvait, en fin de compte, s'acquitter de ses obligations? « Je pense qu'il est temps de considérer la question du point de vue de la sûreté du numéraire dans ces provinces », écrit Routh à ses supérieurs à Londres, en novembre 1834. Sa solution suppose d'ouvrir un bureau dans le but d'acquérir du numéraire sur la côte espagnole, puis de prendre le contrôle sur les opérations de change. « Il ne conviendrait pas, écrit-il, de confier la gestion de [ces] paiements à la Banque car, dans ce cas, cela servirait les intérêts de l'établissement au détriment de ceux de la collectivité[28]. »

Les vues de Routh concernant la Banque sont plutôt complexes, ne serait-ce qu'en raison de la complexité de sa relation avec le gouvernement impérial. D'une part, la Banque est l'institution dont le gouvernement impérial ne saurait se passer dans les colonies. D'autre part, conférer trop de pouvoir à des institutions privées pourrait poser un problème politique concret, tant pour l'armée que pour le gouvernement. Routh, qui admire la Banque pour la façon dont elle exerce ses activités, prie Londres de « condamner toute jalousie ou ressentiment stériles envers celle-ci ou à son sujet. Ses administrateurs sont des hommes honorables qui exercent leurs fonctions avec la plus grande intégrité. » Il craint toutefois les conséquences que pourrait avoir une éventuelle « fusion des intérêts de l'armée avec ceux du gouvernement dans [leur] entreprise commune, et cela, uniquement quand [il doit] consulter les autorités de sécurité publique et [s]'acquitter de [son] devoir de responsabilité envers la Chambre[29] ».

Pour sa part, Price écrit de Québec que la réputation de la Banque dans cette ville est solide et qu'il ne perçoit pas « le moindre manque d'intérêt de l'ensemble de la collectivité à recevoir les billets de cette institution, ni le moindre doute quant à sa solidité remarquable[30] ». Le fait est que tout le monde – législateurs, autorités impériales et banquiers – a intérêt à assurer la confiance publique dans le système financier canadien émergent.

La Panique de 1837

Le statut de la Banque de Montréal comme principale banque au Canada et son réseau de relations en Amérique du Nord la placent au cœur des enjeux de sécurité financière des colonies. Cela n'a jamais été aussi évident ou crucial que dans le cadre des événements entourant la Panique de 1837, qui est en réalité une grande dépression aux effets dévastateurs. Un historien la qualifie d'ailleurs de première grande dépression en Amérique[31]. En fait, bien qu'elle frappe d'abord les États-Unis, elle a bientôt des conséquences catastrophiques à la grandeur de la région nord-atlantique. Au milieu des années 1830, la demande britannique pour les articles en coton américains crée une super-flambée, suivie d'un effondrement spectaculaire quand la conjoncture économique se retourne. Entre-temps, la Banque d'Angleterre, craignant une ponction de numéraire en provenance du Royaume-Uni, hausse les taux d'intérêt juste avant que la flambée ne se transforme en récession, dans une sorte de scénario catastrophe keynésien inversé. L'effondrement du crédit et la forte déflation qui s'ensuit entraînent une puissante remise en question pour les gouvernements de tous les niveaux de la région de l'Atlantique Nord, depuis le Royaume-Uni jusqu'aux États-Unis et aux colonies de l'Amérique du Nord britannique. De nombreuses législatures d'État américains ayant rêvé de voir les investissements étrangers remplacer l'imposition, pour les grands projets d'amélioration publics, manquent à leurs engagements; les faillites bancaires et la suspension de paiements en numéraire laissent présager une décennie de graves difficultés économiques, de bouleversements politiques et d'agitation sociale aux États-Unis. Un historien qualifie la Panique de 1837 de désastre tant politique et social que financier[32]. Dans les années 1830, on dit que les banques américaines sont empêtrées dans une guerre bancaire attisée par les politiques de l'administration d'Andrew Jackson. En Angleterre, la presse financière et la presse populaire se disent atterrées en constatant que le système bancaire américain est devenu une « maison de jeu au bénéfice des chouchous des autorités législatives » – un sort qui, d'après certains, pourrait aussi avoir frappé la Grande-Bretagne en raison de la prolifération des banques à capital-actions. Les commerçants britanniques commencent à craindre sérieusement qu'une trop grande quantité de numéraire britannique n'ait été acheminée aux États-Unis en échange de papiers promettant des taux d'intérêt élevés, sans toutefois conserver leur valeur[33]. Les réseaux d'information commencent, dès 1836, à faire circuler des commentaires très négatifs sur les pratiques ayant cours dans les milieux financiers américains, ce qui érode progressivement la confiance envers le système financier.

La situation s'exacerbe le 10 mai 1837, quand les banques de New York suspendent leurs paiements en numéraire. Elle peut s'avérer catastrophique pour le gouvernement colonial et l'ensemble du secteur commercial des colonies de l'Amérique du Nord britannique. Les réseaux financiers et de renseignement de la Banque à New York jouent un rôle déterminant dans la gestion de la dimension canadienne de la crise. Les contacts de la Banque, sa réputation et sa « position très satisfaisante » en ce qui a trait au respect de ses obligations influent grandement sur l'issue de la crise.

La Banque de Montréal et le gouvernement impérial – en particulier le caissier de la Banque, Benjamin Holmes, R. I. Routh et les lords du Trésor à Whitehall – entretiennent des rapports étroits durant cette période. Montréal est particulièrement affectée par la suspension des paiements en numéraire à New York, car les opérations de change réalisées dans cette ville sont sa principale source d'approvisionnement. Entre novembre 1836 et mai 1837, la Banque importe à elle seule « plus de 100 000 £ en or et en argent[34] ». Son approvisionnement est aujourd'hui interrompu.

Benjamin Holmes indique aux autorités impériales que la situation est sérieuse, mais que la Banque maintient une position saine du point de vue de ses obligations et, tout particulièrement, de ses réserves en numéraire à Montréal. La confiance dont jouit la Banque, non seulement dans « les secteurs commercial et agricole de la province », mais aussi auprès des hauts représentants du gouvernement provincial, est parfaitement justifiée, même si elle doit suspendre temporairement ses paiements et transferts en numéraire, le temps de traverser le pire de la crise avant de reprendre ses activités. Holmes assure les autorités que les « dépôts du gouvernement de Sa Majesté » se trouvent en sécurité et que rien ne devrait perturber la relation « entre [leur] ministère et cette institution, à cet égard[35] ».

En période de crise financière, l'accès à des renseignements exacts et utilisables revêt une importance cruciale. Lors de la Panique de 1837, les partenaires de la Banque sont les principaux intermédiaires entre le Canada et New York. C'est ainsi qu'au début du mois de mai 1837, Samuel Gerrard se rend à New York, « en mission confidentielle », pour rencontrer les agents de la Banque à Londres, Thomas Wilson and Company. Son rapport adressé au président de la Banque de Montréal, Peter McGill, décrit extraordinairement bien une situation en rapide évolution. Holmes s'empresse de le transmettre aux autorités impérialcs[36].

Arrivé à New York à 5 heures le matin du 5 mai, Gerrard amorce peu après une discussion de crise avec les agents de la Banque à New York, Prime, Ward and Sands, et d'autres personnes-ressources qui exposent « franchement et poliment » leur point de vue sur la situation. Les lettres de change continuent d'être assorties de primes pouvant atteindre les dix-sept pour cent. Gerrard dit à McGill qu'il ne « refusera pas les traites en [sa] possession » tant qu'il n'aura pas reçu d'instructions de sa part à cet égard. Ce dernier donne à entendre que les intérêts que détient la Banque dans Wilson and Company constituent des valeurs relativement sûres et, qu'en conséquence, il a « toutes les raisons de croire que la Banque ne perdra rien dans cette entreprise ». Gerrard ne paraît toutefois pas entièrement convaincu par les assurances données par Wilson and Company, d'autant plus qu'elles semblent limitées aux paiements du mois d'avril 1837 et, « qu'en cas de circonstances fâcheuses », la situation pourrait contraindre la compagnie à recourir à des moyens moins orthodoxes pour effectuer les paiements.

Gerrard prodigue ensuite quelques conseils on ne peut plus francs : « Au moindre signe de ruée » sur le marché, « mettez sous clé tous vos shillings et faites en sorte de ne pas vous laisser berner par les écumeurs et spéculateurs inventifs. » Il les met en garde contre les éléments les plus perspicaces du marché new-yorkais qui essaieraient de mettre la main sur le numéraire de la Banque de Montréal en achetant des traites d'autres institutions et en les échangeant contre les leurs pour bénéficier de la prime, ce qui léserait ses déposants et ses actionnaires. Gerrard ajoute que, bien que les occasions ne manquent pas sur un marché perturbé, les risques pour la réputation et le prestige de la Banque sont trop élevés. Le « souci du meilleur intérêt » pour les bailleurs et les clients de la Banque l'emporte largement sur les avantages éphémères et incertains de la spéculation. La Banque pourrait ainsi « sortir la tête haute et indemne » de ces circonstances éprouvantes. Gerrard recommande aussi à la Banque de s'abstenir d'émettre des billets, sauf si elle est « en mesure de les rembourser en espèces[37] ».

L'approvisionnement en numéraire est, évidemment, essentiel aux activités de l'armée britannique, d'autant plus que les soldes militaires doivent être payées en numéraire ou en billets échangeables contre du numéraire, au gré de leur destinataire[38]. Les avoirs et la stratégie de la Banque sont donc étroitement liés au système de paiement impérial. L'agitation qui prévaut sur le marché monétaire et la suspension des paiements par les banques newyorkaises obligent le commissaire général Routh à écrire à ses collègues de Mexico afin d'assurer l'approvisionnement adéquat en numéraire. La Banque dispose d'un approvisionnement en numéraire plus que suffisant pour le marché canadien, mais la ruée vers Montréal d'Américains en quête de numéraire fait l'objet de vives préoccupations tant du point de vue financier que militaire (pour prévenir la sédition, notamment).

La demande de transfert de numéraire depuis le Mexique vers Montréal, en passant par les Bermudes et Halifax, vise un objectif pratique et évident, à savoir, la poursuite des paiements en numéraire. Elle vise aussi, ce qui est plus important encore, à raffermir la confiance envers le système financier en général et la Banque de Montréal en particulier, et à protéger leur réputation. Routh insiste pour recevoir le numéraire « en mains propres », et à Montréal – autrement dit, « de manière si visible qu'elle ne saurait porter atteinte à l'intérêt des banques et, de ce fait, à ceux des collectivités qu'elles servent ». Il déplore « le laxisme » qui distingue les Américains des Canadiens, lequel a suscité un recours abusif au crédit et une passion pour la spéculation. La crise qui s'est abattue sur le continent est « si soudaine et inattendue » qu'elle place le gouvernement en sérieuse difficulté[39].

Des banques canadiennes, un système impérial

Entretemps, dans les années 1830, les autorités impériales surveillent de près l'adoption des diverses lois sur les banques afin d'éviter la prolifération d'établissements bancaires sous-capitalisés. Breckenridge attribue d'ailleurs essentiellement « à leur grande fermeté et à leur discernement rigoureux » le fait que le système bancaire a pu éviter le pire lors de la crise de 1837[40]. La Banque et le gouvernement impérial travaillent donc en étroite collaboration pour protéger les intérêts communs de la collectivité de l'Amérique du Nord britannique dans ses manifestations tant privées que publiques. C'est sans doute ce qui explique l'abondance des documents sur la Panique de 1837 rassemblés par les lords du Trésor. Ils gardent un œil vigilant sur l'évolution du système financier canadien, s'intéressant notamment aux activités de la législature et aux décrets promulgués, ainsi qu'aux bilans de liquidation généraux, rapports annuels et listes des partenaires ou sociétés apparentées des banques[41]. La Banque de Montréal fait l'objet d'une surveillance plus serrée du fait de son importance au sein du système financier canadien émergent. Les lords considèrent que sa charte initiale, avec ses règles et modalités, constitue un modèle auquel « les autres sociétés bancaires devraient adhérer » dans le contexte de la création de nouveaux établissements dans la colonie[42].

Les débats des chambres du Conseil à Whitehall portent souvent sur les conditions favorisant l'essor des institutions bancaires dans les colonies. Le compte rendu d'une réunion tenue en juillet 1830 à propos de l'ouverture possible d'une banque dans l'île Maurice (aussi éloignée de Montréal qu'on puisse imaginer), illustre bien l'essence de la philosophie du gouvernement britannique en la matière : « l'établissement de sociétés bancaires sur la base solide » d'un capital important, bien réglementées et régies par « des règlements et restrictions encadrant la conduite de leurs affaires favoriserait le commerce et la prospérité générale de l'île Maurice ou de toute autre colonie de Sa Majesté susceptible d'intéresser des investisseurs individuels[43]. »

La réglementation impériale mise en place dans les années 1830 pour le système bancaire canadien reflète parfaitement l'approche du gouvernement britannique décrite dans le mémorandum sur l'île Maurice. Le comité du Conseil privé pour le commerce formule une série de « principes de précaution » qui seront intégrés aux lois des législatures coloniales. La « protection de l'intérêt public » dans les établissements bancaires et l'expérience des « États voisins » américains en matière de système bancaire figurent parmi les principales motivations des autorités impériales[44]. Le Conseil privé repensera le système bancaire canadien plus tard, en 1833, en proposant de nouvelles règles « destinées à assurer la sécurité du public ». L'accent est mis sur la nécessité de veiller à ce que toute banque éventuelle dispose du capital souscrit requis avant d'ouvrir ses portes; d'autres exigences établissent des plafonds applicables à l'émission de monnaie et aux emprunts contractés par les administrateurs et les dirigeants, interdisent aux administrateurs d'acheter des actions de leur institution bancaire et imposent la publication de rapports semestriels, notamment.

Le gouvernement impérial s'intéresse tout particulièrement aux banques du Haut-Canada. Au cours de la décennie 1830, il exerce dans cette province une pression plus insistante qu'au Bas-Canada pour qu'il augmente son capital bancaire, ce qui donne lieu à l'ouverture de plusieurs nouvelles banques. La Bank of Upper Canada y exerçait ses activités depuis 1819, avec une capitalisation de 100 000 £. La nouvelle législation proposée par la législature du Haut-Canada devient toutefois l'objet d'un examen critique, quand le Conseil privé du commerce menace de désavouer les lois autorisant l'augmentation du capital bancaire ou la création de nouvelles banques, à moins qu'elles ne comportent des amendements imposant une « double responsabilité » à la Banque Commerciale du district de Midland, ce que la direction de l'institution accepte de mauvais gré[45]. L'insistance des autorités impériales pour que soient mises en place de meilleures mesures de protection contre l'insolvabilité ou l'instabilité s'exprime notamment par la menace de recourir au véto royal pour désavouer toute législation ne satisfaisant pas à ces conditions.

La surveillance constante et la contrainte rigoureuse du gouvernement impérial à son égard (tout spécialement au moment de son déploiement dans le Haut-Canada) permettent au système bancaire canadien d'éviter le pire de la catastrophe économique qui s'abat sur l'Amérique du Nord lors de la Panique de 1837.

L'échange de correspondance entre la Banque et le commissaire général Routh, au début des années 1830, témoigne de l'intérêt constant et profond de Londres envers le développement du système bancaire canadien, surtout en ce qui a trait à la philosophie et à l'organisation émergentes de la Banque de Montréal[46]. On y trouve de nombreuses descriptions détaillées des réalisations de la Banque, tout particulièrement de son activité principale relative aux lettres de change, aux billets à ordre et aux lingots. En 1833, par exemple, Routh annonce que les actions de la Banque viennent d'atteindre une valeur extraordinaire « grâce au versement d'une prime d'émission de vingt pour cent [et] d'un dividende annuel de huit pour cent assorti d'une prime approchant généralement les quatre pour cent, ce qui correspond à un taux d'intérêt total de douze pour cent[47] ». La gouvernance de la Banque suscite aussi les commentaires, probablement parce qu'elle détient des comptes d'État. Les agents du Trésor sont informés des dépenses publiques canadiennes et de l'état général des comptes du gouvernement tenus par la Banque de Montréal[48]. Les dirigeants de la Banque transmettent aussi au Trésor des mémorandums détaillés concernant sa constitution, sa réglementation, son capital et ses ressources[49].

L'intérêt de l'État envers la Banque s'étend à la négociation visant l'élargissement de l'offre de services au grand public. En mai 1831, Routh demande au président de la Banque s'il serait « disposé à offrir au public » l'accès à une palette de services plus élaborée, compte tenu de l'importance des fonds que lui confie le gouvernement[50]. La Banque répond qu'elle consentirait à encaisser, sans commission, les chèques gouvernementaux à Montréal, Québec et Kingston. Malgré sa politique voulant qu'aucun intérêt ne soit versé aux déposants, la Banque s'engage à tenir un compte d'État portant intérêt au taux annuel de trois pour cent, pour autant qu'il affiche en tout temps un solde de 50 000 £. Les échanges entre les agents impériaux et les banquiers tournent en quelque sorte en un jeu d'intérêts, une lutte de positions, voire même, parfois, un concours de personnalité.

Durant la décennie 1830, le commissaire général se montre beaucoup plus efficace à contrer les tentatives de transfert à des banques locales de l'ensemble des opérations financières militaires du Canada. Ce changement aurait avantagé considérablement la Banque de Montréal. Routh pense d'ailleurs qu'elle est la seule banque en mesure de relever un défi de cette taille, mais il est aussi convaincu que ses administrateurs deviendraient alors les

« véritables capitalistes du pays, sans pratiquement prendre de risques personnels ». De plus, le fait de confier les affaires financières de l'armée aux banques locales risquerait, d'après lui, de compromettre sa capacité à agir de façon autonome tout en ouvrant la possibilité que les renseignements sur les mouvements de troupes ne tombent entre de mauvaises mains[51].

L'étroite surveillance exercée par Routh sur les comptes de l'État et ses vues concernant le développement judicieux du système bancaire canadien illustrent clairement l'interdépendance des impératifs du système bancaire colonial et des impératifs politiques et militaires plus larges en Amérique du Nord britannique. La crainte que la réussite de la Banque de Montréal et sa capacité d'expansion n'entraînent une dépendance excessive fait clairement ressortir ce point. L'intérêt impérial pour le secteur bancaire prend de l'ampleur avec l'adoption d'un train de lois en 1836 et 1837. En avril 1837, le lieutenant-gouverneur Francis Bond Head[52] écrit au Conseil privé que les principaux problèmes auxquels se heurtent les colonies de l'Amérique du Nord britannique sont « le numéraire en circulation » et sa disponibilité. « L'impression, assez généralement répandue, est la suivante : il faut prouver que l'on a les moyens d'accroître le numéraire en circulation et que les banques sont en mesure d'offrir le supplément de services nécessaire », mais les opinions diffèrent quant à la façon de s'y prendre. Il s'agit de déterminer s'il faut augmenter le nombre de banques ou bien le capital souscrit des banques existantes. En fait, la question est de nature autant politique que financière. La pression exercée en faveur de l'établissement de plus petites banques dans les districts en développement est constante. Bond Head laisse entendre que, « dans tous les districts ou localités où elles sont établies, ces petites banques jouissent d'une clientèle fidèle et que leurs agents offrent un excellent service; enfin, [puisque] le secteur bancaire semble rentable, il est tout naturel de s'attendre à ce que ses profits [...] soient dépensés au sein des collectivités locales » plutôt que dans des districts ou des villes de plus grande taille[53].

Par contre, durant cette même session, la législature consent à ce que la Banque de l'Amérique septentrionale britannique, qui a son siège à Londres, intègre le marché bancaire colonial; on y voit le désir du gouvernement local « d'ouvrir la porte au capital britannique » sans égard aux « considérations étriquées voulant que les profits découlant directement de son utilisation » bénéficient aux investisseurs et actionnaires d'Angleterre. Bond Head pense que la présence de la banque londonienne permettrait de mieux faire connaître « l'état et les ressources réels de la colonie, ce qui « serait des plus apprécié ». Au milieu des années 1830, les discussions à ce propos démontrent à Bond Head qu'à tout le moins, « les autorités publiques connaissent bien » le secteur bancaire colonial et qu'elles sont disposées à « faire l'essai de différentes formules » pour améliorer la situation bancaire des colonies[54].

Comme nous l'avons vu précédemment, le lieutenant-gouverneur privilégie le concept d'une banque d'émission provinciale relevant de l'autorité législative. En 1837, Bond Head écrit que ce genre de banque servirait de garantie et de réserve en période difficile et qu'elle contrôlerait l'émission du papier-monnaie. La réputation de la province pourrait ainsi être mise à profit pour attirer de nouveaux capitaux anglais dans la colonie. « Sur les plans du climat, du sol, de la liberté des institutions, de l'intelligence de la population et des avantages naturels liés à l'emplacement et aux eaux navigables, conclut Bond Head, le Haut-Canada est prodigieusement favorisé; il n'est donc pas étonnant d'y observer une détermination farouche à rester en phase avec la progression stupéfiante des améliorations qui caractérise l'époque actuelle. » Les ressources de la province sont toutefois limitées. La fiscalité porterait un « dur coup » aux émigrants et découragerait leur installation. La réponse, de l'avis de Bond Head et de la législature, consiste à « rechercher d'autres moyens d'accroître les ressources »[55].

Comme nous l'expliquions plus tôt, la réglementation du début des années 1840 définit une série de règles rigoureuses visant l'activité bancaire au Canada. Elle énonce notamment les exigences en matière de capitalisation et stipule qu'aucune banque ne peut exercer ses activités tant que l'intégrité du capital requis n'a pas été souscrit et payé dans le délai prescrit, et que les dettes ne peuvent dépasser le capital libéré[56]. Elle établit aussi le principe voulant que les billets à ordre soient payables sur présentation et restreint le pouvoir de suspension des paiements en numéraire. Et surtout, elle interdit aux banques de faire des avances de fonds garanties par des terrains, des maisons ou des bateaux, et limite leurs activités à l'escompte d'effets de commerce et de titres négociables et aux autres « activités bancaires légitimes ». Enfin, les lois précisent de façon détaillée leurs obligations en matière de rapports, les modalités relatives à l'élection des administrateurs et d'autres aspects de la bonne gouvernance d'entreprise.

On assiste au cours de cette période à la mise en place de mesures de sécurité clés pour le système financier. Les caractéristiques du système bancaire font aussi en sorte qu'un nombre restreint de banques fortement capitalisées exercent leurs activités à l'échelle d'un vaste territoire. Les actionnaires des banques sont, de ce fait, soumis à la double responsabilité. Les banques canadiennes font généralement preuve de prudence et de pragmatisme dans leur approche en matière d'activités bancaires, et la réglementation renforce cette approche.

Vitesse ou sûreté?

Le système bancaire du Canada a été conçu dans une optique de sécurité, et non de rapidité de réaction. Le paysage est un paysage de banques à grande capitalisation, dont quelques-unes seulement effectuent du traitement d'opérations. Par ailleurs, la philosophie prudente et peu encline au risque des banques à charte décourage l'émergence d'établissements de plus petite taille dans les régions rurales et les petites collectivités du Canada. Le désaccord subsiste, toutefois, entre les tenants de la création d'un système bancaire sûr et efficace et ceux qui privilégient la mise sur pied d'un système bancaire réagissant plus rapidement aux exigences en matière de capital dans les régions mal desservies. La réponse législative consiste en l'adoption, en 1850, de la loi de liberté bancaire, un concept qui facilite l'établissement de banques autres que les banques à charte au Canada. En effet, il suppose tout simplement que n'importe qui, individu ou groupe, peut exploiter une banque, pour autant qu'il satisfasse aux exigences. Aux États-Unis, la plupart des lois autorisent l'intégration rapide de nouvelles banques, sans tous les coûts irrécupérables[57]. Le concept est particulièrement populaire dans l'Ouest canadien, où l'expérience américaine en la matière est considérée comme un modèle à suivre pour accélérer les flux de financement et de capitaux dans un contexte de marché des capitaux difficile, et tout spécialement dans le cadre d'une économie agricole[58]. C'est ainsi qu'ont été créées la Banque Molson, la Niagara District Bank et la Zimmerman Bank, entre autres, au cours de la décennie 1850.

L'intérêt et l'ascendant du gouvernement impérial s'estompent à mesure que s'accroît le contrôle législatif et exécutif des Canadiens sur leurs propres affaires. Il n'en demeure pas moins que le système bancaire colonial continue de prêter aux commentaires à Whitehall jusqu'aux années 1850. En juin 1851, par exemple, un représentant du gouvernement impérial au Canada, C. E. Trevelyan, écrit aux lords du Trésor pour exprimer des réserves à propos de ce qu'il considère comme une modification majeure du système bancaire canadien. Dans son rapport sur la loi de liberté bancaire adoptée dans la Province unie, l'inspecteur-général se dit « d'avis que si le Canada n'a pas éprouvé les maux et les malheurs qui ont accompagné le système bancaire suivi aux États-Unis, cela est dû au petit nombre de banques qui ont été incorporées jusqu'à ce jour dans la province, et à la prudence avec laquelle elles ont dirigé leurs opérations[59] ». Trevelyan observe aussi que la législature coloniale « confère exclusivement le privilège d'émettre des billets promissoires payables à demande aux banques à fonds social qui auront souscrit un certain capital, et déposé entre les mains du gouvernement une quantité de débentures égale au montant des billets dont elles sont autorisées à faire l'émission. Ces dispositions sont d'importance capitale pour assurer définitivement la solvabilité ultime des banques d'émission[60] ». Il exprime en ces mots l'essence du problème : « La grande difficulté des législateurs sur le sujet vient du risque qu'il y a, qu'en donnant au commerce les facilités qu'offre l'emploi des billets de banque, les affaires du pays ne soient exposées à un dérèglement par des émissions spéculatives excédant les besoins légitimes du commerce[61]. »Il explique ensuite que « l'obligation de payer en espèces à demande n'est pas suffisante pour prévenir ces abus [et que] des banques rivales ayant le droit de faire des émissions de billets sans restriction ne sont que trop souvent disposées, quand la manie des spéculations est portée à son comble, à faire une émission de billets bien au-delà de ce qui serait praticable[62] ». Trevelyan ajoute que le système monétaire de la Grande-Bretagne, établi en vertu d'une loi promulguée en 1844, est fondé sur le principe de la *restriction* du « montant des billets promissoires que l'on pourrait émettre sur crédit, au-dessous même de la plus basse expression de la circulation antérieure du pays; et que toute émission de billets excédant ce montant ne pourrait être faite qu'à la condition de déposer des espèces dans la Banque d'Angleterre[63] ».

Trevelyan avance par ailleurs que, sur ce point, la loi de liberté bancaire canadienne paraît défectueuse en ce sens qu'elle ne garantit pas la circulation sécuritaire des billets à ordre. La solution devrait offrir au possesseur de ces billets la possibilité de les mettre à l'abri des pertes occasionnées par une éventuelle défaillance des banques, ce qui suppose le dépôt d'effets d'un montant équivalant à celui des billets en circulation. « Il apparaît à leurs seigneuries que l'on ne peut avec sûreté concéder le privilège d'étendre indéfiniment les banques d'émission sans quelque précaution de cette nature[64]. » En outre, le droit d'inspection « sera de peu d'utilité s'il n'est pas accompagné du droit de contrôler les opérations des banques relativement à la circulation[65] ».

Trevelyan recommande aux lords du Trésor de faire preuve de tact dans leur approche auprès des Canadiens et de leur expliquer que « en soumettant ces suggestions, ils ne désirent nullement intervenir dans l'administration générale des affaires du Canada, qui a maintenant l'avantage de posséder un gouvernement responsable; mais d'un autre côté, [ils] n'auraient pu se réconcilier à l'idée de ne pas offrir à ce gouvernement le résultat d'une plus grande expérience acquise en ce pays après nombre d'épreuves et de difficulté, quant à confier la circulation à des banques rivales sans un contrôle efficace[66] ». Il rappelle aux lords que, « puisque les Canadiens sont aussi endettés envers la mère patrie, le gouvernement de Sa Majesté se croit en droit d'exiger qu'aucune mesure ne soit passée qui pourrait, dans ses résultats, avoir l'effet d'affecter le crédit public du Canada, et entraver par là peut-être les arrangements pris pour le remboursement de ces emprunts; et sous ce point de vue, il est également dans l'intérêt et du devoir du gouvernement impérial de prémunir le gouvernement canadien contre les conséquences que l'on doit appréhender d'une législation de la nature de celle qui est maintenant sous les yeux de ce bureau[67] ».

Le rapport semble avoir fait bonne impression auprès des lords du Trésor, puisqu'ils souscrivent à l'analyse de Trevelyan et espèrent que le « gouvernement et le Parlement canadiens ne manqueront pas d'accorder la plus haute importance à ce sujet et de se prémunir contre les dangers auxquels la Province pourrait être exposée[68] ». En fait, vers la fin des années 1850, de nombreuses banques canadiennes ont disparu. Un projet de loi destiné à mettre un terme à la constitution de banques à capital-actions et à l'émission de billets immatriculés est déposé en mars 1857. Les « marchands et les argentiers » de la province sont généralement en faveur du système établi selon le principe de la charte, parce qu'il a démontré sa résilience et sa stabilité tout au long des cycles économiques des années 1850. La loi de liberté bancaire sera abrogée dans les années 1860. Par ailleurs, l'expérience américaine en matière de liberté bancaire n'a généralement pas eu d'incidence notable sur la croissance, et les partisans canadiens du principe de la liberté bancaire semblent avoir aussi été abandonnés[69]. La perspective impériale prévaut. En fin de compte, le système financier canadien élaboré par les législateurs, les lords et les banquiers est articulé autour de certaines caractéristiques historiques. Quatre grands types de banques voient ainsi le jour au Canada, avant l'avènement de la Confédération : les banques à charte établies par la législature; les banques exploitées en vertu d'une charte royale (comme la Banque de l'Amérique septentrionale britannique); les banques privées, ou banques à capital-actions, sans pouvoir d'intenter des poursuites; et les banques libres (après l'adoption de la loi de 1850). Toutefois, comme le fait remarquer E. P. Neufeld, les banques à charte dominent le paysage bancaire canadien de l'époque[70].

Les législatures canadiennes des années 1850 élargissent le système des banques à charte pour y intégrer quelques nouvelles banques, dont la Banque du Canada (1858), la Banque de Commerce (1859) et la Banque Jacques-Cartier (1861). Entre 1822 et 1867, on assiste à l'octroi de soixante-huit chartes et à l'entrée en activité de cinquante-six banques. Entre 1841 et 1867, le capital versé des banques de la Province unie est multiplié par douze, la circulation des billets est multipliée par neuf et le nombre de nouvelles banques à charte augmente en moyenne de douze pour cent par année. Quand la Confédération canadienne voit le jour, le secteur bancaire domine la scène financière et la Banque de Montréal domine le secteur bancaire.

John Richardson (1754–1831) était le leader parmi les fondateurs de la Banque de Montréal. Bien qu'il n'ait jamais occupé de poste à la Banque si l'on excepte la présidence du comité fondateur, aucun autre fondateur ne représente mieux l'esprit stimulant caractéristique de la création de la Banque de Montréal. v. 1806–1809. Peinture de Gerrit Schipper. Image reproduite avec l'aimable permission du Musée McCord d'histoire canadienne, M969.53.1.

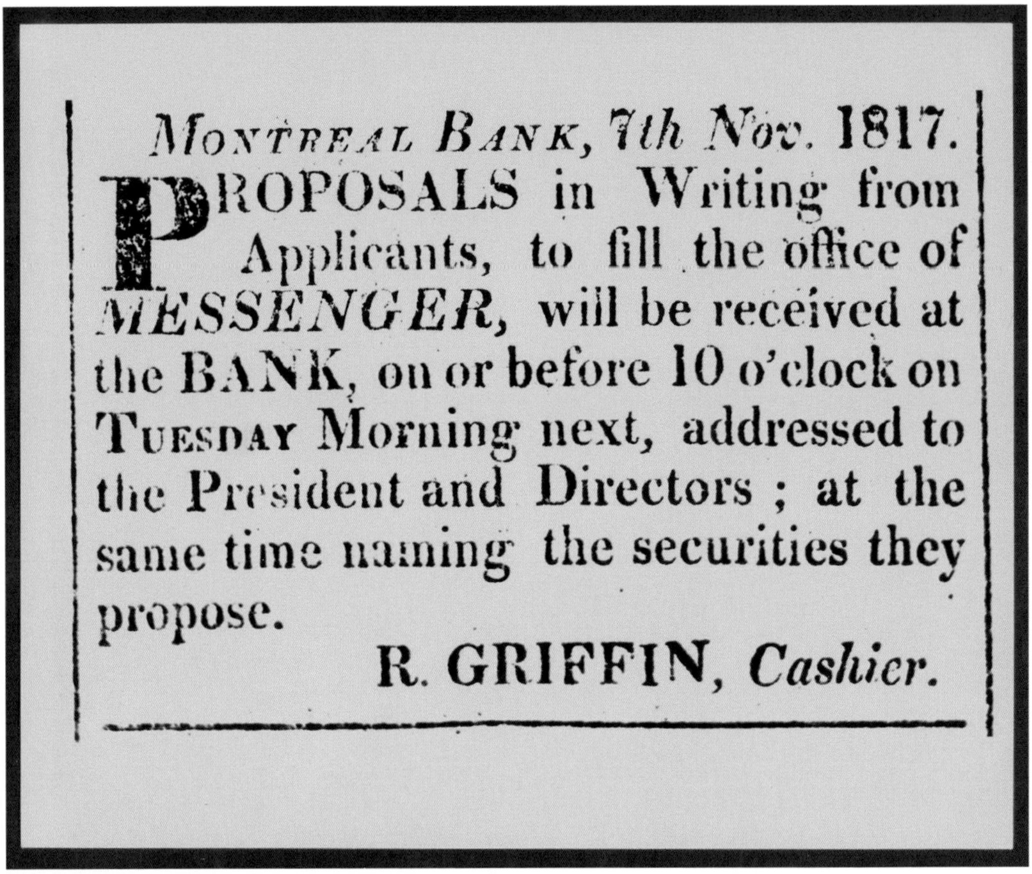

MONTREAL BANK, 7th Nov. 1817.
PROPOSALS in Writing from Applicants, to fill the office of MESSENGER, will be received at the BANK, on or before 10 o'clock on TUESDAY Morning next, addressed to the President and Directors ; at the same time naming the securities they propose.

R. GRIFFIN, *Cashier.*

(*ci-dessus*) Cette publicité parue dans le *Montreal Herald* le 23 octobre 1817 est la première à avoir jamais été publiée pour la Banque de Montréal. 1817.
(*page ci-contre*) Augustin (Austin) Cuvillier (1779–1849) était un homme d'affaires et un représentant du gouvernement de premier plan à Montréal et le seul Canadien français parmi les fondateurs de la Banque de Montréal. Sans date (produite v. 1900–1924). Anonyme. Image reproduite avec l'aimable permission du Musée McCord d'histoire canadienne, M5205.

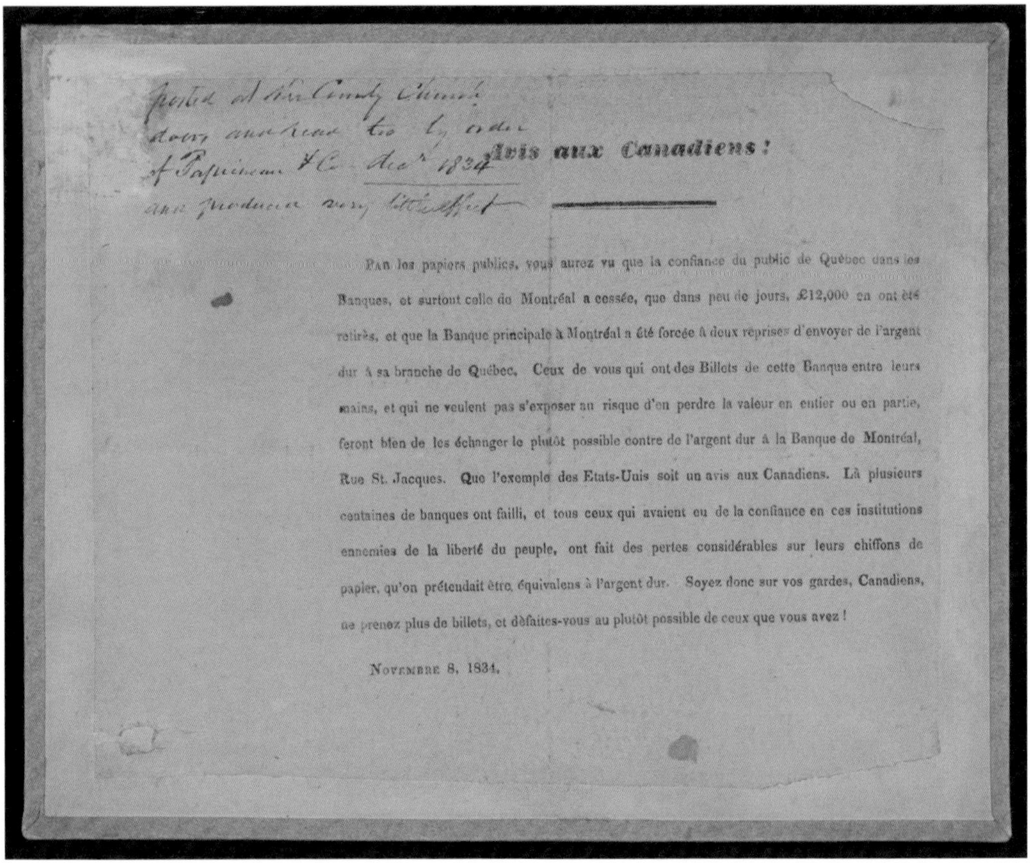

Avis aux Canadiens!

Par les papiers publics, vous aurez vu que la confiance du public de Québec dans les Banques, et surtout celle de Montréal a cessée, que dans peu de jours, £12,000 en ont été retirés, et que la Banque principale à Montréal a été forcée à deux reprises d'envoyer de l'argent dur à sa branche de Québec. Ceux de vous qui ont des Billets de cette Banque entre leurs mains, et qui ne veulent pas s'exposer au risque d'en perdre la valeur en entier ou en partie, feront bien de les échanger le plutôt possible contre de l'argent dur à la Banque de Montréal, Rue St. Jacques. Que l'exemple des Etats-Unis soit un avis aux Canadiens. Là plusieurs centaines de banques ont failli, et tous ceux qui avaient eu de la confiance en ces institutions ennemies de la liberté du peuple, ont fait des pertes considérables sur leurs chiffons de papier, qu'on prétendait être équivalens à l'argent dur. Soyez donc sur vos gardes, Canadiens, ne prenez plus de billets, et dèfaites-vous au plutôt possible de ceux que vous avez !

Novembre 8, 1834.

Cet « Avis aux Canadiens » a été affiché sur une porte d'église pour exhorter les Québécois à échanger leurs billets de banque contre des pièces. D'après le message écrit à la main dans le coin, l'avis n'a eu que très peu d'effet. 1834.

La Banque de Montréal a choisi la Place d'Armes, au cœur historique de Montréal, pour y installer son siège social, construit en 1819. L'année 1847–1848 a vu son agrandissement avec l'ajout du bâtiment classique de la succursale principale qui s'y trouve encore de nos jours. La vue est prise de la façade de la succursale principale de Montréal. 1850. Bibliothèque et Archives Canada/W.H. Coverdale collection Canadiana [médias multiples]. Collection du Manoir Richelieu/c041453k.

Sir John Rose (1820–1888) a été administrateur de la Banque de Montréal et président de son comité de Londres. Il a été ministre des Finances sous sir John A. Macdonald de 1867 à 1869. Son mandat a été dominé par un débat à propos de la nature du système bancaire du Dominion, dans lequel Rose (et E. H. King, de BMO) était en faveur d'une devise d'État soutenue par des titres du gouvernement. Sans date. Bibliothèque et Archives Canada/fonds Studio Topley/a025959.

George Stephen, 1er baron Mount Stephen (1829–1921), représenté ici dans sa mi-trentaine, a été président de la Banque de Montréal de 1876 à 1881 et a joué un rôle important dans l'organisation du financement de la construction du chemin de fer du Canadien Pacifique, qu'il a cofondé avec son cousin, Donald A. Smith, 1er baron Strathcona et Mount Royal, Lord Strathcona. 1865. Photographe : William Notman. Image reproduite avec l'aimable permission du Musée McCord d'histoire canadienne, I-14181.1.

Peter McGill (1789–1860) est le président de la Banque de Montréal qui a connu les plus longs états de service (1834–1860). Il a aussi été maire de Montréal de 1840 à 1842. Sous sa gouverne, la Banque a développé des ambitions nationales. 1866. Anonyme. Image reproduite avec l'aimable permission du Musée McCord d'histoire canadienne, I-21029.0.

Sir Edward S. Clouston (1849–1912) (*deuxième à partir de la gauche*), photographié ici avec son bâton de cricket, a été directeur général et vice-président de la Banque de Montréal. 1869. Photographe : William Notman. Image reproduite avec l'aimable permission du Musée McCord d'histoire canadienne, I-39938.1.

Cette image donne une idée de l'influence qu'a exercée la Banque de Montréal sur le développement du Canada. Y est représenté le pont du Canadien Pacifique à Lachine, au Québec. De plus, la construction du canal de Lachine et du chemin de fer du CP a été financée par la Banque de Montréal et a revêtu une importance énorme pour le jeune Canada. 1870. Photographe : Alexander Henderson. Image reproduite avec l'aimable permission du Musée McCord d'histoire canadienne, MP-0000.892.6.

Donald A. Smith, qui va devenir 1er baron Strathcona et Mount Royal (1820–1914), a été président de la Banque de Montréal de 1887 à 1905 en plus d'occuper divers postes au sein du gouvernement et en diplomatie. Avec son cousin, George Stephen, il a fondé le Canadien Pacifique. 1871. Photographe : William Notman. Image reproduite avec l'aimable permission du Musée McCord d'histoire canadienne, I-66959.

Sir Edward Clouston, qui deviendra directeur général de la Banque de Montréal, photographié au cours d'une fête costumée à Montréal. Clouston est assis dans la rangée du milieu; c'est le troisième à partir de la gauche. Clouston et sa femme aimaient recevoir somptueusement à leur résidence de Montréal, ainsi qu'à Boisbriant, leur château situé à Senneville. 1875[?]. Photographe : Wm. Notman & Son. Image reproduite avec l'aimable permission du Musée McCord d'histoire canadienne, II-149797.

Sir Alexander Tilloch Galt a été le premier ministre des Finances du Canada, étant en poste de juillet à novembre 1867. Il a également été administrateur de la Banque de Montréal. Il était parent par alliance de David Torrance, président de la Banque de Montréal de 1873 à 1876. 1876. Photographe : Notman & Sandham. Image reproduite avec l'aimable permission du Musée McCord d'histoire canadienne, II-42813.1.

Gold Range Views - Driving the Golden Spike,
Smith, on C.P.R., Nov. 7, 1885, 9.30

(*ci-dessus*) Le bureau provisoire de la Banque de Montréal au 145, Randolph Street à Chicago après le grand incendie de 1871. William Richardson, le directeur de la succursale, se trouve sur le seuil de la porte. 1871.
(*page ci-contre*) Cette image, captée soit tout juste avant ou après que son célèbre cousin ait pris la pose, représente Donald A. Smith « enfonçant le dernier crampon » le 7 novembre 1885. Cette cérémonie mémorable soulignait le parachèvement de la première liaison ferroviaire transcontinentale du Canada – un projet dans lequel la première banque du Canada et sa direction ont eu une profonde implication. 1885. Bibliothèque et Archives Canada/fonds Studio Topley/a209978.

(*ci-dessus*) Montréal est au cœur de l'activité industrielle et commerciale à la fin du dix-neuvième siècle. On voit ici le SS Durham City à quai dans le port animé. 1896. Photographe : Wm. Notman & Son. Image reproduite avec l'aimable permission du Musée McCord d'histoire canadienne, II-116749.

(*page ci-contre*) Sir Henry Vincent Meredith (1850–1929), ici revêtu d'un déguisement, dans ses années de jeunesse, a été président de la Banque de Montréal de 1913 à 1927. 1885. Photographe : Wm. Notman & Son. Image reproduite avec l'aimable permission du Musée McCord d'histoire canadienne, II-75991.1.

Sir Edward Seaborne Clouston a occupé le poste de directeur général de 1890 à 1911. À l'époque, on le décrit comme « l'exemple même du banquier canadien » et comme étant « astucieux, puissant et austère, mais loin d'être prudent en matière de finances ». 1899. Photographe : Wm. Notman & Son. Image reproduite avec l'aimable permission du Musée McCord d'histoire canadienne, II-130515.

George Alexander Drummond (1829–1910) a été vice-président de 1887 à 1905 et président de 1905 à sa mort en février 1910. Au cours de ces divers mandats, il a contribué au renversement des politiques bancaires en faveur de la collectivité canadienne des industriels, ce qui a notamment permis d'octroyer des prêts à long terme garantis par des bons de souscription. Sous sa gouverne, la Banque de Montréal a aussi entrepris une vaste expansion avec l'inauguration de 110 succursales et une forte hausse du personnel. 1899. Bibliothèque et Archives Canada/fonds Studio Topley/a028058.

La succursale de la Banque des Marchands à Castor, en Alberta, en mai 1909. On peut voir sur le seuil les employés F. R. Pike (*à gauche*) et Short Riggs (*à droite*). La Banque de Montréal a absorbé la Banque des Marchands en 1926, provoquant ainsi une forte augmentation du nombre de ses succursales dans tout le pays. 1909.

Le personnel de la succursale d'Estevan (Saskatchewan) de la Banque de Montréal (*de gauche à droite* : Ethel Medcof, Les Thompson, Athie Yardley, Herb Holmgren, M. Williams et M. Mason). Le décor est représentatif des succursales de l'époque dans les Prairies. 1910. Photo Studio Bomac.

Cette caricature réalisée par E. H. Hayes, dans le cadre d'une série intitulée « Les Canadiens tels qu'on les perçoit » représente sir Edward Clouston. À titre de directeur général, Clouston tenait les cordons de la bourse, ce qui explique qu'on le voit assis sur un énorme coffre sur lequel est écrit « Fonds en fiducie de la Banque de Montréal ». 1910.

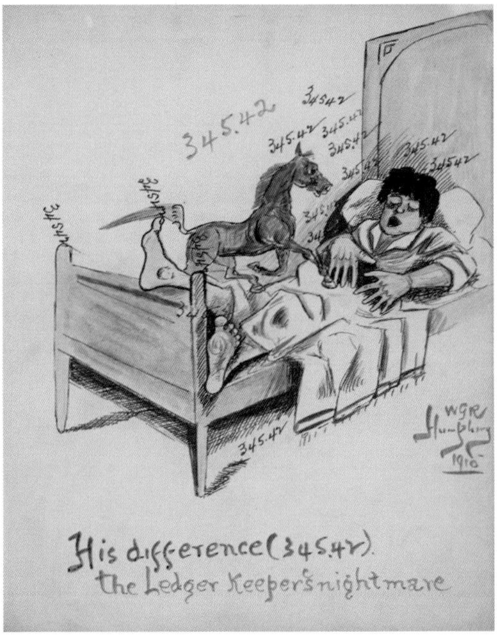

Cette série de caricatures est l'œuvre de W. G. R. Humphrey. Elle représente les banquiers canadiens dans diverses situations « stéréotypées » et reflète l'idée que se font les gens des banquiers et du secteur bancaire au début du vingtième siècle. v. 1910.

La Canada Cement Company comptait parmi les moteurs de l'industrie canadienne; elle a contribué à l'effort crucial au cours de la Première Guerre mondiale. L'implication de sir Edward Clouston dans cette entreprise, et surtout les transactions de Max Aitken, ont entraîné la retraite hâtive de Clouston de la Banque en 1911. 1914–1919. Bibliothèque et Archives Canada/fonds du ministère des Forces armées outre-mer/a024443.

Conclusion

Les banques coloniales, en particulier la Banque de Montréal, les législateurs de l'Amérique du Nord britannique et le gouvernement impérial ont façonné et défini ensemble le secteur financier canadien émergent – sa forme, sa substance et sa nature, de même que sa réglementation, son mandat et son déploiement. Le milieu du dix-neuvième siècle est une période d'expérimentation sur les plans bancaire, monétaire et du capital. Organisation du secteur financier, lois et règlements, restrictions imposées aux dirigeants des banques, tout est proposé, débattu, déterminé et codifié dans la législation et les règles d'exercice. Entre 1817 et 1860, les législateurs coloniaux, les administrateurs impériaux et les banquiers d'affaires s'attachent à préciser leurs mandats, à défendre leurs prérogatives et à établir les frontières du possible des affaires financières au Canada. Cette relation triangulaire a contribué, plus que tout autre facteur, à l'édification du système bancaire canadien.

Le rôle central de la Banque de Montréal dans trois aspects – l'économie coloniale, le commerce intercolonial et les réseaux financiers de l'Atlantique Nord – explique l'intérêt particulier porté par les législateurs coloniaux à ses opérations et activités, ainsi qu'à l'évolution rapide de ses rapports avec le marché américain, et tout spécialement avec New York. D'un point de vue impérial, le rôle de la Banque à titre de porte-étendard du secteur financier canadien suppose qu'elle s'intéresse aux questions tant financières que militaires. Les affaires financières, politiques, économiques et militaires en Amérique du Nord britannique étant étroitement liées et interdépendantes, le bancaire et la sécurité ne sont donc pas considérés comme des sphères distinctes, mais plutôt comme des sphères qui se chevauchent parfois.

Comme nous le disions précédemment, les banquiers, les législateurs et les lords entretiennent une relation suivie, fructueuse et étroite. Le système bancaire canadien en est encore à l'état embryonnaire : toutes les possibilités, ou presque, sont étudiées. À l'Assemblée législative, les promoteurs de la Banque de Montréal s'emploient à obtenir l'aval politique et une licence légale pour exploiter leurs activités. Ils veulent aussi laisser leur marque dans le système réglementaire canadien émergent. Dans les conseils de l'Empire, les débats tournent autour des trois grands enjeux que sont la collaboration en matière de maintien de l'ordre et de défense impériale; l'exploitation sécuritaire des activités bancaires; la monnaie et l'établissement d'une banque d'État, qui sont d'ordre systémique. Ce dernier enjeu suscite de très vifs désaccords opposant les banquiers coloniaux du Canada, partisans d'un système bancaire rentable et efficace et d'une monnaie stable, aux organismes de réglementation impériaux qui veulent imposer la livre sterling sur un continent dominé par une activité économique fondée sur le dollar. Les banques canadiennes, avec à leur tête la Banque de Montréal, réussissent à contrecarrer ces desseins, notamment parce qu'ils vont à l'encontre des intérêts commerciaux du Canada en général, et de ceux des banques canadiennes en matière de profits et d'activités en particulier.

À la fin des années 1850, la relation triangulaire entre les législateurs, les lords et les banquiers a livré plusieurs résultats clés. Le système bancaire canadien repose sur des assises solides, fruit d'une collaboration fructueuse entre les secteurs public et privé. La réputation et la portée de la Banque de Montréal se sont accrues tout au long du stade initial de son existence. Les décisions prises par la Banque ont consolidé sa prédilection pour la stabilité et la prudence en matière financière. Enfin, les priorités et les préférences canadiennes, notamment en ce qui a trait à la monnaie et au concept de banque d'État, ont été défendues et ont prévalu.

En 1860, le système bancaire canadien, bien que de petite envergure, est généralement bien rodé. Des principes comme celui de la liberté bancaire ont été mis à l'essai, puis abandonnés sans que cela ait eu de véritable incidence sur le système. Mais la motivation sous-jacente à une approche bancaire plus expérimentale ou novatrice est demeurée inchangée : il faut stimuler l'activité économique pour que le capital suive et génère davantage d'activité économique. La frustration suscitée par la petite taille du marché des capitaux de la colonie et l'approche conservatrice de ses banques les plus importantes s'est amplifiée. La Banque de Montréal a été un acteur de premier plan dans le cadre des discussions à ce sujet. Elle a exprimé sa préférence pour la stabilité en faisant la sourde oreille aux appels des tenants d'une approche plus expansionniste pour ses activités. Le style bancaire montréalais s'est construit à partir de l'expérience de la première génération de banquiers montréalais et à travers le prisme des rapports qu'entretenait la Banque avec les pouvoirs publics, tant au centre qu'en périphérie de l'Empire. Comme nous le verrons plus loin, la décennie 1860 catapultera la colonie et son système bancaire dans un tout nouveau territoire, encore inexploité. Mais les caractéristiques, la nature et l'approche fondamentales du système bancaire canadien ont été inscrites dans ses gènes durant toute une génération.

5

Risque, rendement et récompense

Nous avons vu que les cadres de la Banque de Montréal, dans les années 1820 et 1830 ont jeté des bases solides pour établir le secteur bancaire canadien, accordant une attention particulière à la génération, au maintien et à l'élargissement du type de capital de réputation requis pour assouvir l'ambition de l'institution, qui aspire à être la plus importante de l'Amérique du Nord britannique. Par la suite, soit du début des années 1840 jusqu'au milieu des années 1850, un réseau naissant de succursales de la Banque de Montréal apparaît dans le Canada-Uni, surtout dans la portion ouest du territoire, soit à Cobourg, Guelph et Hamilton, qui est aujourd'hui le sud de l'Ontario. En parallèle, on assiste à la professionnalisation graduelle de l'activité bancaire. Des réseaux formels et informels d'information et de crédit prennent de l'envergure et mûrissent, et la capacité analytique du personnel de la Banque augmente. Sous la direction de Benjamin Holmes, le chef caissier, et du président, Peter McGill, elle développe une approche professionnelle et indéniablement prudente à l'égard des opérations bancaires dans l'Amérique du Nord britannique. La manière dont les rapports annuels de la Banque sont rédigés traduit cet esprit. Voici un extrait de l'allocution de Peter McGill devant les actionnaires, reproduite dans le rapport de 1858 : « L'état général des affaires commerciales ne s'améliore visiblement pas pour l'instant; la contraction des activités et la dépression qui plombent chaque secteur ont un effet naturellement défavorable sur les intérêts de la Banque et nuisent à l'utilisation avantageuse de ses fonds. Voilà pour les perspectives[1]. » McGill prévient aussi que l'ampleur de la prospérité dont jouit le Canada est « dans une certaine mesure fictive » et engendre un « climat de spéculation et de surenchère commerciale ». Bien entendu, ces conditions ont grandement contribué à l'essor de la province et à l'avancement du pays, mais ce ton grave résonne avec force[2].

Vers la fin des années 1850, la Banque retient les services d'Edwin H. King à titre « d'inspecteur », ou vérificateur. King devient un pilier central de l'évolution de la Banque de Montréal dans les années 1860. Sa nomination en tant qu'inspecteur démontre que l'institution cherche à rehausser la qualité et à consolider ses assises managériales. George Hague, un contemporain, dépeint King de la manière suivante : « Je me rappelle l'avoir rencontré lors d'une tournée de vérifications dans une ville ontarienne; c'est là que j'ai entendu parler de son style incisif d'inspection et de l'indifférence la plus complète dont il fait preuve à l'égard des réflexions et des perceptions, et des directeurs de la banque. À vrai dire, l'ancien style privilégié pour mener les inspections devait être repensé, car il était plus qu'inutile. Il m'a déjà dit que cinq ans de travail acharné avaient été nécessaires pour mettre de l'ordre dans la Banque de Montréal[3]. »

Cela contraste nettement avec les autres institutions financières, surtout celles en périphérie de Toronto, qui se sont lancé tête baissée dans le financement de projets ferroviaires. Des entités concurrentes, comme la Bank of Upper Canada, ont investi massivement dans ce type de projet pendant les années 1850. La Banque de Montréal, pour sa part, alloue ses fonds avec précaution, même lorsque le gouvernement de la province se porte en partie garant de la dette, et avec brio habituellement, écartant les initiatives qui ne cadrent pas avec ses normes rigoureuses. Mais elle est la seule à agir ainsi. Les grands chantiers ferroviaires des années 1850 et l'adoption de la loi de liberté bancaire facilitent la mise sur pied d'un certain nombre de banques. L'objectif vise à doper la construction d'infrastructures grâce aux capitaux injectés par les institutions bancaires nouvellement constituées[4].

Tout au long des années 1850, la Banque ne cesse d'accroître sa capitalisation, qui atteint, en 1855, six millions £. Dès 1859, ce capital autorisé est remboursé en entier, faisant de la Banque de Montréal l'une des trois plus grandes institutions bancaires de l'Amérique du Nord[5]. Si l'on se fie au dividende record qu'elle verse, lequel atteint régulièrement huit pour cent sur une base annuelle, la Banque se porte effectivement bien, sachant que cela n'est pas une mince affaire à la fin des années 1850. En raison de la Panique de 1857, le continent tout entier est en « grande difficulté, et les affaires monétaires et commerciales sont perturbées », ce qui contraint les banques américaines à suspendre les paiements en espèces. Les banques canadiennes, en revanche, sont en mesure de maintenir leur position.

Jusqu'alors, deux éléments ont obligé la Banque à tirer parti de ses relations aux États-Unis et à fonder une agence à New York. En premier lieu, les mauvaises récoltes persistantes dans la province contribuent « à bouleverser et à gêner les affaires monétaires et commerciales du pays[6] ». En 1859, le président McGill signale que les administrateurs ne doivent pas perdre de vue que la « prospérité de la nation dépend de ses produits agricoles et qu'un autre échec dans ce secteur aurait des conséquences très graves ».

En second lieu, la pression que les entités concurrentes, notamment les banques occidentales, appliquent sur le marché intérieur est intense, mais maîtrisable. Ce contexte, jumelé à la stagnation économique de la province, agace les banquiers. En 1861, le président T. B. Anderson écrit que « l'activité bancaire se pratique depuis quatre ans dans des conditions défavorables. Les bénéfices diminuent et il faut privilégier de plus en plus le crédit pour couvrir les pertes attribuables aux créances irrécouvrables[7]. »

Par conséquent, la Banque met en place, le 3 décembre 1858, une agence new-yorkaise sous la gouverne de Richard Bell. Trois ans plus tard, en septembre 1861, une autre agence voit le jour, à Chicago cette fois, sous E. W. Willard[8]. Comme l'affirme le président Anderson en 1861, « l'importance pour le Canada de s'approprier une partie du lucratif commerce des produits agricoles des États de l'Ouest revient souvent ces temps-ci ». L'agence nouvellement établie à Chicago a été créée « dans le but d'acquérir davantage d'installations à cette fin » et dans l'optique « d'avantager la communauté » et de « profiter à l'institution[9] ». La Banque compte ouvrir une succursale à Chicago en 1871 au coin des rues Market et Madison « dès qu'une voûte adéquate peut être aménagée[10] ».

Une nouvelle stratégie

La période s'échelonnant de 1860 à 1863 demeure marquée par une conjoncture économique difficile en sol canadien. Le cycle d'explosion et d'effondrement dans l'Ouest du Canada a mené à une grave dépression, affectant notamment les cours du bois d'œuvre et la valeur des biens immobiliers. En 1862 et en 1863, de lourdes pertes sont absorbées alors que les devises américaines de la Banque sont converties en or. La dépréciation de la valeur des biens immobiliers aux États-Unis (détenus à titre de sûreté pour garantir de vieilles créances), conjuguée à l'entrave du commerce entre le Canada et les États-Unis à cause de la guerre de Sécession, presse la Banque de redéfinir sa stratégie.

La décennie de la réussite ou de l'échec

On peut difficilement exagérer l'importance de la décennie 1860 pour l'Amérique du Nord britannique et surtout pour ses banques. Examinons d'abord l'état des lieux au début comme à la fin de celle-ci. Les cycles économiques d'expansion et de ralentissement, qui dépendent souvent de la production agricole et des conditions de l'échange des marchandises, battent leur plein. Les colonies britanniques nord-américaines se joignent aussi, au cours de cette décennie, au Dominion du Canada. L'instabilité et la concurrence malsaine définissant le secteur bancaire canadien font place à un cadre réglementaire permanent enchâssé dans la loi qui définit les principes orientant cette activité de même que la relation qui l'unit au vingtième siècle. Du côté des États-Unis, voisin et marché d'importance pour le Canada, les années 1860 entraînent des événements violents (la guerre de Sécession) et des transformations économiques d'une vaste portée dans le secteur bancaire (la *National Banking Act* et la suprématie émergente de New York comme place financière).

Des ouvrages publiés récemment à propos du secteur bancaire canadien de l'époque illustrent comment les pressions économiques et politiques des années 1860 ont mené à l'adoption en 1870 de la première *Loi sur les banques*. En effet, des études établissant des comparaisons et des distinctions entre les systèmes canadien et américain en s'appuyant sur la *Loi sur les banques* présentent de manière détaillée l'intense pression exercée sur le tout nouveau gouvernement du Canada afin d'équilibrer les intérêts financiers, métropolitains et régionaux de la nation, dans l'esprit de la législation bancaire du début des années 1870[11]. Les relations et les liens financiers du Canada avec le centre de l'Empire, à Londres, sont particulièrement importants à cet égard. Par ailleurs, Charles W. Calomiris et Stephen Haber ont balisé l'activité bancaire en entier dans un cadre conceptuel tenant compte exclusivement des milieux politiques et des « occasions bancaires » qui en découlent. Même s'ils omettent presque complètement l'importance de l'historiographie canadienne sur le sujet, les conclusions qu'ils tirent quant au caractère national de l'activité bancaire sont raisonnables. Par exemple, ils affirment à juste titre, dans le contexte canadien, que les « banques à charte sont le fruit d'un partenariat entre les partis au pouvoir qui contrôlent le gouvernement et les fondateurs et actionnaires de ces institutions[12] ».

La stratégie et le leadership

D'autres chapitres de ce livre s'intéressent, dans une perspective globale, aux considérations, aux liens et aux réseaux pour expliquer comment l'État a mis sur pied le système bancaire. Ce chapitre, en revanche, revient plutôt sur le contexte opérationnel et la stratégie de la Banque de Montréal.

La direction, l'orientation et la ligne de conduite de l'institution sont des éléments essentiels pour relever les défis que posent les années 1860. Au début de la décennie, la Banque se porte bien, mais elle perd du terrain par rapport à ses concurrents. Sa principale rivale, la Bank of Upper Canada, la devance maintenant en matière de circulation, de réserves et de capitalisation. Dix ans plus tard, la Banque de Montréal consolide sa position dominante dans l'activité bancaire canadienne et s'impose au sein des marchés de New York et de Chicago comme un joueur petit, certes, mais aussi rusé et incontestablement rentable malgré une concurrence féroce et des pressions politiques soutenues. Elle y parvient en exploitant ses capacités organisationnelles supérieures, la force de ses réseaux, l'influence grandissante de ses agences et de ses succursales dans la conduite de ses affaires et le bien-fondé inhérent à sa philosophie commerciale, laquelle se caractérise par une approche beaucoup plus conservatrice et rationalisée à l'endroit du crédit aux entreprises et la préséance accordée aux projets d'envergure. Toutefois, la meilleure des stratégies ne vaut rien si elle ne peut être mise en œuvre. L'équipe de direction de la Banque « en ces temps de crise » est formée d'hommes extrêmement talentueux qui tirent avantage de chaque ressource dont ils disposent, qu'il s'agisse d'innovation organisationnelle, de leur expérience, ou encore de leurs liens politiques et sociaux, pour obtenir le meilleur résultat qui soit.

L'institution s'appuie sur ses bons coups des années 1860 une génération durant, assurant le développement économique du pays et devenant ce que Calomiris et Haber nomment la « coordonnatrice en chef » du secteur bancaire canadien. Ce sont donc les années 1860 qui, de manière importante, permettent à la Banque d'atteindre sa maturité. Grâce à sa rigueur stratégique implacable et à ses réalisations souvent étonnantes, elle fait office de paratonnerre, apaisant les angoisses financières, économiques et concurrentielles de l'époque et canalisant les occasions qui se présentent.

Cela dit, poser un regard critique sur cette stratégie et ce rendement doit être fait avec circonspection, comme l'ont récemment indiqué Philip Scranton et Patrick Friedenson : « L'expérience historique des nations et des économies est tout sauf linéaire, jalonnée de rebondissements, influencée par des forces invisibles et pimentée d'expectative, d'imprévu, d'insuccès et de surprise. » La tendance est donc de « raisonner en rétrospective » ces deux variables, alors que, en réalité, elles sont façonnées par réactivité, prévoyance et appréhension. Un récit peut être raconté de manière séquentielle, logique et mélodieuse en étouffant le bruit et en ignorant le chaos pour expliquer la réussite[13]. Dans ce cas-ci, il faut comprendre que les réponses apportées aux phénomènes émergents jouent un rôle de premier plan.

La stratégie bancaire

Le début des années 1860 sert de point d'inflexion à la Banque de Montréal; ses cadres élaborent un plan ambitieux et audacieux. Leur stratégie repose sur trois axes : 1) tirer parti des capacités organisationnelles supérieures de l'institution dans le secteur bancaire pour transformer ses activités commerciales, professionnaliser ses politiques de crédit en améliorant les processus d'examen préalable et de surveillance, et maximiser sa profitabilité en donnant préséance aux comptes d'importance du transport ferroviaire, du bois d'œuvre et de la production industrielle, ainsi qu'aux entreprises publiques; 2) exploiter les réseaux internationaux et les moyens dont la Banque dispose pour élargir son rôle dans des créneaux précis à Chicago (le commerce des céréales et des produits agricoles), à New York (les devises étrangères et l'or) et à Londres (le crédit accordé aux banques et aux entreprises canadiennes, et les obligations du gouvernement); et 3) faire valoir la puissance et l'influence de l'institution sur toutes les tribunes, que ce soit auprès de l'élite économique et politique ou au sein du marché des capitaux canadien, pour ne nommer que ceux-là, dans le but d'obtenir des mandats du gouvernement et de veiller à ce que les intérêts de la Banque soient protégés dans l'éventualité où des changements sont apportés aux cadres juridiques, politiques ou réglementaires.

Les orientations et les mesures mises de l'avant par la Banque de 1865 jusqu'à la fin de cette décennie sont à l'origine de cette stratégie, qu'exécutent ses hauts dirigeants. La nouvelle « stratégie de différenciation » de la Banque de Montréal (délaissant dans la foulée la stratégie de stabilité) est la résultante de plusieurs facteurs : la forte concurrence caractérisant le secteur bancaire canadien; une approche innovante et rigoureuse de gestion du capital et des prêts; et un désir ardent de changer le *statu quo*. Soulignons toutefois que l'adoption de cette stratégie est la réaction de l'institution au contexte politique et commercial plutôt qu'une série de mesures cohérentes prises pour assurer sa réussite.

Son but avoué est d'aider la Banque à réagir adéquatement aux événements qui surviennent et à tirer parti de ses atouts indéniables, à savoir ses réseaux politiques et sociaux, son champ d'action et sa dotation en capital, à titre de plus importante banque de l'Amérique septentrionale britannique. La stratégie lui permet de lancer une offensive contre ses concurrentes. Elle mise aussi pleinement sur son capital de réputation, qui est alors abondant et bien établi.

Les principaux acteurs

Quatre personnes jouent un rôle clé dans l'élaboration de la stratégie de la Banque, assurant également sa mise en œuvre durant les années 1860. Un changement de garde survient pendant cette décennie lorsque Peter McGill, président de longue date, démissionne après avoir assumé cette fonction de 1834 à 1860. Sous sa gouverne, le capital de réputation de la Banque et son infrastructure financière se profilent lentement. Une nouvelle génération de cadres entre en fonction dès 1860. À des degrés divers, ces leaders sont dotés d'une acuité stratégique extraordinaire et d'un grand savoir-faire. Connaissant à fond le marché métropolitain de Montréal, qui ne cesse de gagner en complexité, ils réussissent à transformer une institution honorable, mais peu convaincante, en l'une des plus grandes banques de l'Amérique du Nord britannique – et du continent. Cinq bâtisseurs clés se démarquent du lot.

L'éminence grise : Thomas B. Anderson

Thomas B. Anderson devient président de la Banque de Montréal en 1860, succédant à Peter McGill. Il siège pratiquement du début à la fin des années 1860, apportant son soutien, prodiguant des conseils et assurant un leadership visionnaire.

Né à Édimbourg en 1796, Anderson arrive à Montréal dans les années 1820. Il entretient des relations sociales et professionnelles avec les fondateurs de la Banque, plus particulièrement John Richardson, son beau-père. Il est membre du conseil d'administration de la Banque de Montréal de 1830 à 1834, puis de 1835 à 1869, année de sa retraite[14]. Il travaille étroitement avec McGill pour élargir les activités de la Banque, préconise sans réserve un système de succursales bancaires dans la province dans les années 1840, et défend en général les intérêts de l'institution lors des débats souvent houleux de l'Assemblée législative. Carman Miller écrit qu'Anderson fait partie de « l'ancienne race » des commerçants canadiens. Reconnaissant qu'il faut rapidement rehausser le professionnalisme des opérations de la Banque, il met en œuvre une campagne d'expansion, permettant aux succursales de multiplier leurs activités (dont l'assurance et d'autres intérêts professionnels). Durant sa deuxième année comme président, il décide de créer le poste de directeur général pour faire face à la complexité grandissante des activités de l'institution. En 1862, Anderson nomme David Davidson comme premier directeur général de la Banque, montrant ainsi sa détermination à redéfinir la structure de gestion. Davidson demeure en poste à peine un an avant de retourner en Écosse, où il devient directeur général de la Bank of Scotland. En nommant ultérieurement Edwin H. King au poste de directeur général, Anderson pose le geste le plus décisif de l'histoire de l'institution.

Le praticien : Thomas Ryan

Vice-président de la Banque de Montréal de 1860 à 1873, Thomas Ryan naît en 1804 à Ballinakill, dans le comté de Laois, en Irlande. Il étudie au collège jésuite de Clongowes Wood, dans le comté de Kildare. En compagnie de son frère, Edward, il émigre au Canada dans les années 1820 et fonde la

Ryan Brothers and Company. Au fil du temps, son entreprise resserre ses liens avec la Baring Brothers; Thomas assume la fonction de correspondant commercial en chef du bureau montréalais de cette banque. Acteur important pour celle-ci, il sert d'agent et réalise des analyses financières poussées, d'ordre ferroviaire notamment[15]. Comme le soulignent Gerald Tulchinsky et Alan R. Dever, sa proximité avec les Baring « lui a probablement conféré un rang plus élevé au sein de l'élite commerciale canadienne ». En ajoutant à cela ses liens et ses intérêts très diversifiés (dont une maison de commerce), son apport à titre de vice-président de la Banque devient alors indispensable. Thomas Ryan, que R. G. Dun and Company décrit comme une « personne non mariée, étonnante, quelque peu étrange et dont les échanges professionnels sont opinés et autoritaires[16] », a certainement alimenté les discussions entre les principaux acteurs de la Banque dans les années 1860, notamment celles auxquelles participe Edwin King. Ryan occupe une place prépondérante dans la société : il est président de la Chambre de commerce de Montréal, lieutenant-colonel au sein d'une milice locale et consul général à Montréal pour la France et le Danemark et pour les villes de Lübeck, Brême et Hambourg. Son élection en 1863 au conseil législatif du Canada-Uni et sa nomination subséquente au Sénat du Dominion en 1867 lui permettent de promouvoir vigoureusement les intérêts bancaires et commerciaux. Ryan est aussi un fervent catholique qui défend de manière ouverte et efficace les intérêts de la communauté catholique irlandaise de Montréal.

L'industriel de la Renaissance : John Redpath

John Redpath naît en 1796 à Earlston, en Écosse. Il est vice-président de la Banque de 1860 à 1869. Toutefois, les liens qui l'unissent à l'institution sont beaucoup plus profonds. Élu à son conseil d'administration en 1833, il demeure en poste jusqu'à son décès, en 1869. Il détient aussi un nombre élevé d'actions. Redpath est un grand industriel et un entrepreneur d'importance qui joue un rôle de premier plan dans l'aménagement des écluses du canal de Lachine, l'un des plus importants chantiers de travaux publics du début du dix-neuvième siècle à Montréal. Il investit aussi abondamment dans toutes les sphères de l'économie montréalaise : l'assurance incendie, la télégraphie, l'activité bancaire, l'infrastructure de transport, l'exploitation minière et le secteur manufacturier. Il réussit tout un exploit en devenant le raffineur de sucre le plus connu du Canada, ses vingt nouvelles installations bordant le canal de Lachine. Ses initiatives philanthropiques et ses œuvres de bienfaisance s'inscrivent, selon son biographe, « dans la plus pure tradition chrétienne[17] ».

Le « roi du Canada » : Edwin Henry King

Edwin Henry King voit le jour en Irlande en 1828. Il s'établit au Canada en 1850 et travaille surtout à la Banque de l'Amérique septentrionale britannique dans les années qui suivent. En 1857, il est recruté par la Banque de Montréal comme inspecteur de succursales avant de devenir peu de temps après directeur du bureau de Montréal. Le 23 mars 1863, il est nommé directeur général de la Banque. De 1869 à 1873, il occupe la fonction de président de l'institution avant de retourner en Angleterre pour siéger au comité directeur de Londres de la Banque de Montréal (de 1879 à 1888). Divers historiens ont qualifié King de « figure la plus frappante de l'histoire bancaire du Canada[18] » et de « Napoléon de la finance canadienne[19] ». D'autres l'ont aussi désigné –avec ironie – comme le « roi du Canada[20] », « un petit Dieu qui ose traiter les représentants de toutes les autres banques » de manière insultante, un personnage « brutal et inflexible ». Même ses alliés le qualifient de « type très bizarre[21] ».

King possède probablement tous ces attributs, mais il est sans aucun doute le stratège le plus visionnaire et le plus brillant de l'histoire de la Banque. L'expérience qu'il a acquise dans les années 1850 à la Banque de l'Amérique septentrionale britannique, sa vision du fonctionnement optimal des succursales, façonnée par sa fonction d'inspecteur en chef pour le compte de la Banque, de même que sa position à l'égard du crédit commercial concédé avec frivolité influencent directement la stratégie des années 1860, alors qu'elle prend forme. Le rapport étroit entre King et Alexander Tilloch Galt, ministre des Finances, est aussi un aspect important de la mise en œuvre de cette stratégie.

Les ministres : Galt et Rose

Alexander Tilloch Galt et John Rose ne prennent pas directement part aux activités de la Banque à cette époque, mais les relations personnelles et directoriales qu'ils entretiennent les rapprochent considérablement de l'institution. Galt, qui est né en Angleterre en 1817, est un important maître d'œuvre de la Confédération et l'un des politiciens les plus brillants et les plus en vue au Canada dans les années 1860. King et sa vision de l'activité bancaire canadienne ont un allié de taille au sein des conseils du gouvernement, Galt assumant la fonction de ministre des Finances du Canada-Uni de 1858 à 1866 et, brièvement, du Dominion du Canada en 1867. Ce dernier entretient aussi des liens avec la Banque de Montréal (en tant qu'administrateur et confident du directeur général)[22]. John Rose, né en Écosse en 1820, lui succède comme ministre des Finances en 1867. Juriste extrêmement doué, il se lance en politique dans les années 1850 et contribue rapidement au paysage commercial et social de Montréal. Son passage comme ministre des Finances après le court mandat de Galt en 1867 le place au centre des discussions entourant le nouveau système bancaire du pays.[23]

Les conséquences

La stratégie innovante adoptée et les nouveaux cadres en poste ont une incidence immédiate. En mai 1863, Charles Smithers, cadre supérieur et caissier de longue date, quitte son emploi, alléguant des divergences avec King à l'égard de son mode de fonctionnement. Dans le rapport annuel de 1864, les commentaires d'Anderson, alors président, dévient quelque peu, puisqu'il déclare que les administrateurs se sont « longuement penchés sur la position de la Banque et sur les perspectives du secteur canadien dans son ensemble[24] ». La pression est forte, car il faut maintenir un dividende de huit pour cent tout en faisant des réserves pour éponger les dettes irrécouvrables; un changement de stratégie est donc nécessaire. Les « effets de complaisance », surtout populaires dans l'ouest de la Province unie, sont alors ciblés, réduits et finissent par être abolis. Un « meilleur système d'avances » permet de « contrebalancer, de manière comparable, les pertes à venir ». De plus, une réforme de la gestion des agences et des succursales est mise en place pour rationaliser les activités de la Banque. Ce faisant, King veut imposer un « respect plus strict de la politique conservatrice » qui prime au sein de l'institution financière. Comme l'indique le rapport annuel de 1865, la Banque « s'est affairée sans relâche dans la dernière année à décroître [les effets de complaisance] et à exiger un paiement ou une garantie pour les billets de ce type déjà émis[25] ».

En théorie, ces changements sont appropriés. Les effets de complaisance permettent de concéder et d'obtenir facilement des prêts et « conduisent souvent les banquiers comme les clients à perdre de vue les fonctions légitimes des avances ». Tout comme la direction de la Banque, King estime que le capital de l'institution doit servir à stimuler les activités commerciales, à soutenir le secteur manufacturier et à permettre « l'acheminement des produits canadiens au pays comme à l'étranger ». Or, ses fonds sont souvent utilisés pour l'achat de biens et l'amélioration de ceux-ci, mais d'autres emprunts sont alors nécessaires pour les rendre productifs. Anderson écrit en 1865 que « le contrecoup de l'application fautive des avances bancaires aurait été ressenti avant si ce n'eût été d'importants investissements réalisés dans le réseau ferroviaire et les travaux publics, engendrant un stimulus temporaire et une illusion de grande prospérité ». Autrement dit, les gens s'endettent en achetant des biens importés avec de l'argent emprunté. Le boom ferroviaire et la demande américaine ont prolongé le plaisir, mais il faut maintenant rendre des comptes.

Le déploiement de la stratégie

L'une des mesures les plus importantes de la stratégie d'ensemble de la Banque est de pénétrer les principaux marchés internationaux, soit New York, Londres et Chicago, dans cette séquence. La Banque établit un bureau de représentation à New York en 1858, octroyant des prêts contre des billets de trésorerie. Son agence de Chicago est modeste, mais elle croît. À la fin de 1861, par exemple, les billets en circulation dans la ville totalisent 121 985 $. Au début de 1862, 60 000 $ en crédits supplémentaires sont accordés sur une base temporaire. Le responsable de l'agence chicagolaise, Richard Bladworth Angus, s'est taillé une place enviable au sein du marché de cette ville. Grâce à son flair, la Banque l'affecte au bureau de New York, qui est plus vaste, après le départ de Smithers en mai 1863. Angus devient un grand leader au sein de l'institution dès les années 1870. La Banque participe aussi à la mise sur pied de la Chicago Clearing House en 1865.

Montréal se rapproche de New York grâce à d'importantes améliorations apportées à l'infrastructure de transport et aux moyens de communication dans les années 1840 et 1850. Le chemin de fer Champlain et Saint-Laurent (1836), les lignes télégraphiques (1847) et le chemin de fer Saint-Laurent et Atlantique (1853) contribuent tous à accentuer fortement le commerce. Entre 1840 et 1855, à titre d'exemple, le nombre de boisseaux de blé exportés vers les marchés de New York passe de deux millions à dix millions[26]. La Banque s'adonne d'abord au commerce de devises lorsqu'elle intègre le marché new-yorkais, gagnant fortement en importance peu de temps après. La métropole américaine abrite des soldes bancaires appréciables au début des années 1860. Comme l'affirme Ronald Shearer, ce surplus « sert de compensation pour le marché interbancaire visant les transactions intérieures, alors que les fonds excédentaires permettent de garantir des prêts à vue pour le marché monétaire de New York[27] ». Ces prêts deviennent « la forme privilégiée de réserves secondaires, aucun actif canadien n'offrant une telle liquidité », ainsi qu'une forme de commerce auquel participent allègrement les banques canadiennes. Comme le souligne un observateur, « en 1857 environ, la Banque de Montréal surpasse toute autre institution bancaire américaine et est probablement l'agent économique le plus puissant et le plus imposant du marché monétaire de New York, où elle stocke et utilise des sommes colossales[28] ». Or, la stratégie de King consiste à exploiter des créneaux profitables propres aux devises étrangères tout comme le marché de l'or.

Autrefois florissant pour la Banque, le marché de New York devient beaucoup moins prometteur avec la venue de la guerre de Sécession. En effet, l'affaire du *Trent*, à la fin de 1861, risque d'empoisonner les relations anglo-américaines et de provoquer une crise diplomatique et financière lorsqu'un commandant renégat de l'Union arrête deux diplomates confédérés à bord d'un bateau à vapeur britannique. Comme l'écrit Jay Sexton, « les valeurs mobilières s'effondrent de part et d'autre de l'Atlantique; une ruée visant les banques new-yorkaises s'ensuit, menant à la suspension des paiements en numéraire dans le Nord le 30 décembre 1861 » (les États-Unis ne rétabliront l'étalon-or qu'en 1879)[29]. Bien avant qu'un conflit anglo-américain soit envisageable, les financiers britanniques avaient constaté l'affolement éphémère des places boursières à la suite de l'élection d'Abraham Lincoln, qui devait marquer le début d'une crise financière prolongée. Autrement dit, le marché de New York devient un véritable champ de mines, à l'image du centre financier d'une nation aux prises avec une guerre intestine. Dans ce contexte, l'expansion audacieuse des activités new-yorkaises de la Banque permise par King semble visionnaire pour certains, mais périlleuse pour d'autres[30].

Favorisé, le cours de l'or explose littéralement, culminant à 300 pour cent des valeurs moyennes. La Banque tire pleinement profit de ses réserves abondantes d'or pour répondre à la demande du marché new-yorkais. La devise américaine sert aussi aux emprunteurs, qui l'offrent à titre de garantie; la Banque utilise alors ce capital pour actualiser des effets commerciaux en ville. Le métal jaune s'avère donc doublement profitable[31]. On dit que les activités de King à New York sont telles qu'elles « donnent froid dans le dos[32] ». Grâce à ces initiatives téméraires, la Banque de Montréal devient une force incontournable au sein du marché new-yorkais; elle serait même, de l'avis de certains, la machine la plus puissante dans les cercles bancaires de la métropole américaine.

Plusieurs raisons stratégiques expliquent la présence de la Banque à New York. D'abord, cette ville se profile comme le grossiste de l'activité bancaire au pays. Des instruments financiers apparaissent dans les centres régionaux et atterrissent de plus en plus dans la métropole américaine, où ils sont négociés et vendus sur les marchés secondaires avec l'aide de courtiers de change, de banquiers privés et de banques commerciales[33]. La présence de la Banque de Montréal au sein d'un marché aussi important dans un moment aussi crucial est de bon augure. Comme le font remarquer David F. Weiman et John A. James dans leur étude de l'évolution du système monétaire des États-Unis, la guerre de Sécession est une étape charnière dans la mise sur pied d'une union monétaire et d'un système de paiement intégrés; la métropole américaine est le siège de ces transformations[34]. En effet, l'essor des services de caisse à New York après la guerre de Sécession a été qualifié d'absolument remarquable[35].

Au printemps 1868, King visite les bureaux new-yorkais de la Banque pour évaluer les perspectives. Peu de temps après, l'agence voit quadrupler les actifs mis à sa disposition, passant de 1,2 million $ à 8,8 millions $. La moitié de ces fonds sont injectés dans l'or, acquis à Montréal, afin de calmer l'appétit vorace du marché de New York pour les règlements en espèces. À l'automne 1868, par exemple, le taux applicable à l'or est de un pour cent par jour[36]. D'ailleurs, les institutions bancaires du Canada profitent toutes de cette hausse, mais la Banque de Montréal les devance, détenant 78 pour cent des parts attribuées aux banques canadiennes, ce qui représente environ 7,8 millions $, alors que le marché de l'or est évalué à vingt millions $[37]. Cette forte présence au sein du marché de New York est grassement récompensée. Au tournant de 1869, la Banque établit un siège social de premier plan au 59, Wall Street, au coût de 5 000 $US par année.

À Chicago, les initiatives canadiennes sur les fronts agricole et financier sont saluées par le *New York Times*. En février 1863, le quotidien soutient que les Canadiens déploient « depuis plusieurs années bien des efforts pour maintenir de bonnes relations commerciales, en partie du moins, avec l'Ouest, efforts qui sont couronnés de succès. Les liens d'affaires entre Chicago, Montréal et les autres villes canadiennes se multiplient chaque année[38]. » À Londres, la Banque restructure ses activités et les relations qui l'unissent à ses correspondants tout en renégociant son entente avec la Bank of Liverpool. En 1870, elle ouvre une succursale au 27, Lombard Street, à New York, pour favoriser le commerce extérieur et britannique avec le Canada.

Les banquiers du gouvernement

Pour mettre en œuvre sa stratégie, la Banque tire aussi parti de ses relations afin d'obtenir des mandats auprès du gouvernement. En novembre 1863, à la demande du ministre des Finances, A. T. Galt, et des financiers de Montréal, la Province unie désigne la Banque de Montréal en tant qu'agent financier du gouvernement à compter du 1er janvier 1864. Elle remplace ainsi sa principale concurrente, la Bank of Upper Canada, en selle depuis fort longtemps. Cette accession est une grande victoire. Indépendamment de sa proximité avec le ministre des Finances, la Banque de Montréal est un atout et un intermédiaire indispensables. C'est la seule institution capable de convertir les fonds du gouvernement en livres sterling pour que celui-ci puisse maintenir son crédit à Londres[39]. L'historien Ronald Rudin indique que la *Provincial Note Act* de 1866 a été élaborée par King et Galt pour jeter les bases d'une monnaie canadienne unique garantie par des sûretés substantielles. Les banques de la province peuvent donc émettre des billets sans réserves jusqu'à concurrence de la valeur du capital net d'obligations dont elles disposent. Cette loi vise à juguler l'octroi excessif de crédits, à établir la monnaie sur des assises solides et à résoudre les problèmes pressants que pose la dette publique[40].

La Banque doit même intervenir à la fin de 1864 pour éviter que le gouvernement se retrouve en défaut de paiement, accordant à celui-ci des prêts temporaires et urgents s'élevant à 750 000 $. En décembre de la même année, les sommes empruntées totalisent 2,25 millions $, soit environ seize pour cent des prêts consentis par la Banque. En 1866 et en 1867, le gouvernement finance ses activités en empruntant de nouveau massivement (1,25 million $ en 1867 seulement), ce qui vient consolider le rôle central de l'institution à titre de banquier principal du Dominion nouvellement constitué. Cette pratique, à l'évidence, a pour corollaire d'amenuiser ses réserves. Accorder des titres garantis par le gouvernement n'est pas la manière la plus profitable d'utiliser son capital. La *Provincial Note Act* vient alors remédier à la situation.

Le financement de l'État

La lutte de positionnement que se livrent les institutions financières entre dans une nouvelle phase au milieu des années 1860, alors que la province peine à financer sa dette, laquelle ne cesse d'augmenter. Sous la direction du ministre des Finances, A. T. Galt, le gouvernement, pour respecter ses obligations, est contraint d'emprunter 5 millions $, qui viennent s'ajouter à la dette (2,25 millions $) contractée auprès de son propre banquier, la Banque de Montréal. Un banquier rappelle que la lettre que les créanciers de Londres adressent au ministre des Finances « a exactement le même ton et le même but que celle qu'une institution bancaire transmet à un débiteur dont le compte est en souffrance [...]; il est difficile aujourd'hui de croire que le pays est en si mauvaise posture à cette époque[41] ». En 1864, le statut précaire des finances de l'État retient l'attention du *New York Times*. Le journal rend compte de la réputation du gouvernement à Londres, qui est mise à mal, et de l'incapacité de la province du Canada à négocier un emprunt[42]. Pour corriger les dérives, la *Provincial Note Act* de 1866 est adoptée, permettant au gouvernement d'émettre jusqu'à 8 millions $ de sa propre monnaie plutôt que d'emprunter ou de recourir aux obligations à taux variable. L'autre disposition d'importance, qui permet d'échanger des billets contre la monnaie du gouvernement, est enchâssée dans la loi.

La *Provincial Note Act* se veut un échange de bons procédés : la Banque de Montréal accepte d'assumer, à hauteur de 1,5 million $, des obligations non garanties à cinq pour cent (l'actif total affecté à la dette publique est alors de 2,8 millions $) pour administrer, en contrepartie, les comptes de la province. Aux prises avec une dette énorme et grandissante envers la Banque, et étant incapable d'emprunter à Londres, alors que pas moins des trois quarts de l'ensemble du capital de l'institution lui sont attribués à titre d'avances, le gouvernement tente le tout pour le tout. Avec la promulgation de la *Provincial Note Act*, la dotation en capital de la Banque est alors pleinement mise à profit. Trois facteurs sont déterminants ici. Premièrement, l'institution joue le rôle de banquier du gouvernement, de sorte que le solde des autres institutions est habituellement favorable à la Banque de Montréal. Celle-ci martèle d'ailleurs la nécessité de rembourser les dettes avec la monnaie légale, contribuant directement à la mise en circulation du plus grand nombre de billets qui soit. Elle est aussi en mesure de forcer ses concurrents à disposer en tout temps d'au moins un million $ en billets provinciaux. Les institutions bancaires qui rejettent cette façon de faire sont obligées de maintenir des réserves plus importantes et de diversifier davantage leur répartition. De plus, leur capacité à concéder des escomptes est affaiblie ou dépréciée, ou leurs activités sont limitées par le volume que couvre l'ancienne réserve. Comme l'affirme un banquier contemporain, toutes les institutions bancaires de la ville qui doivent composer avec la Banque de Montréal n'ont d'autre choix que de détenir de l'or pour régler leurs créances. À titre de directeur général, King applique obstinément cette politique, annulant tour à tour les ententes existantes pour en ratifier de nouvelles. En 1867, la Banque a en main presque tout l'or que détenaient les banques et met en place le système des billets ayant cours légal[43].

Des intérêts torontois s'opposent farouchement à la loi. George Brown, un politicien libéral bien en vue de l'endroit, suggère que Galt n'a pas exploré toutes les avenues pour refinancer la dette en Angleterre ou l'alléger. Il clame aussi que la conciliation profitera à la Banque de Montréal. Galt réplique que l'important n'est pas l'incidence de cette décision sur l'institution, mais bien le fait « que le gouvernement et le corps législatif aient eu comme mandat de déterminer si cette entente favorise ou non les intérêts du pays[44] ». De l'avis de Galt, il en est ainsi.

La deuxième implication d'importance de la *Provincial Note Act* jette une ombre sur le système financier canadien. Comme la Banque de Montréal remplace déjà ses propres billets en circulation par ceux de la province, elle n'a plus à se soucier de maintenir intact le réseau de crédit existant. Un rapport ultérieur du comité législatif laisse entendre que « la Loi a pour effet de placer les intérêts de la Banque de Montréal, l'agent financier du gouvernement et l'institution bancaire la plus puissante et la plus fortunée du Canada, à l'opposé de ceux des autres banques[45] ». Un bon nombre de personnes concluent qu'il est souhaitable, voire profitable, pour la Banque de Montréal que ses concurrents soient discrédités. En effet, plus les billets provinciaux circulent en vertu de la Loi, plus le « banquier du gouvernement » attire les épargnants et les commerçants à la recherche d'un refuge sûr et d'escomptes raisonnables.

Or, d'autres secousses sont à prévoir. Les projecteurs se braquent sur les tribulations d'une banque influente de l'Ouest du Canada, la Commercial Bank of Kingston; une autre institution financière inapte à gérer ses prêts, qui est aussi frappée par la malchance. En 1858 et 1859, elle investit 250 000 £

dans la voie ferrée de Detroit et Milwaukee, somme qu'elle est incapable de récupérer. L'affaire se retrouve devant les tribunaux au début des années 1860 et la banque a gain de cause. Les choses dégénèrent en 1867 lorsque celle-ci commet une autre série d'erreurs, négligeant de vendre en temps opportun les obligations ferroviaires pour recouvrer les sommes immobilisées. La Banque de Montréal lui accorde d'urgence un prêt de 300 000 $ pour stopper l'hémorragie. Toutefois, en septembre 1867, les retraits massifs se succèdent à la Commercial Bank; en octobre, leur volume double.

Les banques canadiennes sont donc convoquées à une réunion d'urgence le 21 octobre. La Banque de Montréal offre d'avancer les deux tiers du montant requis pour renflouer la Commercial Bank, alors que la British Bank propose le reste. Lorsque les autres institutions bancaires rejettent la proposition, la Banque de Montréal quitte la réunion. Un article étrange paraît dans le *New York Times* en octobre 1867, lequel laisse entendre que les capitalistes de Toronto ont fait entrer l'institution dans « l'arène » politique et ferroviaire après 1857. « Dans les dernières années, la Banque est devenue [...] ni plus ni moins une affaire politique partisane. Elle sert généralement [...] [à] repousser le patronage légitime de la communauté d'affaires[46]. » L'auteur de l'article affirme aussi que le nouveau système des finances publiques, « qui peut être décrit comme un croisement entre la Banque d'Angleterre et notre système bancaire national », est en partie responsable du problème, car il crée une institution bancaire prédominante[47].

À n'en pas douter, c'est la Banque de Montréal qui a le beau jeu. La Commercial Bank, en refusant d'assumer la responsabilité de protéger ses créanciers selon les modalités établies par les banques de l'Ouest canadien, est donc laissée à son sort. Le 22 octobre 1867, elle suspend ses paiements. Le nouveau gouvernement du Canada souhaite que l'impasse se dénoue autrement, mais, étant redevable – littéralement – envers la Banque de Montréal, il a les mains liées. La Commercial Bank fusionne alors avec la Banque des Marchands selon un ratio de trois parts contre une. Le passif est soldé en entier, mais les actionnaires perdent les deux tiers de leurs placements. La déconfiture de cette institution bancaire est la principale cause de la démission de Galt comme ministre des Finances le mois suivant. Sous la présidence de King, la direction de la Banque de Montréal ne déroge pas un seul instant de son plan stratégique dans le dossier de la Commercial Bank. Grâce aux avantages dont elle jouit à titre de première banque du Canada, elle a le dessus sur les « institutions bancaires occidentales », c'est-à-dire celles à l'ouest de Montréal. De l'avis de ses cadres, ces institutions n'appliquent pas les meilleurs préceptes bancaires, gèrent leurs activités avec laxisme et leurs perspectives sont défavorables. À la fin de 1867, une rumeur circule voulant que la Banque ait avisé par télégraphe les directeurs de ses succursales de refuser les billets de plusieurs banques ontariennes, plus précisément la Royal Canadian Bank et la Gore. L'incidence est immédiate : les épargnants affluent aux guichets de ces banques, sans graves conséquences, mais la scène suscite de l'émotion. King nie avoir donné l'ordre de refuser les billets, mais certains facteurs viennent nuire à la crédibilité de sa version des faits. La confiance envers ces institutions est ébranlée.

Les états financiers que les banques présentent ne laissent nullement place au doute. Alors que les autres institutions bancaires enregistrent toutes des reculs marqués sur les plans de la circulation, des dépôts et des escomptes, la Banque de Montréal, elle, réalise un tour du chapeau. En novembre 1867, un mois critique, les gains de l'institution montréalaise sont substantiels : la circulation connaît une hausse de 389 184 $; les dépôts, eux, de 1,88 million $; et les escomptes bondissent de 1,304 million $.

La pression de la concurrence

À la fin des années 1850, le marché financier canadien est des plus concurrentiels. Comme nous l'avons constaté au chapitre précédent, les tentatives de déréglementation bancaire du début de la décennie sont généralement infructueuses. Entre 1858 et 1864, plusieurs nouvelles institutions sont constituées comme banques à charte : la Banque du Canada, qui devient la Banque de Commerce (1858); la Banque Nationale à Québec (1859); ainsi que la Banque des Marchands et la Banque Jacques-Cartier (1861). Bien d'autres en font autant au milieu des années 1860. La plus grande rivale de la Banque de Montréal, cependant, est la Bank of Upper Canada. Celle-ci croît de manière constante dans les années 1850 grâce à ses activités florissantes dans l'Ouest du pays, s'adonnant notamment à la spéculation foncière[48]. À la même époque, elle jouit du prestige qui découle de sa position de banquier du gouvernement, qu'elle assume depuis quinze ans. À la lumière des politiques libérales de la Bank of Upper Canada en matière de prêt, un observateur contemporain remarque que « l'honneur et le prestige » qui font sa réputation sont apparents dans cette partie de la province. « La banque a été l'instrument d'hommes animés par des idées de grandeur et des perspectives optimistes, des pionniers visionnaires, entrepreneurs et ambitieux[49]. » En dépit de cela, la Bank of Upper Canada est aussi un important *débiteur* du Trésor de la province. Lorsqu'elle cède sa place à la Banque de Montréal, elle doit 1,15 million $ au Trésor public.

La chute de la valeur des biens immobiliers dans l'Ouest du Canada en 1857 et 1858, qui avaient été acceptés comme sûretés pour garantir les prêts, cause encore plus d'ennuis à la Bank of Upper Canada. La circulation, les dépôts et la capitalisation déclinent, puis le dividende est réduit à zéro. En avril 1865, l'institution cesse ses paiements. Alors qu'on cherche à comprendre la débâcle de celle-ci, les interventions du gouvernement au début des années 1860 font l'objet d'un examen minutieux. Comme l'avancera Breckenridge une génération plus tard, les membres du gouvernement sont au fait des pertes de la banque, elle qui est à leur merci en raison de sa lourde dette envers le Trésor. Ils abusent donc de leur pouvoir en forçant la Bank of Upper Canada à faire de nombreux choix financiers pour des raisons politiques, aggravant ainsi la situation[50].

Les leçons tirées de l'échec de cette institution servent « d'avertissement salutaire » aux institutions concurrentes, avisant celles-ci d'avoir à l'œil leur « structure organisationnelle interne » et d'éviter les emprunts garantis par un bien immobilier. Les cadres de la Banque de Montréal prennent cet avertissement au sérieux, mais ils ont déjà prévu le coup quand ils mettent en œuvre la stratégie de différenciation à trois piliers.

La *Loi sur les banques*

Les manœuvres politiques à l'origine des lois régissant l'activité bancaire et la monnaie du nouveau Dominion du Canada entre 1867 et 1871 ont été examinées dans d'autres ouvrages. Andrew Smith souligne avec justesse que les compromis conclus et les décisions prises pendant cette période sont à la base de l'intégrité, du champ d'application et de la forme du système financier canadien, que ce soit pour encadrer la monnaie ou établir un réseau transcontinental de succursales bancaires. Pour la Banque de Montréal, cette période est l'apothéose de la « stratégie de différenciation » de King. Ayant su éviter les écueils politiques et économiques qui se sont dressés sur sa route, elle contrôle, en 1867, près du quart du capital libéré en Ontario et au Québec grâce à ses capacités organisationnelles supérieures et à ses pratiques bancaires judicieuses. Le tiers de tous les billets en circulation ou en dépôt dans la province provient de la Banque. Elle est également l'agent fiscal du gouvernement[51]. Elle a assisté à la disparition de deux de ses plus grands concurrents dans l'Ouest du Canada, victimes de leurs propres lacunes de gestion, subissant les traits dont nous meurtrit l'outrageuse fortune.

En tant que directeur général de la Banque de Montréal, King fait pression sans relâche pour établir le cadre réglementaire qu'Ottawa élabore de 1867 à 1871. La « banque centrale » qu'il préconise se fonde sur le système bancaire national des États-Unis. Celui-ci est le fruit d'une intervention extraordinaire du gouvernement fédéral lors de la guerre de Sécession, ayant pour effet de relier les institutions bancaires du pays par l'entremise d'un mécanisme de réserve qui facilite les transferts interbancaires. Il restreint aussi la croissance de l'activité bancaire dans de vastes régions des États-Unis[52]. L'attrait que présente le système américain séduit rapidement. Les deux principales barrières à l'entrée, soit les exigences minimales de fonds propres et les restrictions de prêt, sont d'importantes particularités de la législation bancaire de la guerre de Sécession. Le système national américain applique strictement les mesures assurant le maintien d'une capitalisation minimale[53]. Cette disposition essentielle plaît certainement à King, sa réflexion étant fortement influencée par la lecture qu'il fait du système bancaire canadien et les cas de gestion calamiteuse qu'il a été appelé à traiter. Une autre barrière du système bancaire national fort intéressante aux yeux de King porte sur l'immobilier. La spéculation qui touche le secteur, dans l'Ouest du Canada notamment, met gravement en péril l'ensemble du système bancaire du pays à compter de la fin des années 1850; King est donc d'avis que toute mesure permettant d'encadrer cette activité est souhaitable. Comme le fait remarquer Richard Sylla, cette disposition de la loi aux États-Unis « s'applique surtout aux agriculteurs souhaitant accéder au réseau bancaire du pays, la propriété foncière étant le principal actif[54] ».

La « banque centrale » que King prône et le système bancaire national sur lequel elle repose sont justifiés par une variété de considérations, notamment le sentiment de sécurité qu'inspire la structure américaine et l'optimisation de l'établissement du système monétaire canadien. Le système bancaire national convient parfaitement à King et à la Banque de Montréal. Étant l'institution la plus grande et la plus agile, sa capitalisation est gigantesque comparativement à celle de ses consœurs; ses réserves sont substantielles et plus aucun de ses billets n'est en circulation en raison de la *Provincial Note Act* de 1866. Toutefois, désigner celle-ci comme « banque centrale » aurait pour effet d'accroître grandement la dépendance des petites banques pour actualiser de nouveau les effets commerciaux. Un observateur contemporain laisse entendre que la proposition de King conférerait à la Banque de Montréal le même statut que celui dont bénéficie la Banque d'Angleterre, au Royaume-Uni[55]. Une fois déposées, les propositions se heurtent à une vive opposition, en Ontario plus particulièrement, où l'absence de dispositions régissant l'expansion et la contraction périodiques de la masse monétaire ne passe pas. Les billets doivent absolument pouvoir circuler avec souplesse si les agriculteurs veulent « transporter leurs récoltes ». Comme le fait valoir Breckenridge, « la différence entre le nombre minimal et maximal de billets en circulation à tout moment au cours de l'année représente de vingt à cinquante pour cent du minimum[56] ». On redoute que le capital, lorsqu'il n'est pas employé à générer des rendements élevés au moyen des récoltes, c'est-à-dire huit ou neuf mois dans l'année, serve à financer des activités plus profitables, comme des prêts à vue consentis à New York et à Londres, privant ainsi les commerçants canadiens du crédit disponible.

La classe de marchands et les banques de Toronto se mobilisent, faisant valoir leurs revendications par Hugh Allan et William McMaster, alors porte-parole. La presse assure une couverture exhaustive, notamment les journaux dirigés par des hommes d'affaires de Toronto, comme le *Globe*[57]. Les propos tenus sont si virulents et si négatifs qu'ils mènent à la démission de Galt de la fonction de ministre des Finances en novembre 1867[58]. « Le roi des banquiers du Canada demeure inflexible », écrit le *Hamilton Times*. « Nous craignons que la Banque de Montréal dicte la conduite du gouvernement et soit disposée à régner en tyran sur les institutions monétaires de tout le Canada, mais aussi sur l'appareil politique en tant que tel[59]. » « Toute personne au fait de la réalité commerciale du Haut-Canada doit comprendre que l'activité bancaire est depuis de nombreuses années l'une des forces les plus instables, les plus capricieuses, les plus fantaisistes et les plus arbitraires qui soient[60] », scande le *Globe* en 1867.

En novembre 1867, Richard Bell, de la Banque de Montréal, adresse une lettre à la gazette *Albion*, que le *New York Times* reproduit, résumant la position de l'institution à l'égard de toute l'attention qu'on lui consacre :

> CHER MONSIEUR — En réponse à notre conversation d'hier en fin de journée ayant pour objet la Banque de Montréal, abondamment mentionnée dans la plus récente publication de l'*Albion*, j'estime, tout compte fait, qu'il n'est pas nécessaire d'ajouter quoi que ce soit, comme je le souhaitais, sinon ceci :
>
> Les hommes éminents et les institutions prospères doivent payer le prix habituellement accolé à la réussite; la Banque de Montréal et son directeur général ont largement les moyens de faire face à l'hostilité de leurs rivaux et de sociétés moins florissantes.

John Rose, qui succède à Galt comme ministre des Finances, propose de nouvelles idées visant à stabiliser la manière dont les billets circulent selon des critères d'entrée très sévères. On envisage aussi de mettre sur pied un système à deux paliers formé de banques locales, qui servent uniquement la communauté où elles siègent et ne peuvent établir de succursales, et de grandes banques, qui sont saisies des enjeux nationaux, comme le commerce extérieur et le mercantilisme. Là où le bât blesse, c'est au niveau de l'élasticité et de l'adéquation de la masse monétaire, comme le prétendent l'Ontario et ses agriculteurs. Les critiques de Rose sur cette question rejettent presque toutes ses suggestions; même des membres du parti au pouvoir expriment leur opposition. Les articles de la presse prennent un ton encore plus acerbe. « M. KING ET SA BANQUE REMETTENT ÇA! UNE AUTRE MASCARADE! » titre un journal en 1869[61]. Rose finit par abandonner son plan et démissionne de son poste comme ministre des Finances en septembre de cette année-là.

Le système bancaire envisagé par Galt et Rose aurait nettement profité à la Banque de Montréal. Pour la communauté d'affaires de Toronto, il aurait aussi entravé sérieusement le développement des banques ontariennes. Pis encore, il aurait soumis les entreprises de Toronto et de l'Ontario à ce qui était considéré comme des politiques de resserrement monétaire émanant de la plus grande banque du Canada. Les résolutions de Rose exigent le dépôt d'obligations gouvernementales et de monnaie en contrepartie d'émission de billets de même que le contrôle des billets émis par le gouvernement du Dominion et son banquier, la Banque de Montréal.

Sir Francis Hincks, qui remplace Rose à titre de ministre des Finances, annule complètement la politique bancaire d'origine du gouvernement grâce à une troisième série de propositions établies en 1870. C'est la corrélation de l'émission des billets au crédit général plutôt qu'aux réserves d'or qui sème la discorde. Cette mesure ainsi que les autres qui touchent la monnaie et l'émission des billets finissent par être adoptées, mais non sans débats acrimonieux, interminables et parfois vicieux, pour avoir le dessus au Parlement et dans la presse.

En perdant le pouvoir d'émettre les billets provinciaux et de les rembourser, la Banque de Montréal essuie son plus grand revers. Le Dominion du Canada se charge d'émettre des billets de papier valant moins de 4 $, les bons de caisse, au lieu de payer l'institution à cette fin. De plus, les réserves de l'ensemble des institutions bancaires, désormais placées « sur un pied d'égalité », doivent être constituées à cinquante pour cent de bons de caisse du Dominion. La *Loi sur les banques et les opérations bancaires* est adoptée en avril, puis sanctionnée le 12 mai 1870.

La *Loi sur les banques* de 1870, tout comme une autre loi promulguée l'année suivante, est un échec pour la Banque de Montréal et pour son porte-drapeau, E. H. King. Les interventions des institutions bancaires de la métropole ontarienne, la Banque de Commerce et la Bank of Toronto essentiellement, réussissent à contrecarrer les efforts énergiques – mais ultimement futiles – de King visant à faire pencher la balance en faveur de Montréal[62]. Ses opposants torontois souhaitent promouvoir activement le commerce et les intérêts de leur ville, alors en émergence. Du côté de la Banque de Commerce, le président William McMaster (autrefois en lien avec la Banque de Montréal) est désormais un joueur actif du secteur de la finance, lui qui privilégiait auparavant les tissus et les articles de mercerie. Ce dernier est entouré de chefs d'entreprise représentant bon nombre des intérêts torontois, qu'il s'agisse de produits de quincaillerie (H. S. Howland) ou de courtage en valeurs mobilières (William Alexander) en passant par des scieries et des minoteries (John Taylor)[63]. L'organe médiatique de ceux-ci, le quotidien *The Globe*, dissémine leur argumentaire par écrit et insiste sur le fait que les relations entre l'État et la Banque de Montréal se résument à un monopole exercé sur les affaires gouvernementales qui permet à l'institution de s'enrichir aux dépens du public et qui assoit la domination financière de celle-ci, exerçant fréquemment son pouvoir dans le but de nuire aux institutions plus faibles.

Malgré la défaite, King collabore avec ses collègues pour faciliter la mise en œuvre des lois de 1870 et 1871. En réalité, l'influence de la Banque et de son directeur général révolutionnaire demeure intacte.

Le bilan

Les années 1860 ont été hasardeuses pour la Banque de Montréal, mais ce fut aussi une décennie marquée par l'audace et par une multitude de possibilités. En dressant le bilan de ces dix années, force est d'admettre qu'elles ont transformé le visage de la Banque de bien des façons.

La théorie financière pose que la croissance économique est accélérée par le prêt bancaire, et que l'apport d'un plus grand nombre d'institutions est requis pour soutenir les secteurs qui profitent de ce développement[64]. Pour le Canada des années 1860, l'essor de l'intermédiation financière, que l'on doit à son plus grand adepte, contribue à stimuler l'accroissement du capital de la nation. Pendant cette décennie, les banquiers montréalais habitent et travaillent dans une ville où, comme le rapporte David McKeagan, on recense « six agents à commission, 115 marchands à commission et 52 courtiers, alors que treize d'entre eux se disent à la fois courtiers et marchands à commission[65] ». La création de la Bourse de Montréal pendant cette période est aussi digne de mention. Le triomphe des banquiers montréalais amène à reconsidérer l'activité bancaire, notamment les thèses popularisées quant à sa prépondérance au sein d'une économie industrielle arrivant à maturité. Autrement dit, la Banque a pénétré de nouvelles sphères de la finance et du prêt à mesure qu'elle acquérait sa stature. Il apparaît de plus en plus important de disposer d'un crédit accessible et d'un système financier moderne pour assurer l'avenir financier du Dominion.

À l'étranger, le secteur bancaire canadien occupe un créneau peu risqué à New York grâce à la stratégie internationale de la Banque de Montréal. En effet, elle offre, pendant la majeure partie du reste du dix-neuvième siècle et au début du vingtième siècle, un abri sûr aux déposants de New York lors des crises bancaires majeures, qui surviennent périodiquement. L'octroi de prêts à vue aux États-Unis comme en Grande-Bretagne alors que les crises bancaires font rage est rendu possible grâce à l'excellente réputation de l'institution financière et du système bancaire canadien[66]. La présence de la Banque de Montréal est prédominante par rapport à celle des autres institutions bancaires canadiennes. Même si elle réalise tout au plus deux pour cent de l'ensemble des dépôts de New York, l'étendue importe peu ici. Comme l'avancent Lawrence L. Schembri et Jennifer A. Hawkins, « la fonction première des succursales bancaires canadiennes au sud de la frontière n'est pas de solliciter les dépôts de toutes tailles », mais bien de privilégier ceux qui sont substantiels. Le fait que les banques canadiennes servent de refuge « vient certainement rehausser la réputation de stabilité dont elles jouissent[67] ».

La stratégie de la Banque de Montréal a une incidence importante sur le différend qui oppose les métropoles, lesquelles convoitent le titre de capitale économique. Une génération auparavant, D. C. Masters a rédigé un article fondamental sur la lutte pour l'hégémonie financière dans les années 1860 qui mobilise Montréal et Toronto, sa rivale émergente. Il faut un système financier arrivé à maturité pour achever la « dernière étape du développement métropolitain » et ainsi subvenir aux besoins du commerce et des échanges qui ont lieu dans l'arrière-pays et au-delà de celui-ci. Bref, les villes ont besoin de banques et d'intermédiaires financiers pour faciliter leur développement. Le conflit qui secoue le secteur bancaire canadien peut donc être considéré comme un épisode de la guerre que se livrent les métropoles concurrentes.

La Commercial Bank et la controverse qu'elle suscite en 1867 sont citées comme un puissant catalyseur incitant Toronto à s'affranchir du joug financier de Montréal. Une institution ontarienne, la Commercial Bank, réclame une prolongation de délai et demande aux banques canadiennes de consentir un effort concerté, ce qui aurait pu se faire, n'eût été les machinations d'E. H. King, vilipendé par la presse de Toronto. L'incident est l'occasion d'exprimer et d'accentuer le ressentiment à l'égard de la Banque de Montréal non seulement en tant qu'institution, mais aussi en tant que banquier du gouvernement, en tant que première institution bancaire du Canada, et en tant que poids lourd en Amérique du Nord britannique.

Le bilan de la Banque de Montréal pour cette décennie est bel et bien impressionnant. En 1871, la Banque mobilise les deux derniers millions $ de capital supplémentaire (qui atteint douze millions $). Elle détient alors plus de capital libéré que toute autre banque coloniale de l'Empire. Seules des institutions beaucoup plus vastes, soit la Banque d'Angleterre, la Westminster, la Royal Bank of Scotland et la National Bank of Ireland, la devancent. Elle est plus imposante que les autres banques anglaises, surpassée uniquement par la Bank of Commerce des États-Unis[68].

Le cours du titre de la Banque de Montréal atteint 117 points en 1860. En 1872, il s'élève à 237, soit le double de la valeur de la plupart des banques et 40 points de plus que celui de la Bank of Toronto cette même année[69]. Le pouvoir et l'influence de l'institution et de ses cadres seront bientôt mis à profit pour opérer la transformation du système financier et du pays.

TROISIÈME PARTIE

Les disciples de la fortune, 1870-1918

J'imagine qu'il peut être vrai que la fortune dispose de la moitié de nos actions, mais qu'elle en laisse à peu près l'autre moitié en notre pouvoir. Je la compare à un fleuve impétueux qui, lorsqu'il déborde, inonde les plaines, renverse les arbres et les édifices […] : tout fuit devant ses ravages, tout cède à sa fureur; […] les hommes ne laissent pas, lorsque l'orage a cessé, de chercher à pouvoir s'en garantir par des digues […] en sorte que, de nouvelles crues survenant, les eaux se trouvent contenues dans un canal et ne puissent plus se répandre avec autant de liberté et causer d'aussi grands ravages. Il en est de même de la fortune qui montre surtout son pouvoir là où aucune résistance n'a été préparée et porte ses fureurs là où elle sait qu'il n'y a point d'obstacle disposé pour l'arrêter.

– Nicolas Machiavel, *Le prince*[1]

Seul Machiavel peut résumer aussi brillamment le génie de la Banque de Montréal en ce demi-siècle, et peut-être aussi le plan de contingence qu'elle met en place. À quelques exceptions près, ses cadres mènent les affaires de manière à s'assurer que leur champ d'action – soit « l'autre moitié » du commerce sur laquelle le destin n'a aucune emprise – prémunisse l'institution contre l'infortune. Confrontés à des forces indomptables, ils veillent à ce que la Banque soit épargnée par les tempêtes passagères qui frappent l'économie politique de la région de l'Atlantique Nord.

Dans les faits, les assises institutionnelles de celle-ci ont été établies pour résister aux calamités les plus terribles. Inévitablement, elles sont devenues caractéristiques de la plupart des banques à charte canadiennes, réputées pour leur conservatisme. Or, la Banque de Montréal s'impose pendant cette période comme un modèle et un exemple à imiter, guidant la marche à suivre pour qu'un établissement de cette envergure puisse surmonter les périls propres à la fin du dix-neuvième siècle et au début du vingtième. Pendant les quelque cinquante ans allant de 1870 jusqu'à la fin de la Grande Guerre, la Banque entreprend son chantier le plus ambitieux et accomplit sa tâche la plus ardue : mettre sur pied un organisme résilient capable de contourner les écueils se dressant devant lui tout en sachant tirer parti des occasions qui se présentent.

La vision, la stratégie et le rendement de la Banque de Montréal pendant ces cinquante années, d'une envergure sans précédent à l'époque, sont étroitement liés à une force historique majeure, soit la naissance de la nation canadienne. Les destins des uns et des autres sont alors tributaires des intervenants en place, des situations qui surviennent et des défis qui doivent être relevés. À l'échelle nationale, les difficultés auxquelles la Banque est confrontée sont de nature défensive et offensive. En effet, la mission première de l'institution consiste notamment à veiller à ce que le secteur financier du Canada résiste au ralentissement marqué et persistant de l'économie. Par contre, les cadres reconnaissent aussi l'importance d'une offensive bien préparée, devenant d'ardents promoteurs de l'expansion dans l'Ouest canadien, de l'industrialisation de l'économie du Canada, et de la participation de la capitale du pays aux marchés de la région de l'Atlantique Nord par l'entremise de New York, de Chicago et de Londres.

Une histoire complexe

Le cheminement de la Banque de Montréal pendant ce demi-siècle, documenté par une preuve matérielle éloquente comptant des dizaines de milliers de pages, regorge d'événements, de faits et de personnages si distincts qu'il est quasi impossible de les extrapoler. L'institution se trouve au centre des mesures politiques et économiques d'une jeune nation remplie d'espoir, et ses cadres prennent part à de telles sphères, ainsi qu'à celle de la finance. Ne se limitant pas à accroître le prestige de la Banque et leur propre prospérité, ils font aussi la promotion de leur ville, de leur région et de leur pays en accélérant la circulation des capitaux, le déplacement des gens et la stimulation des activités économiques, et ce, tant dans la métropole que dans l'arrière-pays. Plusieurs générations de dirigeants se succèdent pendant cette période, rendant la progression encore plus complexe.

Exposer cette ère fondamentale et son incidence sur l'évolution de l'institution n'est pas sans risques. À l'évidence, retracer chaque détail est un exercice possible, mais pour le moins fastidieux. À l'inverse, ne pas s'attarder trop longuement sur de tels détails aurait comme conséquence d'occulter certains aspects fascinants de cette période marquante dans l'histoire de la Banque et de la nation, et de laisser ceux-ci pour compte.

Une approche différente pour aborder une ère des plus importantes

Cette section de l'ouvrage privilégie une approche différente et prend une forme autre que ce que l'on retrouve après celle-ci et dans les pages qui la précèdent. D'abord, le quasi-demi-siècle qu'elle couvre, quarante-huit années pour être exact, est une époque paradoxale où de longues périodes s'écoulent sans que grand-chose ne se passe, du moins sur les plans bancaire, financier et économique. Si le vent, le bois et l'eau régnaient encore en rois, « encalminé » serait le terme nautique employé pour décrire cette quiétude caractérisant un voilier bercé par un vent si faible qu'il ne peut se déplacer. Toutefois, en parallèle, le navire de l'histoire économique canadienne est secoué sans relâche par une vague transformationnelle, même par temps calme, qui prend la forme d'un développement économique national, de révolutions industrielles, d'un déploiement de services de télécommunication à grande échelle, de sources d'éclairage, de chauffage et d'énergie, d'un flux massif d'êtres humains et d'un accroissement du commerce international. Cette époque est lourde de conséquences pour la Banque comme pour le pays.

C'est pourquoi ce livre consacre une attention toute particulière aux années s'échelonnant de 1870 à 1918. Ainsi, la troisième partie de *À qui la fortune sourit* comporte, après cette introduction, plusieurs chapitres thématiques. Le chapitre 6 permet de distinguer les jalons internes qui ont marqué la croissance de la Banque au fil du temps. Le chapitre 7, lui, se penche sur les divers aspects du rôle unique de l'institution dans le développement de la nation canadienne au sein de la région de l'Atlantique Nord en transcendant les contours physiques des succursales et du siège social. Le chapitre 8, pour sa part, s'intéresse au rôle de la Banque dans l'évolution du commerce et dans la vague de fusions et d'acquisitions qui surviennent au début du vingtième siècle. Conjointement, l'examen de ces tendances internes et externes permet de poser un regard neuf sur le caractère du secteur bancaire canadien au début du vingtième siècle.

L'intérêt anecdotique que présente la Banque vers la fin de l'ère victorienne coïncide avec l'achèvement des années 1860, une décennie dangereuse. L'institution jouit alors d'une place prépondérante non seulement en tant que première banque canadienne, mais aussi comme l'une des plus grandes ambassadrices du jeune Canada auprès des marchés américains et des conseils de l'Empire. Si la colonie du Canada devient à ce moment la nation canadienne, c'est, comme l'a exprimé Arthur Lower, en grande partie grâce à la Banque de Montréal[2].

Le chemin parcouru

Après les années 1860, la Banque s'impose comme une figure d'autorité parmi les institutions bancaires du Canada. Sous la gouverne d'E. H. King, le Napoléon de la finance canadienne, elle jouit d'une position enviable à titre de chef de file incontesté de l'industrie bancaire du pays, étant aussi l'un des établissements les plus vastes et les plus réputés de l'Amérique du Nord. Avec empressement, King et ses adjoints tirent pleinement parti du rendement de la Banque pour consolider son statut au sein de la chaîne de commandement du secteur bancaire canadien, tentant – en y parvenant presque – de persuader le nouveau gouvernement du Dominion de consacrer sa suprématie par des mesures législatives et politiques. Malgré le lot de difficultés qu'elle apporte, la « dangereuse décennie de 1860 », qui marque le continent, est un moment charnière pour les institutions concurrentes de la Banque de Montréal, banquier du gouvernement à la Confédération. Lorsque sonne l'heure de la retraite d'E. H. King, les réussites de ce dernier sont indéniables. Comme l'indique le *Monetary Times* en octobre 1872 : « Ses bilans annuels sont calculés de manière à susciter l'envie de banquiers plus timides. Audacieux, résolu, énergique et, de l'avis de certains, sans scrupule, ce fin connaisseur de la théorie et de la pratique bancaires multiplie les profits de façon inédite dans ce pays[3]. »

En 1867, année de la Confédération, la Banque franchit déjà le cap du demi-siècle; la prédominance et le degré d'influence dont jouissent ses cadres sont difficilement atteignables. Les protagonistes de l'institution à l'époque, à savoir King, George Stephen, Donald Smith et les autres, immortalisés alors par des peintres remplis d'admiration, forment ensemble une grande partie du leadership financier du jeune Canada. Ces derniers ne sont pas que des chefs de la finance, mais aussi des guides qui orientent l'avenir d'une nation naissante et sous-développée, dont la vision ne peut être mise en œuvre que par la prise de décisions financières réfléchies.

De l'avis de l'historien britannique Eric Hobsbawm, la période allant de 1871 à 1918 forme la toute fin du « long dix-neuvième siècle[4] ». Dans les registres des procès-verbaux de la Banque, ces dates concordent avec les turbulences découlant du conflit franco-prussien, au début, et avec l'armistice de la Grande Guerre, à la fin. Dans l'intervalle, les contemporains de la région de l'Atlantique Nord assistent à des phénomènes économiques cycliques ou sont directement touchés par ceux-ci, à savoir la prospérité, la dépression, l'expansion, le ralentissement et la faillite de certaines institutions bancaires, pour ne nommer que ceux-ci. Le concours de la Banque au fil des événements et l'influence qu'elle exerce sur ceux-ci sont la preuve éloquente que ses cadres tournent désormais leur attention vers l'ensemble de cette région. L'effervescence témoigne, en premier lieu, du rôle suprabancaire de l'institution dans le reste du monde, et, en second lieu, de la manière dont ce lien oriente sa perception quant à sa place, sa stratégie et son rôle.

Les deux premières générations de banquiers de l'institution assurent sa dominance de trois manières. D'abord, elles établissent les capacités organisationnelles de la Banque et de ses succursales, plus particulièrement ses fonctions de veille à l'égard du risque et du marché, leur permettant, en termes actuels, de « s'exécuter » efficacement selon les normes de l'époque. Ces hommes, à compter de la fin des années 1850 surtout, appliquent ensuite un ensemble de politiques stratégiques et cohérentes assez souples pour tirer avantage des possibilités qu'offre le marché, notamment celui de l'or à New York. Enfin, l'institution dispose d'un noyau solide de hauts dirigeants talentueux, intuitifs et visionnaires qui forment l'élite du monde des affaires canadien.

La puissance de la Banque de Montréal et de ses représentants, son rang dans le système financier canadien et la place qu'elle occupe sur les plans économique et financier au sein d'un pays où l'organisation étatique commence à se structurer sont autant d'éléments qui influenceront profondément son évolution pendant cinq décennies, et même au-delà. La pluralité des rôles de l'institution, elle qui est à la fois la plus grande banque du pays, le banquier du gouvernement, un important émetteur de monnaie, le coordonnateur en chef du secteur bancaire canadien, de même que l'agent financier du gouvernement du Canada à New York et à Londres, a une incidence profonde sur sa culture, son organisation et son rendement. Il serait faux de dire que ses cadres estiment diriger une institution quasi gouvernementale, car la séparation des pouvoirs – c'est-à-dire les fins et les moyens, publics comme privés – est telle, que cette union est pratiquement impossible. Cependant, les objectifs et les initiatives que la Banque met de l'avant ainsi que les fonctions qu'on lui impose dans le cadre financier du nouveau Dominion du Canada, à l'échelle nationale comme internationale, lui confèrent une influence considérable. En agissant pour le gouvernement, et aussi en son nom, la Banque de Montréal devient une institution publique-privée unique en son genre quant à ses perspectives, son approche et son développement. En réalité, elle est la banque centrale officieuse du pays. Ses cadres se lient aux projets et aux prises de position de la nation de manière intrinsèque et graduelle. Cet idéal national, par sa connotation singulière, vient relier ces décennies, lui qui est mis en œuvre par la politique et partagé par les générations successives de dirigeants de l'institution. Cette relation mutuellement avantageuse sert, à l'évidence, tant les intérêts de la Banque que ceux de la patrie. D'une part, elle permet à l'institution de jouir de la prestance et des produits découlant de son statut. D'autre part, très peu d'institutions bancaires, voire aucune, n'ont l'envergure, la réputation et les relations nécessaires pour pouvoir remplir les demandes du gouvernement. Les privilèges conférés à la Banque de Montréal et les responsabilités qui lui sont confiées en raison du lien qui l'unit à l'État ont un effet marqué sur les stratégies qu'elle adopte, les cadres qu'elle choisit et les décisions qu'elle prend. Sa primauté dans le secteur bancaire canadien influence aussi la culture de l'établissement au début du vingtième siècle, alors que sa notoriété et son influence s'étendent.

Des orientations émergentes

De la fin du dix-neuvième siècle jusqu'au début du siècle suivant, la stratégie de la Banque se révèle d'une constance remarquable. En fait, on peut affirmer qu'elle repose sur deux assises interdépendantes pour assurer sa prospérité, c'est-à-dire la responsabilisation et l'avidité. Compte tenu de l'importance que la Banque accorde à la stabilité et au conservatisme, cette responsabilisation est manifeste. Celle-ci est partiellement attribuable à l'évolution de l'établissement lors de ses cinquante premières années, mais lui est aussi imposée tant par les rôles et les responsabilités qu'elle doit assumer envers ses actionnaires et sa clientèle, en premier lieu, que par sa fonction de principale banque commerciale du pays, en second lieu. Pour assurer sa survie et le dividende qu'elle verse à ses actionnaires, la Banque doit gérer habilement le risque en raison de l'instabilité souvent persistante des cycles économiques de la région de l'Atlantique Nord. Elle agit aussi de cette manière pour veiller sur les intérêts du pays, occupant une position dominante au sein des secteurs financiers privé, public et gouvernemental du Canada.

Elle doit donc concilier cette réalité avec sa quête de profits, un puissant incitatif économique à l'époque. Trouver un juste équilibre dans un tel contexte et dans une conjoncture économique et politique difficile est le principal défi que la Banque doit relever. C'est aussi sa plus grande réussite. À défaut d'avoir su concilier ces deux impulsions de manière efficace, elle n'aurait pu se tailler une place dans l'histoire bancaire canadienne.

À la fin des années 1860, le leadership de la Banque et sa capacité organisationnelle lui permettent de présenter un excellent bilan, ayant pu établir des réseaux financiers de premier rang au sein de l'Atlantique Nord, y prendre part et les exploiter. Autrement dit, elle se trouve à ce moment dans une position idéale pour conjuguer, au fil du temps, les deux impératifs de l'époque, soit s'acquitter de ses responsabilités alors qu'elle trône au sommet de la pyramide de la finance canadienne, et faire ce qui est nécessaire pour croître et prospérer.

Enfin, pour bien saisir la réalité de la Banque pendant cette période extraordinaire, il faut tenir compte du contexte économique plus large. Bien sûr, celui-ci sera présenté dans les chapitres qui suivent, mais il nous apparaît utile de brosser dès maintenant un portrait général des difficultés que rencontrent les cadres de l'établissement et des occasions qui se présentent à eux de 1870 jusqu'à la fin de la Grande Guerre.

La conjoncture économique

Le paysage économique du Canada après la Confédération et jusqu'en 1918 découle de deux périodes. La première débute en 1873 et s'étend jusque vers la fin du dix-neuvième siècle, alors que la deuxième chevauche les deux premières décennies du vingtième siècle pour se conclure en 1918. Commençons par le début. La plage s'échelonnant de 1873 à 1896 dans la région de l'Atlantique Nord est considérée par les économistes comme la « première Grande Dépression ». De façon plus précise, elle est plutôt constituée de deux épisodes de maigreur; le premier s'amorce avec la Panique de 1873 et dure jusqu'en 1879, et le deuxième survient après la Panique de 1893 et subsiste jusqu'en 1896[5]. Les causes sous-jacentes de ces deux périodes d'affolement diffèrent et ne sont pas forcément reliées. Toutefois, de manière générale, les pays de l'Europe de l'Ouest et de l'Amérique du Nord souffrent, entre 1873 et 1896, de la surproduction industrielle, de la baisse des prix, du taux élevé de chômage et de la stagnation internationale généralisée et prolongée. L'économie du Royaume-Uni étant la plus mise à mal pendant cette période, l'Empire allemand réussit à rivaliser avec l'État anglais (sans pour autant le surpasser) sur le plan de la production économique[6].

Le Canada n'est pas épargné. En effet, les historiens reconnaissent que le pays a joué un rôle dans les cycles économiques généraux de l'époque, lesquels sont aggravés par le chômage élevé et une fuite migratoire importante vers les États-Unis. Néanmoins, ils s'empressent d'ajouter que cette période a été marquée par de longs moments de reprise économique. Comme l'avance R. T. Naylor, le Canada connaît une phase d'expansion de 1879 à 1883, l'économie du pays étant florissante après la fixation des tarifs résultant de la

Politique nationale, ce qui stimule la demande du marché international envers les ressources canadiennes (le bois d'œuvre, notamment), tandis que les fonds injectés dans le Canadien Pacifique (CP) relancent la croissance[7]. Ce boom prend fin lorsque « la valeur des propriétés foncières s'effondre à Winnipeg, les troubles financiers secouent le CP et le marasme industriel s'installe. La province de l'Ontario, la plus choyée jusqu'alors, est la plus durement punie en raison de la surexpansion industrielle qu'entraîne cette période d'effervescence[8]. » Les gains engrangés entre 1879 et 1883 sont restitués et la croissance, dans les années 1880 et 1890, prend alors la forme d'un idéal lointain et inaccessible qui engendre agacement et mécontentement[9].

Les vicissitudes que traverse l'économie de la région de l'Atlantique Nord ont aussi des répercussions sur les institutions bancaires. Des banques du Canada, des États-Unis et du Royaume-Uni déclarent faillite pendant cette période. Un seul exemple suffit pour illustrer la précarité du système bancaire et les répercussions qu'elle peut entraîner sur l'économie dans son ensemble. Le 2 octobre 1878, la City of Glasgow Bank, l'une des plus grandes institutions bancaires de l'Écosse, est acculée à la faillite. S'appuyant sur un réseau de 133 succursales, elle dispose alors d'une capitalisation totale s'élevant à 12,4 millions £[10]. Bien que les autres banques écossaises décident d'honorer les obligations de leur consœur et d'accueillir ses clients, l'événement crée une onde de choc dans tout le réseau bancaire de ce pays, les actionnaires devant éponger un manque à gagner de 5,4 millions £. Lorsque d'autres institutions ferment en décembre, dont la West of England and South Wales District Bank, le système bancaire britannique est à « un cheveu » de céder à la panique généralisée[11]. Cette période prolongée de dépression, qui touche particulièrement les secteurs industriels du fer et du charbon, réussit à faire trembler le système financier d'un pays. La confiance de la population s'effrite en raison de ces contractions brutales et de l'ampleur de la crise, sommant par le fait même la Banque de Montréal d'agir coûte que coûte avec prudence et diligence, sachant que le système financier canadien ne dispose d'aucun filet de sûreté comme la Banque d'Angleterre pour le tirer d'affaire[12].

Au terme du dix-neuvième siècle, l'embellie économique tant souhaitée se matérialise enfin. Les ressources minérales de l'Ouest, celles de la Colombie-Britannique plus particulièrement, présentent un attrait particulier aux yeux des banquiers de Montréal. Les récoltes du centre du Canada et des Prairies sont si bonnes qu'il est « difficile d'estimer à quel point la valeur accrue des céréales profite [au Canada][13] ». Les agriculteurs sont désormais en mesure de réduire leur dette hypothécaire et d'accroître leur pouvoir d'achat. Le commerce s'en trouve donc stimulé, notamment le trafic ferroviaire. « Lorsque les affaires vont bien et que le pays est prospère, il y a peu de choses à dire », souligne le rapport annuel de la Banque de Montréal de 1899[14].

La reprise se poursuit, entraînant « une prospérité universelle, un commerce actif, de bons rendements agricoles et des prix, somme toute, acceptables[15] ». Le rendement de la Banque pour la moitié de l'année 1900 est « un indicateur assez juste de l'état du Dominion », montrant le bénéfice net le plus important de l'institution jusqu'alors[16]. Élément important, l'établissement fait volte-face quant au bien-fondé des prêts à vue et des prêts à court terme, ayant auparavant critiqué les autres banques canadiennes d'avoir accordé de grosses sommes à la Grande-Bretagne et aux États-Unis sur cette base. À la fin de 1900, cependant, elle se livre de façon grandissante à ce type de prêt, plus risqué, en raison des gains records qu'elle enregistre dans les mois précédents[17]. Par son conservatisme caractéristique, la stratégie de l'institution commence à porter ses fruits, comme en témoigne son rendement au début des années 1900. Le *Globe* s'enthousiasme en 1901 devant le fait que « la déclaration annuelle de la Banque de Montréal, publiée aujourd'hui, est la plus satisfaisante de son histoire; grâce à une institution gérée avec un conservatisme aussi marqué, les échanges commerciaux du pays, dans l'ensemble, sont dans un état optimal[18] ». La robustesse et la performance du système financier canadien sont aussi encensées dans les publications financières de Londres[19].

Les affaires de la Banque sont florissantes pour une raison toute simple : de 1896 jusqu'à la Première Guerre mondiale, le Canada connaît le plus grand boom économique de son histoire. Les produits de base canadiens, notamment le blé, s'échangent à des cours avantageux sur les marchés internationaux; le Canada réussit à établir un système économique véritablement transcontinental. Ce système est un vrai triomphe tant pour la Banque que pour le Dominion dans son sens large, ses dirigeants ayant plaidé en faveur du CP et du rapprochement entre les régions occidentales et orientales du pays. Produit dans l'Ouest, le blé est transporté par train vers les grandes villes. Il est ensuite chargé sur des navires pour être exporté dans le monde entier (mais surtout aux États-Unis et en Grande-Bretagne). À l'inverse, d'imposants vaisseaux importent des marchandises au pays, qui sont alors acheminées dans les différentes provinces grâce au nouveau réseau ferroviaire. Faisant partie intégrante de ce système, l'économie du Canada progresse, l'Ouest se stabilise (l'Alberta et la Saskatchewan deviennent des provinces en 1905) et le secteur manufacturier du centre du pays se développe et se diversifie.

Les fondements de la structure économique du Canada s'établissent à compter du tournant du siècle jusqu'à la fin de la Grande Guerre, demeurant en place jusqu'à la fin du vingtième siècle. Naylor avance que le contexte est marqué par une « certaine domination américaine de sa base industrielle, l'orientation principalement extractive de ses exportations, la croissance relative de régions précises [...] qui sont toutes des résultantes logiques de la "politique nationale" et de l'ensemble des politiques adoptées par les capitalistes du centre du Canada pour maximiser la production et les retombées (de même que leurs propres positions) au sein de l'économie de l'Atlantique Nord[20] ». D'ailleurs, certains ont même nommé les deux premières décennies du vingtième siècle « l'âge d'or de la croissance canadienne[21] », invoquant les arrivées massives d'immigrants dans l'Ouest du Canada et l'industrialisation du noyau urbain dans le centre du pays – à Montréal et à Toronto, bien entendu –, mais aussi dans des villes de deuxième ordre, comme Hamilton, London et d'autres municipalités du sud-ouest de l'Ontario et du sud du Québec. Enfin, la formation brute de capital fixe commence à consolider la position économique du Canada dans la région de l'Atlantique Nord, profitant de ce qui est caractérisé comme un « énorme afflux net de capitaux provenant de la Grande-Bretagne[22] ». Les choses vont si bien que, dans les faits, le Canada devance ses pairs, et de loin. Comme l'indique Greg Marchildon :

> La chance sourit à tous à cette époque, mais aucun autre pays ne connaît une croissance économique aussi vigoureuse que le Canada. Malgré la morosité des décennies 1870 et 1880, la reprise des activités commerciales est telle au tournant du siècle que le taux de croissance moyen du Canada au cours des décennies couvrant la deuxième révolution industrielle est supérieur à celui de tout autre pays [...]. Cette progression remarquable est attribuable à une grande disponibilité des capitaux de même qu'à l'innovation et à l'adaptation technologiques rapides. Relativement sous-industrialisé lors de sa création en 1867, le Canada s'impose, en 1914, comme un pays producteur essentiel[23].

La locomotive économique du Canada passe en vitesse supérieure après 1896. La hausse des prix y est pour quelque chose, certes, tout comme les changements révolutionnaires touchant l'électrochimie, l'éclairage, le chauffage, la production d'énergie et les communications, sans oublier le moteur à combustion interne. Ensemble, ces bouleversements donnent lieu à une croissance économique impressionnante ainsi qu'à une série de services publics d'importance axés sur la technologie[24]. Les forêts, les mines, l'énergie hydroélectrique et une ribambelle de produits incontournables placent le Canada confortablement sur la trajectoire de la prospérité.

Il ne faut toutefois pas oublier que la prospérité de la nation, au milieu de cette transformation technologique, est subordonnée aux produits agricoles, et que le blé, de fait, demeure le principal levier de la croissance du PIB du

Canada[25]. Les silos à céréales deviennent le symbole de la prospérité et de la richesse du pays, mais aussi de sa dépendance aux échanges commerciaux. En effet, tout repose sur les exportations. Les banques canadiennes profitent largement de celles-ci, et la circulation des billets explose pendant cette période[26]. Les terres promises de l'Ouest, si chères aux banquiers montréalais, sont désormais accessibles, et l'expansion résultante génère de nouvelles balances commerciales monstres qui se transforment en excédents après 1895, puis en surplus d'importation, alors que les activités commerciales et la population grimpent en flèche dans la région occidentale du pays[27].

Sur le plan international, le Canada est au cœur du triangle de l'Atlantique Nord, qui bouillonne d'activités, se trouvant entre une république émergente, au sud de sa frontière, et le siège de l'Empire, à Londres. Ces considérations géographiques influencent ses perspectives et ses mesures économiques, comme le reflètent notamment les politiques tarifaires du pays durant le « boom de l'ère Laurier ». L'origine de cette tarification ne présente aucun intérêt ici, à quelques exceptions près. D'abord, les tarifs préférentiels accordés à l'Empire sont notoires chez les Canadiens, soulignant le rôle que le pays aspire à assumer en matière de commerce, mais aussi au sein de cette entité[28]. Pour donner au lecteur un aperçu du volume des échanges, il faut noter que la Grande-Bretagne est le premier marché d'exportation du Canada, accaparant environ la moitié de ses envois, alors que les États-Unis sont tout juste derrière l'État anglais, acquérant quarante pour cent de la production canadienne. En comparaison, soixante pour cent des importations canadiennes proviennent des États-Unis, alors que seulement vingt-cinq pour cent d'entre elles viennent du Royaume-Uni[29]. Cependant, lorsqu'il est question de capital, l'État anglais est maître absolu, la quasi-totalité des investissements étrangers au Canada étant d'origine britannique. De plus, les fonds qui sortent de l'Empire aboutissent presque tous au Canada. Comme le constate Marchildon, « pendant le boom de l'ère Laurier, le secteur financier du Canada resserre ses liens avec la mère patrie comme jamais auparavant; les valeurs mobilières des plus grandes entreprises canadiennes s'échangent presque aussi facilement à Londres qu'à Montréal et à Toronto[30] ».

C'est, en quelques mots, le contexte économique avec lequel les banquiers de la Banque de Montréal doivent composer à l'époque. Portons maintenant notre attention sur l'équipe, les joueurs et les principaux thèmes qui caractérisent le remarquable demi-siècle que traverse la Banque de Montréal.

6

Les acteurs et le rendement : stratégie et organisation

Ce chapitre porte sur les principaux acteurs et le rendement de la Banque de Montréal de 1870 à 1918. L'information présentée dans ce chapitre est structurée conformément au plan établi à l'introduction de la partie III, de manière à offrir une perspective plus claire des événements. Nous nous intéressons d'abord aux rouages internes de la Banque, notamment ses dirigeants, sa stratégie et son rendement. Certains courants organisationnels de l'époque sont également abordés.

Commençons par son équipe de direction.

Leadership : les protagonistes

On compte quatre ordres de dirigeants au sein de la Banque : le président, le vice-président, le directeur général et le conseil d'administration (voir le tableau 6.1). Pendant cette période, les administrateurs assurent la surveillance et la supervision de l'institution, des responsabilités plus directes qui seront déléguées au fil du temps à la direction. Nous présentons ici les « sept Montréalais », des hommes qui ouvrent pour la Banque les portes d'une ère nouvelle et plus florissante. Nous brossons ci-dessous le portrait des principaux acteurs afin de comprendre l'incidence de leur personnalité et de la conjoncture sur l'évolution de la Banque.

David Torrance est associé à la Banque de Montréal depuis sa fondation en 1817. Son oncle, Thomas Torrance, est l'un des tout premiers actionnaires; il a aussi été administrateur de l'institution[1]. David naît à New York. Sa famille,

Tableau 6.1 | Les cadres supérieurs de la Banque de Montréal

Présidents	
Edwin Henry King	1869-1873
David Torrance	1873-1876
George Stephen	1876-1881
C. F. Smithers	1881-1887
Donald Smith	1887-1905
George Drummond	1905-1910
Richard B. Angus	1910-1913
Vincent Meredith	1913-1927
Vice–Présidents	
Thomas Ryan	1869-1873
George Stephen	1873-1876
G. W. Campbell	1876-1882
Donald Smith	1882-1887
George Drummond	1887-1905
Edward S. Clouston	1905-1912
Vincent Meredith	1912-1913
Charles Gordon	1916-1927
Directeurs généraux	
Richard B. Angus	1869-1879
C. F. Smithers	1879-1881
W. J. Buchanan	1881-1890
Edward Clouston	1890-1911
Vincent Meredith	1911-1913
Frederick Williams–Taylor	1913-1929

originaire des basses terres d'Écosse, s'établit au Canada après avoir quitté la métropole américaine au tournant du siècle. Après sa naissance, en 1805, les Torrance choisissent de s'installer à Kingston, qui fait partie du Haut-Canada, où David grandit. Ce dernier déménage à Montréal en 1821 pour exercer un emploi dans l'entreprise de son oncle, la John Torrance and Company, d'une importance grandissante pour la ville. Il succède à son oncle en 1853, diversifiant les activités commerciales pour finir par occuper une place prépondérante dans les secteurs de l'expédition et des marchandises d'intérêt général; son entreprise devient la première à traiter directement avec l'Inde et la Chine. Torrance est très engagé au sein de la communauté montréalaise. Selon le *Montreal Daily Witness*, c'est un « marchand méticuleux qui ne s'immisce pas dans les affaires publiques, même s'il prône depuis toujours le libéralisme politique[2] ».

David Torrance est nommé au conseil d'administration de la Banque de Montréal en 1853. En 1873, il remplace E. H. King comme président après que celui-ci eut démissionné et que Thomas Ryan, alors directeur principal, eut refusé le poste. Il occupe cette fonction pendant à peine trois ans, soit jusqu'en 1876. Son mandat coïncide malheureusement avec une grave crise économique, bien que, comme l'indique son biographe, « les bénéfices [restent] réguliers, les dividendes [soient] maintenus à 14 pour cent [...] et la banque [commence] à se lancer dans les investissements; elle souscrit à l'émission d'obligations de la province du Québec conjointement avec la firme londonienne Morton, Rose & Company[3] ». Sa carrière se termine abruptement lorsqu'il décède le 29 janvier 1876.

George Stephen, lui, naît en 1829 à Banffshire, en Écosse. Il émigre au Canada en 1850 dans le but de travailler pour son cousin, William Stephen dans le domaine des tissus et des articles de mercerie. En 1866, il fonde sa propre entreprise, assurant la vente et la fabrication de vêtements et de lainages[4]. Au début des années 1870, c'est un financier réputé, tout comme Hugh Allan et E. H. King. Il s'intéresse au rêve le plus fou de l'époque, le réseau ferroviaire, investissant de plus en plus dans ce secteur.

Il entre au service de la Banque de Montréal en 1871 en tant qu'administrateur. Devenu vice-président en 1873, il est nommé président en 1876. Comptant parmi les précurseurs du Canadien Pacifique (CP), il y mêle la Banque, qui octroie, selon la rumeur de l'époque, des prêts à taux préférentiel avec facilités de paiement, ce qui sera confirmé plus tard dans les registres des procès-verbaux de l'institution[5]. L'histoire du CP est bien connue, mais il importe de rappeler qu'il s'agit d'un ouvrage colossal pour l'époque, son coût total étant alors estimé à 100 millions $[6].

Charles F. Smithers, pour sa part, accède à la présidence en 1881 après que sir George Stephen eut démissionné. Il assume cette charge jusqu'à sa mort en 1887. Smithers pressent la nomination d'un groupe de banquiers professionnels aux postes de dirigeants de l'institution. Quittant Londres pour se rendre au Canada, il se joint d'abord à la Banque de l'Amérique septentrionale britannique, puis à la Banque de Montréal. Il devient plus tard agent supérieur de cette dernière à New York. De 1863 à 1869, il est responsable de la succursale montréalaise de la London and Colonial Bank. Ensuite, il revient au sein de la Banque de Montréal pour superviser les activités new-yorkaises. Après une décennie, Smithers remplace R. B. Angus à titre de directeur général de la Banque. Deux ans plus tard, il devient président[7].

Une autre figure emblématique de l'époque est Richard Bladworth Angus. Né en 1831 à Bathgate, en Écosse, il émigre à Montréal en 1857, trouvant un emploi comme commis comptable et commis aux écritures à la Banque de Montréal presque immédiatement après son arrivée[8]. Selon les propos de son biographe, il « est ardent au travail, fort en chiffres et en finance ». Il est rapidement promu à New York et à Chicago au début des années 1860[9]. Il assure la direction générale de la Banque à compter du 2 novembre 1869, prenant la place d'E. H. King. Demeurant en poste pendant une décennie, soit jusqu'au 15 août 1879, il prend part aux projets de George Stephen et de Donald Smith (Lord Strathcona) qui touchent le développement des chemins de fer et des moulins. Il recourt à la Banque pour offrir à Stephen et à son consortium des prêts avantageux. Angus rejoint Stephen et Smith au CP comme vice-président plus tard cette même année, « signe de l'attrait des chemins de fer et des richesses qu'ils [offrent] », selon son biographe[10]. Sa participation au sein des deux entités est essentielle au maintien des relations étroites entre le CP et la Banque de Montréal, lesquelles profitent à l'une comme à l'autre, car la Banque croît concurremment avec le prolongement du réseau ferroviaire dans l'Ouest. Après avoir cédé son poste de directeur général de la Banque, il continue sa carrière dans les affaires, amassant une immense fortune. Par la suite, il revient à la Banque en tant que président de 1910 à 1913. Il siège au conseil d'administration jusqu'à son décès.

Sir Edward Seaborne Clouston, par ailleurs, assume la fonction de directeur général de 1890 à 1911 alors que le Canada, pendant ces années de transition, profite à nouveau d'une embellie, tout comme son développement économique. On le décrit comme « l'exemple même du banquier canadien »; un personnage « astucieux, puissant et austère, mais loin d'être prudent en matière de finances[11] ». Tout comme Donald Smith et George Alexander Drummond, il marque de son empreinte l'histoire de la Banque de Montréal à la fin du dix-neuvième siècle et au début du vingtième.

Clouston naît en 1849 à Moose Factory, en Ontario. Son père est chef de poste pour la Compagnie de la Baie d'Hudson (CBH). Après avoir terminé ses études à la High School of Montreal, il commence sa carrière à la Banque de Montréal en 1864 comme commis débutant. Il a alors quinze ans. Le biographe de Clouston fait valoir que son caractère discret et taciturne, son dynamisme et son tact le prédestinent à une fonction de dirigeant[12]. De 1864 à 1875, il travaille dans les succursales de Brockville, de Hamilton et de Montréal de la Banque avant d'assumer des responsabilités accrues à Londres, puis à New York. Il s'établit à Montréal en 1877, où il devient inspecteur adjoint de l'institution. Gravissant les échelons, Clouston est nommé directeur général en 1890 et vice-président en 1905. Il occupe ces fonctions jusqu'en 1911 et 1912, respectivement[13].

Les dirigeants de la Banque dans les années 1870 et 1880 constatent *de visu* les compétences et les qualités de dirigeant de Clouston. Ses rapports étroits avec Donald Alexander Smith, plus particulièrement, lui sont utiles. En réalité, Smith considère le jeune Clouston « comme son propre fils »; ceux-ci ont des affinités personnelles, bien entendu, et observent tous deux les mœurs héritées de la CBH[14]. D'ailleurs, lorsque Lord Strathcona est nommé haut-commissaire du Canada à Londres en 1896, Clouston veille sur ses intérêts financiers et ses œuvres philanthropiques au pays.

Sur le plan personnel, Clouston est considéré comme un sportif passionné et énergique; si l'on en croit son biographe, « il [pratique] le patinage artistique, la raquette à neige, le curling, la natation, le yachting, le golf et la conduite automobile[15] ». Il s'intéresse à tout ce qui plaît à la haute société montréalaise, qu'il s'agisse de loisirs, de culture ou d'horticulture. Lady Clouston et lui organisent des réceptions somptueuses à leur résidence de Montréal et à Boisbriant, leur domaine de Senneville. Il fait aussi la promotion active des services de santé et de l'éducation. C'est un fervent impérialiste, appuyant entre autres la création d'une agence de presse pour servir ses intérêts de même que les organismes de bienfaisance lors de la guerre des Boers. En 1908, il est nommé baronet[16].

Le secteur bancaire canadien connaît une grande période de consolidation et de structuration sous la direction de Clouston, alors que le Canada et la région de l'Atlantique Nord sont balayés en alternance par un vent de tempête et par un vent de renouveau. Au sommet de la gloire de sir Edward, on ne saurait surestimer le pouvoir que lui et son entreprise détiennent dans les cercles financiers. Comme l'indique Carman Miller, son biographe, il a servi comme président, vice-président ou administrateur auprès de plus d'une vingtaine d'entreprises influentes[17].

Le sixième, Donald Alexander Smith, 1er baron Strathcona et Mount Royal, entre à la Banque de Montréal en tant qu'administrateur en 1872 et assume ensuite la fonction de vice-président de 1882 à 1887. Puis, il siège comme président de 1887 à 1905, une période remarquablement longue, et comme président d'honneur de 1905 à 1914. Son influence sur la destinée de l'institution est considérable, même s'il s'acquitte d'un nombre réduit de tâches.

Très peu de Canadiens connaissent une ascension aussi fulgurante que celle de Strathcona. Ce dernier naît le 6 août 1820 à Forres, en Écosse. Il émigre au Bas-Canada en 1838, où il travaille pour le compte de la CBH. Il monte en grade et devient agent au sein de la Compagnie aux environs de 1840[18]. Il épouse Isabella Sophia Hardisty, dont la mère est née en Écosse de parents écossais. Ayant occupé divers postes de direction à la Compagnie de la Baie d'Hudson, il se démarque par son initiative et son esprit novateur pour accroître le commerce et la production manufacturière[19]. Dans les années 1860, il fréquente Montréal, chargé des affaires de la CBH; il y rencontre son cousin, George Stephen, en 1865. Stephen progresse déjà dans la hiérarchie financière canadienne et Smith forme avec lui un certain nombre de partenariats qui lient aussi Richard Bladworth Angus, Edwin Henry King et d'autres sommités de la Banque à l'époque.

Le sens aigu des affaires de Smith n'a d'égal que son savoir-faire diplomatique, qu'il démontre clairement alors qu'il intervient pour calmer le jeu lors de la rébellion de la rivière Rouge de 1869, à la demande du premier ministre John A. Macdonald. Il devient plus tard président du Conseil du département du Nord de la CBH et, brièvement, gouverneur d'Assiniboia pour suivre de près les négociations entre le Canada et la société commerciale portant sur le transfert massif de terres et la restructuration des activités dans le Nord-Ouest pour le compte de celle-ci. Comme son biographe le précise, « en tant que fonctionnaire supérieur de la Compagnie de la Baie d'Hudson au Canada, il présiderait à la transformation de celle-ci en une société d'exploitation foncière et de colonisation[20] ». En 1871, Smith est élu à la Chambre des communes comme député conservateur, mais il tourne le dos à son parti et vote pour renverser le gouvernement Macdonald en 1873 dans la foulée du scandale du Pacifique. En 1887, il est réadmis à la Chambre des communes comme conservateur indépendant de Montréal-Ouest, fort de la plus importante majorité obtenue par un député au Canada. Il continue de servir le pays à titre de haut-commissaire à Londres de 1896 à 1914, déclinant les 10 000 $ versés chaque année au titulaire de ce poste.

Entre-temps, les intérêts commerciaux de Smith prennent de l'ampleur. En plus des fonctions qu'il occupe à la CBH, il contribue à promouvoir les initiatives ferroviaires, à établir des banques au Manitoba et à développer le Canadien Pacifique. Dirigés en 1880 par George Stephen, les travaux du CP constituent le plus ambitieux de tous les projets. Smith est, comme l'affirme son biographe, « le fidèle lieutenant financier de Stephen », remontant, entre autres, le moral des troupes lorsque les embûches rencontrées pendant la construction semblent insurmontables.[21] Les intérêts professionnels et commerciaux de Smith sont multiples et leurs ramifications s'étendent partout au Canada après la Confédération : voies ferrées, minoteries, sociétés foncières, exploitations de sel, placements immobiliers (à Vancouver, notamment) et journaux, sans oublier la Anglo-Persian Oil Company (l'ancêtre de British Petroleum). Strathcona est aussi un généreux philanthrope, versant plus de 7,5 millions $ sous forme de donations et de legs de biens personnels[22]. Comme le souligne son biographe, il est une figure de proue des sociétés établies de part et d'autre de l'Atlantique. À Londres, les célébrations annuelles de la fête du Dominion qu'il organise sont un moment fort de la saison mondaine, elles qui rassemblent plus d'un millier de dignitaires canadiens et britanniques[23].

Enfin, sir George Alexander Drummond est un autre géant de l'époque. Né à Édimbourg en 1829, il émigre au Canada au cours des années 1850. En 1857, il épouse Helen Redpath. Travaillant pour l'entreprise de son beau-frère, Peter Redpath, il monte rapidement en grade, devenant associé en 1862. Industriel et homme d'affaires infatigable, Drummond milite activement en faveur de l'union des provinces britanniques nord-américaines et d'une politique commerciale des plus protectionnistes[24]. Il s'impose comme un acteur commercial clé au pays, lui qui sert comme président de la Chambre de commerce de Montréal. Malgré son allégeance politique, c'est aussi un impérialiste libéral et membre du Reform Club de Londres, en Angleterre[25]. Ses intérêts financiers portent notamment sur le développement minier de la Nouvelle-Écosse (la mine de charbon Drummond) et la Mexican Light and Power Company. Il est nommé au Sénat en 1888 en tant que conservateur, où il étayera un argumentaire convaincant qui favorise le monde bancaire.

Dans les années 1880, Drummond talonne son beau-frère, l'un des principaux administrateurs et actionnaire important de la Banque de Montréal, alors qu'ils atteignent tous deux les hauts rangs de l'institution. Drummond assume la fonction de vice-président de 1887 à 1905, puis siège comme président de 1905 à sa mort en février 1910. Pendant son service, il joue un rôle de premier plan dans la modification de la politique bancaire pour la rendre favorable aux industriels canadiens, permettant, par exemple, les emprunts à long terme sur nantissement. Alors que Drummond et Clouston sont en poste, la Banque progresse aussi de manière significative, ouvrant pas moins de 110 nouvelles succursales et voyant son personnel presque tripler, passant de 1 000 à environ 3 000 employés.[26]

Ces banquiers ne sont pas que des financiers : ce sont également des Montréalais habitant une ville qui commence à affirmer son identité. Les banquiers comme McGill, Strathcona, Mount Stephen et Drummond sont au cœur de cette époque remarquable et marquent de façon indélébile la vie sociale et culturelle de Montréal. Ils sont les protagonistes de l'âge d'or canadien tandis que Montréal, elle, est le point convergent de la richesse et de la puissance du pays, concentrées entre les mains d'une élite industrielle restreinte formée d'Anglais et d'Écossais. Ils sont membres – fondateurs parfois – des plus prestigieux clubs de la ville, dont le St James Club et le Mount Royal Club, et soutiennent ardemment la construction des hôpitaux ainsi que la dotation des universités (McGill, notamment). Ils commanditent aussi différentes institutions culturelles et sociales qui font de Montréal la grande métropole du Canada.

L'histoire du Mount Royal Club à elle seule en dit long sur le degré d'exclusivité, peut-être même le caractère exceptionnel, propre à cette élite. Vingt membres du St James Club claquent la porte en 1899, estimant que celui-ci est devenu trop inclusif, eux qui veulent se montrer plus sélectifs. Le Mount Royal Club voit alors le jour[27]. Comptant parmi ses fondateurs

George Alexander Drummond, Richard B. Angus et Donald Alexander Smith, ce nouveau club devient immédiatement le plus sélect en ville, acceptant uniquement dans ses rangs serrés des industriels et des personnalités sociales éminentes, dont un grand nombre est associé directement à la Banque de Montréal[28]. Ce cercle, très fermé, reflète la réclusion de l'aristocratie sociale montréalaise de l'époque. Cet isolement est davantage accentué par le nombre élevé de mariages associant les classes supérieures de la ville; les cadres de la Banque de Montréal sont donc, de près ou de loin, apparentés. Voici quelques exemples : le beau-frère de John Torrance est Alexander Tilloch Galt, ministre des Finances et administrateur de la Banque de Montréal; le frère de sir Vincent Meredith est marié à la fille de R. B. Angus; George Stephen et Donald Alexander Smith sont cousins; et la deuxième femme de John Redpath est Jane Drummond, la tante de George Alexander Drummond. Ce dernier a épousé la plus jeune fille de John et Jane Redpath, Helen, en 1857. À l'évidence, les cadres supérieurs de la Banque de Montréal forment une classe privilégiée dans les hautes sphères coloniales émergentes du pays.

La stratégie commerciale de la Banque

Est-il possible de définir avec justesse la stratégie mise en œuvre par une institution pendant près d'un demi-siècle, une banque, de surcroît, qui doit tenir compte de variables économiques et politiques? Pour répondre à cette question, il faut examiner la progression de la Banque dans le temps afin de déterminer ses périodes de stabilité et ses points d'inflexion. Voyons d'abord les éléments de cette continuité.

À la fin du dix-neuvième siècle et au début du siècle suivant, la stratégie de l'institution montre une constance exemplaire, reposant sur trois éléments principaux : le soutien apporté aux intérêts commerciaux et agricoles, notamment sur le plan des affaires; la gestion des finances publiques, au pays comme à l'étranger; et l'élargissement des réseaux commerciaux par l'entremise des marchés de capitaux de New York, de Chicago et de Londres.

Ledit soutien est particulièrement marqué quand le pays cherche à inclure l'Ouest dans les années 1880, entre autres lors de la mise en place du chemin de fer Canadien Pacifique. À l'interne, les capacités organisationnelles du siège social de la Banque et du réseau grandissant de succursales servent à tisser des liens encore plus étroits et à améliorer la circulation des capitaux en partance ou en provenance des nouvelles régions du pays et entre les plaques tournantes, comme Londres et New York.

La stratégie de l'institution bancaire pendant cette période se caractérise aussi par son engagement indéfectible envers la stabilité et le conservatisme pour assurer sa croissance. Non seulement cette façon de faire découle-t-elle des cinquante premières années d'évolution de l'établissement, mais elle lui est aussi imposée par les comptes qu'elle doit rendre à ses actionnaires et à sa clientèle, et par son rôle de principale banque commerciale du Canada.

Jusqu'à l'arrivée des années 1860, ses activités sont empreintes de cette constance. Une telle approche s'explique en partie par l'édification graduelle de l'activité bancaire à la mode canadienne, qui sert de prélude à la première *Loi sur les banques* en 1871, laquelle établit la réglementation encadrant l'activité bancaire au pays. Même si elles sont un véritable gage de stabilité, ces mesures législatives inédites engendrent un sentiment de frustration né de la nature insaisissable des profits en dépit des nombreuses occasions qu'apporte la période suivant la Confédération. Cette défilade se perpétue pendant près de trois décennies, soit jusqu'à la fin des années 1890.

L'ouverture sur le monde extérieur, que ce soit en promouvant la voie ferrée transcontinentale ou la multiplication des succursales au sein des villes et des régions apparaissant au-delà des Grands Lacs, est l'expression du désir des capitalistes de Montréal, qui souhaitent accélérer considérablement le développement économique et améliorer les perspectives. Cet essor incite les cadres de la Banque à explorer, à la fin des années 1890, de nouvelles possibilités en Amérique latine et dans les Antilles.

Pour bien comprendre ce long segment de l'histoire de la Banque de Montréal, il faut reconnaître que ses hauts dirigeants, assurément en quête de prospérité et de meilleures occasions économiques, ont de plus grandes aspirations. Pour pénétrer au cœur de l'institution bancaire pendant cette période, il faut examiner la relation d'équilibre entre la forme et la structure, en premier lieu, et le dynamisme, en second lieu. L'histoire de la Banque après la Confédération est principalement subordonnée à l'interdépendance stratégique entre l'ordre et l'occasion. Les exigences propres à un marché cohérent et l'application d'une approche respectant la tradition et le droit législatif viennent entraver la recherche intensive de nouvelles possibilités. Bien qu'il soit hors de question de sacrifier l'ordre pour bondir sur l'occasion, la Banque, au fil du temps, doit se résoudre à trouver un équilibre profitable entre les responsabilités qu'elle doit assumer et les profits et les objectifs économiques ambitieux qu'elle recherche.

Les directeurs de l'établissement doivent donc élaborer une stratégie qui concilie ordre et occasion et qui maximise les perspectives qu'offrent ces deux composantes. Pour y parvenir, ils doivent tirer parti des avantages patrimoniaux de l'institution au sein du marché, de son envergure, de ses relations, et de son rôle de coordinatrice en chef de l'ensemble du système bancaire canadien. Le défi que pose le volet « occasion » s'articule en deux parties. D'abord, la Banque doit s'assurer d'être prête pour saisir les occasions lorsqu'elles s'offrent à elle. À cette fin, les directeurs de l'institution bénéficient d'une longueur d'avance considérable émanant de l'excellence opérationnelle, laquelle se perfectionne sans cesse pendant cette période. Puis, la relation qui unit la Banque au gouvernement du Dominion contribue grandement à perpétuer sa domination. L'expertise et la compétence de la Banque en fait de finances nationales et internationales procurent au pays une stabilité intérieure de même que des relations extérieures après la Confédération, ce qui s'avère particulièrement utile en l'absence d'une banque de réserve centrale.

La stratégie et le changement

Toute stratégie accorde une place prépondérante aux mesures d'intervention en cas d'urgence. À cet égard, les pratiques de la Banque sont exemplaires. Une ou deux anecdotes suffisent à illustrer ces propos. Le leadership de l'institution est mis à rude épreuve au lendemain de la Panique de 1873; la contraction que celle-ci occasionne donne lieu à une longue dépression. Lors de l'assemblé annuelle du chemin de fer du Grand Tronc à Londres, en Angleterre, Richard Potter, son président, adresse à la Banque ce compliment « élogieux et pertinent » : « Tout le mois durant, une seule banque de Chicago, une ville de 400 000 habitants, était en mesure d'offrir l'hébergement gratuit à sa clientèle et au public. » Potter poursuit :

> C'était une banque canadienne, la nôtre – la Banque de Montréal –, utilisant des capitaux canadiens gérés par des Canadiens; et il faut rappeler que le transport des récoltes dans l'Ouest, pendant trois ou quatre semaines, aurait été pratiquement impossible sans la compétence, l'initiative, le crédit et les ressources de cette institution bancaire. Et le Canada peut en être fier, car les Américains, eux, effrayés au plus haut point, retiraient leurs dépôts de leurs propres banques pour ensuite se rendre dans une institution canadienne, disposant d'un capital canadien et employant des Canadiens, afin de mettre leurs avoirs en lieu sûr[29].

Si la gestion rigoureuse de la Banque suscite l'admiration, la manière dont elle distribue son dividende en fait tout autant. La capitalisation de l'institution, qui se chiffre à douze millions $ au début des années 1870, suscite de l'inquiétude chez certains observateurs, qui craignent qu'elle surestime sa propre capacité. Or, ces mêmes sceptiques remarquent en 1874 qu'elle réussit, « sans manœuvres bancaires sensationnelles », à accroître le dividende selon le taux habituel[30]. Cette stratégie vient bonifier sa réputation et la confiance qu'on lui accorde. Par exemple, à l'arrivée de la décennie 1870, les banques canadiennes à New York (plus particulièrement la Banque de Montréal et la

Banque de l'Amérique septentrionale britannique) « ont depuis des années la même cote que celle attribuée à des établissements comme Brown et Belmont ».[31]

Le rendement de la Banque dans les années 1880 est, de l'avis de George Stephen, respectable. Ce dernier mentionne lors de la réunion annuelle de 1885 que même E. H. King aurait acquiescé, vu les circonstances. « King a dit un jour que la prospérité de la banque n'est pas éphémère et qu'elle ne repose ni sur la chance ni sur les profits spéculatifs; cela est encore vrai en grande partie aujourd'hui[32]. » Alors que l'économie continue de souffrir, la Banque, pour sa part, affiche d'excellents résultats. L'année suivante, en 1886, elle verse à ses actionnaires un dividende de onze pour cent. De plus, le conseil d'administration décide, lors d'une réunion tenue le 13 mai, de verser à son personnel 45 000 $ en primes[33]. Une telle performance mérite d'être récompensée.

Ce qui est remarquable pour cette époque, c'est que l'institution bancaire brille malgré les crises nationales et internationales. L'évolution cyclique du pays est presque toujours corrélée à la qualité des récoltes. Les débâcles qui surviennent sur la scène internationale dans les années 1890 (les crises associées à la dette argentine, la crise de la Barings, et autres) ont des répercussions périodiques sur les finances de la Banque. On essuie inéluctablement des pertes sur tous les fronts : dépréciation de l'actif, dévaluation des titres, et ainsi de suite. Cependant, comme le souligne Donald Smith en 1891, « les pertes et les gains survenus cette année ont, dans une large mesure, un caractère tout à fait exceptionnel ». Un dividende de dix pour cent est donc distribué puisque, comme il l'explique, « la capacité lucrative de la Banque » est telle qu'il « n'y a pas lieu de s'en inquiéter[34] ».

Au milieu des années 1890, Donald Smith peut effectivement s'enorgueillir du fait qu'entre 1871 et 1893, l'établissement a doublé sa capitalisation, portant celle-ci à douze millions $, ainsi que ses fonds de réserve, s'élevant alors à six millions $. « Nous estimons que la Banque de Montréal n'a jamais joui d'une meilleure posture en soixante-quinze ans, toutes catégories confondues, pour remplir sa mission, c'est-à-dire verser à ses actionnaires le dividende le plus élevé qui soit tout en protégeant adéquatement leurs capitaux, et promouvoir les intérêts matériels du Canada[35]. » Clouston peut alors annoncer en 1894 que, dans certains cas, « la devise canadienne sert à des fins commerciales et au paiement de salaires aux États-Unis[36] ».

Lors de l'assemblé annuelle de 1894, Clouston fait un commentaire révélateur qui met en perspective la stratégie de la Banque et le lien qui l'unit à la gestion globale des finances du Dominion. Ce n'est ni une crise bancaire ni la question du métal précieux qu'est l'argent qui met en péril le Canada, sa monnaie étant forte et son système bancaire étant robuste, mais plutôt, selon Clouston, les faibles réserves d'argent liquide des institutions du pays[37]. Les banques new-yorkaises ont reçu l'ordre de maintenir une proportion de liquidités équivalant à au moins vingt-cinq pour cent de leurs réserves, alors que la réglementation canadienne confère aux cadres des institutions un pouvoir discrétionnaire à ce sujet, « ce qui fait que de nombreuses banques ont peu d'argent liquide en réserve, fragilisant celles-ci[38] ».

À l'assemblée annuelle de 1892, le portrait que dépeint Clouston, alors directeur général, est représentatif, en grande partie, des années 1890 : « L'année peut se résumer en deux mots : platitude et déception. Après plusieurs années défavorables, il y avait espoir que la belle moisson, conjuguée aux cours favorables des céréales, stimule le commerce et apaise la dépression, mais l'année que nous avons connue a été aussi monotone, sinon plus, que celles qui ont précédé[39]. » Or, le pire est à venir. Clouston déclare en 1893 : « L'Australie a été frappée par une crise bancaire d'une ampleur sans précédent, Londres a succombé à la panique monétaire et les États-Unis ont vu la morosité s'installer dans le domaine des affaires en raison de l'épineuse question de l'argent[40]. » « Du côté de Montréal, nous aurions pu connaître des ratés en bourse, mais à ce moment, l'aide et la bienveillante indulgence des institutions financières ont permis de dissiper les craintes et d'enrayer la crise », poursuit-il[41].

Au milieu des années 1890, on ne mesure pas le succès selon les progrès réalisés, mais bien en fonction des désastres qui sont évités. Clouston résume la situation comme suit : « Les Canadiens, tout comme la communauté des affaires du pays, peuvent se réjouir que nous ayons traversé ces épreuves avec des pertes et des dommages aussi minimes [...] Je suis moi-même très surpris de voir que nous avons si bien fait[42]. » Il ajoute : « Il est trop tôt pour dire que nous sommes au bout de nos peines, mais il ne fait, semble-t-il, guère de doute que les États-Unis se redressent, et comme le Canada est toujours affecté dans une certaine mesure par la vigueur économique de ce pays, nous pouvons raisonnablement supposer que la dépression, ici aussi, s'essouffle[43]. »Les espoirs de Clouston sont douchés l'année suivante, « l'une des plus décevantes de ma carrière de directeur général à la Banque de Montréal[44] », selon ses dires. Les bouleversements géopolitiques viennent contrecarrer les plans les mieux échafaudés, notamment un conflit frontalier féroce, brusque et bref, opposant les États-Unis et le Royaume-Uni au sujet du Venezuela et de la Guyane britannique, lequel se solde presque par un affrontement militaire.

Soudain et généralisé, le retrait des capitaux des marchés monétaires des États-Unis conjugué à la vente des titres américains sème la panique dans diverses places boursières de l'Atlantique Nord; par le fait même, les taux appliqués au capital liquide explosent. En 1897, Clouston rapporte, exaspéré, qu'il « semble de plus en plus difficile, à chaque année qui passe, de générer des profits, ce qui est d'autant plus vrai quand nous devons en plus compenser la perte de valeur résultant naturellement de cette dépression prolongée qui accable les affaires; c'est pourquoi nous sommes presque surpris de présenter aujourd'hui un bilan aussi positif[45] ».

Une économie en pleine effervescence

Au tournant du siècle, l'économie du pays est sur une bonne lancée. Dès 1898, la reprise économique aux États-Unis entraîne l'augmentation du prix des produits de base. Alors directeur général, Edward Clouston annonce l'année d'après qu'il est « difficile d'estimer à quel point la valeur accrue des céréales s'avère profitable », stimulant toutes les activités commerciales. « Pratiquement tous les secteurs du commerce progressent. Les agriculteurs sont bien rétribués pour leurs produits, le gouvernement affiche des revenus supérieurs, le réseau ferroviaire est plus achalandé, les titres de toutes sortes prennent de la valeur et le gain attendu des industries forestières et minières de ce pays est incommensurable[46]. » Clouston conclut qu'en Angleterre, aux États-Unis et sur le continent, les « manufactures fonctionnent autant que faire se peut pour répondre à la demande du commerce[47] ».

En 1905, la production dans l'Ouest ne cesse d'augmenter. Comme le souligne Clouston lors de l'assemblée annuelle de la Banque cette année-là, « les sociétés ferroviaires s'enrichissent, la deuxième ligne transcontinentale sera bientôt aménagée [...] et en raison des progrès réalisés, il semble de plus en plus crédible que ce pays soit entré dans une ère de grande prospérité[48] ». Même lors du ralentissement temporaire découlant de la panique bancaire de 1907, l'économie canadienne subit les turbulences sans broncher.

Le tournant qui s'opère au pays est si décisif qu'en 1908, la Banque déclare que son personnel et les habitants du pays « peuvent retrouver espoir et confiance en l'avenir », et que « la politique conservatrice qui dicte la conduite des affaires, si elle est appliquée sans relâche, permettra à tous d'en sortir plus forts, sur tous les plans[49] ». La bonne fortune continue de se manifester à l'aube de la Grande Guerre. Le président Meredith affirme en 1913 que « le commerce au Canada est en bonne santé. Les affaires, comme je l'ai mentionné, se portent bien. Nous commençons à peine à exploiter nos vastes ressources naturelles. L'immigration est forte, la construction ferroviaire va bon train, des contrées et des ressources nouvelles et profitables deviennent accessibles, et la confiance des capitalistes étrangers et britanniques envers notre pays ne faiblit pas. Une pause, le cas échéant, ne peut que provoquer une nouvelle envolée[50]. » Le directeur général d'alors, sir Frederick Williams-Taylor, informe les actionnaires en 1914 que la Banque traverse la période la plus éprouvante de ses quatre-vingt-dix-sept ans d'histoire, mais qu'elle est prête

Tableau 6.2 | Hausses du capital-actions, 1872-1918

Année	*Hausse du capital-actions*	*Total du capital-actions*
1872	2 000 000 $	8 000 000 $
1873	4 000 000 $	12 000 000 $
1903	2 000 000 $	14 000 000 $
1911	1 600 000 $	15 600 000 $*
1918	4 000 000 $	20 000 000 $

* Une hausse additionnelle de 400 000 $ survient aussi entre septembre 1911 et juin 1912.

à affronter la tempête grâce à son « conservatisme[51] ». De fait, en 1916, ses perspectives ont rarement été aussi encourageantes, alors que les nouveaux dépôts totalisent 60 millions $, soit 102 millions $ de plus qu'en 1914[52].

Le rendement

En réussissant à trouver un juste équilibre entre l'ordre et l'occasion, la Banque devient extraordinairement efficace lorsqu'il est question de maximiser son rendement quand le soleil brille, mais aussi quand l'orage gronde. La Banque a raison des longues décennies de croissance anémique qui s'échelonnent pratiquement des années 1870 à 1890, établissant une puissante organisation, améliorant ses réseaux et s'acquittant des responsabilités qu'elle assume à l'égard des institutions, des clients et des actionnaires à qui elle est redevable. En ce sens, les chiffres sont éloquents. (Voir les tableaux 6.2 et 6.3.)

Mis à part quelques éclaircies, les nuages dominent de 1874 à 1899. L'actif de la Banque augmente, en moyenne, d'environ trois pour cent. Celui-ci s'établit à 29,1 millions $ en 1871 et atteint, modestement, 71,5 millions $ en 1899. En calculant simplement une « moyenne », on passe sous silence les réductions fréquentes de l'actif, dans une proportion parfois aussi grande que onze pour cent, ce qui indique à quel point les temps sont difficiles. À la fin du siècle, la patience stratégique de la Banque est sur le point de porter ses fruits. Une série d'occasions économiques et de redressements de l'économie nord-atlantique qui surviennent en 1899 sont porteurs d'espoir. De 1899 à 1918, l'actif de l'institution bancaire bondit de douze pour cent, s'élevant à 558,41 millions $ (voir la figure 6.1).

Le rendement de la Banque pendant cette longue période repose sur l'application rigoureuse de sa stratégie de stabilité, qui consiste notamment à accumuler de vastes réserves et à verser un dividende régulier. Dans les années 1870, les dividendes qu'elle déclare s'élèvent collectivement

Tableau 6.3 | Versements de dividendes, 1870-1918

Année	*Dividendes (%)*	*Prime (%)*	*Récurrence*	*Total (%)*	*Dividendes versés*	*Dividendes totaux versés (incluant les primes, le cas échéant)*
1871	6	2	Semestriel	16	12/70: 480 000,00 $ 06/71: 480 000,00 $	960 000,00 $
1872	6	2	Semestriel	16	12/71: 480 000,00 $ 06/72: 535 000,00 $	1 015 800,00 $
1873	6	2	Semestriel	16	12/72: 630 300,00 $ 06/73: 813 259,93 $	1 443 559,93 $
1874	6	2	Semestriel	16	12/73: 936 402,55 $ 06/74: 952 384,71 $	1 888 787,26 $
1875	7	S. O.	Semestriel	14	12/74: 836 437,46 $ 06/75: 836 793,00 $	1 673 230,45 $
1876	7	S. O.	Semestriel	14	12/75: 837 808,00 $ 06/76: 838 233,58 $	1 676 131,58 $
1877	Versement variable (« varié »)	S. O.	Semestriel	13	12/76: 838 538,21 $ (7%)* 06/77: 719 574,15 $ (6%)*	1 558 157,35 $
1878	6	S. O.	Semestriel	12	12/77: 719 904,00 $ 06/28: 719 904,00 $	1 439 808,00 $
1879	5	S. O.	Semestriel	10	12/78: 599 920,00 $ 06/79: 599 960,00 $	1 199 880,00 $
1880	Varié	S. O.	Semestriel	9	12/79: 599 960,00 $ (5%)* 06/80: 479 968,00 $ (4%)*	1 079 928,00 $
1881	4	2	Semestriel Prime : annuelle	10	12/80: 479 968,00 $ 06/81: 479 968,00 $ Prime 06/81: 239 984,00 $	1 199 920,00 $
1882	Varié	1	Semestriel Prime : annuelle	10	12/81: 479 968,00 $ (4%)* Prime 12/81: 119 992,00 $ (1%) 06/82: 599 960,00 $ (5%)*	1 199 920,00 $
1883	5	S. O.	Semestriel	10	12/82: 600 000,00 $ 06/83: 600 000,00 $	1 200 000,00 $
1884	5	S. O.	Semestriel	10	12/83: 600 000,00 $ 06/84: 600 000,00 $	1 200 000,00 $
1885	5	1	Semestriel Prime : annuelle	11	12/84: 600 000,00 $ 06/85: 600 000,00 $ Prime 06/85: 120 000,00 $	1 320 500,00 $
1886	Comptabilité incomplète					

Tableau 6.3 | *suite*

Année	*Dividendes (%)*	*Prime (%)*	*Récurrence*	*Total (%)*	*Dividendes versés*	*Dividendes totaux versés (incluant les primes, le cas échéant)*
1887	5	2	Semestriel Prime : annuelle	12	12/86: 600 000,00 $ 06/87: 600 000,00 $ Prime 06/87: 240 000,00 $	1 440 000,00 $
1888	5	S. O.	Semestriel	10	12/87: 600 000,00 $ 06/88: 600 000,00 $	1 200 000,00 $
1889	5	S. O.	Semestriel	10	12/88: 600 000,00 $ 06/89: 600 000,00 $	1 200 000,00 $
1890	5	S. O.	Semestriel	10	12/89: 600 000,00 $ 06/90: 600 000,00 $	1 200 000,00 $
1891	5	S. O.	Semestriel	10	12/90: 600 000,00 $ 06/91: 600 000,00 $	1 200 000,00 $
1892	5	S. O.	Semestriel	10	12/91: 600 000,00 $ 06/92: 600 000,00 $	1 200 000,00 $
1893	5	S. O.	Semestriel	10	12/92: 600 000,00 $ 06/93: 600 000,00 $	1 200 000,00 $
1894	5	S. O.	Semestriel	10	12/93: 600 000,00 $ 06/94: 600 000,00 $	1 200 000,00 $
1895	5	S. O.	Semestriel	10	12/94: 600 000,00 $ 06/95: 600 000,00 $	1 200 000,00 $
1896	5	S. O.	Semestriel	10	12/95: 600 000,00 $ 06/96: 600 000,00 $	1 200 000,00 $
1897	5	S. O.	Semestriel	10	12/96: 600 000,00 $ 06/97: 600 000,00 $	1 200 000,00 $
1898	5	S. O.	Semestriel	10	12/97: 600 000,00 $ 06/98: 600 000,00 $	1 200 000,00 $
1899	5	S. O.	Semestriel	10	12/98: 600 000,00 $ 06/99: 600 000,00 $	1 200 000,00 $
1900	5	S. O.	Semestriel	10	12/99: 600 000,00 $ 06/00: 600 000,00 $	1 200 000,00 $
1901	5	S. O.	Semestriel	10	12/00: 600 000,00 $ 06/01: 600 000,00 $	1 200 000,00 $
1902	5	S. O.	Semestriel	10	12/01: 600 000,00 $ 06/02: 600 000,00 $	1 200 000,00 $
1903	5	S. O.	Semestriel	10	12/02: 600 000,00 $ 06/03: 620 000,00 $	1 220 000,00 $ $
1904	5	S. O.	Semestriel	10	12/03: 700 000,00 $ 06/04: 700 000,00 $	1 400 000,00 $
1905	5	S. O.	Semestriel	10	12/04: 700 000,00 $ 06/05: 720 000,00 $	1 420 000,00 $

/continué

Tableau 6.3 | *suite*

Année	*Dividendes (%)*	*Prime (%)*	*Récurrence*	*Total (%)*	*Dividendes versés*	*Dividendes totaux versés (incluant les primes, le cas échéant)*
1906	2.5	S. O.	Trimestriel	10	03/06: 360 000,00 $ 06/06: 360 000,00 $ 09/06: 360 000,00 $ 12/06: 360 000,00 $	1 440 000,00 $
1907	2.5	S. O.	Trimestriel	10	03/07: 360 000,00 $ 06/07: 360 000,00 $ 09/07: 360 000,00 $ 12/07: 360 000,00 $	1 440 000,00 $
1908	2.5	S. O.	Trimestriel	10	03/08: 360 000,00 $ 06/08: 360 000,00 $ 09/08: 360 000,00 $ 12/08: 360 000,00 $	1 440 000,00 $
1909	2.5	S. O.	Trimestriel	10	03/09: 360 000,00 $ 06/09: 360 000,00 $ 09/09: 360 000,00 $ 12/09: 360 000,00 $	1 440 000,00 $
1910	2.5	S. O.	Trimestriel	10	03/10: 360 000,00 $ 06/10: 360 000,00 $ 09/10: 360 000,00 $ 12/10: 360 000,00 $	1 440 000,00 $
1911	2.5	S. O.	Trimestriel	10	03/11: 360 000,00 $ 06/11: 360 000,00 $ 09/11: 360 000,00 $ 12/11: 360 000,00 $	1 440 000,00 $
1912	2.5	1	Trimestriel Prime : semestrielle	12	03/12: 385 798,70 $ 06/12: 400 000,00 $ Prime 06/12: 160 000,00 $ 09/12: 388 302,98 $ 12/12: 400 000,00 $ Prime 12/12: 160 000,00 $	1 894 101,68 $
1913	2.5	1	Trimestriel Prime : semestrielle	12	03/13: 400 000,00 $ 06/13: 400 000,00 $ Prime 06/13: 160 000,00 $ 09/13: 400 000,00 $ 12/13: 400 000,00 $ Prime 12/13: 160 000,00 $	1 920 000,00 $
1914	2.5	1	Trimestriel Prime : semestrielle	12	03/14: 400 000,00 $ 06/14: 400 000,00 $ Prime 06/14: 160 000,00 $	1 920 000,00 $

Tableau 6.3 | *suite*

Année	*Dividendes (%)*	*Prime (%)*	*Récurrence*	*Total (%)*	*Dividendes versés*	*Dividendes totaux versés (incluant les primes, le cas écheant)*
1914/*suite*					09/14: 400 000,00 $ 12/14: 400 000,00 $ Prime 12/14: 160 000,00 $	
1915	2,5	1	Trimestriel Prime : semestrielle	12	03/15: 400 000,00 $ 06/15: 400 000,00 $ Prime 06/15: 160 000,00 $ 09/15: 400 000,00 $ 12/15: 400 000,00 $ Prime 12/15: 160 000,00 $	1 920 000,00 $
1916	2,5	1	Trimestriel Prime : semestrielle	12	03/16: 400 000,00 $ 06/16: 400 000,00 $ Prime 06/16: 160 000,00 $ 09/16: 400 000,00 $ 12/16: 400 000,00 $ Prime 12/16: 160 000,00 $	1 920 000,00 $
1917	2,5	1	Trimestriel Prime : semestrielle	12	03/17: 400 000,00 $ 06/17: 400 000,00 $ Prime 06/17: 160 000,00 $ 09/17: 400 000,00 $ 12/17: 400 000,00 $ Prime 12/17: 160 000,00 $	1 920 000,00 $
1918	2,5	1	Trimestriel Prime : semestrielle	12	03/18: 400 000,00 $ 06/18: 400 000,00 $ Prime 06/18: 160 000,00 $ 09/18: 400 000,00 $ 12/18: 400 000,00 $ Prime 12/18: 160 000,00 $	1 920 000,00 $

à huit pour cent par semestre, alors que ceux de la Bank of Toronto et des autres institutions représentent respectivement six pour cent et quatre pour cent[53]. Or, la Banque de Montréal présente un intérêt particulier, car si elle avait décidé d'abaisser son dividende à six pour cent en 1875, ce qui aurait été parfaitement justifiable compte tenu du ralentissement économique persistant, la bourse aurait encaissé un dur coup[54]. Le nombre d'actionnaires varie évidemment d'une année à l'autre, mais le rapport annuel de 1882 en recense 2 012. Comme la Banque de Montréal compte parmi les quelques titres dignes d'intérêt, l'importance de son actionnariat n'est pas surprenante[55].

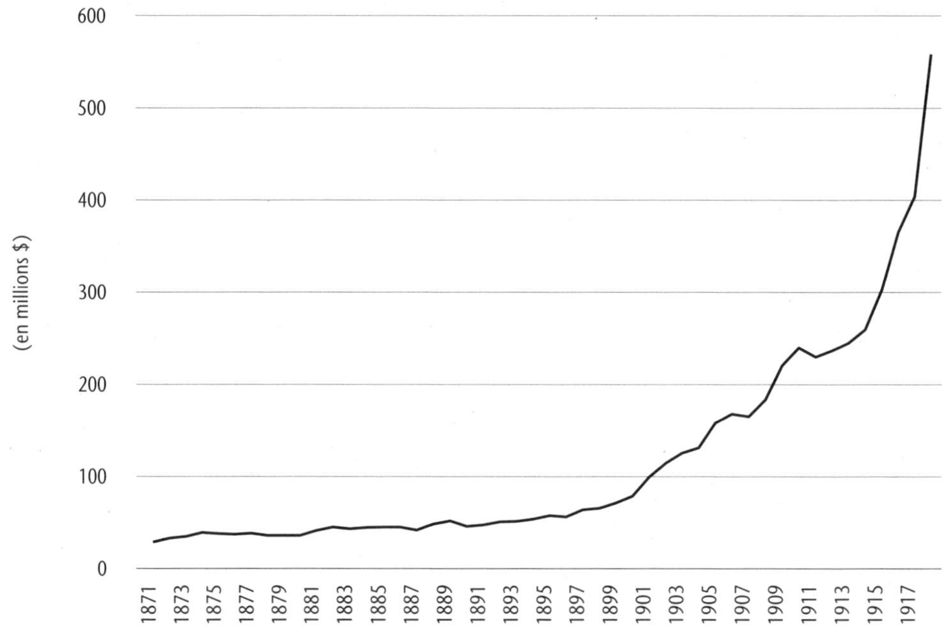

Figure 6.1 | Actif de la Banque de Montréal, 1871-1918

Remarques : 1871-1903 : Actif établi à la fin du mois d'avril; abordé à l'assemblée annuelle de juin. 1904-1918 : Actif établi à la fin du mois d'octobre; abordé à l'assemblée annuelle de décembre.

Source : Rapports annuels de la Banque de Montréal, 1871-1918.

Les actionnaires remettent en question de façon intermittente l'approche préconisée à l'égard des réserves et des dividendes, eux qui souhaitent stocker moins pour en avoir plus. Obstinés, les cadres de la Banque ne donnent habituellement pas suite à ces demandes; E. H. King prétexte même qu'un dividende trop généreux servirait à « fanfaronner de manière provisoire[56] ». Alors que se profilent les années 1890, la stratégie d'investissement de la Banque de Montréal adopte un style plus combatif. Son équipe de direction est la première à instaurer un système transcontinental de succursales pour exploiter les débouchés de l'Ouest canadien. Comme d'autres banques canadiennes de l'époque, l'institution participe ensuite au financement de projets de nature commerciale ou industrielle, à l'étranger plus particulièrement[57].

La capitalisation

La capitalisation de la Banque suscite habituellement de nombreuses discussions lors des réunions annuelles. Encore une fois, ceux qui s'élèvent contre l'accroissement de cette capitalisation (à douze millions $ cette fois) sont motivés par le conservatisme fiscal. Un intervenant à la réunion annuelle de 1872 laisse entendre que le succès qu'a connu la Banque par le passé « est en grande partie attribuable à son aptitude à concentrer ses fonds à des endroits précis, où cette concentration est souhaitable [comme à New York et à Londres][58] ». Alors qu'une longue dépression s'insinue doucement dans l'économie nord-américaine, les hausses courantes de la capitalisation, qui ont marqué le règne de King, deviennent source d'angoisse, car il devient de plus en plus difficile, d'un trimestre à l'autre, d'affecter ce capital. Comme l'affirme un observateur contemporain, « Montréal, Chicago, New York et Londres abritent un très grand nombre d'entreprises profitables, alors que le monopole dont bénéficie la Banque en matière de contrats gouvernementaux rehausse considérablement sa capacité à générer de l'argent[59] ». Par un effet « d'imitation et d'émulation », l'institution pousse ainsi les autres banques, plus menues, à accroître elles aussi leur capital. Lorsque survient un resserrement marqué des prêts, les entreprises s'en trouvent visiblement affectées. Avec du recul, ce pan de l'histoire bancaire canadienne, où l'argent est facilement accessible à tous, est « à peine plus utile que des chardons dans un champ de blé[60] ». « Et le plus grave, c'est qu'un banquier incompétent, tout comme un agriculteur médiocre, ne fait pas que nuire à ses propres intérêts, mais cause également des ravages qui affectent ses voisins et la communauté d'affaires », conclut un observateur[61].

Les choses ne font qu'empirer lorsque George Stephen est nommé président de la Banque en mars 1876. Commentant les circonstances économiques, Stephen mentionne cette même année : « Nos commerçants pâtissent des conditions économiques éprouvantes qui règnent dans certains pays, à commencer par les États-Unis, et, à moins que celles-ci s'améliorent, la demande envers notre bois d'œuvre et nos autres produits ne peut, elle non plus, s'améliorer[62] ». À la fin des années 1870, la situation se détériore à un point tel que même un rebond temporaire en 1879 est perçu comme étant « trop incertain pour espérer voir un redressement rapide[63] ». Naturellement, le dividende est abaissé et les fonds de réserve servent à « suppléer le manque à gagner que provoque la dépréciation généralisée de l'actif[64] ». Des 1,7 million $ que la Banque dégage en profits, 1,1 million $ servent à éponger des créances douteuses ou irrécouvrables, ou à pallier la faiblesse de son actif.[65] Comme si cela ne suffisait pas, elle doit immobiliser 250 000 $ de plus en octobre 1879 pour respecter d'autres obligations.

La situation économique du pays montre peu de signes d'amélioration en 1880, et le bilan de la Banque de Montréal n'est pas plus reluisant. Cette année-là, le dividende n'est que de neuf pour cent. Même en 1881, C. F. Smithers, à l'occasion de la réunion annuelle, résume l'année en plaisantant : « Il y a peu à dire cette année, ce qui est généralement une bonne chose[66] ». Celui-ci multiplie les mesures pour resserrer graduellement les prêts et ainsi régulariser les documents comptables de la Banque[67].

Toutefois, les successeurs d'E. H. King semblent incapables d'échapper à l'emprise de son legs idéologique, au grand dam de ces derniers. « Personne ne comprend mieux que moi le tour de force de M. King et sa virtuosité en tant que banquier », déclare Smithers en 1884. « On le considère généralement comme un génie de la finance et je suis le premier à reconnaître cet homme d'exception. » Il objecte cependant que King « n'a jamais versé un dividende sur douze millions $; il s'est retiré avant que le capital accru ait été complètement libéré, la moyenne pour cette année étant légèrement supérieure à neuf millions $ ». Smithers conclut qu'il est difficile d'utiliser les sommes considérables dont dispose la Banque de Montréal, au Canada notamment, « où les conditions sont totalement différentes de celles qui prévalent à Londres, ou même à New York[68] ». Compte tenu du contexte économique difficile après la Confédération, le solide rendement de la Banque, selon la direction, est imputable à la mise en œuvre prudente de sa stratégie. Le spectre de King apparaît à nouveau en 1885, lorsque sir George Stephen cite l'ancien président, rappelant que « la prospérité de la banque n'est pas éphémère [...], ne repose ni sur la chance ni sur les profits spéculatifs; cela est encore vrai en grande partie aujourd'hui[69] ».

Ce sentiment d'assurance sera mis à l'épreuve dans les années subséquentes, car les économies de l'Atlantique Nord sont incapables de remonter la pente. Dans le rapport qu'il adresse aux actionnaires en 1889, le président Donald Smith décrit comme suit le moral chancelant de l'équipe de direction : « À l'heure actuelle, les récoltes s'annoncent abondantes et prometteuses [...], mais il faut se rappeler qu'à la même date l'an dernier, les perspectives étaient tout aussi encourageantes; or [...] la production des anciennes provinces et du Nord-Ouest a causé une énorme déception pour nous tous. En conséquence, la capacité bénéficiaire de la Banque a diminué, la communauté ne disposant pas du même pouvoir d'emprunt que si la moisson avait été aussi fructueuse que prévu[70] ». Les récoltes médiocres continuent de compromettre la profitabilité de la Banque, même lorsque celle-ci connaît de bonnes années. En 1889, les créances irrécupérables ou impayées rattachées aux maigres moissons et à la baisse des prix annulent les profits réalisés l'année précédente.[71]

Le marasme économique de la fin des années 1880 alimente la rumeur voulant que l'Ouest et la côte du Pacifique regorgent de richesses. Comme le laisse entendre le président Smith, ces régions sont « petites comparativement à ce que nous connaissons », mais « elles se développent si rapidement que nous pouvons envisager que leur apport sera considérable à très court terme et permettra à la Banque d'accroître ses bénéfices [...] Calgary est l'épicentre des fermes d'élevage de la région. Vancouver, fondée il y a à peine trois ans, compte déjà quelque 10 000 habitants. Étant l'extrémité du réseau ferroviaire canadien sur la côte du Pacifique, cette ville ne peut que devenir un centre d'une importance considérable dans un avenir rapproché; nous voulons être prêts pour que la Banque puisse saisir chaque occasion qui se présentera à elle à ces deux endroits[72] ».

La transformation organisationnelle au fil du temps

Un leader a besoin d'un organisme efficient pour déployer sa stratégie de manière efficace. Après la Confédération, la centralisation des pouvoirs est essentielle à l'activité bancaire, car elle lui permet d'imposer son autorité et ses décisions tant à la communauté urbaine qu'à l'arrière-pays, et ce, partout sur le continent.

Deux outils d'intégration sont employés à l'époque pour réussir cette transition. Le premier est un artéfact peu connu, un simple ouvrage nommé *Character Book*, qui devient le « livre de caractérisation », alors que le deuxième n'est rien de moins qu'un système tout entier de succursales, créé de toutes pièces. L'adéquation est parfaite, car ce sont les macrodécisions tout comme les microdécisions, pour ainsi dire, qui détermineront l'avenir de l'activité bancaire.

Le livre de caractérisation

Le *Character Book* est écrit par la Banque de Montréal en 1885, puis remis à chacune de ses agences. Renfermant les règlements qui régissent les activités commerciales de l'institution, il illustre parfaitement l'influence dominatrice que le siège social (le centre) exerce sur ses succursales (la périphérie). Bien que cette pièce soit classée sous le nom de *Character Book*, son titre officiel, plus adéquat, est *General Regulations for Officers*, que l'on peut traduire par « Règlements généraux à l'intention des cadres ».

Il vient normaliser tous les aspects de l'activité bancaire de l'institution, notamment la durée de conservation des registres de prêts dans les archives des succursales et les marges appropriées pour les communications professionnelles et les notes de service. Des fiches en annexe illustraient la façon de consigner certains éléments. Grâce à cette organisation, le centre peut facilement exercer une surveillance et un contrôle.

Le livre de caractérisation comporte aussi un code alphanumérique qui permet à la Banque de répertorier ses clients selon diverses catégories. Les lettres et les chiffres sont attribués à chacun d'eux en tenant compte de « toute l'information fiable relative à leur statut et à leur réputation, indépendamment de la provenance de cette information, laquelle est complétée

Tableau 6.4 | Codes d'évaluation de la valeur nette et de la solvabilité des clients dans le « livre de caractérisation »

1	Moins de 1 000 $	21	Parfaitement convenable pour une relation client
2	1 000 à 2 000	22	Riche et retiré du monde des affaires
3	2 000 à 3 000	23	Patrimoine important
4	3 000 à 4 000	24	Avoirs suffisants pour une relation d'affaires
5	4 000 à 5 000	25	Patrimoine considérable
6	5 000 à 6 000	26	Convenable pour une relation client de moindre importance
7	6 000 à 8 000	27	Patrimoine modéré
8	8 000 à 10 000	28	Patrimoine inconnu
9	10 000 à 20 000	29	Patrimoine peu important
10	20 000 à 30 000	30	Avoirs insuffisants pour une relation d'affaires
11	30 000 à 40 000	31	Avoirs inexistants
12	40 000 à 60 000		
13	60 000 à 80 000		
		Cote de crédit	
14	80 000 à 100 000	A	Solvable
15	100 000 à 200 000	E	Crédit élevé
16	200 000 à 300 000	I	Bon crédit
17	300 000 à 500 000	O	Crédit raisonnable
18	500 000 à 750 000	U	Crédit très modéré
19	750 000 à 1 000 000	W	Crédit très faible
20	Plus de 1 000 000	Y	Aucun crédit

Source : ARCH. BMO, « livre de caractérisation ».

par l'opinion privée de l'agent[73] ». Grâce à ce code, les succursales peuvent échanger des renseignements détaillés à propos de la clientèle de manière rapide et efficace à une époque où les communications interurbaines sont lentes et laborieuses. Chaque succursale conserve cette information dans un dérivé du livre de caractérisation, le *Reference Book*, c'est-à-dire le livre de référence, qui recèle l'évaluation de la solvabilité, de la réputation et de l'actif du client ainsi que tout autre renseignement jugé pertinent. Tout changement est immédiatement communiqué au siège social et aux autres succursales sous forme codifiée. Une « liste de modifications » est donc compilée chaque semaine et transmise aux agences; le responsable doit veiller à ce que « les changements [soient] tous inscrits dans le livre de référence dès leur réception[74] ». La Banque insiste aussi sur le fait que toute décision concernant

Tableau 6.5 | Caractéristiques générales des clients dans le « livre de caractérisation »

Forces		*Lacunes*	
I – Envergure commerciale et profitabilité			
B	Entreprise de grande envergure	Bx	Entreprise de faible envergure
C	Entreprise de faible envergure	Cx	Entreprise risquée
D	Entreprise profitable	Dx	Entreprise peu profitable
F	Passif peu élevé	Fx	Passif trop important
II – Compétence et administration des affaires			
G	Compétent en affaires	Gx	Peu compétent en affaires
H	Bonne capacité de jugement	Hx	Optimiste et visionnaire
J	Mène généralement à bien ses projets	Jx	N'a pas connu le succès jusqu'ici
K	Entreprise bien gérée	Kx	Entreprise inadéquatement gérée
L	Style de gestion conservateur	Lx	Porté à trop dépenser
M	Évite de contracter des dettes et est soucieux de sa réputation	Mx	Endosse trop facilement et n'est pas suffisamment soucieux de sa réputation
N	Accorde du crédit avec prudence	Nx	Accorde du crédit trop facilement
P	Règle ses achats en espèces	Px	Accepte toute offre de crédit
Q	S'acquitte rapidement de ses engagements	Qx	S'acquitte de ses engagements en retard
III – Réputation et habitudes			
R	Reconnu comme droit et honnête	Rx	N'est pas trop scrupuleux
S	Travailleur et soucieux des affaires	Sx	Manque d'entrain
T	Économe et épargnant	Tx	Goûts et habitudes extravagants
V	Habitudes de bonnes mœurs	Vx	Habitudes contraires aux conventions
Z	Biens non grevés	Zx	Biens grevés

Source : ARCH BMO, « livre de caractérisation ».

un client doit reposer sur l'information figurant dans ce livre : « L'agent doit faire preuve de prudence pour éviter d'être induit en erreur par toute déclaration, verbale ou écrite, visant les affaires du client, qu'elle provienne de lui ou qu'elle émane de rapports ou d'avis externes à son sujet. Aucun renseignement, quelle qu'en soit la nature, porté à l'attention de l'agent par une source externe et traitant du statut des parties n'équivaut à la preuve que fournissent les transactions réelles de ces parties ou qui sont réalisées avec ces parties. » (Voir les tableaux 6.4 et 6.5.)

L'imposition de ce système pour communiquer des renseignements complexes aux succursales et au siège social procure à la Banque un degré de contrôle qu'elle n'avait pas auparavant. James C. Scott explique dans l'ouvrage *Seeing like a State* que « l'État prémoderne ignore bien des choses essentielles : il en sait très peu à propos de ses sujets, de leur patrimoine, de leurs biens fonciers et de leur rendement, de leur emplacement, de leur identité propre[75] ». À certains égards, on peut en dire autant de la Banque de Montréal au dix-neuvième siècle. En effet, elle aussi est incapable d'avoir une bonne vue d'ensemble de ses clients et de ses activités commerciales, problème qui ne fait que s'aggraver à mesure que le territoire qu'elle couvre s'agrandit. Le livre de caractérisation lui permet d'interpréter des renseignements précis recueillis localement selon des règles communes, brossant un tableau synoptique dans l'intérêt du centre.

Des succursales et des réseaux

Le système de succursales de la Banque de Montréal est le deuxième élément organisationnel qui marque l'époque. L'importance de ce réseau croissant est bien plus grande que sa portée géographique. En fait, celui-ci peut être considéré comme une composante fondamentale de la mise sur pied de l'économie canadienne transcontinentale. Aux yeux de la Banque, les succursales qu'elle déploie ne sont pas de simples établissements financiers, mais bien les maillons d'une chaîne d'information qui lui permet de mieux comprendre les tendances à l'échelle locale et régionale. C'est aussi l'une des pièces maîtresses permettant à l'institution bancaire de servir davantage d'entreprises et de particuliers.

L'aménagement du réseau de succursales se déroule en deux temps. La première phase, qui s'échelonne de 1870 jusqu'à 1900, environ, est une période de croissance atone. De 1900 à 1918, l'expansion est inévitablement remarquable. Cet ordre séquentiel reflète le développement macroéconomique du Canada, confronté à une conjoncture difficile pendant les trois premières décennies qui suivent la Confédération.

La Banque et ses succursales dans un contexte plus général

Le système canadien de succursales bancaires est, comme son nom l'indique, un réseau formé de banques exploitant des succursales servant directement le public. Le siège social, pour sa part, assure la surveillance administrative et n'interagit généralement pas avec le public.

Fondée sur un modèle britannique[76] d'origine écossaise, cette approche est favorisée en 1860 par Alexander Tilloch Galt, homme d'affaires anglo-canadien bien connu, alors ministre des Finances, qui souhaite implanter un tel système dans tout le pays « en établissant un réseau de succursales issues des banques existantes plutôt que voir apparaître de nouvelles institutions bancaires[77] ». Sa proposition contraste fortement avec le modèle choisi par les États-Unis, lequel est formé de « banques individuelles » qui relèvent du gouvernement fédéral ou de celui des États. D'ailleurs, ce pays abandonne complètement le système de succursales bancaires avec l'adoption de la *National Banking Act* de 1864. Dès lors, chaque État vote les lois qui régissent les banques non constituées selon une charte fédérale[78]. Un historien résume la situation avec brio : « Les États-Unis doivent composer avec un grand nombre de petites banques, de nombreuses faillites bancaires et une multitude de restrictions législatives applicables à l'activité bancaire interétatique et intraétatique[79] ». Le Canada, lui, compte moins de banques, mais elles sont de plus grande envergure.

Le système de succursales bancaires est introduit dans la législation canadienne en 1870 avec l'institution de la *Loi sur les banques* et ne subit aucun changement majeur par la suite. À l'époque, la Banque de Montréal détient trente pour cent des éléments d'actif bancaire du Canada[80]. Grâce au modèle privilégié par le Canada, les petites banques régionales et isolées des États-Unis ne font pas le poids devant les ressources dont la Banque de Montréal dispose et le degré de stabilité et de sécurité qu'elle offre. Leur réseau de succursales couvrant un territoire beaucoup plus grand, les banques canadiennes constituent généralement un portefeuille d'actifs diversifiés et consentent des prêts à des secteurs d'activité et à des entités commerciales variés sur le plan économique, rehaussant ainsi leur stabilité. Les historiens concluent que la robustesse du système bancaire canadien est attribuable essentiellement à ces deux facteurs, soit l'abondance des ressources et la diversification des prêts et des éléments d'actif. Les établissements canadiens sont donc plus imposants, davantage hétérogènes et mieux capables de répartir le risque parmi leurs biens, leurs créances et leurs autres valeurs. Les succursales deviennent un important levier de distribution et permettent de répartir efficacement le capital dans l'ensemble de ce qui s'apprête à devenir une nation transcontinentale[81]. Il suffit de porter le regard sur la Panique de 1893 pour bien comprendre. Aux États-Unis, plus de six cents banques suspendent les paiements et ferment leurs portes en raison du ralentissement économique. Bon nombre d'entre elles ne seront jamais rouvertes. De ce côté-ci de la frontière, on enregistre une seule perte : une banque du Manitoba[82].

L'expansion du Canada

Il faut dégager deux faits essentiels du système de succursales de la Banque de Montréal. D'abord, celles-ci servent d'outil de nationalisation au sein des communautés. Les villes, les municipalités et les régions qui abritent une succursale de la Banque de Montréal jouissent d'un grand prestige; leur communauté devient alors partie intégrante de la collectivité canadienne. En 1895, elle est encore la seule banque du pays à disposer d'un réseau à la fois national et transcontinental de succursales. À l'opposé, sa plus grande rivale, la Banque Canadienne de Commerce, se trouve presque exclusivement en Ontario[83].

L'importance de son réseau de succursales, et aussi de son influence en tant qu'institution nationale, est reconnue pratiquement dès la Confédération. En prenant de l'ampleur, ce système permet de jeter les bases du nationalisme, de part et d'autre d'un immense pays, et ce, à très peu de frais. Ce faisant, le nouveau gouvernement du Dominion demande à la Banque d'ouvrir des succursales à Halifax et à Saint-Jean « pour faciliter les opérations des bureaux de douane projetés dans ces villes[84] ». La prolifération de ces établissements sert non seulement à affecter le capital, mais aussi à asseoir l'autorité du gouvernement sur les terres à des fins tant publiques que privées. Par exemple, les institutions bancaires sont mises à profit pour vendre des obligations lors de l'éclatement de la Première Guerre mondiale, elles qui sont établies dans les régions les plus reculées du pays, permettant ainsi au gouvernement d'atteindre la population facilement, rapidement et efficacement.

L'expansion du réseau de succursales

Comme le démontre le tableau 6.6, le réseau de succursales des banques canadiennes croît considérablement durant la période s'échelonnant de 1870 à 1918. Même s'il se développe peu entre 1870 et 1900, sa progression devient fulgurante pendant les deux premières décennies du vingtième siècle. Dans l'ensemble du Canada, le nombre de succursales bancaires « entre 1890 et 1920 [...] passe de 426 à 4676[85] ». La Banque de Montréal, à elle seule, acquiert quatre-vingt-neuf de celles-ci de 1900 à 1908[86].

La Banque étend sa zone d'influence de deux manières principales : elle implante de nouvelles succursales, en premier lieu, et elle se lance dans les fusions et les acquisitions de banques existantes disposant déjà de leur propre réseau satellitaire, en second lieu. Cette expansion passe par l'ajout d'établissements bancaires par-delà un territoire en friche, dans l'Ouest, notamment. Comme l'explique Merrill Denison, « l'extension phénoménale du réseau de banques à charte jou[e] un rôle important dans le peuplement méthodique de l'Ouest canadien, et le directeur de banque occup[e] dans l'épopée de la Prairie la même place que le shérif armé dans le Far-West américain[87] ». L'objectif est de concentrer les efforts sur des succursales stratégiques se trouvant dans des centres de grande importance et d'éviter autant que possible les villes transitoires, qui apparaissent sporadiquement pour disparaître aussitôt[88].

L'effort de la Banque en ce sens s'harmonise parfaitement avec son approche bancaire globale, conservatrice, qui vise à protéger le capital. Dans les premières années du vingtième siècle, le contexte économique canadien

Tableau 6.6 | Les succursales de la Banque de Montréal au pays

Année	*Nombre de succursales*
1886	29
1895	38
1900	52
1908	142
1912	167*
1917	182
1920	319
1926	617

* Ce nombre inclut les succursales internationales.

Source : Données tirées de Merrill et Dennison, volume 2, pages 265, 272, 282, 341, 352-353. Données tirées de l'œuvre de 1912 de Kate Boyer, « «Miss Remington» Goes to Work: Gender, Space, and Technology at the Dawn of the Information Age », *Professional Geographer*, vol. 56, n° 2 (mai 2004), p. 201–212 et spécialement à la p. 210.

mène les institutions bancaires vers les Maritimes, où elles incitent leurs consœurs de l'endroit à se joindre et à s'unir aux établissements plus vastes du centre du Canada. Cette vague de fusions et d'acquisitions réduit nettement le nombre de banques au pays, passant de cinquante et une à la fin du dix-neuvième siècle à vingt-deux en 1914[89].

La révision de la *Loi sur les banques*, qui survient en 1901, déclenche ce torrent de fusions, elle qui assouplit la réglementation à ce sujet. Par la suite, la Banque de Montréal acquiert l'Exchange Bank of Yarmouth en 1903, la People's Bank of Halifax en 1905, et la People's Bank of New-Brunswick en 1907[90]. Elle prend aussi en charge les succursales de l'Ontario Bank en 1906, qui sont en difficulté. Au terme des fusions, des acquisitions et des expansions à l'est et à l'ouest, la Banque de Montréal, en 1912, compte 167 bureaux au Canada « ainsi que des succursales en Grande-Bretagne, aux États-Unis et au Mexique, de même que des succursales affiliées dans de grandes villes de l'Asie, de l'Europe, de l'Australie, de la Nouvelle-Zélande, de l'Argentine, de la Bolivie, du Brésil, du Chili, du Pérou et de la Guyane britannique[91] ».

Après la Première Guerre mondiale, la Banque de Montréal réalise des fusions pour augmenter le nombre de succursales, faisant passer leur nombre de 182 en 1917 à 319 en 1920. Soixante-dix-neuf de celles-ci résultent de l'acquisition de la Banque de l'Amérique septentrionale britannique[92]. En 1926, après avoir mis la main sur la Banque des marchands, la Banque de Montréal compte 617 succursales[93].

L'expansion des activités commerciales

L'accroissement du nombre de succursales n'a pas qu'une visée géographique. En plus de contribuer de manière importante à la création de l'économie transcontinentale, les nouvelles succursales de la Banque de Montréal portent l'expertise financière de l'institution d'un bout à l'autre du pays. Cette expansion pancanadienne permet aussi à la Banque d'être au fait des enjeux locaux et régionaux et de diversifier ses portefeuilles de prêts et d'actifs. Ce réseau s'avère un outil précieux pour établir de nouvelles relations d'affaires. D'ailleurs, E. S. Clouston, directeur général de longue date, atteste que de nombreuses succursales n'étaient pas rentables pendant les premières années. Cependant, « la décision d'ouvrir un bureau dans un quartier industriel est motivée par [...] la volonté de protéger les activités du siège social, qui pourrait être subjugué par les banques concurrentes servant la population locale par complaisance envers le fabricant[94] ». La Banque de Montréal ne grossit pas qu'au Canada; elle prend également racine partout où elle peut faire des profits. Elle ouvre un bureau à New York moins de dix ans après sa fondation et traverse l'Atlantique en 1870 pour établir une succursale à Londres[95]. Ces postes servent à faciliter le commerce extérieur et à investir les avoirs des investisseurs étrangers[96].

Les conséquences importantes des succursales bancaires

Le foisonnement de succursales ne fait pas qu'accroître l'empreinte géographique de la Banque : il transforme même, à certains égards, sa véritable nature. Cette initiative permet notamment d'étendre l'expérience montréalaise aux villes, aux municipalités et aux provinces, et ce, même en étant éloignées du siège social de la Banque. Ainsi, cette dernière constitue au Canada un réseau de finance et d'information pour le moins remarquable. Cependant, la multiplication de ces entités contraint l'institution à mieux répartir les fonctions de ses dirigeants. En principe, les directeurs doivent respecter les règles d'engagement, mais ils ont quand même une certaine marge de manœuvre, le temps et la distance entrant en ligne de compte.

Qui plus est, l'accroissement du nombre de succursales transforme aussi la nature de l'activité bancaire de l'institution. À ses débuts, elle est d'abord et avant tout une banque commerciale qui investit dans les entreprises, l'industrie et le gouvernement. À mesure qu'elle ouvre de nouveaux établissements partout au pays, elle sert un nombre grandissant de particuliers. Cette modulation est un présage des années 1930 et 1940, quand la Banque change ses orientations commerciales pour universaliser davantage son approche.

Des succursales plus que bancaires

Les succursales établies par la Banque de Montréal ne font pas qu'agrandir son réseau financier; elles deviennent le cœur de la vie sociale dans bon nombre de petites communautés, accueillant des comités récréatifs, des équipes de sport, des danses et autres activités associatives organisées par les entreprises, si répandues au sein des grandes institutions de l'époque. L'une des succursales illustrant le mieux cette vocation « non traditionnelle » des établissements financiers d'alors ne se trouve pas en sol canadien, comme on pourrait le penser, mais plutôt à Londres, en Angleterre, sise à Waterloo Place, alors que la Première Guerre mondiale bat son plein. En effet, elle devient le centre de la vie canadienne à l'étranger de 1914 à 1918. C'est là que les clients viennent déposer leur argent et effectuer des transactions financières, bien entendu, mais c'est aussi un endroit très populaire prisé des soldats du Corps expéditionnaire canadien (CEC), qui s'y rassemblent pour échanger. De plus, elle sert de lieu de rencontre pour les familles accompagnant les soldats canadiens et pour celles des employés de la Banque qui se sont enrôlés et ont déjà été en poste à Londres. Les personnes dont le mari, le père ou le fils a rejoint le front convergent vers la succursale londonienne de la Banque pour connaître les conséquences du conflit, les derniers développements et les renseignements communiqués, et également pour obtenir le soutien et le réconfort dont elles ont tant besoin.

Une entreprise qui se transforme

La Banque de Montréal surmonte à cette époque divers obstacles en mettant grandement à profit son leadership, sa gérance et sa stratégie qui, de manière générale, s'adaptent surtout aux circonstances et contribuent à exploiter les occasions lorsqu'elles se présentent. On peut résumer l'histoire de la Banque lors de cette ère à l'aide de quatre diagrammes. Le premier représente les billets en circulation; le deuxième, les profits de la Banque au fil des ans jusqu'en 1918; le troisième, le cours soutenu du titre de la Banque; et le quatrième, le total des versements de dividendes de la Banque pendant la période se terminant en 1918. (Voir les figures 6.2, 6.3, 6.4 et 6.5.)

Ces graphiques démontrent comment la Banque a dû composer avec deux périodes entièrement différentes. Chacun d'eux illustre la patience stratégique dont elle a dû faire preuve à compter des années 1870 jusqu'à l'arrivée de 1900, environ. Puis, une transformation complète s'opère dès l'arrivée du vingtième siècle.

Les deux prochains chapitres expliquent comment la Banque parvient à ce résultat.

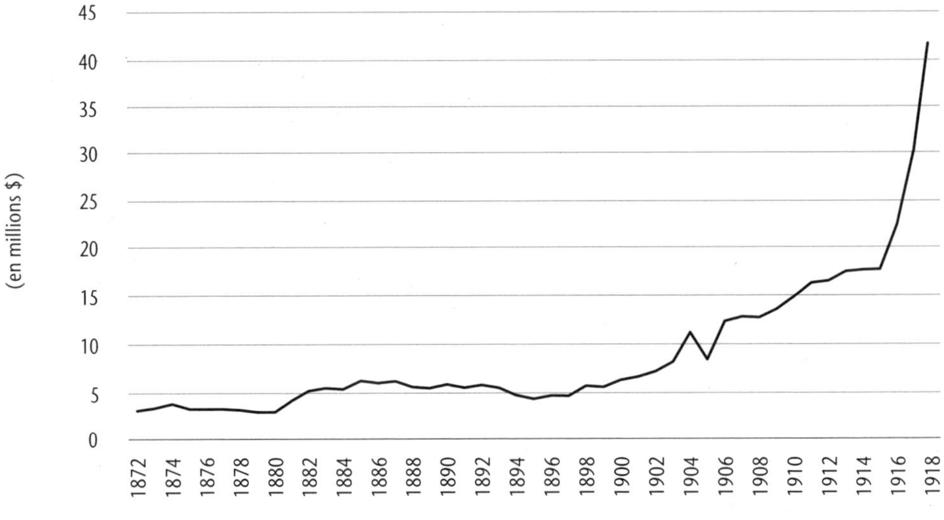

Figure 6.2 | Billets en circulation à la Banque de Montréal, 1871-1918

Remarques : 1872-1903 : Nombre de billets en circulation établi à la fin du mois d'avril; abordé à l'assemblée annuelle de juin (sauf en 1886, 1887 et 1891, qui s'appuient sur les données d'octobre, celles d'avril n'étant pas disponibles). 1904-1918 : Nombre de billets en circulation établi à la fin du mois d'octobre; abordé à l'assemblée annuelle de décembre.

Source : Rapports annuels de la Banque de Montréal, 1872-1918.

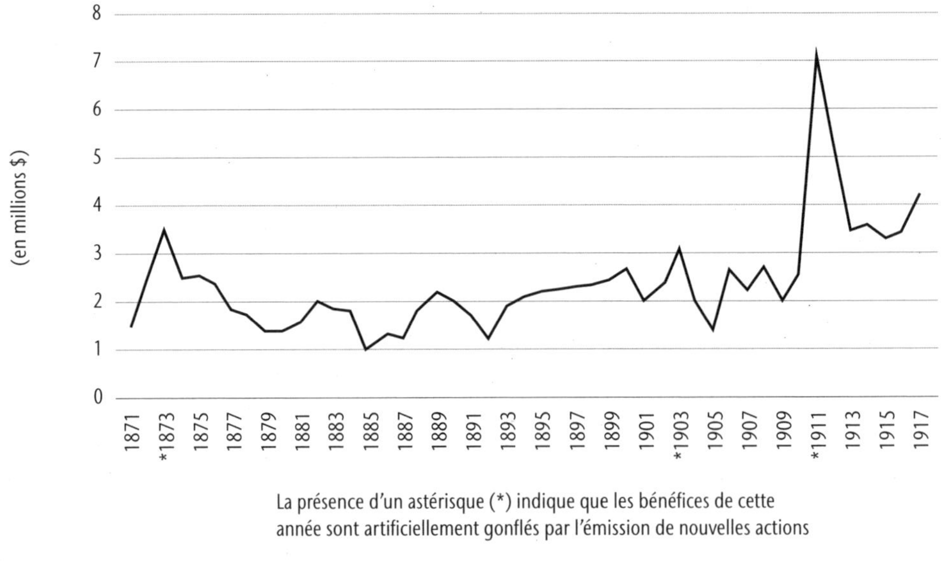

Figure 6.3 | Profits de la Banque de Montréal, 1871-1918

Remarques : 1871-1903 : Profits établis à la fin du mois d'avril; abordés à l'assemblée annuelle de juin. 1904-1918 : Profits établis à la fin du mois d'octobre; abordés à l'assemblée annuelle de décembre.

Source : Rapports annuels de la Banque de Montréal, 1870-1918.

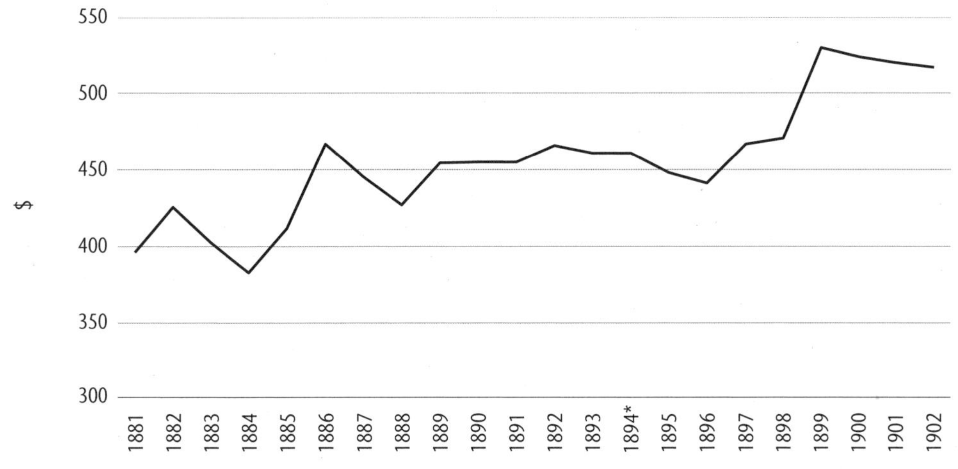

Figure 6.4 | Cours de l'action de la Banque de Montréal, 1881-1902

Remarque : Toutes les années sont comptabilisées en avril, sauf 1886, 1887, 1891, 1892, 1895, 1899 et 1901, qui s'appuient sur les données d'octobre, celles d'avril n'étant pas disponibles).

*Aucune donnée n'est disponible pour 1894.

Source : Rapports annuels de la Banque de Montréal, 1881-1902.

Figure 6.5 | Total des versements de dividendes par la Banque de Montréal, 1870-1918

Source : Rapports annuels de la Banque de Montréal, 1870-1918.

7

Banquiers et bâtisseurs de la nation

Examinons le premier des trois grands thèmes qui finiront par définir l'expérience de la Banque de Montréal dans le Canada de l'après-Confédération, soit la relation entre la première et l'avènement du second comme nation. Nous l'avons vu : les colonies semblaient toujours à court de capitaux et étaient donc très vulnérables aux aléas de l'économie. Tributaires des matières premières et, en particulier, du blé et du bois d'œuvre, elles étaient particulièrement sensibles aux diktats du commerce et aux soubresauts géopolitiques. Leur gouvernement et les chantiers publics, tout comme l'industrie privée de l'Amérique du Nord britannique, dépendaient étroitement des capitaux venus des marchés new-yorkais et londonien. Le développement disparate de l'infrastructure financière du pays pesait lourdement sur les établissements bancaires dotés des réseaux, des capacités et de l'expérience requis par cette conjoncture difficile.

Voilà, en résumé, le contexte dans lequel la Banque de Montréal est devenue l'une des protagonistes de l'essor économique et financier du Canada au tournant du vingtième siècle. Ses liens déjà étroits et symbiotiques avec les institutions de même que les structures et l'infrastructure nationale naissantes se resserreront au fil des ans. Les jeunes institutions canadiennes ont justement besoin du type de réseaux, d'expertise, de capitaux et de relations que la Banque de Montréal a constitués en cinquante ans. Certes, d'autres intermédiaires financiers émergent et prennent place dans les cercles et les marchés de capitaux de la région de l'Atlantique Nord, mais grâce à son expérience, à son efficacité et à ses réseaux, la Banque de Montréal joue désormais un rôle unique, de premier plan, dans l'élan de la jeune nation.

Les liens étroits entre les banquiers de Montréal et les gouvernements du nouveau Dominion reposent sur leur sens très aigu qu'il y va de l'intérêt de chacun. À titre de banquiers, voire quasiment de banque centrale des gouvernements, et de représentants des gouvernements municipaux, provinciaux et fédéral du Canada sur les marchés monétaires et dans les villes de Londres et de New York, les argentiers de la Banque de Montréal jouissent d'un accès privilégié et très profitable aux marchés publics. Or, à la fin du dix-neuvième siècle, ces marchés sont un pilier du succès de la Banque, alors même que le développement économique du pays s'essouffle. Autrement dit, quelle que soit la mesure d'altruisme qui infuse leur action, les banquiers de Montréal engrangent les fruits de leurs solides avantages concurrentiels, c'est-à-dire l'échelle de leurs activités, leur rayonnement, leur réputation et leurs réseaux.

En quête de profits, la Banque de Montréal exploite son influence et ses pouvoirs pour s'assurer une liberté d'action maximale et s'affranchir d'une surveillance réglementaire contraignante. Soit, mais cette explication occulte une moitié de l'histoire. La direction et le personnel sont portés par le rêve d'une nation, d'une Amérique du Nord britannique prospère et unie d'un bout à l'autre du continent, digne d'une place notable au sein de l'Empire et des autres nations. De fait, nombre des dirigeants de la Banque veilleront concrètement à réaliser le rêve. D'où l'importance de toujours considérer de pair l'essor de la Banque et celui du pays qu'elle aidera à construire dans l'analyse de la relation qui unit les deux.

Les dirigeants de la Banque de Montréal savent bien, du reste, qu'en plus de représenter les capitaux montréalais, ils sont ambassadeurs du système bancaire canadien. Souvent, d'ailleurs, ils agissent comme mandataires du gouvernement du Canada. En tout temps, en tout lieu, parmi les édiles londoniens comme dans les bureaux new-yorkais, la Banque jouit d'une réputation de meneuse qui reflète et réfracte la place globale du Canada dans l'Empire. Quelques exemples suffiront à le démontrer. Sir John Rose, 1er baronnet, membre du conseil d'administration de la Banque et de son comité londonien, devient en 1869 le premier envoyé du Canada au Royaume-Uni. Sir Alexander Galt, lui aussi administrateur de la Banque, mais surtout l'un des stratèges qui en oriente la destinée, sera le premier haut-commissaire officiel du Canada en 1880. Lord Strathcona exercera cette même fonction de 1896 à 1914 tout en étant président de la Banque de Montréal. Pendant cette même période, il lèvera l'un des derniers régiments de l'Empire britannique financés par des fonds privés : le Lord Strathcona's Horse (Royal Canadians).

Le lien entre l'essor du pays et celui de sa première banque repose sur des capitaux, des projets, des gens et des communautés, et sur une vision commune de la destinée du Canada. Ce chapitre se concentre sur un éventail de développements et d'événements qui éclairent l'étroitesse de cette relation entre banque et nation, ainsi qu'entre les banquiers de Montréal et le Canada.

Le système bancaire et les marchés financiers

Nous l'avons vu : le système bancaire canadien a été légalement officialisé dès 1870-1871. Les efforts déployés par la Banque de Montréal, qui favorise un système à deux niveaux, l'un constitué de grandes banques commerciales et mercantiles à multiples succursales et l'autre de banques locales, seront vains. L'agitation préalable à l'adoption de la première *Loi sur les banques* se soldera par la victoire des intérêts financiers torontois sur la Banque de Montréal et sa vision du système financier. Pourtant, peu importe les imperfections et les occasions manquées (du point de vue de la Banque de Montréal, tout au moins), la *Loi sur les banques* officialise un système oligopolistique, fondé sur la stabilité et sur des banques à succursales[1]. Il s'ensuit que le système bancaire et les questions entourant la monnaie ne sont pas au sommet des préoccupations de la classe politique de l'époque. Comme le suggère *The Monetary Times* en juillet 1871 : « Les restrictions [imposées par la *Loi sur les banques*] modifient le système en profondeur, mais procurent une sécurité accrue au public, et même si la loi limite la circulation du numéraire, elle n'empêche pas les profits[2]. »

La préférence donnée au modèle à succursales et à la coexistence d'un certain nombre de grands établissements a d'autres avantages, notamment la possibilité d'ouvrir des succursales dans de petites villes ou des régions éloignées, où des banques plus modestes n'arriveraient pas à survivre. Pour *The Monetary Times*, seules les grandes banques peuvent se conformer à « l'obligation d'ouvrir des succursales dans des lieux qui sont, pour l'instant encore, loin de la vie industrielle, et qui, malgré la promesse d'affaires profitables, comptent actuellement peu de dépôts ». Dans des villes comme Orillia, Collingwood et Orangeville, conclut le journal, « si les commerçants avaient attendu la création d'une banque locale, leurs activités auraient été longtemps restreintes et le district aurait été privé des installations et des catalyseurs les plus utiles[3] ».

Le principal apport de la Banque de Montréal au système financier reste sa contribution à la création d'un marché de valeurs mobilières au Canada ainsi qu'à l'évolution du courtage dans la ville de Montréal[4]. Selon Ranald Michie, le marché canadien des valeurs mobilières restera relativement restreint et centré sur Montréal, jusqu'à ce que Toronto lui dispute cette position au début du vingtième siècle[5]. En 1908, J. H. Dunn note que « le marché est si étroit qu'il suffit d'un ou deux acheteurs pour hausser de deux ou trois points le cours des valeurs à de très petites échelles[6] ». L'activité financière est tellement peu développée, explique-t-il, que « l'achat ou la vente d'un grand nombre d'actions épuiserait rapidement le marché et modifierait grandement les cours[7] ». « La Banque de Montréal ne consent pas de prêts remboursables sur demande au Canada, estimant qu'il est impossible de les rappeler assez rapidement en cas de crise[8] ». Elle adopte cependant une attitude et une politique inverses sur le marché new-yorkais, beaucoup plus grand et mieux établi.

L'organisation industrielle du secteur bancaire mise en place par la *Loi sur les banques* de 1870-1871 ne changera pas avant la fin du siècle, à quelques petites modifications près, fruit des révisions décennales obligatoires. Certains changements suscitent tout de même la consternation (c'est le cas de ceux qui concernent la capitalisation, en 1890) ou l'intérêt (notamment, les dispositions de 1901 créant l'Association des banquiers canadiens), mais, de manière générale, on laisse le régime instauré en 1871 jouer son rôle tel quel.

Miser sur le gouvernement

Longtemps avant ses débuts officiels comme agente du Canada, la Banque de Montréal est la « banquière du gouvernement ». De fait, les banquiers de Montréal sont déjà ceux du pays au moment de la Confédération, et grâce à des portefeuilles de prêts relativement vastes, la Banque reste la protagoniste des finances gouvernementales. À partir des années 1870, elle intensifie le placement des obligations des gouvernements fédéral et provinciaux. Forte de l'expertise acquise depuis une décennie, à l'époque des Provinces unies, elle est l'agente du gouvernement du Québec et de la Ville de Montréal, aux côtés d'une société créée par sir John Rose : la Morton, Rose and Company[9]. Le 21 février 1879, par exemple, le conseil d'administration approuve un prêt de trois millions $ au gouvernement du Québec[10].

Dans les années 1890, l'importance de la Banque de Montréal pour la sécurité financière du Dominion est constamment remise en question. Le 4 décembre 1891, la Banque accorde au gouvernement du Dominion un prêt de deux millions $[11]. En novembre 1892, depuis Londres, E. S. Clouston annonce au conseil d'administration le succès de ses négociations avec le ministre des Finances du Canada, sir George Foster : il a obtenu pour la Banque la gestion du précieux compte du gouvernement du Dominion, confiée jusque-là à la Glyn, Mills, Currie and Company et à la Baring Bros. and Company[12]. En 1893, la Banque de Montréal dépasse en volume toutes ses concurrentes canadiennes. Selon l'historien Carman Miller, elle dit être « la troisième au monde[13] ». Agente fiscale des gouvernements du Dominion et des provinces, elle a une influence énorme sur le marché londonien. Elle a par ailleurs élargi sa clientèle à quelques villes canadiennes d'importance : Montréal dès 1911, Calgary et Québec en 1911, et Regina en 1913.

Les comptes publics permettent de quantifier le rôle de la Banque de Montréal comme banquière du gouvernement fédéral. La dette contractée par le Canada est passée de 292 millions $ en 1900 à 389 millions $ en 1910. Or, la guerre change la donne : en 1918, la dette directe atteint 2,8 milliards $ et la dette indirecte, 2,9 milliards $. Pour compléter le portrait, rappelons que, dans les années 1880, les budgets fédéraux ont été de 30 à 40 millions $, à quelques exceptions près. Le premier budget de plus de 100 millions $ du Dominion (110 millions $) sera voté en 1907. En 1918, au terme de l'époque à l'étude, le total atteint 696 millions $. Les pressions qui poussent inexorablement à la hausse les dépenses publiques, tout comme le retour constant au marché financier, font des directeurs de la Banque de Montréal des acteurs importants des finances publiques. La tendance haussière des dépenses et des emprunts publics donne à l'État des pouvoirs et des obligations qui finiront par modifier l'équilibre entre pouvoirs publics et privés et par se répercuter sur des liens aussi importants que la relation entre le gouvernement et les banquiers[14].

Dans les faits, toutefois, la relation entre le gouvernement fédéral et les banques et, en particulier, la Banque de Montréal, change très peu, et la révision décennale de la *Loi sur les banques* n'a pratiquement pas d'effets sur l'architecture bancaire[15]. En 1910, cependant, l'équilibre entre pouvoirs publics et pouvoirs privés favorise le gouvernement fédéral. Cette année-là, quand vient le temps de réviser la loi, le ministre des Finances, W. S. Fielding, rompt la tradition et refuse toute forme de conseils ou d'aide de la part des spécialistes de l'industrie. *The Globe* écrit : « Le ministre semble vouloir présenter le projet de loi à la Chambre comme s'il s'agissait d'une œuvre originale du gouvernement. L'exclusion des banquiers lui épargne au moins l'obligation d'écouter une somme de conseils gratuits de part et d'autre[16] ». Les amendements visent à obliger les banques à recourir à un vérificateur externe sur demande d'un certain nombre d'actionnaires dont les actions réunies totalisent au moins cinq pour cent de l'ensemble. Le changement est modeste, mais l'orientation est claire.

L'« autre » ministère des Finances du Canada

Banquière du Dominion, la Banque de Montréal doit employer ses compétences professionnelles et administratives ainsi que les réseaux qui l'unissent à l'industrie et aux marchés comme si elle était, dans les faits, un ministère des Finances distinct, pour ce qui est à tout le moins du financement des prêts substantiels et des facilités de crédit accordées au gouvernement. Dans les années 1910, la Banque compte déjà un ensemble d'établissements de premier ordre et de réseaux solides dans les lieux qui comptent, en l'occurrence New York et Londres, où elle peut stimuler le placement de prêts et assurer le maintien du crédit, activités qui revêtent une importance capitale en temps de guerre. L'analyse et les conseils qui touchent la stabilité du système sont d'importants éléments de la relation, tout comme les stratégies de placement. Un exemple de chacun éclairera le tout.

Le premier concerne le système bancaire de Terre-Neuve. Par suite de la grave crise de 1894, la Banque de Montréal prête 400 000 $ au gouvernement du Dominion de Terre-Neuve. Tous les établissements canadiens ont été invités à intervenir sur ce marché morose et pauvre en liquidités, mais après quelques discussions entre les banques à charte du pays, elle seule accepte. C'est le début d'une relation durable et complexe en matière de finances et de trésorerie gouvernementales.

Le second exemple a trait aux stratégies de la Banque de Montréal et du gouvernement du Canada. En mai 1915, sir Frederick Williams-Taylor, directeur général de la Banque, et sir Thomas White, ministre des Finances du Canada, échangent moult lettres sur l'opportunité de lancer un emprunt de 40 à 50 millions $ sur le marché new-yorkais plutôt que sur le marché londonien. C'est cette dernière option qui l'emporte, même si l'autre s'annonçait plus simple. Williams-Taylor a des visées plus larges que son correspondant. « Puisque Londres, à l'évidence, a pu répondre à vos besoins à ce jour, écrit-il, le choix du marché new-yorkais devient plutôt une question d'ordre national. Le gouvernement impérial n'en sera pas contrarié, je pense. Voire : Londres sera même soulagée pendant un temps, et le marché monétaire londonien ne s'en offusquera pas, même si la mesure ne saurait y être très populaire[17]. » Familier des marchés des capitaux, Williams-Taylor connaît les sensibilités des prêteurs londoniens – à l'égard de la position de Londres relativement à celle de New York ainsi que des ambiguïtés du cycle économique en temps de guerre – et il sait qu'en cas de conflit armé, leur attitude pourrait bouleverser le placement des prêts. Malgré tout, New York représente une meilleure affaire : ce type de transaction est détaxé et le taux d'intérêt y est inférieur. Le ministre White temporise : il n'acceptera que si « la réception de notre prochain emprunt à Londres montre clairement que la communauté financière préfère que nous trouvions des fonds ailleurs ». Au fil de la correspondance, toutefois, il se range à l'idée de sonder le marché américain malgré sa préférence pour Londres[18].

Voilà qui montre à quel point la Banque de Montréal et le gouvernement du Canada conjuguent pouvoirs publics et privés pour répondre aux besoins du gouvernement fédéral sur les plans du crédit, des prêts et de la politique fiscale en général. Naturellement, cet arrangement restreint le pouvoir du gouvernement au regard de la politique fiscale et monétaire, ses leviers en la matière étant au mieux faibles, au pire, inexistants. Toutefois, le caractère limité des besoins et la faiblesse de la taxation l'ont rendu d'abord nécessaire, puis souhaitable.

Comme nous l'avons vu, la Banque de Montréal agit alors comme coordonnatrice du système bancaire canadien, fonction qu'elle partagera en partie avec l'Association des banquiers canadiens (ABC) à partir de 1901. Aucun doute, donc : en l'absence d'une banque centrale, la politique monétaire et fiscale canadienne relève essentiellement du secteur privé. Les banques canadiennes sont les garantes du système, et elles veillent à ce que le moindre dysfonctionnement soit résolu par le cercle exclusif de la fraternité des banquiers. De fait, la *Loi sur les banques* de 1901 confère à l'ABC un pouvoir d'autoréglementation qui officialise sa fonction dans le système bancaire canadien. Michael Bordo, Angela Redish et Hugh Rockoff ironisent : « À bien des égards, l'industrie canadienne de la banque était un cartel cautionné par le gouvernement fédéral qui en restreignait l'accès, surveillé toutefois par l'Association des banquiers canadiens[19]. »

La nouvelle de cette « cartellisation » des banques canadiennes, si l'on peut dire, est assez bien reçue. Le *Financial News of London* considère que « le système bancaire canadien est sain, d'autant qu'il a maintenant été réformé » et souligne l'importance du « nouveau règlement qui impose à chaque banque de présenter au président de l'ABC un rapport sur la circulation fiduciaire comme moyen de protéger le mouvement des nouveaux billets ». Le journal estime que cette « dévolution de certains pouvoirs de l'État à un regroupement de banquiers » est un pas « dans la bonne direction » et que « l'autonomie accrue des banques à l'échelle locale ne peut qu'optimiser les résultats[20] ». À l'assemblée annuelle de la Banque, en 1901, sir Edward Clouston souligne que ces nouvelles dispositions font pratiquement de l'ABC « une agence gouvernementale d'application de la loi[21] ». Par ailleurs, la nouvelle mouture de la *Loi* comporte un article essentiel, qui permet à une banque d'acheter l'actif de ses concurrentes et, partant, de « surmonter l'obstacle qui, jusqu'ici, empêchait les fusions[22] ».

Le système bancaire canadien est alors relativement rentable : les coûts ne sont pas plus élevés qu'aux ÉtatsUnis et les taux de rendement des capitaux propres sont semblables dans les deux pays. Les choses changeront pendant la Première Guerre mondiale. En effet, la guerre fait bondir les besoins d'Ottawa en capitaux et incite le gouvernement à envisager la création d'une institution capable d'atteindre ses objectifs sans passer par des sociétés privées. Autrement dit, le secteur privé ne peut supporter seul l'augmentation exponentielle des besoins générée par l'économie de guerre. De hauts fonctionnaires du ministère des Finances amorcent donc un débat sur la nécessité ou l'opportunité de créer une banque centrale ou une banque de réserve canadienne. Le Canada est d'ailleurs le seul pays de la région de l'Atlantique Nord dont le gouvernement ne dispose pas d'un instrument de ce genre. Pour l'ABC, ce n'est tout simplement pas nécessaire[23], et sir Frederick Williams-Taylor, président de l'association, s'y oppose carrément. Sir Vincent Meredith, président de la Banque de Montréal, défend le même argument auprès du ministre des Finances du Dominion, sir Thomas White, affirmant qu'une banque centrale « priverait les banques canadiennes des ressources qui lui permettent d'accorder du crédit, sans aucun avantage en contrepartie » et ajoutant que l'organisme en question ne serait quand même pas exempt d'interventions partisanes. Quant à la question cruciale qui est de faciliter le commerce, Meredith souligne que les banques canadiennes répondent déjà aux besoins de l'État et des entreprises[24]. L'organisation des banques canadiennes, qui repose sur un bureau central et de nombreuses succursales largement disséminées sur le territoire, constitue, écrit-il « une réserve centrale et une chambre de compensation des plus efficaces pour toutes les succursales, où qu'elles soient au pays[25] ».

Les banques l'emportent dans la discussion, mais il n'empêche qu'un changement se profile dans la relation entre l'État et les banques à charte. C'est sur la Banque de Montréal, bien entendu, que le moindre renversement de situation à cet égard aura les plus grandes répercussions. En effet, les liens tissés par la Banque, tout comme ses obligations, ont principalement pour but de faciliter les opérations financières du gouvernement. Un deuxième signe annonciateur de changement se manifeste en janvier 1919; il concerne le service de la dette nationale. À titre de banquière officielle du gouvernement, la Banque de Montréal s'offre naturellement à traiter cet important élément de la politique fiscale. White, le ministre des Finances, dit toutefois à sir Vincent Meredith qu'il estime injuste « de donner à une banque qui se trouve en concurrence directe avec toutes les autres, sur le plan commercial, l'exclusivité de la gestion de la dette nationale, étant donné tous les avantages qu'en tirerait l'établissement choisi. C'est aussi, à n'en pas douter, ce que pensent mes collègues[26]. » S'appuyant sur une conjoncture économique de plus en plus favorable à cette mesure, les gouvernements envisagent déjà de réserver un plus grand rôle à l'État dans la formulation de la politique économique.

La nature des liens entre la Banque de Montréal et le gouvernement a évolué en fonction de nouvelles exigences et de nouvelles circonstances. L'histoire que nous relatons ici n'est toutefois pas celle du changement, mais celle de la remarquable continuité des arrangements qui fondent ces liens. Le moindre changement proposé est soumis à l'épreuve des arguments des banquiers de la Banque de Montréal, qui ne manquent pas de souligner la réussite et l'exemplarité de la gestion des finances de l'État au Canada et à l'étranger, qui valent bien ce qu'il en coûte au Trésor national. Les arrangements – expertise et professionnalisme au service du Canada en échange de la clientèle gouvernementale – semblent très bien fonctionner, mais l'édifice commence à se lézarder. Au Canada, toutefois, seul un choc énorme et inattendu ou une contraction sévère, voire critique, de la production économique pourrait modifier notablement la relation entre la Banque de Montréal et le gouvernement du pays. D'ici là, les changements ne se feront sentir qu'en périphérie.

L'infrastructure d'une nation émergente : le Canadien Pacifique

Le rôle de la Banque dans l'essor de la nation s'étend, c'est bien connu, à la construction du Canadien Pacifique (CP). Aucune autre entreprise n'aura mieux représenté l'apport de la Banque au développement du pays, ne serait-ce que par les images inoubliables qui nous en sont restées. En octobre 1880, le gouvernement du Dominion annonce la construction du Chemin de fer Canadien Pacifique. Le but : convaincre que le projet peut redresser une conjoncture un peu poussive. George Stephen, alors président de la Banque, est l'un des six financiers qui comptent soutenir ce qui deviendra l'un des plus célèbres chantiers publics de l'histoire du Canada. La participation de la Banque sera diverse et substantielle.

Pour l'historien Harold Innis, le marché de la construction du CP est « un indice de développement de la civilisation au Canada », et les détails du contrat « témoignent du rayonnement et de la nature de cette civilisation[27] ». Quoi que l'on pense de ce jugement, Innis a certainement raison de dire que cette entreprise capitaliste est « remarquablement représentative[28] ». Elle réunit, entre autres acteurs d'importance, la Banque de Montréal, qui incarne à la fois la banque et la ville au centre de l'action, les investisseurs du chemin de fer, des capitaux anglais et des capitaux européens[29]. Le partenaire le plus impliqué est le gouvernement du Dominion, qui accordera une aide de 25 millions $, plus 25 millions d'acres de terre. Une somme de 37,78 millions $ sera allouée en sus pour des tronçons de route entre Selkirk et le lac Supérieur ainsi qu'entre Kamloops et Port Moody[30].

L'implication de la Banque, par le truchement de George Stephen et de son président, Donald Smith, est multiforme. Le 28 septembre 1880, le conseil d'administration consent aux deux hommes le versement d'une avance de 600 000 $, une somme exorbitante sans doute destinée à faciliter la constitution du CP en société le 15 février 1881[31]. Pendant quatre ans, Stephen s'investira personnellement et professionnellement dans le plus gros projet d'infrastructure publique du Canada. La Banque de Montréal sera l'un des plus grands bailleurs de fonds du projet et accordera le premier prêt d'importance, soit 1,5 million $, sur les billets à ordre du CP garantis par des actions de la St Paul, Minneapolis and Manitoba Railway[32].

Dans sa populaire histoire du CP, Pierre Berton écrit : « Il n'y avait qu'un seul endroit concevable où trouver le financement [nécessaire] : c'était à la Banque de Montréal[33]. » La participation intense de la Banque à l'aventure du CP passe entre autres par un réseau de prêts au syndicat des financiers ainsi que par un prêt de 2,7 millions $ à la Compagnie des terres du Nord-Ouest du Canada le 21 novembre 1882[34]. Ce n'est qu'un début. En 1883, la Banque prend part à un plan établi pour préserver le crédit du CP, et dépose 15,9 millions $ auprès du gouvernement du Dominion pour assurer la poursuite des travaux et pourvoir au paiement des dividendes sur un capital émis de 65 millions $[35]. En 1884, le solde du prêt au CP s'élève à 1,95 million $, le conseil d'administration de la Banque ayant en outre accepté un découvert de 3,95 millions $ sur le compte de la compagnie de chemin de fer, fort de la caution offerte par le président Donald Smith lui-même, qui garantit l'intégralité de la somme. Bien entendu, le gouvernement du Dominion est encore plus engagé. En mars 1884, il accorde un prêt de 22,5 millions $, dont 7,5 millions $ doivent être appliqués au remboursement de la dette accumulée[36]. Au fil des ans, la Banque accordera d'autres prêts, souvent à des moments critiques, pour que le CP puisse assumer sa masse salariale. Ainsi, le 5 mai 1885, le conseil d'administration autorise une avance supplémentaire de 750 000 $[37]. En 1885, le directeur général annonce au conseil de la Banque que les administrateurs du CP et le gouvernement rembourseront le prêt de un million $ avant la fin de 1886 si les fonds lui sont versés immédiatement[38]. Souvent, ces prêts sont garantis par Smith et Stephen personnellement. C'est le cas du million de dollars prêté pour la construction d'un pont sur le fleuve SaintLaurent, à Montréal, que tous deux s'engagent à rembourser à quatre-vingts pour cent au plus tard en juin 1887[39]. Innis écrit qu'il est aussi difficile de financer que de construire le chemin de fer. « À chaque tournant, la compagnie veille soigneusement – comme il se doit, d'ailleurs – à préserver ses ressources financières ». Elle passe pour ce faire par la Banque de Montréal, mais la poursuite des travaux exige des arrangements et des mesures incitatives complexes[40].

Cette hybridation d'intérêts entre la Banque et le CP et, plus précisément, entre Stephen et Smith provoque quelques haussements de sourcils. À l'assemblée annuelle de 1884, des actionnaires demandent si « les règlements de l'établissement n'interdisent pas à un administrateur de la Banque d'être également administrateur ou membre du bureau d'une compagnie de chemin de fer, quelle qu'elle soit ». Le président répond sèchement qu'à sa connaissance, rien ne l'interdit[41], et le débat est clos.

La construction du CP nourrit les espoirs que la Banque fonde sur le potentiel de l'Ouest canadien afin d'échapper un peu à la conjoncture morose qui s'est installée dans les années 1870 et perdure au début de la décennie suivante. À l'assemblée annuelle de 1882, le président C. F. Smithers résume ainsi la situation : « Depuis quelques années, il est de plus en plus difficile de tirer profit des activités bancaires au Canada[42]. » Le CP est une « initiative nationale » à laquelle « la prospérité du pays est très liée à brève échéance », et il mérite donc l'attention urgente de la Banque[43].

Les débouchés que la Banque de Montréal attendait du CP se concrétisent enfin à la conclusion des travaux en 1885. Dans son discours d'investiture à la présidence, qu'il assume à partir du 27 mai 1887, Donald Smith brosse ce portrait de la situation :

> Depuis le dernier rapport annuel [...], la Banque a pris pied à Calgary et, à ce jour, vos administrateurs ont toutes les raisons de se réjouir de la progression des affaires dans cette région. Compte tenu de l'importance croissante de la Colombie-Britannique et puisque la complétion du Canadien Pacifique jusqu'au littoral occidental facilite les communications entre cette province et la portion orientale du Dominion, la Banque se prépare en installant un bureau à Vancouver, une ville en plein essor déjà ouverte sur la Chine et le Japon grâce à des liaisons régulières par vapeur[44].

Selon Smith, l'ouverture des succursales de Calgary et de Vancouver permettra à la Banque d'exercer ses activités « dans ce que l'on peut considérer comme les grands centres du Nord-Ouest et de la côte du Pacifique[45] ». La prospérité du pays sera dès lors soutenue par une vague massive mais structurée d'immigration canadienne vers l'Ouest; entre 1900 et le début de la Première Guerre mondiale, en effet, 1,5 million de nouveaux arrivants iront s'y établir[46].

En quête de prospérité

Le rôle de premier plan de la Banque de Montréal dans le financement de la construction du CP doit être considéré dans le contexte de la quête de prospérité qui anime l'établissement et le pays dans les années 1880. Cette prospérité ne se concrétise qu'au tournant du siècle, mais elle est considérable. De 1900 à 1920, la formation brute de capital au Canada est multipliée par quatre, passant de 1,28 milliard $ à 4 milliards $[47]. De même, en 1918, les dépôts des Canadiens dans les banques à charte, y compris ceux du gouvernement, totalisent 2,1 milliards $. Pour mettre ces chiffres en perspective, précisons que c'est près du double du total de 1913. La majeure partie

(1,9 milliard $) est constituée toutefois de dépôts non gouvernementaux. L'épargne des ménages atteint 250 millions $ dans l'ensemble du système bancaire canadien[48]. Il n'est donc pas étonnant qu'en 1914, la valeur du capital-actions des banques à charte canadiennes est si grande qu'elle atteint le double de la moyenne. Seules les sociétés de services publics font mieux[49]. La prospérité et la reprise économique tant attendues au Canada sont immédiatement perceptibles dans les états financiers de la Banque de Montréal. En 1902, pour ne citer que cet exemple, la circulation fiduciaire y augmente de plus d'un demi-million de dollars tandis que le total des dépôts atteint 86,8 millions $, ce qui constitue une augmentation de 14,1 millions $[50]. En 1903, le capital est à 14 millions $, et la Banque subdivise alors ses actions pour ramener la valeur nominale de chacune à cent dollars[51].

Après l'inauguration du CP, la Banque s'achemine vers l'Ouest. En 1887, d'ailleurs, moins de trois mois après l'arrivée du premier train de passagers en gare de Vancouver, Campbell Sweeny pose ses valises dans la ville[52]. Né à Philipsburg, au Québec, en 1846, Sweeny s'est hissé progressivement dans la hiérarchie de la Banque de Montréal. Guichetier à l'âge de dix-huit ans à Hamilton, en Ontario, il travaille un peu partout au pays et devient directeur à Winnipeg de 1877 à 1882, puis à Halifax, de 1884 à 1887. Il passe brièvement au siège social de 1882 à 1884, où il attire l'attention de la haute direction, qui lui confie plus tard l'ouverture d'une première succursale en Colombie-Britannique, à Vancouver[53].

Ce sera chose faite peu après son arrivée, rue Hastings. Sweeny devient rapidement une personnalité de la société vancouvéroise. Il préside à la création du Vancouver Club et siège au conseil d'administration de l'Université de la Colombie-Britannique. Campbell et sa femme Dorothy appartiennent à l'élite de la ville, et les journaux de l'époque rendent souvent compte de leurs activités sociales et de leur présence à divers événements[54]. Comme représentant principal de la Banque de Montréal sur la côte ouest, Sweeny exerce en outre une forte influence sur la réglementation du système bancaire de la province. Il est en correspondance régulière avec Charles Wilson, qui conjugue à sa fonction de conseiller officiel de la Banque celle de procureur général de la province de 1903 à 1906, sous le premier gouvernement du premier ministre Richard McBride[55].

Depuis la rue Hastings, Sweeny fait progresser la Banque vers l'intérieur en ouvrant des succursales dans les districts voués à l'exploitation minière et forestière, y compris dans la région de Kootenay, alors en plein essor[56]. En reconnaissance de ses services remarquables, il est nommé surintendant de la Banque en Colombie-Britannique et dans le district du Yukon en 1912[57]. Il conservera ce poste jusqu'à sa retraite, en 1916, mais restera une figure de la scène sociale de Vancouver jusqu'à sa mort en 1928[58].

Après 1887, l'expansion vers l'Ouest progresse très rapidement, non seulement en Colombie-Britannique, mais aussi en Alberta et au Manitoba. La région prend une importance croissante pour la Banque. Comme on peut le lire dans le Rapport annuel de 1904 : « Dans l'Ouest, la production croît rapidement, les chemins de fer sont prospères et une deuxième ligne transcontinentale verra bientôt le jour. Les rapports en provenance des districts miniers de la Colombie-Britannique sont plus encourageants, nos gens font largement confiance au Canada, et malgré quelques hiatus qui nuisent parfois à une progression plus sensible, tout porte à croire que le pays aborde une ère de prospérité substantielle et durable[59]. »

De l'agriculture à la production industrielle, « les signes de prospérité sont de plus en plus manifestes[60] » dans le Canada de la fin des années 1890 et du début des années 1900. C'est du moins l'avis de sir Edward Clouston. L'optimisme du message qu'il écrit pour le Rapport annuel de 1899 annonce de belles années pour le pays :

> Tous les secteurs de l'activité commerciale ou presque sont florissants. Les agriculteurs obtiennent de bons prix pour leurs produits, les recettes gouvernementales augmentent, les chemins de fer accroissent leur trafic, les valeurs mobilières de tout genre s'apprécient; enfin, la richesse que les industries minière et forestière apporteront à notre pays [...] est incalculable. Nous ne sommes pas seuls à connaître pareille fortune : une vague de prospérité semble balayer une grande partie du monde. En Angleterre, aux États-Unis et sur le continent, les usines tournent à plein rendement pour répondre aux besoins pressants du commerce[61].

Le boom commercial se répercute sur les flux de capitaux de la Banque. La circulation fiduciaire augmente de 525 000 $ et les dépôts atteignent un record de 86,8 millions $. Il faut noter en outre des entrées massives de capitaux britanniques. De 1906 à 1913, en effet, les investissements britanniques au Canada augmentent de 246 millions £, et plus de cinquante pour cent sont négociés par la Banque de Montréal[62].

Vers 1905, le rendement économique du Canada est confortable, soutenu et étayé par un robuste secteur financier. Deux ans plus tard, tandis que les États-Unis sont secoués par une crise financière, le système bancaire canadien résiste. Clouston compare la position du Canada à « un homme qui, de sa maison à l'épreuve du feu, voit la résidence de son voisin rasée par les flammes. Il se sent en sécurité, mais l'issue de l'incendie le rend tout de même nerveux[63] ». Justement, les nerfs de Clouston sont mis à rude épreuve : certes, le système est solide, mais il n'est pas à l'abri de pressions et de tensions externes. De fait, la crise internationale provoquée par la panique de 1907 entraîne un resserrement très notable du crédit sur les marchés monétaires canadien et européen. La crise frappe à un moment critique et le pire est atteint en octobre, période intensive d'acheminement des abondantes récoltes de l'Ouest canadien vers l'Est du pays. W. S. Fielding, ministre des Finances du Canada, est angoissé « à l'idée qu'une insuffisance de fonds puisse nuire au transport des récoltes[64] ».

La réponse à la crise de 1907 met en relief la vigueur du système bancaire canadien[65]. Le 20 novembre 1907, le gouvernement du Dominion offre, par l'intermédiaire de la Banque de Montréal, des avances destinées à financer le transport des céréales, le tout garanti par des titres de premier ordre[66]. Les banques sont autorisées à augmenter leur circulation d'au plus dix millions $ en numéraire. Elles n'emprunteront finalement qu'un peu plus de la moitié de cette somme, qu'elles rembourseront dès la fin d'avril 1908[67]. Comme prêteuse de dernier recours pendant la crise de 1907, la Banque de Montréal fera beaucoup pour assouplir les conditions du crédit et faciliter la circulation des biens. En 1910, Joseph Johnson, doyen de la New York School of Commerce, Accounts, and Finance, écrit : « Les banquiers disaient vrai : ils ont maîtrisé la situation dans l'Ouest[68]. » Cependant, l'économie canadienne n'en sort pas indemne : les importations reculent d'environ deux pour cent, mais les exportations de produits nationaux restent stables, en partie grâce à l'action de la Banque de Montréal[69]. « La solidarité du système bancaire canadien », lit-on dans le *Globe*, « n'aurait pu être démontrée de manière plus éclatante que par la confiance qui ne s'est pas démentie pendant la panique [...] qui a secoué le centre financier du continent pendant des mois[70]. » Qui plus est, malgré cette urgence temporaire mais critique, les banques canadiennes n'ont jamais suspendu les paiements en espèces sur demande, autre signe de leur puissance et de celle du système[71].

Il faut souligner l'action des banques canadiennes en général et de la Banque de Montréal en particulier, qui mettront en sécurité les dépôts en provenance des États-Unis pendant la crise de 1907, longtemps avant la création de la réserve fédérale. Les économistes sont formels : la Banque de Montréal ne détient alors que deux pour cent, environ, du total des dépôts à New York, mais son rôle aux États-Unis (et, dans une moindre mesure, celui des banques canadiennes de création plus récente) est beaucoup plus important que ce chiffre modeste ne le laisse croire. Ainsi, malgré la crise bancaire qui frappe principalement le marché new-yorkais en 1907, le solde des dépôts de la Banque augmente. Grâce à sa réputation et à sa stabilité, donc, la première banque du Canada est considérée comme un abri sûr quand le temps se gâte[72]. Rappelons que ces dépôts sont constitués en grande partie du « solde des banquiers », soit de l'argent appartenant au réseau des banques des États et des banques nationales des États-Unis[73]. Pendant cette année funeste, la Banque de Montréal fait venir des liquidités à Chicago pour soulager les banques du *Midwest* d'une certaine pression[74]. C'est dire qu'elle joue, en 1907, le même rôle qu'en 1890 et en 1893, et qu'elle offre un refuge vital au système bancaire états-unien[75].

Dans le rapport annuel de l'année suivante, George A. Drummond, président de l'établissement, écrit : « L'an dernier, l'effondrement du crédit et la rareté soudaine de l'argent ont fait chanceler tout le secteur commercial américain, tandis qu'un coup de frein ralentissait progressivement les affaires au Canada. Heureusement, la situation s'est beaucoup améliorée, la confiance est largement revenue, le crédit s'améliore [et] les marchés monétaires mondiaux sont anormalement calmes[76]. » Clouston croit que le secteur canadien des affaires doit quand même s'en tenir à une « politique de prudence » pour que l'économie canadienne émerge « fortifiée à tous égards[77] ». Sir Edward ne parle pas directement de l'action stabilisatrice de la Banque de Montréal au vu des difficultés qu'affrontent les États-Unis, mais les événements de 1907 auront confirmé aux yeux de la direction l'importance stratégique de l'établissement dans le système financier nord-américain.

Sur le plan politique, le solide rendement de la Banque et de ses homologues canadiennes pendant les crises cycliques du crédit aux États-Unis est propitiatoire. La *Loi sur les banques* doit être à nouveau revue en 1909-1910. Comme elle a été « jugée admirablement conforme aux exigences du commerce et aux intérêts d'un pays en plein essor », aucun changement substantiel n'est envisagé cette fois[78]. Les années subséquentes, années d'avant-guerre, de prospérité et d'expansion, exigent la hausse du capital-actions, qui passe de 16 millions $ à 25 millions $ en 1912[79]. En 1913, la croissance atteint son rythme de croisière, avec une augmentation de 8 millions $ de l'actif général et de 2,6 millions $ pour ce qui est des profits[80].

À l'occasion du discours du budget d'avril 1911, William S. Fielding annonce que le ministère des Finances a enregistré un excédent de 30,5 millions $ en dépit des lourdes dépenses engagées pour la construction du chemin de fer et différents chantiers de travaux publics, signe évident d'une époque d'opulence. « Nous avons besoin de nouveaux marchés, souligne-t-il. Nous devons trouver des débouchés un peu partout pour écouler la production canadienne, déjà excédentaire, et, surtout, pour vendre les énormes surplus qui arriveront bientôt [...] des vastes régions de l'Ouest. [...] Grâce à la paix ainsi qu'au développement et à la prospérité de notre pays, grâce à nos relations des plus amicales avec cette grande république voisine, et grâce à l'attachement chaleureux qui nous unit à ce grand empire auquel nous sommes fiers d'appartenir, le peuple canadien a toutes les raisons d'espérer et de croire en un avenir brillant[81]. »

Le rendement de la Banque est à l'unisson. À l'assemblée annuelle de 1912, le président R. B. Angus déclare : « Il nous revient d'annoncer à nouveau une année de prospérité presque constante dans tout le pays[82]. » L'année suivante, le nouveau président, sir Vincent Meredith, est moins optimiste. Il évoque la situation qui se dégrade en Europe, mais assure que la politique de prudence de la Banque, qui a déjà fait ses preuves, est une excellente préparation à la crise imminente :

> La sagesse nous dicte une attitude de prudence. Tant que l'orage menacera le paysage financier européen, mieux vaut nous hâter lentement. Ce n'est pas le moment de se lancer dans la spéculation ni de prendre de nouveaux engagements sans en assurer d'abord le financement. Marchands et fabricants devraient autant que possible éviter d'accumuler des stocks. [...] Par ailleurs, l'économie canadienne repose sur des assises solides. Dans l'ensemble, les affaires se portent bien, comme je l'ai dit, et nous avons à peine entamé nos vastes ressources naturelles. L'immigration va bon train, la construction ferroviaire va de l'avant, nous accédons régulièrement à de nouveaux territoires et à de nouvelles sources de richesses, et notre pays continue de jouir de la confiance des capitalistes britanniques et étrangers. Une pause ne peut donc que revigorer le Canada en vue de réalisations plus grandes encore[83].

La Première Guerre mondiale

Quand éclate la Première Guerre mondiale, en août 1914, la Banque oriente sa politique et ses réflexions en fonction des exigences particulières d'une époque de belligérance. Cette année-là, sir Frederick Williams-Taylor, alors directeur général, laisse entendre que malgré les temps périlleux, la Banque reste en excellente posture grâce à sa prudence[84]. En 1915, Meredith fait écho à son discours de l'assemblée annuelle de 1913 et résume la démarche de la Banque :

> La guerre dans laquelle l'Europe s'est engagée afin de préserver son intégrité impose au Canada le devoir d'assister la mère patrie par tous les moyens possibles. Nous avons fourni déjà un grand nombre de soldats, et d'autres suivront. Nous faisons largement notre part en fabriquant munitions, vêtements et autres équipements. Cette activité génère des profits dont le Canada a grand besoin, tout en servant admirablement la cause commune. N'oublions pas toutefois que la fabrication de matériel de guerre est une forme macabre et éphémère de prospérité, si tant est que l'on puisse parler de prospérité. La Grande-Bretagne et le

Canada paient de leurs deniers, et les meilleurs des hommes de notre nation paient quant à eux le prix du sang[85].

Avec un remarquable à-propos, la Banque offre de contribuer sans retard à l'effort de guerre, en versant dès le 22 août 1914 une somme de 100 000 $ au Fonds patriotique canadien[86]. Or la menace que la guerre fait peser sur le système bancaire canadien se réalise presque immédiatement : le lundi suivant la déclaration de mobilisation des forces armées d'Europe, les banques canadiennes affrontent le risque d'une panique monétaire, car les déposants cherchent à échanger la monnaie papier contre de l'or. Le gouvernement du Dominion suspend rapidement la convertibilité en adoptant la *Loi de trésorerie* de 1914[87].

Devant les actionnaires de la Banque réunis en assemblée générale en décembre 1914, Williams-Taylor insiste sur la gravité de la situation financière :

> Au Canada, la guerre a eu comme effet notable d'interrompre instantanément l'afflux régulier et abondant en capitaux britanniques. Le volume habituel était tel que la somme, arrondie, a dépassé pendant un temps les 25 millions $. Au cours des sept mois terminés le 31 juillet dernier, le Canada a emprunté 177 millions $ sur le marché monétaire de Londres. Depuis le début de la guerre, toutefois, ce flot s'est tari. Le manque à gagner, couplé à la nécessité de puiser aux gains et aux recettes pour rembourser les intérêts sur la dette de 2,8 milliards $ que nous avons contractée envers la Grande-Bretagne, nous fait mesurer à quel point le marché monétaire et l'investisseur britannique sont nos amis[88].

L'adresse avec laquelle la Banque de Montréal traite les finances du Dominion pendant toute la Grande Guerre, comme agente du gouvernement fédéral à Londres, en particulier, n'importe pas seulement au regard de l'effort de guerre : elle procure au gouvernement canadien l'expertise dont il a besoin pour tirer son épingle du jeu complexe des finances impériales[89]. La Banque joue en outre un grand rôle dans le paiement de la solde des soldats canadiens qui se trouvent sur le sol britannique durant le conflit. Du reste, elle ne veille pas qu'aux finances du gouvernement, mais s'occupe aussi des emprunts à Londres « pour l'usage général du Dominion[90] ». C'est dire qu'elle intervient à l'échéance des emprunts contractés par de nombreuses villes canadiennes. À titre de représentante de beaucoup de ces villes, dont Prince Rupert, en Colombie-Britannique, par exemple, la Banque doit négocier le renouvellement des emprunts (payables « sur » Londres) auprès du gouvernement du Dominion, même si la priorité va au financement de la guerre. Le risque évident est le défaut de paiement. Dans le cas de Prince Rupert, Williams-Taylor laisse entendre que « les répercussions sur le crédit de la Ville, mais également sur d'autres villes de l'Ouest (Calgary, notamment) et, dans les faits, sur l'ensemble du Canada, seraient rien moins que catastrophiques[91]. »

La participation de la Banque à l'effort de guerre du Canada est proportionnelle à sa position dominante dans le système bancaire canadien. Puisqu'elle représente les intérêts du pays à Londres et à New York, la Banque prend part à des négociations complexes et parfois délicates sur la part du Canada dans le financement de la guerre, ce qui comprend notamment le lancement d'un premier emprunt de 45 millions $ aux États-Unis[92]. Le président Meredith prévient de l'effet négatif de la position des États-Unis devenue « grande nation créancière » sur les profits de l'établissement, mais affirme que l'emprunt est « de la plus haute importance pour le Canada, puisqu'il permet au Dominion, aux provinces, aux villes et à nos chemins de fer de financer leurs activités comme nous aurions difficilement pu espérer le faire voici un an ». À preuve, rappelle-t-il, le fait qu'en 1914 et 1915, le gouvernement canadien a emprunté 142 millions $ sur Wall Street[93]. Et de conclure : « Il est rassurant de voir que notre cote de crédit est bonne sur ce marché[94]. » En 1915, le gouvernement négocie avec l'aide de la Banque des emprunts intérieurs de l'ordre de 200 millions $, puis un autre, de 95 millions $, à New York[95].

Les banques consolident leur réputation par le traitement des bons de la Victoire et leur soutien en toutes choses relatives au financement de la guerre. « Les avantages de notre système bancaire n'ont probablement jamais été aussi évidents que dans la vitesse à laquelle les banques canadiennes ont réagi aux circonstances exceptionnelles amenées par la guerre et l'habileté avec laquelle elles aident maintenant le pays et participent à la difficile reconstruction », souligne le *Globe* en novembre 1919[96].

Si essentielle que soit la participation de la Banque au financement de l'effort de guerre au Canada, elle n'est pas entièrement altruiste. Pendant le conflit, ses avoirs atteignent un sommet. En 1916, le montant des dépôts augmente de 63 millions $, et le Rapport annuel de cette année précise que l'augmentation totale est de 102 millions $ depuis 1914[97].

Au terme de la première année de guerre, le rendement n'a pratiquement pas fléchi. De fait, le *Globe* rapporte en novembre 1915 que « le total des ressources de la Banque de Montréal en fin d'exercice, le 30 octobre dernier, est un record de l'industrie bancaire canadienne. Il s'établit en effet à [302 980 551 $] environ, soit une augmentation approximative de 43 000 000 $ par comparaison avec l'exercice précédent[98]. » Meredith estime que l'économie du pays est « florissante dans tous les secteurs ou presque », une conjoncture particulièrement favorable à la banque centrale officieuse du Dominion[99]. Les résultats de l'année 1918 sont particulièrement brillants : les avoirs de la Banque bondissent de 280,5 millions $ à 558,4 millions $. En novembre, *The Globe* attribue cette augmentation spectaculaire à « l'absorption de la Banque de l'Amérique septentrionale britannique », ainsi qu'aux « vastes ressources que la Banque de Montréal a mises à la disposition des gouvernements de l'Empire et du Canada, ainsi que des municipalités et de l'industrie canadiennes[100]. » L'expansion des activités de la Banque et l'augmentation de ses avoirs entraînent l'augmentation de l'effectif directorial. En novembre 1918, la Banque de Montréal crée quatre postes d'adjoints aux directeurs généraux, qu'elle affecte à différents territoires : Francis J. Cockburn (Québec, Terre-Neuve et les Maritimes), H. B. Mackenzie (supervision des succursales de la Banque de l'Amérique septentrionale britannique, récemment acquise), G. C. Cassels (bureau de Londres, en Angleterre) et D. R. Clarke (Ontario)[101].

La Banque, l'Empire et le Maple Leaf Club

C'est pendant cette période que la Banque de Montréal s'active le plus sur les places financières et auprès du gouvernement du Royaume-Uni, au profit des intérêts canadiens. L'histoire de la succursale de Waterloo Place, dans le West End londonien, montre bien qu'elle tient le haut du pavé comme agente du Canada à Londres.

Comme on l'a vu au chapitre 6, Waterloo Place devient le rendez-vous des expatriés canadiens à Londres pendant la Première Guerre mondiale. C'est là, bien sûr, que les clients de la Banque de Montréal (qui sont alors en grande partie des membres du Corps expéditionnaire canadien) déposent leur salaire et concluent toute une gamme de transactions financières, dont l'envoi d'argent outremer. De fait, les militaires sont titulaires de sept mille des dix mille comptes aux registres de la succursale en mai 1919. Au fil des jours, Waterloo Place devient le lieu de rencontre des Canadiens, militaires et civils.

Dudley Oliver, qui en est le directeur, devient quant à lui un personnage prépondérant dans la vie de nombreux Canadiens stationnés de l'autre côté de l'océan. Sa tâche la plus importante consiste à faciliter les communications entre les soldats et leur famille. Il racontera plus tard qu'« il y avait quelque quatre mille à cinq mille femmes d'officiers à Londres et dans les environs. Comme la Banque recevait du courrier à leur nom, elle était le rendez-vous de centaines d'entre elles[102] ». Oliver prend un jour sur lui d'informer personnellement les familles de la mort des soldats au combat, faute de communications officielles. « Les clients nous donnaient souvent le nom d'un proche parent pour que la famille des officiers soit prévenue de la disparition de ceux-ci le plus délicatement possible ». Non seulement le siège social de Montréal approuve-t-il cette transformation en un centre de services et de socialisation, mais le directeur général « nous encourageait de toutes les façons et nous a merveilleusement soutenus », dira Oliver[103].

Le succès de ce chez-soi loin de chez soi des Canadiens en général, mais aussi du personnel de la Banque et des Londoniens, inspirera d'autres initiatives semblables, dont le Maple Leaf Club, premier club officiel établi à Londres pour les soldats canadiens en mission outre-mer, avec la création duquel la Banque de Montréal a partie liée. En visite à Londres, Lady Grace Parker Drummond, épouse du défunt George Drummond (président de la Banque de 1905 à 1910), déplore l'absence de lieu où les soldats qui arrivent du front en permission pourraient se reposer et renouer avec leur famille. Les hôtels sont souvent surpeuplés et peu adaptés, et « ces pauvres garçons doivent dormir dans les parcs ». Pour remédier à la situation, Lady Drummond cherche activement « une grande maison à louer dont on pourrait faire un club résidentiel pour les soldats canadiens ». Sa quête sera de courte durée. Ronald Grenville, un riche Londonien sensible au sort des nombreux soldats canadiens, offre une spacieuse résidence en plein centre de Londres, située au numéro 11 de Charles Street, sur Berkeley Square, dans le quartier Westminster. Selon Oliver, « [Lady] Drummond, Grenville, ainsi que M. et Mme Rudyard Kipling auront été parmi les premiers amis [...] et souscripteurs [du Maple Leaf Club], auquel ils apporteront une aide précieuse pendant toute [la guerre][104] ».

Waterloo Place n'est qu'un aspect de l'histoire. Un très grand sacrifice attend les employés de la Banque qui se battent sur les lignes de front de la Grande Guerre, dont beaucoup ne reviendront pas. « Je vois toute la misère causée par cette guerre horrible », écrit Oliver en 1916. « Je suis ravi de pouvoir aider le moindrement quiconque a un proche sur le front[105]. » Il facilite le retour des veuves au Canada et rédige des lettres de condoléances. L'une d'elles, adressée à une mère en deuil donne une idée de la compassion qu'il sait exprimer en ces temps difficiles :

> Permettez-moi d'exprimer ma plus vive sympathie et de vous offrir mes plus sincères condoléances pour la perte de votre cher fils, que j'ai fréquenté pendant quelques années, tant à la Banque qu'au club de golf où nous résidions ensemble. Tous ceux qui ont croisé la route de « Mat » [surnom du Dr Matthews], comme nous l'appelions, l'ont aimé et respecté. Je n'ai jamais connu de collègue plus prévenant à la Banque de Montréal ni d'officier plus compétent pendant son temps sous les drapeaux. D'ailleurs, les officiers du 60e bataillon lui envoyaient tous ceux qui cherchaient un renseignement. « Va le demander à Mat », disaient-ils. Mat connaissait chaque service et passait tous ses temps libres à étudier[106].

Ce rôle de messager auprès des familles endeuillées mine le moral du directeur de la succursale. « Je traverse moi-même une période difficile », écrit-il en 1915, « car je viens d'annoncer de cruelles nouvelles à un certain nombre d'épouses d'officiers qui se trouvent à Londres et dont le mari a été tué. Depuis cinq jours, je ne rentre chez moi qu'après minuit. Je suis à bout[107]. » Or, la guerre s'intensifie et la liste des morts s'allonge. Les obligations qu'Oliver s'est imposées monopolisent une bonne part de son attention. En 1916, il écrit : « Le mois dernier m'a été rendu très pénible par la longue liste des morts. Vous savez sans doute que depuis leur arrivée sur le saillant d'Ypres, les Canadiens ont perdu de dix-huit mille à dix-neuf mille [hommes][108]. »

C'est à Londres qu'Oliver vivra essentiellement la guerre, mais il lui arrive de se rendre sur le front, en France. Ces expéditions sont assez périlleuses, comme en témoignent ces lignes qu'il confie à son journal, en 1917 :

> Nous avons subi six terribles raids depuis dix jours. Le plus effrayant est le tir nourri de l'artillerie. Notre maison est pratiquement entourée de batteries et les obus qui fusent sans arrêt produisent le son le plus étrange. Il y a parfois quelques minutes d'accalmie, et nous entendons alors nos mitrailleuses attaquer de tout leur feu les mitrailleuses allemandes. Le dernier raid a duré trois heures. Malheureusement, notre petite fille est malade et j'ai dû la tirer du lit à quatre reprises au dernier rhume. J'ai dû aussi faire venir un médecin plusieurs fois au cours des trois derniers jours. Comme il n'y a pas d'endroit sûr dans la maison, j'ai installé ma femme et le bébé derrière le piano, avec un matelas et un sofa en guise de protections, qui leur éviteront tout juste d'être atteintes par des éclats de verre. Si une bombe tombait sur la maison, nous n'aurions aucune chance, bien sûr[109].

Cette générosité vaudra à Dudley Oliver la reconnaissance des autorités et, surtout, la gratitude des centaines de familles qu'il aura aidées pendant toute cette période.

Des liens indéfectibles

Les liens qui unissent la Banque de Montréal et le Canada ont été noués bien avant cette période et se maintiendront pendant longtemps encore. C'est toutefois à la charnière entre le dix-neuvième et le vingtième siècle que cette relation devient la plus intense. Cette évolution est facile à expliquer, avec le recul. Vers la fin du dix-neuvième siècle, la Banque domine la scène nationale et internationale. Elle est riche d'un professionnalisme, d'une réputation, de ressources, d'un capital et de réseaux dont aucune autre institution bancaire canadienne ne dispose, de la même façon et dans la même mesure. Elle met son pouvoir et son rayon d'action au service du jeune gouvernement fédéral. Elle déploie ses capitaux pour financer des projets d'infrastructure publique et exploite ses réseaux internationaux et sa présence dans les grands centres mondiaux de façon à stimuler les entrées de capitaux et à procurer à l'État et aux entreprises les meilleures facilités de crédit. L'expertise de ses directeurs et de ses cadres permet de formuler les conseils et de faire les analyses appropriés, en temps normal comme en cas d'urgence nationale. De concert avec les autres grandes banques à charte dont elle est l'aînée et la coordonnatrice, la Banque de Montréal veille à sauvegarder l'intégrité du système bancaire canadien.

À bien des égards, les protagonistes de l'histoire de la Banque de Montréal, de même que les stratèges et les hommes politiques de l'après-Confédération, ont eu des visions du développement et de la prospérité économiques qui, à défaut de toujours s'aligner, ont souvent convergé, en ce qui a trait notamment à l'Ouest, au commerce et à la place du pays au sein de l'Empire et du monde. De fait, les banquiers de Montréal et les hommes politiques fédéraux partageaient une même vision du pays et de son orientation, à telle enseigne que la période de 1900 à 1920 est pratiquement une ère d'« ascendance canadienne sur le secteur bancaire ». Le succès et l'influence des banquiers canadiens sont en tous points remarquables.

Comme je l'ai dit plus haut, les banques et l'État rêvent d'une nation, mais leur relation repose sur un ensemble de transactions mutuellement bénéfiques. De sa position privilégiée dans le système bancaire canadien, la Banque de Montréal tire de grands avantages, principalement d'ordre monétaire, il va sans dire. Elle y gagne aussi en prestige et en considération, et a très souvent le rang d'organisation quasi gouvernementale et d'ambassadrice du Canada sur les marchés des pays de l'Atlantique Nord. Elle peut aisément infléchir les délibérations du gouvernement et la formulation des politiques. Ses banquiers se font entendre et sont écoutés dans les allées du pouvoir, qu'ils dominent d'ailleurs fréquemment, et même s'ils ne l'emportent pas toujours, il faut certainement compter avec eux. Aucune autre banque canadienne n'aura eu un tel rayonnement et n'aura exercé pareille influence à cette époque où la Banque de Montréal et la nation s'allient pour le développement du pays et pour défendre leurs intérêts propres.

8

Capitaux libres : banquiers, fusions, commerce et expansionnisme

Le chapitre 8 porte sur deux grands thèmes distincts de l'histoire de la Banque de Montréal au tournant du vingtième siècle. Le premier est le rôle de la Banque comme porte-étendard du commerce au Canada. C'est à cette époque en effet que la Banque met ses réseaux et ses compétences au service du Canada et de la région de l'Atlantique Nord et devient la banque commerciale canadienne par excellence. Le second est la vague de fusions et d'acquisitions amorcée dans le cadre d'une vaste consolidation du système bancaire canadien durant les vingt premières années du vingtième siècle.

À première vue, le commerce national et international et les fusions bancaires ont bien peu en commun. Le commerce est une activité à long terme, orientée vers l'extérieur, qui fait appel à un nombre considérable d'acteurs, depuis les gouvernements jusqu'aux investisseurs, en passant par des agriculteurs et des fabricants. Il suppose aussi la création de facilités de crédit et de services bancaires destinés à soutenir le commerce intérieur et extérieur. Le phénomène des fusions, en revanche, englobe un ensemble précis d'événements qui commencent au tournant du siècle et se terminent au milieu des années 1920. Il a partie liée avec une stratégie de conquête des marchés ainsi qu'avec la structure du secteur bancaire canadien.

Or, les deux thèmes vont converger dans l'histoire de la Banque de Montréal. Chacun constitue un grand ensemble d'événements qui concernent le développement économique du Canada, et chacun est lié aussi aux moyens stratégiques dont dispose la Banque et démontre la force et l'habileté de l'établissement dans différents contextes économiques. Le commerce et la consolidation du secteur bancaire vont permettre à la Banque de Montréal d'exploiter la moindre occasion de tirer parti de ses avantages concurrentiels pour prendre ses rivales de vitesse. Voilà, brièvement, l'esprit expansionniste qui infuse la stratégie de la Banque sur ces deux fronts d'importance.

Ces deux sujets sont liés, bien entendu, à ceux des chapitres qui précèdent. Fusions et initiatives commerciales sont des éléments prépondérants de la stratégie d'affaires de la Banque à cette époque. Par ailleurs, tous deux auront une grande incidence sur le développement économique du Canada et sur ses relations commerciales. Ils me paraissent pourtant être assez distinctifs, en ce sens qu'ils ressortent suffisamment de notre trame historique, pour mériter notre attention. D'abord, le commerce.

La genèse d'une banque commerciale

Dès sa fondation, en 1817, la Banque de Montréal s'oriente vers le financement et la facilitation du commerce. C'est d'ailleurs en grande partie pour financer l'activité des marchands montréalais qu'elle a été créée. Les relations qu'elle noue avec les producteurs, les manufacturiers et, surtout, les marchés de capitaux de New York et de Londres, la placent dans une situation qui lui permet d'exploiter le secteur du commerce, voire d'en orienter la progression. Sa position dominante dans le système bancaire canadien montre bien son influence.

Une banque de commerce en devenir doit bien sûr concilier les exigences de ce secteur avec ses autres activités. De fait, d'une année à l'autre, la politique de prêt de la Banque de Montréal influe sur le commerce et sur la circulation des biens. Quand par exemple elle rappelle ses prêts temporaires à l'été 1871 pour disposer de plus de capitaux sur le lucratif marché new-yorkais, le mouvement inquiète les milieux d'affaires canadiens. Un resserrement du crédit habituel « au moment précis où le transport des récoltes, d'ailleurs particulièrement abondantes cette saison, monopolise les liquidités », explique le *Monetary Times*, a « des inconvénients certains qui ne sont pas exempts d'un élément de risque ». Pour ce qui est des récoltes, l'on craint surtout que « la raréfaction de l'argent » n'ébranle les marchés et « ne se répercute sur les agriculteurs[1] ». La Banque doit toutefois saisir les occasions qu'offrent les marchés de New York et de Londres, même s'il faut pour cela mettre un terme « à des conditions monétaires plus avantageuses » au Canada[2]. De fait, son geste met fin au temps de l'« argent facile » à six ou sept pour cent d'intérêt, et les emprunts coûtent dès lors de quinze à vingt pour cent. Les conséquences sont pratiquement immédiates, « comme en témoigne abondamment l'effondrement soudain des cours[3] ». Les spéculateurs se retrouvent en pleine déconfiture, eux qui, selon la presse, « trouvaient plus utile de rester débiteurs que de liquider une fois pour toutes leurs comptes d'opérations sur les actions, toujours à perte[4] ». Si elle veut être « pour le Canada ce que la Banque d'Angleterre est pour l'Angleterre, dit un commentateur, la Banque aurait peut-être pu s'inspirer des politiques de prêts moins rigoureuses de celle-ci[5] ».

Néanmoins, cette stratégie de déploiement du capital, favorable à la stabilité, sera particulièrement appréciée dans le sillage de la panique de 1873. Après l'assemblée annuelle de la Banque, en juin 1874, le *Monetary Times* affirme qu'« étant donné sa position, au Canada, mais également aux États-Unis (elle fait parfois la pluie et le beau temps à Wall Street), la Banque a tout intérêt à peser soigneusement son orientation stratégique[6] ». Sa politique consiste essentiellement à conserver sa clientèle gouvernementale, ainsi que le commerce et les opérations de change, non seulement au Canada, mais à New York et à Chicago. Elle a un rôle prépondérant dans les opérations de change comme à l'appui des sociétés qui font commerce dans les Antilles et dans toute la région Asie-Pacifique[7]. De fait, au milieu des années 1870, la Banque se rapproche toujours plus du modèle de la banque d'affaires, souhaitant devenir, selon les mots de R. B. Angus « la banquière des banques autant que faire se peut[8] ». Il s'agit donc de réescompter les effets ou de prêter à d'autres banques, ce qui renforce l'argument voulant que la Banque de Montréal s'inspire de méthodes anglaises, puisque ce secteur d'activité « a depuis longtemps la faveur de ses homologues d'Angleterre[9] ».

Étant la principale banque d'affaires au pays, la Banque de Montréal est surveillée de près, et le moindre changement qu'elle apporte à ses politiques de prêt ou de déploiement de capitaux est source d'inquiétude. Pendant toute cette période, la direction favorise une expansion prudente et une démarche circonspecte. Elle fait la promotion du commerce et du développement économique sans déroger à sa stratégie de stabilité, jugeant qu'à long terme, il vaut mieux rester au premier rang des établissements bancaires que de viser les avantages à court terme, mais plus risqués, de gains temporaires dans le secteur du commerce. Elle choisit d'autres moyens de soutenir le développement et le commerce, diversifiant ses réseaux et ses facilités de crédit sur les marchés de New York, de Chicago et de Londres, afin de faciliter la circulation des capitaux. C'est également dans cette optique qu'elle finance des projets d'infrastructure, dont le fameux chantier du Canadien Pacifique (CP), en vue de stimuler l'économie de l'Ouest canadien et de promouvoir le commerce entre cette région et l'Asie, notamment au Japon. Le modèle des succursales est un élément essentiel de ses efforts en ce sens, en particulier dans les régions considérées comme étant des frontières commerciales, comme le sud de la portion continentale de la Colombie-Britannique. À cet égard, les agences de Chicago et de New York font office d'avant-postes stratégiques d'importance. L'investissement dans les industries primaires exportatrices, comme l'exploitation forestière, semble donc un choix logique, qui fortifie la présence du Canada sur la scène commerciale internationale. Quand les circonstances s'y prêtent, comme c'est le cas peu à peu vers la fin des années 1890, et que la conjoncture économique générale le permet, la Banque intervient rapidement pour tirer parti des possibilités qui s'ouvrent dans des marchés émergents comme le Mexique et les Antilles.

Missionnaire des capitaux et du commerce canadiens

Au début du vingtième siècle, sous la direction de sir Edward S. Clouston, la Banque de Montréal commence à lier ses capitaux de New York et, surtout, de Londres[10], à des entreprises qui exercent leurs activités en Amérique latine et dans les Antilles. Des Canadiens y créent des compagnies d'hydroélectricité et de tramways, et les investisseurs encouragent cette tendance. Sous l'impulsion de F. S. Pearson, homme d'affaires très lié à Clouston, sir George Drummond et James Ross, deux investisseurs de Montréal, se jettent à corps perdu dans le monde des services publics mexicains[11].

Clouston profite du fait que la Banque participe intensément au commerce extérieur depuis ses débuts. L'expertise de l'établissement dans les opérations de change et son rôle sur le marché à court terme de New York confèrent à la Banque une position dominante[12]. De plus, ayant été naguère l'un des agents économiques les plus présents et les plus puissants du marché new-yorkais, elle a une longueur d'avance. Ses concurrentes en Amérique latine et aux Antilles sont, entre autres, la Banque de Nouvelle-Écosse, qui a une succursale en Jamaïque depuis 1882, et la Banque Royale, installée à La Havane depuis 1898[13].

Comme le relatent H. V. Nelles et Christopher Armstrong dans leur ouvrage sur la percée vers le sud des capitaux canadiens, l'action commence en 1902, quand un syndicat canadien d'entrepreneurs acquiert une concession énergétique sur la rivière Necaxa, à une centaine de milles de la ville de Mexico, et crée la Mexican Light and Power Company qui, au fil de fusions et d'acquisitions, obtiendra le monopole de la distribution d'électricité dans le district fédéral de Mexico. Entre-temps, le groupe ajoute à son actif un certain nombre d'autres sociétés de tramways et de production d'hydroélectricité dans la région et finit par acheter la Mexico City Street Railway[14]. « Comme pour donner un lustre particulier à ces entreprises outre-frontière », écrivent Nelles et Armstrong, « la Banque de Montréal, qui est le plus prestigieux établissement bancaire du Canada, annonce l'ouverture d'une succursale mexicaine » en 1906. Or, sir George Drummond est un pilier du syndicat, signe du sérieux des investissements canadiens et, en particulier, montréalais, au Mexique[15].

Après l'inauguration de la succursale de Mexico, toutefois, le pays sera secoué des années durant par la révolution et des conflits internes. La succursale fonctionne d'abord à perte (de 50 000 $US à 100 000 $US par année en moyenne), mais les investisseurs comptent sur le long terme, puisque le commerce et les capitaux canadiens arrivent à peine dans le pays[16]. Le gros des activités concerne l'industrie primaire : bois d'œuvre et produits de base comme le sucre et le coton. Les affaires deviennent profitables après 1917 et dans les années 1920, les sociétés affichent des rendements substantiels[17].

En plus d'ouvrir des succursales, la Banque de Montréal s'associe de près à des entreprises mexicaines auxquelles elle accorde des prêts considérables, dont 500 000 $ à la Rio de Janeiro Tramway, Light and Power Company et 1,8 million $ à la Mexican Light and Power Company[18]. Son directeur général, E. S. Clouston, a lui-même partie liée avec nombre d'entre elles, notamment la Mexican Light and Power Company, dont il est actionnaire principal et administrateur[19]. Il détient des titres de la Rio de Janeiro Tramway, Light and Power, de la Mexican Electric Light Company, de la Mexico Tramways Company et de la Demerara Electric Company[20].

Cette convergence d'intérêts entre la Banque, ses dirigeants et la communauté financière canadienne au Mexique est parfois source de conflits. Ainsi, en 1908, Clouston tente de céder à bail la Mexican Light and Power Company à la Mexico Tramways, ce qui entraîne une brouille temporaire entre lui, qui est directeur général de la banque, et sir George Drummond, qui en est le président. La situation est d'autant plus notable qu'elle est exceptionnelle, les deux hommes s'entendant en général fort bien. Ils finissent par résoudre leur différend, mais quand Clouston adhère finalement au plan dressé par Drummond pour contrer la proposition, ils perdent le contrôle de la Mexican Light aux mains d'investisseurs de Toronto, de Grande-Bretagne et des États-Unis[21].

Avec le recul, il apparaît que Clouston et Drummond comptaient trop sur la stabilité politique du Mexique. En 1911, quand le général Porfirio Díaz est renversé au bout de vingt-sept ans de dictature, la Banque subit de lourdes pertes. À l'assemblée annuelle de 1912, le président R. B. Angus tempère : « La politique mexicaine a pratiquement tout mis sens dessus dessous, mais certains signes permettent de croire que les affaires reprendront leur cours normal[22]. » Il faudra toutefois attendre longtemps, et la seule succursale opérationnelle de Mexico restera déficitaire année après année[23].

La controverse et la perte subséquente de la Mexican Light aux mains de sociétés rivales n'étaient pas assez graves pour mettre fin à la carrière de Clouston. C'est sans doute plutôt son implication dans une entreprise plus près du siège social canadien qui hâtera sa retraite, en novembre 1911. Clouston soutient malencontreusement certaines manœuvres de Max Aitken (futur Lord Beaverbrook), qui accule à la faillite une entreprise appartenant à sir Sandford Fleming, la Western Canada Cement and Coal Company, et en fait la Canada Cement Company en 1909[24]. Résultat : après cinq mois de délibérations et de réflexion – délai anormalement long –, le conseil d'administration porte Richard Bladworth Angus à la présidence. Clouston est écarté malgré ses compétences et ses états de service[25].

À cette époque, les occasions d'affaires et de développement économique sont très prometteuses, mais aussi très risquées. Le sort de sir Edward Clouston, l'un des banquiers les plus compétents et, indubitablement, les plus puissants de son temps, l'illustre de façon assez tragique. Son éviction et le choix d'Angus sont – fait indéniable mais très rare – une réprimande. Les administrateurs reprochent à leur président d'avoir entraîné la Banque dans l'aventure douteuse proposée par Beaverbrook. Il se trouve que la direction de la Banque est très jalouse de son excellente réputation de probité, de moralité et de prudence, qu'elle protège à tout prix même si elle doit pour cela tourner le dos à l'innovation et à l'adaptation, comme l'avenir le montrera. C'est peut-être ce qui explique la nomination de R. B. Angus, héros célèbre mais quasi préhistorique de la Banque, dans les années 1870, et du CP, dans les années 1880. Les administrateurs tentent de restaurer l'ordre au panthéon.

La vie secrète de la Banque à Londres

Les liens entre la Banque de Montréal et le centre de l'Empire sont presque aussi anciens que la Banque elle-même. Les cinquante premières années de l'établissement auront été pratiquement modelées par sa relation avec le district londonien délimité par Whitehall, Westminster et la Cité, une zone plutôt restreinte sur le plan géographique, qui aura cependant pesé lourd sur la destinée de la Banque. Comme le montrent les chapitres précédents, la Banque a forgé des liens très manifestes avec les lords du Trésor, à Whitehall, ainsi qu'avec le Bureau des colonies et les centres d'affaires de la capitale. Il faut toutefois attendre 1870 pour que la relation entre la Banque et la Cité prenne sa pleine dimension, quand les affaires et l'État canadien ont atteint une certaine envergure. C'est en effet le 6 avril 1870 qu'est créé le comité directeur de Londres (sorte de « conseil d'administration londonien ») de la Banque, d'abord sous la présidence de sir John Rose, qui est sans doute le financier le plus influent de sa génération. E. H. King prend le relais après avoir laissé la présidence de la Banque, en 1873[26]. Même s'il a quitté la scène montréalaise, King reste très actif auprès de la Banque, mais depuis Londres. (Tout au long de son existence, d'ailleurs, le comité de Londres sera une véritable tribune d'où les anciens dirigeants de l'établissement, tout comme les grandes figures de la politique, des affaires et de l'armée, continueront de servir la plus vieille banque du Canada.) King mène les affaires de la Banque à Londres jusqu'en octobre 1888, date à laquelle lui succède sir Robert Gillespie[27].

C'est ce comité qui gouverne principalement les relations de la Banque à Londres, qui prend les dispositions nécessaires au mouvement des capitaux et qui établit les facilités de crédit. À de rares exceptions près, il se réunira tous les mercredis pendant soixante-quinze ans. Les dirigeants de la Banque de passage à Londres participent aux réunions comme membres d'office (à partir de 1893, à tout le moins)[28]. Le comité devient pour la Banque un carrefour international du placement d'actions et d'obligations et de la levée des capitaux nécessaires au pays et aux entreprises canadiennes. C'est ainsi que, dès la fin des années 1870, le comité de Londres peut envoyer 6 873 £ au siège social de Montréal[29]. Ses investissements augmentent au fil des ans, en particulier avec l'acquisition de titres ferroviaires sur le marché londonien. En août 1906, par exemple, le comité accepte de participer au lancement d'un emprunt de un million de livres en obligations non amortissables du CP[30]. Nombre d'autres sociétés canadiennes recourent à la Banque pour obtenir des lettres de crédit, mais aussi des actions et des obligations, de municipalités canadiennes notamment. Au demeurant, le comité ne s'en tient pas au marché canadien, comme en témoigne ce prêt au taux de cinq pour cent à la Ville de Moscou en mars 1908[31]. Il prend part aussi, fréquemment, à la souscription de prêts à des gouvernements, de l'Australie, de la Belgique, de l'Inde, du Japon, du Kenya et de l'Afrique du Sud, entre autres.

Au besoin, les fonctions du comité de Londres passent par l'autoréglementation. C'est le cas en avril 1908, par exemple, quand Frederick Williams-Taylor reçoit une plainte officielle selon laquelle des membres du bureau de la Banque se comportent comme des « loups ». Le mot désigne les dirigeants d'une banque qui se livrent à la spéculation en achetant de grandes quantités d'actions pour les revendre le plus vite possible, à profit. « Ces agissements, indignes à tous égards, contreviennent à l'article 338 du Règlement », peut-on lire dans le procès-verbal de la réunion tenue par le comité le 9 avril 1908. « Le personnel de cette succursale est par les présentes avisé que tout membre du bureau de la Banque qui souscrit directement ou indirectement une action de la Banque ou d'un autre établissement aux fins de spéculation encourt une suspension ou le congédiement immédiat ». L'avertissement, signé par le président, Lord Strathcona, précise en outre que « les émoluments et gratifications sur commissions [sont] strictement interdits[32] ».

Le comité s'occupe principalement du placement des prêts du gouvernement du Dominion et des prêts aux entreprises canadiennes qui ont besoin de financement. Ces transactions, qui se multiplient depuis les années 1890 jusqu'au début des années 1900 au fil des activités et des projets commerciaux qui se déploient au Canada, sont indicatrices du mouvement des capitaux britanniques. Le comité est l'une des artères vitales de l'acheminement de capitaux au Dominion qui, vers la fin du dix-neuvième siècle, est à l'orée d'une forte expansion.

Nous l'avons vu : avant comme après la Confédération, la Banque est très présente dans le commerce et les échanges. Elle le sera plus encore vers la fin du dix-neuvième siècle et s'efforcera de s'installer dans toute la région de l'Atlantique Nord afin d'inciter le capital à suivre le drapeau. Toutefois, jusqu'à la toute fin des années 1890, quand enfin l'économie rebondit, elle subordonne ses ambitions expansionnistes à la stratégie globale de stabilité et de prudence qui la caractérise, à laquelle elle doit sa réputation et qui la protège des tempêtes qui secouent périodiquement l'économie nord-américaine et européenne.

L'esprit expansionniste

L'histoire de la Banque de Montréal à cette époque est dominée par un autre thème : l'acquisition d'un certain nombre de banques. Les modifications apportées à la *Loi sur les banques* en 1901 changent les règles qui régissent la fusion des banques à charte canadiennes. S'ensuit une vague de fusions qui durera jusqu'au milieu des années 1920, soit au-delà de la période visée par la présente section, mais le mouvement ayant commencé juste avant la Première Guerre mondiale, il est normal de nous y attarder dès maintenant.

À cette époque, l'histoire de la banque en général est marquée par des fusions et des consolidations qui, après 1918, deviennent si nombreuses que le nombre d'établissements passe de dix-huit en 1920 à onze en 1929[33]. Sur trente-six regroupements de ce genre, beaucoup sont dus à la faillite imminente ou consommée des établissements, une statistique qui suscite l'étonnement d'E. P. Neufeld, « étant donné la réputation de solvabilité du système bancaire canadien[34] ». D'une certaine façon, la fusion est une arme incontournable s'agissant de protéger la réputation d'intégrité de ce système.

Pourquoi cette stratégie d'acquisitions? Les motifs sont complexes. La Banque de Montréal amorce le mouvement en 1903, avec l'acquisition de l'Exchange Bank of Yarmouth, et le conclut avec l'achat de la Banque Molson, en 1925. Pendant cette période, elle absorbera sept banques, suivant une stratégie destinée à renforcer son ascendant, au regard, surtout, de sa concurrente la plus proche et la plus menaçante : la Banque Royale.

La concurrence entre ces deux établissements, sur le plan de l'actif et de la circulation, surtout, sera féroce et longue : elle durera quelques dizaines d'années. Examinons la vague des vingt premières années du vingtième siècle.

Les fusions de la première décennie

Au début des années 1900, la Banque de Montréal acquiert ou absorbe l'Exchange Bank of Yarmouth, la People's Bank of Halifax, la Bank of New Brunswick

Tableau 8.1 | Fusions conclues par la Banque de Montréal, 1903-1925

Banque	*Année d'acquisition*
Exchange Bank of Yarmouth	1903
The People's Bank of Halifax	1905
The Ontario Bank	1906
The People's Bank of New Brunswick	1907
La Banque de l'Amérique septentrionale britannique	1918
La Banque des Marchands du Canada	1924
La Banque Molson	1925

et l'Ontario Bank. Dans ce dernier cas, l'histoire est la suivante : en 1906, la direction de l'Ontario Bank s'étant compromise dans des investissements « malheureux », la Banque de Montréal en rachète l'actif et garantit les dépôts[35]. « L'absorption immédiate de l'Ontario Bank par la Banque de Montréal, affirme le *Globe*, est la preuve la plus convaincante que notre système et nos institutions bancaires sont trop solides pour être ébranlés par les conséquences les plus néfastes de la délinquance de particuliers ou de sociétés[36] ». Le journaliste précise : « Au lieu de voir une foule de déposants inquiets et d'obligataires paniqués se masser devant les portes closes d'établissements embarrassés par une conjoncture flageolante, nous assistons au simple transfert des comptes vers les plus grandes et les plus solides de nos banques à charte. Nous évitons ainsi l'agitation dangereuse pour le commerce et la finance que déchaînerait ailleurs la fermeture forcée d'une banque. Ici, les affaires suivent leur cours, sans que le grand public y perde ou s'en trouve incommodé[37] ». Il y a lieu, souligne-t-il, de « louer sans retenue le président et les administrateurs de la Banque de Montréal, qui ont rapidement endossé tout le passif de l'Ontario Bank afin de venir en aide aux déposants et aux obligataires. » Légalement, la Banque de Montréal n'est pas tenue d'intervenir, mais :

> Toutes les banques à charte se sentent responsables envers l'industrie de la stabilité générale du système fiscal dont elles relèvent. Elles tiennent à contribuer directement au maintien de cette stabilité et de la confiance du public. La Banque de Montréal s'est acquittée de toutes ces exigences en garantissant rapidement le passif de l'Ontario Bank avant même que la nature et l'origine des manquements et difficultés de cette dernière ne soient connues du public. À peine mises au jour la mauvaise gestion et l'imprudence de certains directeurs, nous

apprenions que tout le passif serait éteint, que l'ensemble des comptes seraient transférés à la Banque de Montréal et que la moindre obligation serait honorée, en toute transparence[38].

La Banque de Montréal et la Banque de l'Amérique septentrionale britannique

L'acquisition de la Banque de l'Amérique septentrionale britannique (BBNA) illustre à merveille l'excellente réputation des banquiers de la Banque de Montréal. Le conseil d'administration de la BBNA, qui siège en Grande-Bretagne, a de plus en plus de mal à s'y retrouver dans les méandres du système bancaire canadien par-delà l'océan. Voilà pourquoi, dès le début de 1915, il sonde l'opinion de la Banque sur une possible fusion[39]. De prime abord, le ministre des Finances (White) refroidit l'enthousiasme des partisans du projet et prévient la Banque que le pays ne verrait pas de nouvelles fusions d'un œil favorable. C'est alors qu'entre en scène Lord Beaverbook, un courtier réputé impitoyable et rusé dans les halls de la Banque de Montréal. Il menace de prendre le contrôle de la BBNA, ce qui représente un risque indéniable pour le secteur bancaire canadien[40]. Au printemps 1917, la situation s'est tellement détériorée – du point de vue de la Banque de Montréal, à tout le moins – que sir Vincent Meredith s'ouvre au ministre de ses inquiétudes. Il lui rappelle d'abord qu'en 1915, « le pays était fortement opposé aux fusions, sauf dans les cas où les banques visées étaient en butte à des difficultés financières imminentes. » Deux ans plus tard, les circonstances sont très différentes. Comme l'explique Meredith, la réputation de la Banque de Montréal et du système bancaire canadien tout entier, voire, du pays est en jeu. « Vous comprendrez aisément à quel point il importe pour cette institution d'accroître son influence. La concrétisation des plans de Beaverbrook serait un formidable choc pour nous. [...] J'espère de vous des mots rassurants quant à la possibilité de vous voir adhérer à la proposition que j'évoque[41]. »

Dans sa lettre à Meredith, le lendemain, White n'écrit pas ces mots rassurants ni ne dit rien des intentions du gouvernement[42]. La Banque va de l'avant et conclut l'affaire sans autre avis du ministre, en octobre 1917. White est courroucé, il va de soi[43], mais Meredith n'en démord pas : « Je me dois de vous dire que, selon moi, nous rendons service au pays en empêchant une banque régie par une charte britannique, dotée de grands pouvoirs et affectée de défauts manifestes, de pénétrer le secteur bancaire canadien. Je précise en outre que nous n'avons pas l'intention d'inviter nos actionnaires à acheter des actions supplémentaires et que la transaction n'implique pas d'envoi d'argent hors du Canada[44]. » Meredith revient sur l'affaire dans des lettres subséquentes.

Il estime que le caractère de Beaverbrook n'est pas compatible avec la réputation du secteur bancaire canadien. Voilà pourquoi « les administrateurs [de la BBNA] étaient désireux, voire pressés, de confier leur établissement à une vieille amie comme la Banque de Montréal qui, étant sur place, saura répondre aux besoins de la clientèle et veiller au bien-être du personnel mieux que la BBNA n'aurait pu le faire elle-même depuis Londres[45]. »

Les arguments de Meredith n'ont pas immédiatement l'effet escompté : White reporte de plusieurs mois l'examen de la question, estimant que la fusion proposée ne doit pas se faire avant l'élection gouvernementale imminente. C'est la consternation à la Banque de Montréal, qui a déjà pris toutes les dispositions nécessaires au transfert. Enfin, la fusion est autorisée.

Le mouvement des fusions est animé par des facteurs multiples, mais indépendants les uns des autres. On s'attend des banques « douées de méthodes organisationnelles supérieures et capables d'économies d'échelle » qu'elles prennent le contrôle d'établissements plus modestes et plus instables afin d'éviter l'effondrement de tout le système financier[46]. Une faillite serait plus onéreuse qu'une fusion pour la réputation des banques canadiennes et pour le capital politique du gouvernement. Certains affirment que les fusions semblent être envisagées à l'initiative des établissements en difficulté, c'est-à-dire conscientes de leur insolvabilité imminente. Peut-être, mais une chose est sûre : la volonté de protéger la réputation du système bancaire canadien pèse lourd dans la décision des grandes banques[47].

Analyse

D'un point de vue stratégique, l'acquisition de banques canadiennes par la Banque de Montréal à partir du tournant du siècle est logique. Les rendements en croissance fournissent le capital nécessaire à cette prospection. Il ne manque pas de banques de second rang dont beaucoup, plutôt vulnérables, sont aux prises avec les problèmes qu'engendrent le passage d'une génération à la suivante et un paysage financier très mouvant. Certaines sont bien mal équipées pour résister aux fluctuations soudaines du marché. D'autres sont le jouet d'une mauvaise direction ou pire encore. Depuis sa position au sommet de l'industrie bancaire canadienne, la direction de la Banque de Montréal observe ce milieu riche en cibles potentielles qui permettraient une expansion immédiate sur certains marchés comme les Maritimes, le sud de l'Ontario et la Colombie-Britannique. Comme nous l'avons montré, toutefois, les aînées des banques à charte canadiennes assument une lourde responsabilité fiduciaire à l'égard de la stabilité de tout le système. À cette époque, en effet, les garanties réglementaires et autres idées exotiques comme l'assurance-dépôts sont encore loin. Les seules dispositions prises par le gouvernement sont celles de la *Loi sur les banques*.

Les banques exercent des pouvoirs énormes, qui sont toutefois assortis de responsabilités envers le système. Les difficultés et manquements d'une banque donnée deviennent l'affaire de toutes les banques à charte canadiennes. À titre de doyenne et de grande coordonnatrice du secteur bancaire au Canada, qui plus est, la Banque de Montréal occupe la position particulière de gardienne et de caution. Dans cette industrie, en effet, réputation fait loi. Au Canada, la Banque de Montréal est l'exemple par excellence de l'importance stratégique et institutionnelle vitale d'une réputation.

Non seulement le fait de ne pas protéger le système bancaire de circonstances malencontreuses, d'un malheur ou de directeurs sans scrupules porterait atteinte à sa réputation, mais il menacerait gravement la liberté d'action des banquiers canadiens, sans parler de leur « ascendant » dans la société, en les exposant au risque d'une intervention réglementaire plus sentie du gouvernement. La consolidation de l'industrie, soit l'achat par les grandes banques d'autres plus petites qui se trouvent en difficulté, est déjà sujet de préoccupation à Ottawa. Politiciens et stratèges sont de plus en plus inquiets au vu de la croissance rapide des grosses banques à charte canadiennes et du pouvoir qu'elles ont sur la destinée économique du Canada.

Les grandes banques ont donc de nombreuses raisons d'agir, et elles les maîtrisent toutes. Pendant cette période, la Banque de Montréal joue à la perfection son rôle de doyenne en mobilisant ses pouvoirs considérables pour que ses acquisitions respectent en tout sa stratégie concurrentielle ainsi que de rigoureuses normes de confiance, une confiance si laborieusement acquise au fil d'un siècle d'activité.

Des espèces sonnantes et trébuchantes

Le commerce et les acquisitions du début du vingtième siècle ouvrent une fenêtre directe sur les activités, la stratégie et les calculs de la Banque de Montréal. Même si, comme nous l'avons souligné, le commerce est tourné vers l'extérieur et la vague des acquisitions est un mouvement vers l'intérieur, l'un et l'autre jettent un éclairage sur les plans stratégiques et les réseaux de renseignement et de connaissances de la Banque, ainsi que sur les considérations sociales plus vastes dont elle doit tenir compte. La direction doit toujours exercer un jugement prudent, propice au maintien d'un équilibre entre dynamisme et forme, entre ce qu'elle peut risquer et ce qu'elle doit préserver. Ce qui frappe, en outre, c'est l'étendue des ramifications de ses actions en matière de commerce et d'acquisitions dans le contexte plus vaste que forment les marchés et le développement économique, ainsi que l'économie politique de l'époque. Ces enjeux placent la Banque au cœur de l'action, c'est-à-dire au centre de l'histoire du commerce et au centre de l'évolution de la finance en cours au Canada. Ses dirigeants veillent d'abord à son propre succès, il va sans dire, mais en mettant leur expertise au service de l'établissement, ils contribuent également à la prééminence du pays auquel ils sont très dévoués. À cet égard aussi, les générations qui se succèdent à la direction relèvent les défis et saisissent les occasions que le monde crée pour elles.

Il est clair en plus que, dans l'un et l'autre cas, la direction est prête à saisir les bonnes occasions, à faire avancer la cause de la Banque et à dompter la fortune dans la mesure où la destinée et les circonstances le permettent. Au tournant du vingtième siècle, l'époque est à l'expansionnisme. Dans les années 1920 et 1930, en revanche, les hasards de la vie et la conjoncture très différente mettront à nouveau les dirigeants sur la brèche.

L'introduction à la troisième partie situe la Banque dans le cadre général de la fortune, rappelant que les leaders et les institutions gouvernent la moitié, environ, de leurs actions, s'il faut en croire *Le Prince*. De fait, le fleuve impétueux de la fortune inonde parfois les plaines avec fureur.

La fortune, dit-on, sourit aux audacieux. Elle sourit également à ceux qui sont prêts à réagir aux secousses, notamment parce qu'ils ont planifié avec soin et intelligence la façon de le faire et les moyens d'exploiter la moindre occasion. Justement, le sens de l'initiative, la stratégie, le choix du moment, la souplesse des cadres réglementaires et la compétence organisationnelle concourent au succès de la Banque de Montréal. Ces éléments permettent d'abord à l'établissement de résister aux vicissitudes de l'économie du Canada et de l'Atlantique Nord. Les résultats importent pour la Banque, d'abord, mais ils comptent aussi pour beaucoup dans l'essor du Canada comme nation, dans l'évolution du système bancaire du pays et dans les conditions nouvelles du commerce national et international.

La banque et la nature

Ce chapitre, qui clôt la troisième partie, est une réflexion sur certains des grands thèmes qui marquent l'histoire de la Banque de Montréal au tournant du vingtième siècle. Permettez-moi une nouvelle métaphore, complémentaire des précédentes. Elle est d'ordre biologique, ce qui n'est pas aussi étrange qu'il y paraît. L'ouvrage *Adaptive Markets*, d'Andrew W. Lo, nous en fournit une version succincte : « [...] les marchés financiers n'obéissent pas aux lois de l'économie. Produits de l'évolution humaine, ils suivent les lois de la biologie. La mutation, la concurrence et la sélection naturelle, principes déterminants de la vie d'une harde d'antilopes, s'appliquent de même à l'industrie bancaire, à quelques différences près, qui concernent la dynamique des populations[48]. » De fait, comme le monde financier et le monde naturel ont plusieurs traits en commun, le cadre biologique explique à merveille l'expérience de la Banque de Montréal à cette époque et par la suite.

Des gènes dominants

Le premier trait commun de la finance et de la nature est la génétique. En biologie, le rôle des gènes consiste à stocker de l'information, pour ensuite la transmettre d'un individu à un autre. À la Banque de Montréal, la culture d'entreprise naissante est, de même, un dépôt de la mémoire organisationnelle qui sera transmise dans toute l'organisation au fil du temps. L'évolution de ses méthodes, son expérience des activités bancaires, ses formes organisationnelles, le contexte réglementaire, ses réseaux de renseignement et ses réseaux financiers, ce qu'elle croit être son rôle dans le système plus vaste et pour le bien du pays, ainsi que ses interrelations naissantes se conjuguent en un contexte culturel qui lui est propre. C'est à cette culture d'entreprise spécifique que la Banque doit sa prospérité pendant cette période. Les progrès techniques, ainsi que l'administration et la coordination assurées par le siège social, et le développement d'un réseau transcontinental de succursales ont façonné cette culture naissante et vice-versa.

Mutations

Le deuxième trait commun est la possibilité de mutations spontanées. À l'époque qui nous intéresse, la stabilité est à l'ordre du jour et la prudence est inscrite dans les gènes de la Banque. Quand toutefois se présentent de belles occasions, surtout en matière d'investissements et de commerce internationaux, la direction n'hésite pas. Dans le monde financier, les mutations se font habituellement suivant un axe technologique; autrement dit, l'innovation technique peut changer la nature des activités. À cette époque toutefois, les transformations ont peu à voir avec la technique, mais davantage avec la capacité des institutions financières de parvenir à la stabilité et de croître en adaptant leur stratégie aux occasions qui se présentent (sur les marchés locaux et nationaux, dans des secteurs émergents comme les sociétés de services d'éclairage, de chauffage et d'énergie, sur les marchés en développement, sur les marchés de capitaux, dans le financement d'un gouvernement impérial et colonial, etc.).

La concurrence autour des ressources

La concurrence fait aussi partie des traits que partagent finances et nature. Dans la nature, les individus d'une même espèce se font concurrence pour une même ressource. De même, en finances, la Banque de Montréal est particulièrement habile à survivre et à prospérer grâce au maintien de méthodes efficaces. La capacité de la direction à utiliser pour son plus grand avantage les pouvoirs que lui confère sa taille dominante au Canada, sans parler de sa réputation sur les marchés internationaux, lui permet de distancer ses rivales.

Dans ce cadre conceptuel, d'autres éléments de concurrence sont dignes de mention, bien qu'ils concernent davantage le système financier dans son ensemble. Deux se distinguent particulièrement. Le premier est la spéciation, soit la biodiversité issue de la création de nouvelles « espèces » d'établissements financiers. Tel est justement le cas à la fin du dix-neuvième siècle, quand apparaissent au Canada d'autres formes d'intermédiaires financiers, dont les compagnies d'assurance-vie, les firmes de courtage et les fiducies. Enfin, il y a le « risque d'extinction », c'est-à-dire le risque de voir disparaître certaines espèces à jamais. Songeons à la disparition de plusieurs banques canadiennes de taille moyenne.

Les réseaux d'action

L'un des éléments les plus intéressants, mais aussi les moins bien compris de l'histoire de la Banque à cette époque, est son succès dans le réseau de plus en plus complexe des finances internationales. Celui-ci s'ouvre à un nombre grandissant d'éléments actifs dans le monde financier nord-atlantique[49]. Or, bien qu'elle soit la principale banque du Canada, la Banque de Montréal n'est que l'un de ces éléments de plus en plus nombreux – banques et intermédiaires financiers, en quête de stature, d'influence et d'attention. Cette complexité croissante ajoute au fardeau de la direction, tenue à la plus grande prudence et au jugement le plus circonspect. Le conservatisme progressiste s'impose, si l'on peut dire et si tant est que l'on puisse dévoyer le terme de ses origines politiques. Dans le contexte de la Banque de Montréal, il englobe l'adhésion à des principes de prudence qui garantissent à l'établissement une marge de sécurité confortable, une saine réserve de fonds, une expansion prudente et une stratégie générale d'expansion et d'investissement.

Comme le montre l'ensemble de cette troisième partie, le rendement de la Banque en près d'un demi-siècle est le fruit d'une stratégie de patience à long terme, qui préserve sa position au fil de longues années de rares ouvertures, puis accélère sa croissance quand vient enfin le temps d'exploiter les avantages que lui assurent son envergure, sa taille et son champ d'action.

Performance et conséquences

La performance de la Banque, nous l'avons vu, se répercutera pendant longtemps sur la position du Canada dans la région de l'Atlantique Nord. Son action comme banquière, prêteuse et agente financière du gouvernement du Dominion et d'une foule d'autres administrations publiques provinciales et municipales, de même que sur les marchés de New York et de Londres, génère des flux de capitaux essentiels au développement local et national. Aucune autre banque canadienne n'offre des services de cette ampleur à qui veut jeter des ponts entre le Canada et ses entreprises, d'une part, et les capitaux britanniques et américains, d'autre part. Les vagues d'immigration massive vers l'ouest, le boom agricole, le progrès rapide des techniques d'éclairage, de chauffage, d'alimentation en énergie et de transport, de même que les changements provoqués par la révolution électrochimique qui animent la fin du dix-neuvième siècle et le début du vingtième nécessitent un système bancaire assez solide pour soutenir ces développements et assurer la circulation des capitaux.

D'une décennie à l'autre, des années 1870 à la Grande Guerre, la Banque de Montréal, au sommet de sa puissance, aura maximisé ses avantages comparatifs. Banquière des gouvernements, elle met à profit son expertise des marchés de capitaux de la région de l'Atlantique Nord et travaille en tandem avec ses homologues pour assurer une direction disciplinée du système bancaire canadien. Banquière des entreprises, elle finance une gamme d'industries essentielles, depuis l'agriculture, l'exploitation forestière et d'autres industries primaires, dans l'Ouest, jusqu'au développement du cœur industriel du centre du pays. Banque de commerce par excellence, elle entretient des liens étroits et durables avec les réseaux financiers des États-Unis et de Londres et, de plus en plus, avec l'Amérique latine et les Antilles. Ces liens ouvrent des débouchés nouveaux et prometteurs aux entreprises canadiennes, qui peuvent compter sur son appui solide, tandis qu'elle-même est assurée de profits substantiels, à mesure que croissent son pouvoir et son influence.

Pour la plus grande gloire

Les deux premières décennies du vingtième siècle récompensent les fidèles disciples de la déesse Fortune, pour la plus grande gloire de l'institution qu'ils servent. En adaptant sa stratégie et son organisation, la direction de la Banque tire parti de ce que j'ai appelé plus haut « l'ascendant de la banque canadienne ». Cette période semble avoir été un âge d'or pour les banquiers et, en particulier, ceux de la Banque de Montréal. La croissance est remarquable et la consolidation favorise les banques les plus grandes et les mieux établies. Les banques canadiennes façonnent plus ou moins le monde comme elles l'entendent, pour ce qui est de la réglementation tout au moins, et des dividendes toujours généreux enrichissent les actionnaires. L'expansion au Canada et à l'étranger, l'élargissement de la clientèle, les acquisitions et les consolidations placent les banquiers de la Banque de Montréal au cœur même de l'action, dans un Dominion jeune et dynamique. Ses hauts dirigeants ont, sur le gouvernement et les entreprises, une profonde influence à laquelle la Grande Guerre porte peu atteinte, même quand le gouvernement intervient davantage pour coordonner la demande énorme en capitaux, en hommes et en matériel. La Banque déploie les prodigieuses capacités de ses réseaux financiers et l'expertise de ses principaux dirigeants au profit de l'effort de guerre du Canada. Autrement dit, en 1918, ces fidèles disciples sont au sommet de la roue de Fortune, mais ils le doivent à de longues années de dur labeur et de patience.

Réputation fait loi

Un autre élément caractéristique de l'époque mérite notre attention. Du tournant du siècle jusqu'à la fin des années 1920, le pouvoir et l'ascendant des banques canadiennes atteignent leur zénith. À titre individuel (comme c'est le cas à la Banque de Montréal) ou collectif (par l'intermédiaire de l'Association des banquiers canadiens), les banquiers du Canada jouissent d'un prestige immense et d'une influence qu'ils ne retrouveront jamais plus. Cette réputation ne s'est pas bâtie en un jour, et elle repose sur plusieurs facteurs essentiels : un solide rendement, une gestion prudente et toute une gamme d'autres attributs favorables. La stature remarquable des hauts dirigeants de la Banque, ainsi que leur réputation au Canada et dans toute la région de l'Atlantique Nord sont précieuses pour le pays comme pour leurs propres activités bancaires.

Une solide réputation

Le pouvoir des banquiers de cette époque tient à leur capital social. Les grandes banques canadiennes sont sous la direction presque exclusive de l'élite montréalaise et canadienne. On trouve parmi les dirigeants et les administrateurs de la Banque de Montréal la plus vaste représentation des élites à la fois financières et industrielles du pays. Le prestige des directeurs et des conseils d'administration des principales succursales des villes du Dominion ajoute à l'importance des réseaux sociaux pour la Banque. Ces élites forment d'ailleurs un cercle étroit avec la classe politique canadienne dont elles sont proches sur les plans professionnel et social.

Le maintien de ce capital de réputation – que les banquiers ne nomment pas de façon aussi explicite – est l'instrument essentiel de la continuité du pouvoir de ces hommes au sein du système financier canadien. Ceux qui se succéderont pendant un siècle à la tête de la Banque de Montréal, en particulier, comprendront instinctivement ce lien. Le statut de première banque du Canada, de « premier établissement bancaire du Dominion », de représentante des capitaux canadiens à l'étranger, de banquière du Dominion, de centre d'un vaste réseau d'information sur la vie économique et financière du pays : tout contribue au choix de la façon de mener les affaires.

Conclusion

Ce chapitre clôt notre exposé sur une époque de la vie de la Banque de Montréal qui va des lendemains de la Confédération jusqu'à la fin de la Grande Guerre et qui est remarquable par sa diversité. Dans cette troisième partie, nous avons tenté de sonder cette importante période de l'histoire des banques au Canada dans un nouveau cadre et sous un nouvel éclairage, en intégrant de nouveaux éléments et une vision plus nuancée. J'aimerais, pour conclure, rappeler un épisode modeste, mais symbolique, qui marque la fin de cette époque hors du commun : le centième anniversaire de la création de la Banque de Montréal. En 1917, au plus fort de son influence, de son ascendant et de son prestige, la Banque décide de souligner ce premier centenaire. De cette décision naît un mince et élégant ouvrage intitulé *The Centenary of the Bank of Montreal 1817–1917*.

L'occasion est exceptionnelle. « Une carrière d'un siècle comme la nôtre est unique dans ce pays », écrit le directeur général sir Frederick Williams-Taylor à l'historien Victor Ross en 1916. « Nous n'aurions jamais entrepris le travail dont je vous parle si nous n'avions pas pu nous assurer la collaboration d'une personne qui saura rendre justice au sujet[50]. » À en croire les banquiers de Montréal, hélas, les premières ébauches du livre ne rendent pas vraiment justice à l'histoire. Le premier auteur n'étant pas à la hauteur des normes de la Banque, le manuscrit est totalement réécrit[51]. Cette nouvelle version est soumise à l'examen très rigoureux de sir Frederick et de son bureau, qui soulèvent dès le premier paragraphe des points d'usage de la langue, si bien qu'au terme d'une discussion abstruse, l'auteur substitut, exaspéré, reproche à ses interlocuteurs d'être « par trop critiques ». Au bout du compte, G. W. Spinney, l'adjoint de sir Frederick, veille à ce que le livre satisfasse la Banque en tous points. Les soins apportés par le directeur général et ses auxiliaires au moindre détail de l'ouvrage montrent que celui-ci est considéré comme un objet précieux, qui doit situer la Banque dans le contexte approprié à l'intention du grand public.

Toute société qui se respecte apporte une application et un soin jaloux à la rédaction de sa propre histoire, pour soigner sa réputation, ses communications, ses relations publiques et le moral de son personnel, et pour une gamme d'autres objectifs plus indirects. L'intensité étonnante de la participation des cadres de la Banque à la production de cette histoire, tant en ce qui concerne le produit final qu'en coulisses, éclaire leurs motivations, leurs angoisses et leurs aspirations. Avec le recul, elle laisse aussi entrevoir les forces et les faiblesses de l'entreprise, la façon dont elle se perçoit et sa fidélité aux documents historiques tandis qu'elle tente d'expliquer sa nature et son expérience à un vaste public.

Selon l'ouvrage du centenaire, la Banque semble être, en 1917, au sommet de son pouvoir, confiante en sa stratégie et satisfaite de son rendement. La direction et le personnel sont conscients de leur rôle dans la vie du pays, et malgré les épreuves de la guerre, ils conservent l'assurance de marins habiles, habitués à naviguer dans les eaux de l'économie canadienne. Ils profitent évidemment de l'occasion offerte par le centenaire pour rappeler aux lecteurs que la Banque de Montréal est « la plus vieille banque de l'Amérique du Nord britannique et l'une des plus grandes de l'Empire[52] ». Les derniers chapitres sont consacrés aux quelques années précédentes, période de prospérité et de spéculation sans précédent. Le récit est édifiant. L'exubérance irrationnelle qui a agité les marchés canadiens pendant quelques années, avant 1913, aura amené « à douter et à se méfier de la position économique du Canada sur les marchés de capitaux du monde, et à un examen approfondi des titres [de la Banque], ainsi qu'à la réduction de la masse monétaire si essentielle à notre développement[53]. » Le rôle de la Banque comme sentinelle et garante d'un développement économique discipliné au Canada est sous les projecteurs. Comme l'écrivait sir Vincent Meredith en 1914, les événements de l'époque « nous ont fait comprendre la nécessité de cesser pour un temps les dépenses improductives et de concentrer nos efforts sur l'exploitation des ressources naturelles, à laquelle nous pressait un afflux massif d'immigrants. La situation était lourde de risques économiques[54]. » L'avertissement est arrivé juste à temps pour la Grande Guerre, pendant laquelle des politiques prudentes contribueront malgré tout à l'augmentation considérable de la richesse nationale[55].

L'image que la Banque a d'elle-même, de son rôle dans la vie du pays et de sa responsabilité envers les actionnaires, les déposants, les gouvernements et le bien-être de la nation est un trait important de son caractère. La Banque veut « être à la hauteur en cas d'urgence, quelle qu'elle soit[56] ». Selon sir Frederick Williams-Taylor, ce n'est pas tant « la position inexpugnable de la

Banque » qui, en 1917, suscite la plus grande fierté, mais bien les membres du personnel qui répondent à l'appel du devoir et « se battent pour la sécurité de leurs congénères et la liberté du monde[57] ». Deux tiers du personnel masculin sont sous les drapeaux. En 1917, cinquante et un sont morts et cent sept sont blessés, disparus ou prisonniers. Témoin de sa génération, Williams-Taylor voit la Banque non pas seulement comme une institution financière stratégique vitale, mais comme une société qui aura fait plus que l'essentiel pour s'acquitter de ses obligations envers la nation.

Ce sens du devoir à multiples facettes, envers le roi et le pays, envers le système financier, envers les employés, les actionnaires, les déposants et les emprunteurs, inspire grandement la culture de la Banque quand s'achèvent la Grande Guerre et ce segment de son histoire. Voilà comment ces fidèles disciples de la déesse Fortune voient la banque et voilà pourquoi leurs activités débordent les voies habituelles du commerce pour s'étendre à l'essor général de la nation. Les banquiers de la Banque de Montréal sont au pinacle.

QUATRIÈME PARTIE

Revers de fortune, 1918-1945

Manifestement, les gens de la Banque de Montréal considèrent qu'on les a battus et qu'ils sont à genoux, ce qui est peut-être vrai. Les choses changeront lorsque ces gens se mettront à dépêcher leurs émissaires directement pour demander pitié.

Le premier ministre William Lyon Mackenzie King,
Journal personnel
Le 4 novembre 1925

Quicquid erit, superanda omni fortuna ferendo est.
[Advienne que pourra, quelle que soit la fortune, il faut la surmonter avec patience.]

Virgile, *L'Énéide*

« Je conclus donc que, la fortune changeant, et les hommes s'obstinant dans la même manière d'agir, ils sont heureux tant que cette manière se trouve d'accord avec la fortune ; mais qu'aussitôt que cet accord cesse, ils deviennent malheureux. »

Nicolas Machiavel, *Le Prince*, Chapitre XXV

Au seuil de l'après-guerre, les dirigeants de la Banque ont toutes les raisons de penser que leur établissement est à son mieux. Le rendement de la Banque est solide et ses éléments d'actif sont en forte croissance depuis le début de la décennie. Sous l'impulsion de la Banque de Montréal, le système bancaire canadien a consenti une aide financière essentielle dans l'effort de guerre. Il a également assuré la stabilité financière nationale pendant toute la durée de la Grande Guerre. L'organisation de la Banque s'est mobilisée en vue de l'effort de guerre, obligeant ses réseaux de crédit et ses relations sur le marché à mettre la main à la pâte au Canada et à l'étranger. Le gouvernement du Dominion en est venu à s'en remettre à la Banque de Montréal pour le financement en temps de guerre à titre de représentant officiel du Canada sur les marchés financiers des deux côtés de l'Atlantique Nord. Pendant la guerre et au cours de la période d'après-guerre, les premiers ministres, et surtout les ministres des Finances, ont travaillé en étroite collaboration avec les dirigeants de la Banque de Montréal pour maintenir le cap face aux énormes besoins financiers et matériels suscités par l'urgence. Pour les 1414 membres du personnel de la Banque de Montréal qui se sont enrôlés dans le Corps expéditionnaire canadien, cette contribution a été éminemment individuelle. Des centaines de banquiers de la Banque de Montréal de l'ensemble du Dominion « sont partis, à l'appel de leur roi et de leur pays, sauver l'Empire britannique de la domination impitoyable d'un ennemi étranger[1] », 230 d'entre eux ayant fait l'ultime sacrifice.

Ce ne serait qu'une partie de l'histoire. Comme nous l'avons vu vers la fin de la troisième partie, la présence notable de la Banque à sa succursale de Waterloo Place (et dans une sous-agence à Trafalgar Square) à Londres constituait un centre populaire pour les hommes d'affaires et les voyageurs canadiens, ainsi que pour les centaines de milliers de soldats du Corps expéditionnaire canadien (CEC). N'oublions pas que nous sommes avant l'ouverture de la résidence du Haut-commissaire du Canada à Trafalgar Square, qui finira par devenir le point de ralliement naturel des Canadiens après 1925. En 1919, la Banque a 14 100 comptes dans les succursales de Waterloo Place et de Trafalgar Square prises ensemble, 9000 d'entre eux environ étant des comptes de militaires du CEC[2].

D'après l'estimation qu'en font ses dirigeants et aux yeux de ses compatriotes, la Banque de Montréal représente un élément essentiel d'une nationalité canadienne émergente dans le monde de la finance. Une partie de l'équation réside dans son rôle vital dans le développement du commerce canadien et l'expansion du capital canadien – surtout dans l'ouest du pays. Une autre tient à son rôle dans la détermination et la direction avisée du système financier canadien. Son statut de banquier du gouvernement confère en outre à ses activités un prestige unique. Elle est perçue comme une institution quasi gouvernementale et se conduit comme telle. La liste des membres de son conseil d'administration se lit comme un annuaire des membres de l'élite financière et politique canadienne de l'époque.

Le discours que prononce le directeur général, sir Frederick Williams-Taylor, devant l'assemblée générale annuelle en 1918 rend partiellement compte de cet état d'esprit : « la facilité avec laquelle le Canada financier a supporté le poids des conditions de travail a fait l'objet de commentaires favorables à l'étranger. Au pays, personne ne s'étonne de la stabilité des conditions financières au sein du Dominion. Cette stabilité repose véritablement sur un système bancaire qui a démontré son efficacité en temps de paix et, avec les facilités consenties par le ministre des Finances, a résisté aux conditions sévères de la guerre. Tel qu'il est, ce système est sans conteste à même de résister à toutes les demandes qui se présenteront durant la reconstruction. Et pendant les années qui suivront[3]. »

Menez-les à la victoire

Nulle part l'esprit de la Banque de Montréal en cette ère révolue n'est-il mieux évoqué que dans la sculpture de l'artiste américain James Earl Fraser, *La Victoire*, une statue de marbre haute de 2,70 m réalisée à la demande de la Banque afin de rendre hommage aux « nombreux membres du personnel qui ont fait le dernier grand sacrifice pour la cause de la liberté et de la civilisation[4] ». Dévoilée dans l'atrium de la succursale principale de Montréal au mois de décembre 1923, elle continue de veiller sur cet endroit encore aujourd'hui.

Comme nous le rappelle l'historienne Maureen Miller, les objets ont une histoire : ils servent « d'inspiration pour les actes et les idées des hommes[5] ». *La Victoire* a elle aussi une histoire. Elle nous en dit plus qu'il n'y paraît au premier abord ou même que l'intention des banquiers qui l'ont commandée. La Banque a organisé un concours international et, de tous les participants, a choisi Fraser, qui était considéré comme un adepte inspiré de la tendance vers les beaux-arts en sculpture dont les monuments à Washington, D.C., *Contemplation of Justice* et *Authority of Law* à la Cour suprême des États-Unis sont des symboles universellement reconnus. *La Victoire* se trouvera en auguste compagnie dans le panthéon de Fraser.

L'origine de *La Victoire*, les détails de sa commandite et ce qu'elle représente nous donnent un aperçu de l'état d'esprit des gestionnaires de la Banque de Montréal faisant partie de la génération de 1918. La profondeur des émotions ressenties lors de la perte par la Banque de tant de personnes dans un conflit militaire en est un élément clé. C'est toutefois dans les choix moins conscients effectués que se profile une autre histoire, plus subtile celle-là. Par ses mesures et ses choix, la Banque témoigne d'une perception d'elle-même comme institution nationale importante et prestigieuse. Les institutions d'une classe semblable à celle de la Banque de Montréal ont, envers elles-mêmes, leur pays et leur prospérité l'obligation de laisser les monuments – qu'il s'agisse de sculptures ou de bâtiments – illustrer leurs valeurs et leur pertinence au-delà du temps et de la distance. Ceux qui sont tombés étaient « ceux sur lesquels nous comptions pour occuper les postes les plus élevés de notre service[6] », déclara le président de la Banque, sir Vincent Meredith lors de la consécration du mur du souvenir sur lequel veille *La Victoire*. Le service auquel il faisait allusion se situait dans le cadre d'une banque devenue, par la tradition et l'expérience, un puissant protagoniste dans la gouvernance du pays. *La Victoire* nous est donc transmise non seulement comme un monument aux morts, mais d'une certaine façon comme l'icône de l'ascendance de la Banque de Montréal à cette époque.

L'historien canadien H. V. Nelles a un jour souligné que « [l]'art repose sur une duperie intentionnelle. L'artiste crée des illusions; le public oublie son incrédulité[7] ». Et c'est bel et bien le cas à deux égards pour *La Victoire* : premièrement, son personnage d'une imposante élégance veillant sur ceux qui sont tombés au combat, masque les conséquences aigres et aiguës de la guerre pour l'humanité. Deuxièmement, dans un certain sens, le prestige et la sensation de maîtrise qu'elle projette sont un autoportrait – un moment d'une organisation dans le temps. Dans toute sa splendeur, *La Victoire* se pose comme l'expression de la place qu'occupe la Banque dans le pays et dans le monde, de l'expérience solennelle résultant d'un siècle d'activités prospères et de leadership.

Pour les hommes et les femmes rassemblés dans la succursale principale de Montréal le dimanche précédant la fête de Noël 1923, le dévoilement de *La Victoire* a certes dû être un événement marquant. Au-delà de son dessein manifeste, elle présentait l'image du prestige, de la permanence et des possibilités de la Banque de Montréal. Elle était la manifestation en marbre de l'importance durable de la Banque dans l'histoire en marche de l'existence de la ville et de la nation, de leur prospérité et de leur développement économique. Sa présence dans un des grands halls de banque néoclassiques de la région de l'Atlantique Nord, construit à peine deux décennies plus tôt, venait compléter la scène. Le fait que la succursale de Montréal ressemblait à un hommage architectural au panthéon de Rome incitait à la réflexion sur l'époque classique. Bien sûr, les banquiers du vingtième siècle ne se prenaient pas pour des dieux, mais ils se considéraient sans conteste comme les protagonistes et les gardiens de la destinée du Canada dans une existence économique et financière à la hauteur de ce genre de cadre.

Pourtant, *La Victoire* évitait certains des courants les plus profonds et de plus en plus rapides de l'économie financière et politique canadienne au cours du quart de siècle succédant au traité de Versailles. Ces courants et ces contre-courants allaient changer à jamais le sort de la Banque et son rôle à mesure que se déroulerait le vingtième siècle au Canada.

Des transformations

À n'importe quelle époque, la moindre transformation donne du fil à retordre à la direction des entreprises. En général, ce sont les marchés, les conditions économiques défavorables ou les grands changements dans l'économie politique qui sont en cause. Quand les transformations se multiplient, cependant, quand elles menacent le cadre de fonctionnement d'une institution, tout son univers risque de basculer.

Entre 1918 et 1945, c'est exactement dans cette position que se retrouve la Banque de Montréal. La remise en cause de sa position et de son autorité se fait lentement, par étapes. Si elle émane de multiples éléments, nulle part n'est-elle aussi soutenue et, à certains moments, aiguë qu'au sein de l'économie politique en évolution du Canada à cette période. Certaines tendances sont lentes à se manifester, tandis que d'autres, précipitées par la Première Guerre mondiale, ont des répercussions plus profondes et immédiates. Il faut notamment compter avec la rivalité métropolitaine entre Montréal, en pleine ascension, et Toronto, sa concurrente en progression rapide. Les rivalités et les tensions régionales ont aussi un rôle à jouer. La Banque de Montréal est une banque de l'Est dans l'Ouest, directement associée aux capitalistes montréalais et au Canadien Pacifique – des relations suscitant souvent l'admiration et, plus souvent que les gens sont prêts à l'admettre, vilipendées quand les choses tournent au vinaigre. Le premier ministre William Lyon Mackenzie King affiche son mépris dans son journal personnel envers « les intérêts montréalais », la Banque de Montréal et le Canadien Pacifique, en tête. Son antipathie à leur égard émane en partie de l'impression qu'il a d'une hostilité de la Banque envers les intérêts du Parti libéral, quoiqu'il se montre particulièrement dédaigneux envers la Banque de Commerce, qui, selon lui, s'est « efforcée de détruire sir W[ilfrid Laurier] et ne comptait pas parmi mes amis[8] ». Ces tensions se traduisent souvent par des actes qui visent essentiellement à remettre en question le monopole de la Banque dans les affaires du gouvernement et son influence prépondérante dans le monde de la finance au Canada, tels qu'on les perçoit. Les relations tendues entre Mackenzie King et la Banque n'empêchent toutefois pas les rapports professionnels essentiels entre les dirigeants de la Banque, d'une part, et King et sa garde rapprochée, d'autre part, lorsque le besoin national se fait sentir.

Par rapport aux banquiers relativement affables, compatissants et professionnellement avenants que l'on connaît aujourd'hui, les banquiers de l'époque, jusqu'aux directeurs de succursales locales dans l'ensemble du pays, sont à des années-lumière de distance sur le plan de leur comportement, de leur perspective et de leur approche. Les gestionnaires et les hauts dirigeants de la Banque de Montréal au début du vingtième siècle sont des dirigeants communautaires influents et respectés qui exercent un pouvoir financier considérable. C'est sur leur aversion au risque, leur probité absolue et l'exercice d'un leadership local responsable que repose leur réputation. Souvent, leur statut économique et social dans les communautés desservies par la Banque ne le cède en prestige qu'à celui du maire. Ceux de la Banque de Montréal imposant leur présence dans les journaux, les rapports annuels et les pages du *Who's Who in Canada* sont conscients de ce qu'ils représentent et de la place qu'ils occupent. En tant que banquiers montréalais, des hommes comme sir Vincent Meredith, sir Frederick Williams-Taylor, F. J. Cockburn et un corps d'autres banquiers font partie d'une structure quasi militaire avec une chaîne de commandement très claire. Provenant en très grande majorité des élites protestantes canadiennes-anglaises du Canada central, ils sont très conscients de leur position et du rang qu'ils occupent dans l'ordre des choses ainsi que des attentes à leur égard – de leurs responsabilités et de leurs obligations. Quand on remet en question le *statu quo* ou qu'on s'interroge à son sujet, les rôles qu'ils jouent dans l'ordre supérieur des choses sont soumis à des pressions en vue d'instaurer des changements.

Même si c'est l'Ontario qui a la part du lion des activités de la Banque de Montréal, ses concurrents torontois – la Banque de Commerce et la Banque de Toronto, par exemple – s'efforcent souvent de mettre en valeur leurs racines montréalaises (c.-à-d., hors-Toronto). En même temps, la critique des banques et du capitalisme émanant des travaillistes-socialistes et des agriculteurs et ouvriers, de plus en plus vive et particulièrement intense au cours des dernières années de la Première Guerre mondiale, occupe une place grandissante dans le paysage politique. Elle prend non seulement la forme de remises en question du système capitaliste en général et de ceux qui en bénéficient, mais aussi de conflits sur des questions plus pragmatiques comme le consentement de prêts et la circulation des billets.

L'arrivée de l'État

C'est la montée en puissance de l'État dans les finances publiques qui constitue – et de loin – la remise en question du pouvoir des banques la plus lourde de conséquences. En temps de guerre, la gestion des finances s'est faite sans banque centrale canadienne, mais un nombre croissant d'économistes canadiens influents et de hauts fonctionnaires du Dominion étaient convaincus que le Canada devait, à l'instar des États-Unis, de la Grande-Bretagne et de la plupart des pays européens, créer une banque nationale. Parallèlement, l'examen réglementaire de plus en plus poussé des fusions et acquisitions après 1914 était également le reflet de préoccupations croissantes à propos de la concentration du pouvoir financier du côté des banques. De surcroît, dès après 1918, le pouvoir public se met à bomber le torse et remettre en cause les arrangements économiques et politiques en place. L'arrivée de la Grande Dépression au Canada dans les années 1930 pousse ces tendances jusqu'à leur point de basculement, entraînant de profonds changements dans la structure bancaire canadienne. L'urgence suscitée par la Crise et la guerre après 1939 viendront consolider la tendance vers de plus grands pouvoirs pour le gouvernement sur un vaste éventail d'initiatives financières et économiques.

Des pressions concurrentielles

Si les dirigeants de la Banque de Montréal sont loin d'être les seuls à subir les effets de la montée d'une puissante classe politique et de la bureaucratie connexe, leur influence à titre de représentants du coordonnateur en chef canadien des affaires bancaires, de la banque centrale officieuse et de la première banque du pays implique qu'une fois ces rôles devenus superflus, leur influence va s'en trouver grandement perturbée.

En outre, la Banque Royale, la rivale émergente de la Banque de Montréal, éclipse cette dernière sur le plan des éléments d'actif en 1925 à la suite de ses fusions et acquisitions. Si cette perte de primauté est symbolique plutôt que réelle, elle n'en a pas moins des conséquences psychologiques pour la Banque, qui s'efforce de maintenir sa position et son pouvoir dans un monde en évolution et plus compétitif. La perplexité de son président, sir Vincent Meredith, devant la manœuvre de dépassement de son institution est telle qu'il refusera de parler au président de la Banque Royale, Edson Loy Pease, pendant deux ans. Il ne fait aucun doute que la campagne de ce dernier en faveur de la mise en place d'une banque centrale – position à laquelle la Banque de Montréal s'oppose farouchement – contribue au refroidissement des relations au sommet de la pyramide des banques canadiennes dans les années 1920.

Complexité et imprévus

La période comprise entre l'année 1918 et la fin de la Seconde Guerre mondiale se démarque par sa grande complexité et les transformations qu'elle présente pour le gouvernement, le monde des affaires, le secteur bancaire et le pays. Concentrer notre attention sur les grands titres et les résultats, comme il est de mise dans cette introduction, ne peut rendre justice à la nature embrouillée, indéfinie et indéterminée des événements.

Quand la direction de la Banque de Montréal est confrontée à un milieu opérationnel en évolution ou à de nouvelles règles de jeu dans le domaine politique ou règlementaire, elle réagit de la même manière que toutes les autres institutions depuis l'Antiquité : elle cherche à exercer son influence et à avoir une emprise sur les issues. Pourtant, la situation a changé du tout au tout. À la suite de la Première Guerre mondiale, un siècle après sa création en 1917, les dirigeants de la Banque sont confrontés à un ensemble de remises en question sans précédent de leur autorité et de leur position, qui placent la Banque sur une nouvelle trajectoire historique. Les banquiers montréalais demeurent des protagonistes influents et importants dans le paysage financier du pays, mais de manières qui doivent tenir compte d'autres joueurs importants dans une économie mixte des secteurs privé et public. Dans un sens, c'est à cette époque que la Banque de Montréal retombe sur terre.

La citation qui inaugure cette quatrième partie, tirée du journal personnel du premier ministre William Lyon Mackenzie King en 1925 – coïncidant avec un moment particulièrement intense dans la vie politique du pays et dans les relations entre les politiciens et les banquiers montréalais – rend merveilleusement l'idée que la personnalité et les relations peuvent jouer un rôle surprenant et inattendu dans l'histoire. Autrement dit, banquiers, hommes d'affaires, ministres, politiciens et fonctionnaires ne sont pas des marionnettes. Ce sont (et ils resteront) des gens aux prises avec des circonstances aléatoires, d'immenses responsabilités, qui n'ont que peu ou pas du tout de clairvoyance et bénéficient d'un accès variable au pouvoir. Les mots de King montrent bien que la finance, l'économie et la politique ne peuvent que coexister en étroite collaboration et en contact serré au cours de cette période. Les hommes de la génération de l'entre-deux-guerres saisissent parfaitement le caractère indissociable de leurs relations – individuelles, politiques et professionnelles.

La quatrième partie de cet ouvrage poursuit donc notre examen de la longue expérience de la Banque de Montréal. Elle analyse ce que sous-entend le titre de cette section – la nature du remarquable revers de fortune de la Banque de Montréal dans la période qui suit la Première Guerre mondiale, et ses réactions énergiques et stratégiques à ces changements. Il s'agit d'une histoire marquante. L'histoire de la Banque à cette période se déroule pour l'essentiel dans l'arène de l'économie politique, de sorte qu'il s'agit principalement d'une histoire des relations entre le monde des affaires et les gouvernements. Mais les chapitres de la quatrième partie renferment aussi une étude du développement d'une organisation financière complexe du vingtième siècle gérant les flux et les réseaux financiers nationaux et internationaux et s'opposant à un soulèvement social, économique et géopolitique sans précédent. À la base, la quatrième partie relate la manière dont la Banque parvient à relever les défis auxquels elle est confrontée et s'adapte à l'évolution du monde – à la guerre, à l'après-guerre, à l'expansion, au krach, à la dépression et à une nouvelle guerre.

Cette section comporte cinq chapitres. Le premier, le chapitre 9, porte sur les grands thèmes de la période 1918-1929. Poursuivant le récit, le chapitre 10 couvre la décennie entre la Dépression et l'année 1939. Les deux chapitres suivants, les chapitres 11 et 12, abordent deux événements historiques clés dans l'existence du pays et de la Banque : d'abord, le rôle joué par la Banque dans les tentatives pour sauver les finances publiques du Dominion de Terre-Neuve au début des années 1930; puis, la lutte autour de la création d'une banque centrale au Canada. Le dernier chapitre étudie la participation de la Banque dans la Seconde Guerre mondiale jusqu'en 1945. Le thème général est l'effort de la Banque pour accepter de nouveaux défis, de nouvelles situations et de nouveaux rôles.

9

Les vents boréals

La période qui va de 1918 à 1929 correspond à environ une décennie de transformations de plus en plus radicales dans l'environnement opérationnel du secteur bancaire canadien. Au cours de ces années, la « B of M », comme on l'appelle de plus en plus souvent, connaît une décennie de croissance, de pression concurrentielle et de grands changements dans ses relations avec le gouvernement du Dominion. Ce chapitre porte essentiellement sur la réaction de la Banque de Montréal à cette évolution et aux résultats qu'elle obtient dans les multiples domaines où elle est en compétition.

L'aube d'une nouvelle ère mondiale d'après-guerre

Pour le Canada, la période qui succède à l'Armistice de novembre 1918 est agitée. Son économie taillée sur mesure pour répondre aux exigences de l'urgence de guerre doit se réajuster à des conditions économiques et politiques d'après-guerre incertaines. L'héritage laissé par la Grande Guerre est complexe et contradictoire à bien des égards. Sur les champs de bataille de l'Europe, le Corps expéditionnaire canadien a fait preuve d'une bravoure et d'une résolution exceptionnelles. L'apport du Canada en pertes humaines et en fonds monétaires lui a valu une place dans l'ordre diplomatique international, bien que cette place demeure actuellement restreinte. Si la « colonie » est devenue une « nation » après les sacrifices d'Ypres, de Passchendale, de Vimy et d'autres endroits du front, le Canada devra attendre que les choses évoluent avant de gagner sa place à la table des nations. Sur le front intérieur, la tension ressentie dans les relations sociales et économiques les a conduites tout près du point de rupture. En 1917, la question de la conscription militaire a divisé le pays et ravivé les antipathies entre Canadiens anglais et Canadiens français et l'Est et l'Ouest alors que l'appel aux armes est resté en travers de la gorge de nombreux Canadiens français et agriculteurs de l'Ouest. Il s'est est suivi des événements politiques spectaculaires : le premier ministre conservateur sir Robert L. Borden s'est lancé dans la campagne électorale de 1917 à la tête d'une coalition unioniste de conservateurs favorables à la conscription et de libéraux ontariens; il a fini par remporter une confortable majorité. Cette victoire aura toutefois des conséquences durables et dommageables sur la politique canadienne. Les relations entre la main-d'œuvre et le capital sont, elles aussi, proches du point de rupture, ce que vient symboliser de façon on ne peut plus aiguë une confrontation qui a lieu à Winnipeg, où une grève générale, déclenchée au mois de mai 1919, est étouffée par les forces de l'ordre vers la fin du mois de juin[1]. La transition du Canada vers une économie en temps de paix est encore rendue plus difficile par les conditions économiques d'après-guerre, caractérisées par un chômage endémique et un taux d'inflation élevé. En réalité, la moindre reprise importante est terriblement longue à se matérialiser : il faudra attendre 1924 pour observer des signes de retour à une prospérité relative.

C'est là l'environnement complexe et lourd dans lequel les dirigeants de la Banque de Montréal pénètrent en 1918. Dans la période qui succède immédiatement à la guerre cependant, le rendement de la Banque semble s'inscrire dans une autre réalité économique. Profitant de l'optimisme initial d'après-guerre, les opérations de prêt et d'escompte grimpent de 162 millions $ en 1918 à 238 millions $ en 1920, soit une hausse de quarante-sept pour cent[2]. L'acquisition stratégique par la Banque d'un certain nombre d'institutions financières dans les années 1900, que nous avons abordée dans le chapitre précédent, se poursuit par une manœuvre importante – l'achat de la Banque de l'Amérique septentrionale britannique (BBNA) en 1918, qui vient ajouter soixante-dix-neuf succursales à son réseau. L'acquisition de la BBNA concrétise également la présence de la Banque de Montréal sur la côte ouest américaine, à San Francisco. En 1920, à la suite de l'ouverture de nouvelles succursales, la Banque en compte 319 dans l'ensemble du pays[3]

La période de croissance commerciale de l'immédiat après-guerre mène à un élargissement de la structure organisationnelle et hiérarchique, avec la nomination de quatre nouveaux directeurs généraux adjoints et la création de plusieurs départements et divisions basés sur la fonction : département de l'étranger, change, efficacité routinière, locaux de la banque et dettes particulières. Plus tard est constitué le département des valeurs mobilières en reconnaissance du rôle depuis longtemps assumé par la Banque dans le financement de la souscription d'obligations[4].

À partir du siège social de la Banque situé place d'Armes, la perspective est toutefois positive, quoique teintée de la prudence habituelle. Sir Vincent Meredith se plaint de l'agitation grandissante au sein de la main-d'œuvre, « des grèves et du désordre », en particulier en raison des conséquences de « la perte d'efficacité, de la baisse des volumes produits et de l'augmentation des coûts de production » qui en résultent. À l'évidence, la « tension nerveuse anormale de la Grande Guerre[5] » compte parmi les causes de cette situation. En outre, l'économie canadienne tombe en chute libre en raison d'une récession majeure, encore aggravée par l'imposition, aux États-Unis, des tarifs Fordney-McCumber sur les produits laitiers et agricoles. Qu'il suffise de donner quelques statistiques : au mois d'octobre 1919 seulement, le Canada a exporté pour 28,6 millions $ en produits agricoles. Un an plus tard exactement, ce chiffre est de 7,32 millions $. En cinq mois, les tarifs provoquent une baisse des exportations totales du Canada de 62,1 millions $ à 17,3 millions $[6].

Les convulsions économiques et politiques ressenties en 1919-1920 continuent de contribuer à un environnement opérationnel exceptionnellement difficile. Meredith estime que l'année bancaire 1920 s'est caractérisée par une « crainte incessante exigeant une vigilance constante afin d'éviter de graves pertes ». Pour faire bonne mesure, le directeur général de la Banque, sir Frederick Williams-Taylor, ajoute que l'année 1920-1921 a été « la période la plus troublée de l'histoire [de l'univers des banques] ». Ce n'est que vers le milieu de 1922 que l'économie canadienne, sous l'impulsion d'une remontée des exportations, commence à présenter des signes de vigueur[7].

Les circonstances économiques et souvent imprévisibles du Canada d'après-guerre semblent justifier la version de la stratégie de stabilité de la Banque au vingtième siècle, nettement favorable à de vastes réserves de liquidités et à une approche prudente et conservatrice. « Il faut garder nos réserves de liquidités exceptionnellement élevées, déclare Meredith en 1923, afin de nous permettre d'apporter notre aide si et quand on nous le demandera[8]. » Le rôle de la Banque de Montréal comme principal garant de la stabilité du système bancaire n'en exige pas moins. Le fait que la Grande-Bretagne et le Canada aient abandonné l'étalon-or au déclenchement de la Première Guerre mondiale et ne l'aient adopté de nouveau qu'en 1926 impose un poids encore plus grand aux institutions financières établies pour qu'elles assurent la stabilité monétaire.

Le magistère bancaire du Canada

Sur le plan de la stratégie et de la perspective, la Banque de Montréal d'après-guerre est très semblable à celle d'avant-guerre. C'est, dans presque tous les sens du terme, la « banque dirigeante » du Canada. Son optique, sa stratégie, sa marque et sa réputation viennent renforcer ces positions et cette réalité profondément ancrée. Son rôle à titre de plus grande banque, surtout son rôle de banquier du gouvernement et, à bien des égards, celui de banque centrale *de facto* consolident cette notion dans l'esprit gestionnaire propre au début du vingtième siècle. À n'en point douter, en l'absence d'une réglementation stricte ou d'une banque centrale, son rôle unique de gardien et de garant du système bancaire canadien exerce une grande influence sur l'approche des dirigeants des affaires économiques nationales et bancaires. À certains points de vue, on pourrait parler du magistère bancaire du Canada – du dépositaire de l'orthodoxie bancaire canadienne, de son service d'enseignement, du dépôt de la « foi » bancaire.

Leadership et organisation

Cette « foi » bancaire est fortement ancrée autant dans l'expérience que dans les traditions de la Banque. Son organisation, ses capacités, ses réseaux nationaux et ses liens avec le développement économique et la croissance des entreprises renforcent ces notions dans l'esprit des dirigeants de la Banque de Montréal au début du vingtième siècle. Les mesures qu'elle prend pour protéger le système bancaire canadien par la voie de l'absorption de banques plus faibles ou de fusions avec elles sont perçues comme une manière d'unir les intérêts des actionnaires avec ceux plus vastes du système bancaire canadien et, par extension, de l'intérêt national également. À cette époque, les administrateurs de la Banque de Montréal – parmi lesquels Edward Beatty, J. W. McConnell, le général Arthur Currie, F. W. Molson – sont le *nec plus ultra* de l'élite financière et économique canadienne.

Les deux principaux guides des destinées de la Banque dans les années 1920, sir Vincent Meredith et sir Frederick Williams-Taylor, sont des « banquiers traditionnels » dans tous les sens du terme. Né à London, en Ontario, en 1850, Vincent Meredith est entré à la Banque en 1867 et en a gravi les échelons. Il est devenu directeur général en 1911, puis a assumé la présidence de 1913 à 1927 – poste qui semblait taillé sur mesure pour lui en raison de sa formation et de son caractère[9]. Meredith représente le dirigeant d'établissement bancaire de l'époque : avec « son allure martiale [...] Il incarnait les valeurs mêmes des banques canadiennes : l'intégrité et la méticulosité[10] ».

Le directeur général de Meredith, sir Frederick Williams-Taylor, est lui aussi banquier de profession. Entré à la Banque à l'âge précoce de quinze ans en 1878, il va y rester pendant les soixante-sept années suivantes jusqu'à son décès en 1945. Il est promu directeur à vingt-huit ans, devenant ainsi le « plus jeune agent en service » à occuper ce genre de poste. Il dirigera le bureau de Londres entre 1905 et 1913 et sera directeur général de 1914 à 1929[11]. Williams-Taylor est aussi un peu dandy. Un ancien employé de banque se souvient que Williams-Taylor réclamait de nouveaux billets de banque chaque semaine et voulait que son portrait soit bien en évidence lorsqu'il retirait les billets de son portefeuille[12]. Tandis que Meredith est réservé et patricien, Williams-Taylor est volubile et de nature indépendante – « ouvert et sociable » selon un observateur[13]. S'il leur arrive d'avoir des divergences d'opinions concernant la marche à suivre et diverses autres questions, ils s'entendent pour adopter un point de vue profondément, peut-être par trop conservateur de la gestion bancaire et des questions économiques sans se laisser perturber par des notions plus modernes à propos de l'évolution des rôles du gouvernement ou de nouvelles approches de l'économie[14].

Meredith et Williams-Taylor ne sont pas, loin de là, les deux seuls à assumer le leadership de la Banque. Sir Charles Blair Gordon, un Montréalais d'origine, entreprend sa carrière professionnelle comme commis avant de créer sa propre entreprise de vente de chemises[15]. À la suite du succès retentissant de cette entreprise, Gordon se joint au syndicat qui, en 1904, crée la Dominion Textile Company, dont il est tour à tour directeur général et président. Gordon atteint le « statut de millionnaire » dès 1911 et, en 1913, devient administrateur à la Banque de Montréal. Son brillant sens des affaires lui vaut une importante nomination en temps de guerre, celle de vice-président de la Commission impériale des munitions du Canada en 1915, suivie d'une nomination comme adjoint de Lord Northcliffe, chef de la *British War Mission* à Washington de 1917 jusqu'à la fin de la guerre en 1918. C'est un emploi que Gordon avoue détester et subir en raison du manque d'expérience et de l'immense condescendance de ses supérieurs britanniques, qui ne tiennent pas compte « des années d'expérience de Gordon en approvisionnement de munitions[16] ». Au moment de se joindre à la Banque de Montréal à titre de vice-président, il est considéré, selon son biographe, comme un « chef de file parmi l'élite de la communauté des gens d'affaires de la ville[17] ». La présence de Gordon au sein de l'équipe de direction de la Banque est absolument cruciale étant donné son expérience et sa perception stratégique de l'univers complexe de la finance dans la région de l'Atlantique Nord. « Aucun autre homme d'affaires canadien n'a eu une carrière démontrant autant les bienfaits d'une énergie sciemment dirigée vers les activités de l'entreprise » que Charles B. Gordon, estime avec enthousiasme l'auteur d'un article dans un quotidien britannique en 1917[18]. En 1927, il est élu président (et gagne un salaire de 25 000 $) alors que Meredith s'en va occuper le poste de président du conseil[19]. Gordon conservera ce poste jusqu'à sa mort en 1939.

Pour gérer les activités en croissance de la Banque, ces leaders se fient à un deuxième échelon de haute direction de plus en plus important et à une armée en expansion de gestionnaires comme H. B. Mackenzie (qui deviendra directeur général), Huntly R. Drummond, Clement Hamilton Cronyn et

Francis Jeffrey Cockburn. Originaire du sud de l'Ontario, Mackenzie est arrivé dans l'univers bancaire par la Banque de Commerce et la BBNA, où il s'est bâti une excellente réputation. Drummond est le fils de sir George Drummond, bien connu pour sa carrière à la Banque et comme dirigeant de Redpath[20]. Né à Calcutta, Cockburn est un banquier de profession entré au service de la Banque en 1879 et qui a gravi les échelons jusqu'à atteindre le poste de directeur général adjoint, qu'il conserve de 1918 à 1929, et à gagner un salaire de 17 500 $ et recevoir une allocation de 2 500 $[21]. La plupart des hauts dirigeants sont des banquiers professionnels ayant accumulé des décennies d'expérience à la Banque. Au conseil d'administration, le major-général, l'hon. S. C. Mewburn, ancien ministre de la Défense au sein du gouvernement unioniste (1917-1920) est un membre particulièrement actif du comité de direction – une nouvelle entité créée en décembre 1927 afin de faire face à l'expansion des activités de la Banque. L'institution est en mesure de puiser chez ces banquiers de profession énormément d'expérience du secteur bancaire et des entreprises; responsables de la direction d'un réseau de succursales, du personnel et de l'information, ils sont prêts à élaborer une stratégie au sommet de la banque la plus importante et la plus influente au Canada.

Dans les années 1920, devenue une grande organisation bureaucratique, la Banque peut compter sur un puissant siège social et des centaines de succursales sur son territoire. L'institution développe une culture de travail et d'exploitation distincte dans ses bureaux régionaux et son administration centrale, et propose des activités para-professionnelles.

La grande expansion bureaucratique des activités du siège social au cours de cette période est aussi bien le reflet de la croissance de la Banque que de la complexité de plus en plus grande de son exploitation. C'est à cette époque que, sous la supervision de C. H. Cronyn, un certain nombre de nouveaux services, notamment celui de la publicité, voient le jour à côté des divisions traditionnelles qui gèrent les affaires bancaires ordinaires. À la fin de la décennie, la simple croissance du nombre d'employés exige de nouvelles méthodes pour les joindre, ce qui entraîne la création du magazine du personnel[22]. Au mois d'avril 1926, sous la supervision de Cronyn[23], la Banque entreprend la publication d'un « bulletin commercial » mensuel – un condensé de « l'information que la Banque de Montréal reçoit de ses succursales dans l'ensemble du Canada et de ses bureaux à l'étranger[24] ». Ces bulletins donnent une information détaillée et une analyse des finances gouvernementales et des politiques publiques, du commerce extérieur du Canada et, plus particulièrement, de la production agricole tant à l'échelle nationale que régionale et provinciale, de même que dans le Dominion de Terre-Neuve, au Mexique, en Grande-Bretagne, en France et aux États-Unis[25]. Ces résumés ont une double fonction : donner des renseignements importants aux directeurs et aux clients et rappeler que la Banque, à titre d'agent fiscal des « gouvernements, des municipalités et des entreprises » est « en contact permanent avec les marchés des valeurs mobilières au pays et à l'étranger[26] ».

Sans conteste, l'approche de la Banque donne de bons dividendes. Pendant le règne de Meredith, entre 1913 et 1927, l'actif triple pour atteindre 831,5 millions $. Les dividendes versés aux actionnaires sont remarquables, même au cours de certaines années de vaches maigres (se reporter au tableau 9.1). En 1925, les banques canadiennes sont en mesure d'affirmer que le Canada compte une succursale bancaire pour 2 100 personnes, contre 3 780 aux États-Unis et 3 000 en Australie[27].

Les avantages d'une gestion bancaire conservatrice

Dans son ensemble, le système bancaire canadien profite aussi du conservatisme stratégique et opérationnel de la Banque. D'après une étude, en général, les taux d'intérêt versés sur les dépôts sont supérieurs au Canada par rapport aux États-Unis, tout comme les intérêts créditeurs reçus sur les titres. De plus, les taux d'intérêt applicables aux prêts sont semblables au Canada et aux États-Unis. Plus conservateur, le système canadien, avec ses succursales, ses économies d'échelle et l'accent qui est mis sur la stabilité présente des avantages indéniables[28]. De fait, la réputation de la Banque de Montréal comme « première institution bancaire du Dominion » lui permet de traverser des périodes de « conditions inhabituelles sans que sa position traditionnellement forte soit affaiblie »[29].

À la fin des années 1920, les activités de la Banque dans le domaine des grands prêts témoignent de la vigueur de l'activité économique canadienne et de la tendance aux regroupements. On peut notamment l'observer dans la participation de la Banque aux réorganisations d'entreprises. La restructuration de la Bathurst Company exige une participation de 16 millions $ de la Banque sous forme d'avances afin de sceller l'entente par l'entremise de Nesbitt, Thomson and Company[30]. La Banque consent d'autres prêts importants au Canadien National (5,9 millions $ et 22,5 millions $), à Greenshields and Company (1,725 million $)[31] et à la Royal Securities Corporation (4 millions $)[32].

Les opérations de prêt de la Banque s'étendent aussi à de lointains pays. En 1928, par exemple, la République du Mexique demande à la Banque de lui verser un prêt de cinq millions $ « qui servira à mettre à exécution un programme de construction de routes et d'écoles et d'irrigation et sera remboursé à raison de 500 000 $ par mois provenant d'impôts prélevés à cette fin[33] ». La Banque répond que cela serait « contraire à ses pratiques de restreindre le versement de prêts à l'étranger à des fins commerciales ». Toutefois, si le gouvernement mexicain obtenait un endossement des certificats qu'il a

Tableau 9.1 | Versements de dividendes par la Banque de Montréal, 1913-1927

Année	*Dividende*	*Prime*	*Récurrence*	*% total*	*Montant total $*
1913	2,5 %	1 %*	trimestriel		
			*prime : semestrielle	12 %	1 920 000 $
1914	2,5 %	1 %*	trimestriel		
			*prime : semestrielle	12 %	1 920 000 $
1915	2,5 %	1 %*	trimestriel		
			*prime : semestrielle	12 %	1 920 000 $
1916	2,5 %	1 %*	trimestriel		
			*prime : semestrielle	12 %	1 920 000 $
1917	2,5 %	1 %*	trimestriel		
			*prime : semestrielle	12 %	1 920 000 $
1918	2,5 %	1 %*	trimestriel		
			*prime : semestrielle	12 %	1 920 000 $
1919	3 %	n/d	trimestriel	12 %	2 372 250 $
1920	3 %	2 %*	trimestriel		
			**prime : annuelle	14 %	2 960 000$
1921	3 %	2*	trimestriel		
			*prime : annuelle	14 %	3 080 000 $
1922	3 %	2 %*	trimestriel		
			*prime : annuelle	14 %	3 657 500 $
1923	3 %	2 %*	trimestriel		
			*prime : annuelle	14 %	3 815 000 $
1924	3 %	2 %*	trimestriel		
			*prime : annuelle	14 %	3 815 000 $
1925	3 %	2 %*	trimestriel		
			*prime : annuelle	14 %	4 161 671 $
1926	3 %	2 %*	trimestriel		
			*prime : annuelle	14 %	4 188 388 $
1927	3 %	2 %*	trimestriel		
			*prime : annuelle	14 %	4 188 388 $

* Versement variable.

Source : données tirées des rapports annuels, 1913-1927.

l'intention d'émettre pour couvrir le prêt « sous une forme qui constituerait une obligation pour les sociétés minières, des textiles et autres d'absorber une certaine proportion chaque mois et le total en dix mois », la Banque pourrait envisager cette proposition[34].

Les rendements de la Banque à la fin des années 1920 donnent un indice de sa prospérité : entre les mois d'avril et de juillet 1928, la Banque engrange 2,43 millions $ de profit, comparativement à 1,78 million $ pour la même période en 1927[35]. En 1929, elle prévoit faire un profit de 10 millions $[36].

À propos des conditions de l'investissement au Canada en 1928

La fin des années 1920 est marquée par une activité très intense sur les marchés des capitaux du Dominion. En 1927, les Canadiens rachètent des titres étrangers dans des entreprises canadiennes et, si l'on tient également compte de l'achat de titres étrangers et d'obligations, l'investissement total canadien aux États-Unis seulement dépasse les 100 millions $. Les Canadiens rachètent également des sociétés industrielles passées aux mains d'étrangers – les pneus Goodyear, les hôtels Windsor, Hiram Walker, le sucre Acadia, la National Steel Car, la Montreal Piggly-Wiggly Corporation et bien d'autres[37]. Les bilans des banques à charte canadiennes à l'étranger sont impressionnants également, puisqu'ils totalisent 238 millions $ – dont 60 pour cent aux États-Unis, 20 pour cent au Royaume-Uni et 20 pour cent ailleurs[38]. Ceux des compagnies d'assurance, qui totalisent 285 millions $ leur sont toutefois supérieurs. En tout, les investissements canadiens à l'étranger atteignent 1,579 milliard $[39]. Par contre, les investissements britanniques et étrangers au Canada leur sont supérieurs. En 1928, les investissements britanniques atteignent 2,2 milliards $, tandis que ceux des États-Unis s'élèvent à 3,2 milliards $. Le R.-U. investit principalement dans les services publics, tandis que les É.-U. le font essentiellement dans les titres du gouvernement[40].

À la fin des années 1920 et au début des années 1930, comme le montrent les tableaux 9.2 et 9.3, les banques à charte canadiennes sont en relativement bonne posture.

Pourtant, la Banque de Montréal conserve sa prudence habituelle. Même quand la situation s'améliore nettement, elle est qualifiée de « raisonnablement satisfaisante » et cette évaluation est généralement accompagnée de la mise en garde suivante : « Nous ne pouvons espérer d'amélioration importante et permanente tant que la situation mondiale ne s'améliore pas de façon marquée, ce qui va vraisemblablement prendre un certain temps[41] ». En outre, les prescriptions sont particulièrement radicales. Jamais la situation ne pourra s'améliorer à moins que le Canada parvienne à équilibrer son budget. « Pour l'instant », laisse entendre Williams-Taylor en 1924, « nous avons trois handicaps précis [...] un coût de la vie élevé, un lourd fardeau fiscal [et] une carence démographique[42] ». Le sempiternel problème de la dette des chemins de fer nationaux demeure un souci constant. « Je suis convaincu que, parmi nos problèmes nationaux », déclare Meredith en 1926, « aucun n'est plus urgent pour le Parlement que celui des chemins de fer. » Il faudra attendre 1927 pour entendre Meredith dire que le Canada s'est « sorti de l'ombre de la compression des échanges commerciaux, de l'insuffisance des bénéfices et de l'indifférence des bilans » – à tel point que l'on peut enfin

Tableau 9.2 | État du secteur bancaire canadien, 1929

Dépôts – À vue	689 millions $
Dépôts – À terme	1508 millions $
Billets en circulation	154 millions $
Or	92 millions $
Billets du Dominion	183 millions $
Prêts à demande garantis – Canada	263 millions $
Prêts à demande garantis – Étranger	302 millions $
Prêts courants au Canada	1320 millions $
Pourcentage de prêts courants/dépôts à terme	87 %
Or – détenu par les banques	92 millions $
Or – détenu par le gouvernement	59 millions $
Pourcentage d'or/billets en circulation	86 %
Pourcentage d'or/dépôts à vue et billets en circulation	17,5 %

Source : BEA AV 58/1 430 « Office of the High Commissioner of Canada (Natural Resources and Industrial Information Bureau) Special Bulletin (J.L. Fisher) », 24 juillet 1929.

« envisager l'avenir avec confiance[43] ». Le retour du Dominion à l'adoption de l'étalon-or en 1926 témoigne de ce regain de confiance.

La Banque associe sa propre destinée à celle du pays. « Les intérêts de notre Banque », déclare Williams-Taylor en 1925, « sont plus étroitement liés à ceux du Canada que jamais auparavant et, à moins que le Canada connaisse la prospérité, la Banque ne peut espérer connaître celle dont elle devrait jouir[44]. » À la fin des années 1920, la Banque est en mesure de souligner sa participation entière « à la prospérité générale ». Les investissements bénéficient de grandes améliorations de la situation commerciale et industrielle, ainsi que de récoltes fabuleuses dans les Prairies, sans oublier « les taux élevés de l'argent au jour le jour à New York[45] ».

Cette attitude prudente présente d'autres avantages. À mesure que l'économie canadienne prend du mieux pendant la deuxième moitié de la décennie 1920, la Banque met ses directeurs en garde contre « la tendance de plus en plus répandue au sein du public, notamment chez beaucoup de nos clients, à spéculer sur les actions minières, dont certaines appartiennent à des sociétés minières encore au stade du développement[46] ». Ces actions « ne peuvent être considérées comme constituant une garantie acceptable pour les prêts bancaires[47] ».

En 1927, le siège social émet de nouveau des mises en garde concernant les évaluations sur le marché des valeurs mobilières. Au mois de juin, les directeurs sont avisés que, bien que le siège social, n'ait « aucune raison de

Tableau 9.3 | Présence des succursales des banques canadiennes, 1933

Nom de la Banque	*IPE*	*NE*	*NB*	*QC*	*ON*	*MAN*	*SASK*	*ALB*	*CB*	*YU*	*Total*
Banque de Montréal	1	14	13	120	216	36	51	55	52	2	560
Banque de Nouvelle-Écosse	9	36	37	23	134	7	22	9	6	–	283
Banque de Toronto	–	–	–	15	104	12	27	13	9	–	180
Banque Provinciale du Canada	4	–	13	107	14	–	–	–	–	–	138
Banque Canadienne de Commerce	7	19	6	67	300	43	91	67	65	2	667
Banque Royale du Canada	6	62	22	82	253	72	118	68	55	–	738
Banque Dominion	–	–	1	8	99	12	4	5	4	–	133
Banque Nationale	–	–	–	213	15	8	7	6	–	–	249
Banque Impériale du Canada	–	–	–	4	122	8	39	23	12	–	208
Barclays Bank Canada	–	–	–	1	1	–	–	–	–	–	2
Total	27	131	92	640	1 258	198	359	246	203	4	3 158

Source : BEA OV 58/1 430 « Encl. To Letter 27/9/33 from Peacock, "Memorandum by Mr. JA McLeod, President, the Canadian Bankers' Association on the Present Working of the Canadian Banking System," » 7 août 1933.

croire à l'imminence d'un recul, […] s'il survenait une faiblesse dans les prix, il y aurait toujours le risque de difficultés financières à grande échelle[48] ». En 1928, Williams-Taylor ajoute que « la spéculation est désormais très répandue […] comme la fièvre, la spéculation n'est pas une maladie mais bien un symptôme et, comme bien des fièvres, elle se guérira sans doute d'elle-même ». Cependant « l'expérience recommande la sagesse de se prémunir contre la baisse éventuelle des cours, tandis qu'un surcroît d'optimisme entraîne avec lui le risque toujours présent d'un dur réveil[49] ». Comme il l'explique :

> Il semble y avoir une idée assez répandue selon laquelle les banques canadiennes ont transféré de fortes sommes d'argent à New York pour s'en servir dans des prêts remboursables à demande. C'est totalement faux. La politique de la Banque de Montréal et, je crois pouvoir dire que cela s'applique à toutes les banques canadiennes, consiste depuis longtemps à transférer à New York une proportion importante de réserves immédiates de valeurs disponibles et réalisables. Nous ne transférons jamais de fonds à New York ou à Londres pour consentir des prêts remboursables à demande à moins d'avoir étudié de près le

moindre besoin légitime de notre propre pays et de l'avoir respecté dans la mesure du possible[50].

En réalité, le montant d'« argent à terme » prêté par la Banque à New York s'élevait à environ dix millions $ – un montant important mais pas énorme par comparaison à l'ensemble[51].

Plusieurs hausses des capitaux investis

Un des indices les plus évidents de la santé de la Banque est sa capitalisation. La hausse des capitaux investis de la Banque pendant les années 1920 se poursuit. En 1922, à la suite d'une augmentation de 5,25 millions $, le capital social passe à 27,25 millions $ dans le cadre de l'acquisition de la Banque des Marchands[52]. En 1925, l'acquisition de la Banque Molson vient ajouter un autre montant de 2,66 millions $, ce qui porte le capital social à 31,17 millions $. C'est cependant en 1929 que se produit la hausse la plus spectaculaire du capital-actions : 18,82 millions pour porter le total à 50 millions $. Cette manœuvre ne plaît toutefois pas à tout le monde à l'interne, d'aucuns ayant mis la direction en garde contre une capitalisation aussi rapide[53].

L'activité économique au Canada en 1929 semble cependant justifier cette hausse. Les relevés de la Banque témoignent d'une nouvelle expansion des prêts commerciaux. Ainsi, au mois d'août 1929, ces prêts dépassent 1,3 milliard $, une hausse de 179 millions $ par rapport à la période correspondante en 1928. La circulation de nouveaux billets augmente elle aussi pour atteindre 19,53 millions $, « une hausse exceptionnelle » selon la Banque[54].

Une expansion internationale au Mexique et en France

En raison des politiques, la présence internationale de la Banque est restreinte à des domaines dans lesquels elle peut venir en aide au capital et aux entreprises du Canada grâce à ses services bancaires. En général, cependant, la Banque préfère concentrer son attention sur l'établissement de relations avec des banques correspondantes plutôt que sur l'installation de succursales à l'étranger avec des visées à long terme. À cette période, on dénote toutefois deux exceptions, celles du Mexique et de la France, et ce pour différentes raisons.

Le Mexique

La Banque de Montréal fait son apparition sur le marché mexicain en 1906 à l'occasion de l'inauguration d'un bureau local à Mexico, suivant ainsi le capital canadien et, à certains égards, les aspirations de ses propres dirigeants

Tableau 9.4 | La Banque de Montréal au Mexique, 1918-1923

Année	*Bénéfice (en $US)*
1918	60 000 $
1919	130 000 $
1920	275 000 $
1921	225 000 $
1922	175 000 $
1923	250 000 $

Source : ARCH. BMOA, Mexique, Notes et résumés, 1926-1927, Rapport sur les comptes, « Mexico, D.F. Managers – H. H. Davis – G. B. Howard », 11 mai 1926.

en ce début du vingtième siècle, par exemple sir Edward Clouston. En 1910, comme nous l'avons vu, le pays a sombré dans la révolution et la guerre civile, situation qui a perduré jusqu'à la signature d'une nouvelle constitution en 1917 bien que la violence ait continué à sévir jusqu'en 1920. Cependant, l'année 1917 « peut être vue comme le lancement des activités [de la Banque de Montréal] après la période révolutionnaire », alors que le Mexique adopte de nouveau l'étalon-or et connaît une stabilité économique relative[55].

Bien entendu, en cette ère de turbulence, la succursale de Mexico fonctionne à perte. Entre 1911 et 1915, ses pertes se chiffrent en moyenne entre 50 000 et 100 000 $US par année. Elle commence à faire des bénéfices après 1917, tendance qui se confirme au cours des années 1920 à mesure que les effets de la révolution diminuent. (Voir le tableau 9.4.)

Cette décennie voit aussi l'ouverture d'un certain nombre de succursales de la Banque au Mexique : à Veracruz (1922), à Puebla (1923), à Guadalajara (1924), à Monterrey (1924), à Tampico (1926), en plus d'un deuxième bureau à Mexico (1926). Une note de service de 1926 adressée aux directeurs de la Banque de Montréal, H. H. Davis et G. E. Howard, souligne les progrès réalisés par la Banque au Mexique : nos affaires au Mexique continuent de croître. C'est dans le compte de *Cia. Comercial Comisionista* (consortium du sucre) que l'on constate la hausse la plus forte des prêts, environ 2 100 000 $ garantis par des reçus d'entrepôt pour du sucre. Le solde est réparti sur un certain nombre de comptes : trente pour cent de nos prêts peuvent entrer dans la catégorie du sucre et vingt pour cent dans celle du coton. Le reste est assez bien réparti entre les comptes commerciaux. [La Banque] conserve son premier rang sur le plan des effets de compensation[56]. » La note de servie indique aussi que la plupart des comptes de société dans les succursales mexicaines de la Banque sont principalement axés sur les ressources (le sucre, le coton, le bois, etc.), ce qui correspond bien à ses atouts et reflète les éléments lucratifs et sûrs davantage orientés vers le commerce de la capacité de production économique du Mexique.

Au summum de ses activités à la fin des années 1920, la Banque de Montréal a sept bureaux en service au Mexique. Toutefois, à la suite de la chute des marchés mondiaux en 1929, les affaires tourneront au vinaigre. En réaction au ralentissement économique mondial, le Banque de Montréal amorcera un retrait progressif du marché mexicain. En 1935, elle aura mis un terme à ses activités au Mexique et, en 1938, les derniers obstacles juridiques au retrait seront levés. Une fois la clôture officielle des affaires prononcées, la Banque de Montréal sera confrontée à un déluge de plaintes, d'enquêtes et même de poursuites judiciaires émanant d'anciens clients commerciaux et privés. La Banque retiendra les services d'un avocat, J. Vera Estanol, pour s'occuper des conséquences juridiques de son retrait intégral du marché mexicain[57].

Bien que la Banque de Montréal connaisse une aventure mexicaine à la fois brève et malheureuse, les occasions qu'offre le pays conservent leur attrait pour son leadership. Dès 1946, moins de dix ans après le départ de la Banque du Mexique, la direction envisagera la possibilité d'un retour dans ce pays. Pour reprendre les termes d'une note de service interne, « À l'heure actuelle, l'inflation sévit au Mexique. Nous devons en tenir compte. Il y aura vraisemblablement peu d'opposition; en réalité, le gouvernement verrait sans doute des motifs de satisfaction dans notre retour pour des raisons de prestige. Cependant, une fois que nous y serons, il nous faudra être prêts à faire face aux tracasseries législatives habituelles et à la saignée qu'on nous imposera. Le Mexique n'aura pas changé à ce point de vue[58]. » La Banque a également tiré des enseignements des complications juridiques qui ont suivi son retrait du Mexique au milieu des années 1930. Si elle revient sur le marché mexicain, poursuit la note de service, ce sera avec un statut juridique différent : « S'il est décidé de rouvrir une succursale à Mexico, il faudra se demander s'il serait souhaitable de former une société distincte semblable à celle de San Francisco [...] Si c'était le cas, il faut supposer que nous nous retrouverons sur un pied d'égalité avec les banques locales en ce qui concerne toutes les activités. On laisserait aussi derrière soi toutes les responsabilités auxquelles la Banque de Montréal [pourrait être exposée] au Canada en raison de poursuites, etc., qui seront entamées contre la banque locale[59]. »

En réalité, la Banque ne pénétrera pas de nouveau sur le marché mexicain avant trois décennies, soit en 1963. Cette année-là, le *Financial Post* saisira la logique du retour de la Banque et commencera par jeter un certain éclairage sur sa présence dans ce pays en 1906 :

> Ouvert depuis près d'un an, le nouveau bureau de la Banque de Montréal à Mexico constitue une source d'information sur le commerce et le crédit pour les Canadiens qui font affaire au Mexique. Il s'agit du seul bureau ouvert par une banque canadienne dans ce pays. Les banques canadiennes ont déjà été très bien représentées au Mexique, mais la plupart ont fermé leurs bureaux au milieu des années 1930 par crainte du climat politique qui y prévalait alors. La Banque de Montréal a ouvert sa première succursale au Mexique en 1906 et comptait sept succursales lors de son retrait du pays en 1934. À l'instar d'autres banques étrangères, le nouveau bureau, dirigé par Luis Gonzalez et William J. Carr, n'est pas autorisé à se lancer dans les affaires bancaires mexicaines. Le président de la Banque de Montréal, Arnold Hart, a déclaré que l'inauguration de ce bureau vise à développer les liens commerciaux et autres relations d'affaires entre le Canada et le Mexique et à aider les gens d'affaires canadiens à faire fructifier leurs intérêts mexicains[60].

Le retour sur le marché mexicain dans les années 1960 se fera dans des conditions très différentes de celles des décennies antérieures. Alors que la Banque a l'autorisation de faire affaire comme une banque ordinaire pendant les années 1930, ce ne sera plus possible pendant les années 1960. La nationalisation des banques au Mexique a lieu pendant les années 1930, ce qui signifie que la Banque ne pourra avoir qu'un bureau de représentation sur le marché mexicain.

Le fait que la Banque de Montréal pénètre sur le marché mexicain puis s'en retire à trois reprises au cours du vingtième siècle donne à penser que ce marché conserve son attrait sur le plan international. L'autre entreprise internationale de la Banque de Montréal dans les années 1920 a lieu de l'autre côté de l'océan Atlantique, en France.

La France

En 1918, les administrateurs de la Banque acceptent d'ouvrir une succursale à Paris, décision qui vise, comme le dit Vincent Meredith, « non pas à prêter des fonds canadiens, mais à fournir les services bancaires nécessaires aux Canadiens qui voyagent à l'étranger et, de manière générale, à soutenir les intérêts du Canada en France[61]. » Comme pour le Mexique, cette décision s'écarte dans un certain sens de la politique interne de « renforcement et d'expansion de nos relations avec les établissements bancaires étrangers et de conservation de leur bienveillance et, par là même, de nos propres ressources afin de favoriser et d'encourager le commerce national[62] ».

L'ouverture de cette succursale parisienne s'inscrit dans une démarche beaucoup plus vaste d'expansion internationale. Puissant et jouissant d'excellentes relations, le comité de Londres de la Banque ne veille pas seulement sur une longue liste de clients bancaires et commerciaux et le placement d'obligations et de prêts provenant du Canada, de l'Empire, du Commonwealth et d'ailleurs[63]. Il maintient aussi sa forte participation à la souscription de prêts à des gouvernements coloniaux dans tout l'Empire : en Afrique du Sud, en Australie, en Australie-Occidentale, en Nouvelle-Zélande, pour le gouvernement de Victoria (en Australie), au Kenya, en Inde, etc.[64]. Simultanément, les réseaux et les contacts gouvernementaux de la Banque au sein du Dominion lui permettent de faire des affaires semblables dans la région de l'Atlantique Nord; ainsi, la Banque de Montréal joue le rôle d'agent officiel du secrétaire d'État du gouvernement du R.-U. pour l'Inde durant l'après-guerre dans le but de recevoir des soumissions concernant les transferts télégraphiques en roupies vers Calcutta[65]. En 1927, elle est en mesure de déclarer l'utilisation de 10,68 millions £ en capital par la succursale de Londres. En outre, 1,2 million £ est investi au nom du siège social, ce qui rapporte un bénéfice moyen de 295 000 £ par année entre 1924 et 1927[66].

L'ouverture d'une succursale de la Banque de Montréal à Paris a pour but de contribuer à ces efforts de promotion du Canada et de l'Empire[67]. Fonctionnant comme une filiale de la Banque de Montréal sous le nom de Société Anonyme Bank of Montreal (France), la succursale parisienne, comme on l'appelle en général, ouvre ses portes le 1er juillet 1919[68]. Contrôlée depuis Londres, la nouvelle filiale a sir Vincent Meredith pour président, sir Charles Gordon pour vice-président, William Fish Benson (un vétéran du siège social et sous-directeur adjoint du bureau de Londres entre 1912 et 1919) pour directeur, et Edward Pope pour sous-directeur[69].

À l'instar de ses contreparties mexicaines, la succursale parisienne de la Banque de Montréal connaît une période de prospérité au début des années 1920. Elle engrange un bon profit de 69 000 £ au premier semestre de l'exercice 1921 et de 73 000 £ durant la même période en 1922[70]. En raison de sa présence à Londres et à Paris, la Banque s'impose comme acteur de premier plan dans les affaires continentales de l'entre-deux-guerres. On peut trouver un exemple de cette influence et de cette importance à la fin de l'année 1931, alors que son comité londonien aborde la question des obligations à 5½ pour cent du plan Young de l'Allemagne détenues par la succursale parisienne de la Banque[71]. Ces obligations sont liées aux renégociations des annuités de réparation de guerre de l'Allemagne dans le cadre du plan Young de 1929, et la souscription de la Banque de Montréal à ces prêts témoigne de l'importance du rôle joué par sa succursale parisienne sur le continent.

La prospérité de la succursale parisienne est stoppée net par le déclenchement de la Grande Dépression, et son exploitation prend fin en 1935, tout comme c'est le cas au Mexique. Le 9 mars 1935, l'ultime réunion de la Bank of Montreal (France) a lieu à Londres; on y approuve les comptes de la liquidation et on y autorise la fermeture des livres[72]. Le 15 juin 1935, la succursale ferme ses portes et, vers le 15 septembre, C. D. Kerr, sous-directeur de l'ancien bureau de Paris, quitte la capitale française[73].

Cette fermeture de la succursale parisienne marque la fin d'une autre aventure internationale pour la Banque de Montréal. Il faudra attendre 1956 pour voir la Banque revenir sur le marché français avec l'ouverture d'un bureau de représentation à Paris. C'est le déclenchement de la Grande Dépression et la réticence de la direction de la Banque à conserver ses bureaux internationaux par des temps difficiles qui auront eu raison de l'exploitation de succursales aussi bien au Mexique qu'en France au début du vingtième siècle. Sa présence dans ces deux pays était justifiée – ce qui explique pourquoi elle y reviendra au cours de la période d'après-guerre – mais c'est l'imprévisibilité économique des années 1930 qui la vouera à l'échec jusqu'à la fin de la Seconde Guerre mondiale. Et, même après 1945, peut-être échaudée par son expérience mexicaine et française de l'entre-deux-guerres, la Banque de Montréal hésitera à s'affirmer sur les marchés mondiaux, se distinguant ainsi de ses rivales, en particulier de la Banque de Nouvelle-Écosse et de la Banque Royale, qui se lanceront à corps perdu dans l'expansion internationale.

La stratégie et l'instrument de la fusion

Sur le plan national, la Banque de Montréal connaît cependant une réussite à plus long terme pendant l'entre-deux-guerres, en partie grâce à une série de fusions et d'acquisitions qui constituent un ingrédient essentiel de sa stratégie conservatrice de croissance au cours de la première partie du vingtième siècle. Entre 1918 et 1924, elle fait l'acquisition de la Banque de l'Amérique septentrionale britannique (1918), de certaines succursales de la Colonial Bank (1920), de la Banque des Marchands (1921) et de la Banque Molson (1924)[74]. Grâce aux fusions réalisées durant cette période, la Banque peut poursuivre sa croissance et faire l'acquisition de parts de marché sans modifier son approche fondamentale des affaires bancaires. C'est peut-être là que résident autant l'avantage que l'inconvénient de sa stratégie car, si les fusions font grimper le nombre de succursales et le chiffre de l'actif, elles s'accompagnent d'un certain nombre d'objectifs contradictoires pour la Banque.

Les fusions représentent l'instrument stratégique le plus approprié à l'approche de croissance, expansion et réaction concurrentielle sur le marché de la Banque. Elles constituent une façon directe et assez simple d'augmenter son actif. Grâce à elles, la Banque fait une utilisation maximale de son pouvoir sur le marché et de ses capacités supérieures en gestion pour tirer grandement profit des occasions qui se présentent. Et, entre 1918 et 1924, elles sont très nombreuses en raison de la déchéance ou de la faiblesse d'institutions prêtes à abandonner le combat.

Comme nous l'avons vu dans le chapitre précédent, les fusions constituent l'ingrédient principal de l'évolution des affaires bancaires à cette période. Non seulement représentent-elles un pilier essentiel de la stratégie de la Banque de Montréal, mais elles témoignent aussi d'une série de rebondissements au sein du système bancaire canadien dans les années 1920. Selon certains chercheurs, les fusions et la consolidation dans l'univers bancaire canadien ont été de simples processus de marché permettant de transférer des éléments d'actif de directions faibles à des directions fortes et constituant des fonctions d'économies d'échelle[75]. Pour d'autres, par contre, elles ont fait office de garantie de dépôt implicite pour le gouvernement et l'industrie[76]. Tout semble cependant indiquer que les fusions et les consolidations ont eu deux importantes dimensions qu'on a tendance à ignorer. Premièrement, les fusions ont en effet une dimension systémique qui est le reflet de la capacité du système bancaire à protéger sa réputation sur le plan national et international auprès des actionnaires. Dans le cas de la Banque de Montréal, l'état du marché lui donne à cette époque d'excellentes raisons de fusionner avec d'autres banques. Mais ces raisons font aussi partie d'une stratégie plus vaste de renforcement de son ascendant, surtout vis-à-vis de sa concurrente la plus proche et la plus dangereuse, la Banque Royale.

L'acquisition de la Banque des Marchands et ses conséquences

Dans l'après-guerre, un cas en particulier vient souligner l'importance stratégique des fusions pour la Banque. En 1921, les décisions douteuses prises par la Banque des Marchands commencent à la rattraper et la faillite est imminente. À l'automne de cette année-là, après des journées « de rumeurs insensées, de grande excitation sur le marché boursier et d'intenses préoccupations dans les cercles financiers en général », la Banque de Montréal annonce officiellement la mainmise sur la Banque des Marchands[77]. On attribue la faillite de cette institution sous la présidence de sir Montagu Allan aux « activités bancaires risquées menées par le directeur général et effectuées à l'insu des administrateurs ». La cause immédiate de son effondrement réside dans un prêt important consenti à Thornton Davidson, une société de placement tombée en faillite.

Sa direction ayant effectué son travail de vérification approfondie[78], la Banque de Montréal fait l'acquisition de la Banque des Marchands au coût de 1,05 million $, soit 10 $ l'action[79]. Elle se voit octroyer une hausse de son capital-actions afin de satisfaire à des exigences accrues en matière de capital à la suite de l'acquisition, en plus de devoir déposer 5,9 millions $ auprès du ministre des Finances en vertu des dispositions de la *Loi sur les banques* de 1914 afin de couvrir l'excédent du capital versé sous forme d'actions de la banque acquéreuse[80]. C'est avec regret et uniquement parce qu'il ne dispose d'aucune autre option que le gouvernement du Dominion accepte l'entente en dépit de ses inquiétudes de plus en plus forte concernant la concentration bancaire.

Quelqu'un explique au ministre des Finances que la position de la Banque se résume ainsi : « aucun loi ne pourrait » offrir une protection intégrale contre « les conséquences d'une mauvaise gestion, ambitieuse et optimiste en plus d'être le fait d'incompétents[81] ». Les administrateurs et la direction de la Banque des Marchands correspondaient parfaitement à cette définition et pire encore selon la Banque de Montréal. Inévitablement, cet épisode illustre bien le fait qu'il ne faut jamais tenir pour acquis une saine gestion bancaire au Canada et que même les banques canadiennes, en dépit de leur réputation, sont susceptibles de faillir à la tâche si on ne les surveille pas convenablement.

L'affaire de la Banque des Marchands est la parfaite illustration de la valeur de la stratégie de stabilité de la Banque de Montréal et de l'importance qu'elle accorde à des principes bancaires conservateurs. Au mois de décembre 1921, sir Henry Drayton, alors ministre des Finances, note que la seule façon d'atténuer « l'impression pénible laissée dans l'esprit du public » par les problèmes de la Banque des Marchands consisterait, pour son ministère, à prendre des mesures radicales[82]. À l'exception d'une réglementation visant à s'assurer de « la probité et la stabilité des activités bancaires au Canada », les mesures prises rapidement par la Banque de Montréal garantissent la protection des déposants. « La Banque de Montréal se trouve en excellente position financière, conclut Drayton, et sera parfaitement en mesure de gérer la situation[83]. » Cette acquisition permet d'ajouter 400 succursales au réseau de la Banque de Montréal[84].

Elle vient donner plus de poids encore à la perception de plus en plus répandue selon laquelle la Banque de Montréal et sa rivale, la Banque Royale, sont engagées dans une lutte pour la suprématie, la deuxième étant l'aspirante et la première la tenante du titre. « Les deux plus grandes banques du Canada, la Banque de Montréal et la Banque Royale », écrit le *Globe* en 1921, « ont été au coude à coude dans leur lutte pour la suprématie au cours des douze à vingt-quatre derniers mois, mais l'absorption de la Banque des Marchands par la Banque de Montréal va lui conférer une avance qui, selon toute probabilité, ne pourra être comblée, sous réserve d'un effort de fusionnement semblable de la part de la Banque Royale[85]. »

En 1924, la Banque fait ensuite l'acquisition du réseau de 125 succursales de la Banque Molson, en grande partie mais non exclusivement en Ontario et au Québec[86]. « Cette annonce ne constitue pas une surprise totale dans les cercles financiers locaux, laisse entendre le *Globe*. Cette fusion envisagée n'aura pour effet que d'éliminer une seule banque "familiale" de la liste des banques à charte du pays, ce qui, en passant, réduira cette liste à douze noms, comparativement à dix-huit au début de l'année 1922[87] ».

La presse ne peut résister à l'envie de comparer une fois de plus les fusions à des courses de chevaux. « Sur le plan des fusions, c'est l'égalité entre la Banque de Commerce et la Banque de Montréal, puisque chacune des deux a absorbé six autres institutions », souligne le *Globe* en 1924, tandis que la Banque Royale et la Banque de Nouvelle-Écosse en comptent quatre chacune[88]. C'est cependant la Banque de Montréal, avec l'acquisition de la Banque de marchands, une opération de 32,5 millions $ en capital, qui remporte la palme. À la fin de l'année 1924, l'actif de la Banque de Montréal se monte à 750 millions $ environ, alors que celui de la Banque de Commerce et de la Banque Royale est de 500 millions $ et celui de la Banque de Nouvelle-Écosse de 200 millions $[89]. Moins d'un an plus tard, la Banque Royale se rapproche en devenant la banque qui a « les activités les plus étendues » avec plus de 800 succursales au Canada et plus de cent dans les Antilles et en Amérique du Sud. L'achat de la Union Bank of Canada par la Banque Royale en 1925 la place à portée de la Banque de Montréal et elle va éclipser la première banque du Canada à la fin de l'année[90].

Dans la course aux fusions, les banques qui disposent « d'une technologie organisationnelle d'économies d'échelle supérieures[91] » profitent bel et bien de leur avantage. Le coût des faillites tant pour les banques canadiennes que pour le gouvernement est élevé – sur le plan de la réputation et du capital politique respectivement. Si un certain nombre d'éléments entrent en jeu dans ces fusions, dans le cas de la Banque de Montréal, les principaux sont le désir d'accumuler de l'actif et la détermination à préserver la réputation de la doyenne des banques canadiennes. Dans le sillage de la faillite de la Home Bank en 1923, la réputation se révèle en effet un bien précieux.

Le « naufrage » de la Home Bank[92]

La pire faillite de cette période est de loin celle de la Home Bank of Canada, qui met un terme à ses activités en 1923 alors qu'elle compte 21 millions $ en dépôts dans ses 71 succursales. Cette fermeture entraîne des poursuites au civil et l'octroi de dommages pour « inconduite, méfait et négligence ». Comme le souligne A. B. Jamieson, le résultat est que seules les banques les plus fortes et les plus solides échappent à la suspicion selon laquelle les affaires bancaires reposent sur des assises pour le moins fragiles[93]. Si la Banque de Montréal n'est pas directement impliquée dans la faillite de la Home Bank, celle-ci a des conséquences directes sur l'environnement opérationnel de l'ensemble du secteur bancaire.

Le dommage potentiel que cette faillite porte à la réputation du secteur bancaire est nettement aggravé lorsqu'on apprend lors d'audiences parlementaires menées en 1924 que le ministre des Finances de l'administration Borden, sir Thomas White, a reçu à deux reprises, en 1916 et 1918, de l'information concernant l'exagération grossière des rendements de la Home Bank. White s'est cependant déclaré satisfait des explications et des assurances de la direction, selon laquelle tout était en ordre[94]. Une fois l'affaire rendue publique, l'Association des banquiers canadiens a informé le ministre que, même si la Home Bank avait fait faillite pendant la guerre, le système bancaire canadien n'en aurait pas souffert. Entre le gouvernement du Canada et l'ABC, « 47,3 % du passif-dépôts de la Home Bank sont payés[95] ». Bien entendu, c'était à une époque antérieure à l'assurance-dépôts publique, qui se heurte à l'opposition des banques canadiennes qui soutiennent que cette décision pose des difficultés d'ordre pratique et est « indésirable pour des raisons d'efficacité[96] ». Une fois de plus, le système américain donne un exemple des conséquences involontaires néfastes des stimulants offerts par ces programmes au sud de la frontière. À deux reprises, en 1913 et en 1924, les responsables de l'élaboration des politiques au Canada en viennent à la conclusion que la garantie des dépôts bancaires s'est révélée inutilisable aux États-Unis et n'a fait qu'encourager les « banquiers aventureux » qui se sentent « libres de prendre des risques qu'ils renonceraient à prendre sachant que c'est sur le personnel des banques que repose la confiance envers leurs institutions[97] ».

La faillite de la Home Bank a des conséquences variables sur la réputation des gouvernements et des banques. Pour le gouvernement du Canada, l'atteinte à la réputation peut être grave : le gouvernement s'acquitte-t-il convenablement de son devoir de surveillance, supervision et réglementation? Pour les banques de petite taille fonctionnant à l'échelle régionale au Canada dans les années 1920, la faillite de la Home Bank entraîne un renforcement de la surveillance : sont-elles de taille suffisante, leurs gestionnaires sont-ils suffisamment avisés, leurs éléments d'actif sont-ils assez solides pour naviguer dans la tempête? Dans le cas de la Banque de Montréal ou des quelques autres grandes banques à charte, le risque d'atteinte à la réputation est minime, à court terme à tout le moins. On met beaucoup de soin à délimiter la responsabilité envers la réputation du système bancaire canadien. Au sens large, assumer la responsabilité est très proche de l'obligation qui incombe à chaque banquier canadien à l'égard de sa propre institution.

On estime que la responsabilité collective ne peut s'étendre à une obligation de venir à la rescousse des banques plus faibles. Les principaux dirigeants bancaires canadiens, ce qui inclut ceux de la Banque de Montréal, suivent des pratiques de gestion caractérisées par la prudence et le conservatisme et axées d'abord et avant tout sur la santé de leur institution respective. Impossible dès lors d'instaurer une garantie légale pour les déposants dans la *Loi sur les banques*. Dans la même veine, l'État canadien profite de la faillite de la Home Bank pour tracer les limites de la responsabilité gouvernementale : l'État concentrera son attention sur la prise des précautions voulues dans l'application et l'administration de la *Loi sur les banques* et dans la vérification des fonctions bancaires par l'entremise d'un inspecteur général des banques. Les fusions « rassurent les déposants et permettent de stabiliser le système bancaire[98] ». C'est malgré tout un système qui préserve le risque du déposant en stimulant la prudence des directeurs de banques et la vigilance nécessaire des déposants eux-mêmes ainsi que des organismes de réglementation gouvernementaux. À l'intérieur de ce système, la réputation individuelle des banques revêt une grande importance.

Les fusions et la réputation

Pour le secteur bancaire, les trois premières décennies du vingtième siècle consacrent la grande réputation des principales banques canadiennes. Dans le cas de la Banque de Montréal, cette réputation est assez complexe et intrinsèquement liée à la stratégie, au rendement, à l'image et à l'identité. Même si les dirigeants bancaires n'en font pas explicitement mention, le maintien de ce capital de réputation représente un élément essentiel de la perpétuation de leur pouvoir au sein du système financier canadien. Les dirigeants de la Banque de Montréal en particulier ont saisi instinctivement ce rapport depuis plus d'un siècle.

Comme nous l'avons vu, une dynamique semblable est à l'œuvre au sein du système bancaire canadien en général. La stratégie de fusions suivie pendant l'après-guerre par la Banque de Montréal connaît du succès sur de nombreux fronts. Elle vient ajouter des éléments d'actif importants aux résultats et met en valeur les atouts d'une puissante institution financière[99]. Elle ne présente pas de difficultés particulières bien que l'économie politique des activités bancaires puisse mettre les hauts dirigeants à l'épreuve sur le plan de l'exercice de l'influence et de la correspondance. Ils se servent des outils à leur disposition pour faire ce qu'ils ont à faire et en recueillir les fruits.

Mais cette stratégie a aussi un côté sombre car elle donne aux hauts dirigeants bancaires une fausse sensation de sécurité envers le caractère infaillible de leur institution et la place qu'occupe leur banque dans la société en général. Comme le laisse entendre le biographe de Meredith, les fusions « n'[ont] pas contribué à un véritable développement de la banque; elles n'[ont] permis que d'ajouter des succursales dans les régions où elle était déjà bien enracinée[100] ».

Le talon d'Achille : innovation et adaptation

Dans l'esprit des gens, la Banque de Montréal et les autres banques à charte sont des entités extrêmement fiables. Combinée à leurs réussites, cette réputation vient dissimuler la nécessité pour les dirigeants bancaires des années 1920, peut-être ceux de la Banque de Montréal en particulier, de comprendre deux choses : la nature changeante de l'argent et la progression du pouvoir de l'État, qui finira par les obliger à accepter l'évolution rapide de leur industrie et de leur statut dans les années 1930. Autrement dit, il ne suffit pas d'avoir un bon bilan et de veiller de près à sa réputation en général pour mettre les activités bancaires canadiennes à l'abri des critiques ou du besoin de changement. Par conséquent, les dirigeants bancaires perdent un des combats les plus lourds de conséquences du vingtième siècle dans les considérations monétaires.

Une des limites aux triomphes des banques sur le plan de la réputation au début du siècle réside dans une sorte de rigidité intellectuelle en ce qui a trait à la théorie monétaire et, peut-être plus important encore, à l'incidence de cette rigidité sur la politique monétaire du Canada. Comme l'a noté Irving Brecher dans les années 1950, dans les cercles d'économistes, de dirigeants bancaires, de politiciens et de gens d'affaires des deux côtés de l'Atlantique Nord, les mécanismes des systèmes monétaires et bancaires font l'objet d'un vif débat après 1918. Cela fait suite à l'expérience que font les pays industrialisés des techniques et des dangers des opérations financières à grande échelle qu'ils découvrent au sortir de la Première Guerre mondiale[101].

Au cours de cette période, plusieurs caractéristiques du système monétaire canadien vont faire l'objet d'une grande attention. Tout d'abord, la devise canadienne comprend des billets en monnaie légale du Dominion (émis par le gouvernement) et des billets des banques à charte. L'émission de ces derniers prend la forme d'une série limitée sans couverture et d'une série avec couverture or intégrale. L'émission des billets de banque est autorisée jusqu'à concurrence du capital de la banque en question. On tolère certaines exceptions pendant la saison des récoltes, mais, en général, on s'en tient strictement aux règles.

Le caractère prédominant du système bancaire canadien est l'étalon-or, qui est en vigueur de 1853 jusqu'au 22 août 1914, alors qu'à la suite de retraits massifs d'or dans les grands centres urbains, le gouvernement canadien se voit obligé d'abandonner l'étalon. Grâce à cette mesure, le gouvernement du

Dominion peut se permettre de faire des avances sur des billets du Dominion aux banques pour autant que celles-ci disposent d'une garantie suffisante[102]. Le gouvernement reprend l'étalon-or le 1er juillet 1926. La « mentalité de l'étalon-or », expression inventée par J. H. Creighton dans les années 1930[103], est profondément enracinée dans l'orthodoxie monétaire canadienne. En fait, cette orthodoxie est tellement enracinée qu'il faudra une série d'événements malheureux dans l'univers national et international de la finance pour obliger le Canada à renoncer de nouveau à l'étalon-or à la fin des années 1920.

Le principal champ de bataille dans la lutte pour faire prévaloir ses considérations monétaires porte sur le système de crédit – ou le processus d'expansion et de contraction dans le mécanisme du crédit commercial. Et ce ne sont pas les politiciens ni les économistes qui sont les principaux belligérants, mais bien deux groupes opposés : les dirigeants bancaires et une frange radicale.

Comme leurs homologues ailleurs des deux côtés de l'Atlantique Nord, les dirigeants bancaires canadiens sont convaincus de trois grandes réalités du système de crédit : tout d'abord que les dépôts à vue retirables par chèque ne font pas partie de la masse monétaire; deuxièmement qu'il n'est pas possible de « créer » tout simplement du crédit bancaire – autrement dit d'augmenter ou de diminuer de façon arbitraire le volume d'argent en circulation; et troisièmement que chaque banque et le système bancaire dans son ensemble sont tenus de suivre les mêmes règles en ce qui a trait à l'émission de crédit. Autrement dit, les prêts bancaires sont limités aux montants qu'une banque reçoit moins les montants exigés aux fins de réserves. La doctrine standard des banques exige désormais que le système lui-même puisse consentir à des prêts et effectuer des investissements équivalents à des multiples des ajouts aux réserves au sein d'un système de crédit à couverture fractionnaire. En 1920, le ministre des Finances de l'administration Arthur Meighen, sir Henry Drayton reconnaît la dynamique selon laquelle l'expansion du crédit a davantage à voir avec le pouvoir d'achat qu'avec la circulation de numéraire[104]. Ce qui revient à dire que c'est le système bancaire lui-même qui crée le crédit.

Ce concept trouve de nombreux adeptes parmi les groupes syndicaux, radicaux et progressistes au cours de l'après-guerre. Le débat s'inscrit bien entendu dans un ensemble complet comprenant d'autres objectifs monétaires : la création d'une banque centrale et la nationalisation du système bancaire du Canada. On suppose aussi, à tort, que les banques pourront tout simplement créer du crédit par décret sans se soumettre à une augmentation correspondante des réserves monétaires et à une foule d'autres conditions importantes.

Les lignes de combat quant à l'avenir de la politique monétaire sont tracées. D'une part, on retrouve les tenants radicaux et sans réserve d'une version de la théorie quantitative de l'argent défendue par Irving Fisher et John Maynard Keynes. Dans l'autre camp se trouvent les dirigeants bancaires et les responsables des politiques dans les cercles proches du gouvernement. Williams-Taylor, de la Banque de Montréal, lance des pointes au député William Irvine : « Je ne suis qu'un dirigeant bancaire et vous êtes un étudiant; je devrais exercer mon jugement avec une connaissance technique qu'il se trouve que je ne possède pas[105]. » Il aurait pu ajouter, « ni ne cherche à posséder »! Au Canada, les dirigeants bancaires font du « principe bancaire » leur acte de foi – principe selon lequel la masse monétaire est passive et s'ajuste automatiquement aux besoins du commerce. Comme le signale Brecher, les dirigeants bancaires canadiens « insistent uniquement sur la demande de crédit, c'est-à-dire que c'est l'état des affaires qui détermine le montant de crédit, de sorte qu'il est impossible d'exercer un contrôle à partir du côté de l'offre[106] ». Le défaut fatal de cet argument est, bien entendu, que la relation entre le volume de crédit et le volume des affaires est complexe, dynamique, interactive et à la fois cause et effet. La lacune des banques canadiennes à cette période est, pour reprendre les termes utilisés par William Irvine, un de leurs critiques les plus sévères, qu'elles sont « bonnes pour tenir les livres [...] elles connaissent les rouages des affaires bancaires, mais ignorent ce qu'est l'argent et à quoi il devrait servir dans le système industriel[107] ».

« Eppur, Si Muove » [Et pourtant elle tourne!] : Galilée

Cette complaisance des dirigeants bancaires canadiens est en partie due à une raison à la fois simple et incontestable : le système fonctionne. Les cercles bancaires internationaux tiennent ses banques en haute estime. Si nécessaire, la *Loi de trésorerie* de 1914 peut venir en aide aux banques qui ont besoin d'une assistance temporaire. Williams-Taylor, de la Banque de Montréal, sir John Aird, de la Banque de Commerce, et C. E. Neill, de la Banque Royale s'entendent tous pour dire que le système n'a pas besoin d'être ajusté ou réformé. Et le bilan respectif de chacune de ces banques vient donner du poids à cette affirmation. En outre, les dirigeants bancaires ne sont pas seuls : l'inspecteur général des banques, C. E. S. Tomkins, et le sous-ministre adjoint aux Finances, G. W. Hyndman, conviennent que « tel qu'il est, le système bancaire satisfait entièrement aux besoins du pays [...] à l'heure actuelle, il [n'y a rien] de grave à lui reprocher[108] ». Mêmes les économistes de profession partagent la même réticence à recommander des changements. Adam Shortt, l'une des autorités les plus renommées des affaires bancaires au Canada à l'époque, prend parti pour les banques sur un certain nombre de points, dont la question d'une banque centrale. On note pourtant des exceptions, dont les redoutables économistes de l'Université Queen's W. A. Mackintosh et W. C. Clark, ainsi que W. W. Swanson de l'Université de la Saskatchewan. Dans les années 1930, W. C. Clark ne ménagera pas ses efforts pour renverser la vapeur de l'opinion qui prévaut et favoriser l'élargissement des pouvoirs de l'État par l'entremise d'un ministère de Finances revigoré ainsi que grâce à la création d'une banque centrale au Canada.

Vers la fin de la Première Guerre mondiale, la Banque de Montréal mène une campagne dynamique destinée à prévenir l'idée d'une banque centrale. Dans les lettres qu'elle fait parvenir au ministre des Finances, sir Thomas White, l'Association des banquiers canadiens signale l'opposition de la Banque à la création d'une banque centrale et même à un système de réserve fédérale calqué sur celui des États-Unis, bien que sa rivale, la Banque Royale, se déclare favorable à l'idée d'une banque de réserve centrale à tout le moins. Au mois de décembre 1918, sir Vincent Meredith exprime sa forte opposition dans une lettre au ministre White :

> Il faut replacer la proposition de créer une Banque centrale au Canada dans le contexte des conditions actuelles de l'activité bancaire dans le pays et des besoins de notre communauté commerciale que l'on peut raisonnablement prévoir. L'argument en faveur de l'adoption d'un Système de réserve fédérale aux États-Unis ne s'applique pas au Canada, où, en vertu de notre système de banques à succursales, le siège social de chaque banque, avec ses succursales disséminées dans tout le pays, constitue une réserve centrale et une chambre de compensation des plus efficaces pour toutes les succursales, où qu'elles soient situées[109].

Craignant que l'on continue à envisager la question, Meredith adresse une nouvelle lettre au ministre White au mois de janvier 1919 : « Je ne vais pas chercher à vous rappeler ce que vous savez très bien – que notre système bancaire a permis à ce pays de progresser dans les temps difficiles qu'il a traversés, mais je tiens à vous dire qu'à mon avis, ce serait une aventure pleine de risque [...] avec la probabilité de conditions entièrement changées dans un an, d'introduire maintenant de nouvelles mesures qui pourraient susciter plus tard de très nombreuses critiques négatives[110]. »

Avec le recul, les effets de cette rigidité d'esprit dans les affaires bancaires canadiennes – et non pas uniquement parmi les dirigeants bancaires eux-mêmes – sert à mettre le doigt sur les dangers que présente le cycle des affaires. On peut penser au mini-boom de 1920 et à l'effondrement de 1922. De nombreux facteurs, comme l'instabilité des marchés d'exportation, des méthodes surannées d'accumulation des stocks et l'absence de contrôle des prix y contribuent, mais les choses empirent encore en raison de la politique monétaire. Gouvernements et banques augmentent la masse monétaire et l'offre de crédit, qui explosent, passant de 4,4 millions $ en 1916 à 116,5 millions $ en 1918 et 123,7 millions $ en 1920 – essentiellement en raison de la hausse des prêts[111]. Entre 1928 et 1929, les banques ont recours aux mécanismes de la *Loi de trésorerie* pour les prêts à vue, augmentant ainsi le crédit et dérangeant indirectement la balance des paiements, étant donné que la plus grande partie de ces crédits est consacrée à l'achat de titres par des Canadiens à New York. Ce qui entraîne une exportation massive d'or du trésor du Dominion vers les États-Unis afin de répondre à la demande de fonds à New York et finit par provoquer l'abandon (officieux) de l'étalon-or en 1928.

À certains égards, la réputation soigneusement cultivée et farouchement protégée de la Banque de Montréal et d'autres banques canadiennes a un effet paradoxal. La réussite de ces dernières dans la gestion du système bancaire canadien pendant les périodes de turbulence et leur efficacité à s'assurer que leur réputation repose essentiellement sur la force, la taille, la stabilité et la gestion prudente masquent leur incapacité à modifier lentement leur rôle afin d'embrasser une vision plus large de la fonction du crédit et du rôle joué par le système dans la finance anticyclique. Bien sûr, le système dans lequel elles opèrent encourage sans doute ce mode de pensée, mais leurs réussites dans d'autres domaines les amènent peut-être aussi à faire preuve d'un excès de confiance en elles-mêmes. Les choses étant ce qu'elles sont, non seulement se refusent-elles à adopter des idées nouvelles et novatrices, mais elles sont aussi convaincues que ces idées sont tirées par les cheveux ou le résultat d'une tournure d'esprit théorique qui ne tient pas la route dans le monde réel. La décennie qui va suivre mettra ces hypothèses à l'épreuve.

La Banque n'en connaît pas moins un excellent rendement entre 1918 et 1929. Au cours de cette période, la croissance de l'actif est de six pour cent en moyenne, passant de 558,4 millions $ en 1918 à 965,3 millions $ en 1929. Comme nous l'avons vu, le versement des dividendes durant ces années-là est de quatorze pour cent par année, à l'exception de 1919 (douze pour cent)[112]. En dollars, pendant les années 1920, la Banque verse des dividendes compris entre 3,5 et 4 millions $. Cela peut être le reflet d'affaires florissantes au Canada et de l'expansion des activités en Europe et au Mexique lorsque la situation je justifie. La Banque a également fait l'acquisition de plusieurs institutions bancaires, accru son capital social et porté ses réserves à 38 millions $. À l'aube des années 1930, la Banque de Montréal a toutes les raisons d'avoir confiance en son avenir.

Sir Vincent Meredith abandonne la présidence à l'automne 1927, mais, depuis quelque temps déjà, il limitait progressivement ses activités. Son décès en février 1929, alors qu'il est président du conseil d'administration de la Banque, marque la fin d'une époque. Le président de l'Association des banquiers canadiens, A. E. Phipps, s'en désole : « il a été une personnalité marquante du secteur bancaire canadien pendant près de cinquante ans [...] ses services lors du déclenchement de la guerre et durant tout le conflit parlent d'eux-mêmes. Mais c'est peut-être au cours de la crise d'après-guerre que ses talents en matière de gestion financière constructive et conservatrice se sont le mieux révélés[113]. »

Des relations compliquées et changeantes : les dirigeants bancaires et les politiciens

Comme nous l'avons vu tout au long de l'histoire de la Banque, ses présidents, administrateurs et gestionnaires se sont distingués par leur engagement profond aux plus hauts niveaux du processus politique dans toute sorte de dossiers liés aux finances publiques, à la réglementation bancaire et au développement économique. On ne saurait nier la place importante occupée par la Banque de Montréal dans les assemblées du pouvoir. Avec d'autres capitalistes, banquiers et industriels montréalais, ses dirigeants ont constitué une force politique dont il fallait tenir compte dans le Canada d'après la Confédération, alors qu'ils poursuivaient leur expansion et cherchaient à générer des occasions de développement économique aussi bien au pays qu'à l'étranger. La taille modeste et la conception limitée du pouvoir de l'État qui prévaut parmi les élites canadiennes au début du vingtième siècle favorisent la dépendance envers l'expertise, les capacités organisationnelles et le rayon d'action de la Banque sur les marchés des capitaux et pour le financement de projets. Ces conditions confèrent un pouvoir et une influence extraordinaires aux dirigeants de la Banque de Montréal. Bien sûr, celle-ci demeure une banque, mais, avec le temps, grâce à la détermination, aux circonstances et à la compétence, elle a acquis le statut plus appréciable d'institution quasi gouvernementale. Ce statut, et les privilèges qui l'accompagnent, vont faire l'objet d'une surveillance de plus en plus étroite à mesure que les choses changent, que de nouveaux joueurs font valoir leurs droits et que les gouvernements commencent à étendre leur pouvoir et accroître leur prestige.

La Banque est depuis longtemps la principale institution banquière et financière du pays – une responsabilité et un privilège jalousement protégés contre les déprédations d'autres intérêts bancaires, en particulier ceux de la Banque Royale. Jusqu'à la Grande Guerre, personne n'a véritablement remis en question les relations et les privilèges de la Banque, en grande partie du fait qu'elle assume ses responsabilités de manière professionnelle et avec probité. Après 1918, cependant, le besoin de changement se fait clairement sentir. À cet égard, le journal personnel de William Mackenzie King offre un coup d'œil privilégié sur les participants à une bataille politique complexe entre élites politiques et financières et les relations entre ces dernières. Ce combat oppose les principaux politiciens et dirigeants bancaires de l'époque, qui cherchent à imposer leurs vues sur des questions de finances publiques et de nominations politiques. Ces conflits augurent des événements qui vont survenir au cours des tumultueuses années 1930.

Un des premiers points en litige entre la Banque de Montréal et le nouveau gouvernement King en 1921 ne porte pas du tout sur la Banque mais bien sur la nomination du nouveau Haut-commissaire du Canada à Londres. Il s'agit du poste diplomatique le plus élevé et prestigieux sous le contrôle du gouvernement du Dominion. Les deux derniers candidats en lice sont Peter C. Larkin et sir Charles Gordon. Larkin est un homme d'affaires remarquablement prospère, le fondateur et propriétaire de la Salada Tea Company[114] et un proche conseiller et partisan inconditionnel de sir Wilfrid Laurier. Gordon, un homme d'affaires montréalais de premier plan, est vice-président de la Banque de Montréal. Sa candidature a bénéficié de l'appui solide du sénateur Raoul Dandurand au nom des intérêts montréalais, entre autres en raison de la participation de Gordon au financement du parti de King lors des élections de 1921. King explique à Dandurand que c'est le « souhait de sir Wilfrid » de voir Larkin obtenir de la « reconnaissance ». Le débat se poursuit néanmoins alors que Dandurand recommande vivement la nomination de Gordon ne serait-ce que « pour un an seulement ». King note que « voilà l'influence de la Banque de Montréal et du Canadien Pacifique une nouvelle fois à l'œuvre[115] ». Mais le président du Canadien Pacifique, qui est aussi administrateur de la Banque de Montréal, Edward Beatty, « est fortement en désaccord avec l'idée d'envoyer Gordon en Angleterre », car, pour la Banque, cela signifierait la perte de l'un de ses grands stratèges.

Au bout du compte, c'est la candidature de Larkin qui prévaut et il devient Haut-commissaire du Canada au mois de février 1922. Gordon admettra plus tard en présence de King que sir Vincent Meredith aurait considéré comme un manque de loyauté envers la Banque le fait qu'il quitte le Canada à ce moment – et qu'il « avait commencé à s'inquiéter à ce sujet et s'était senti soulagé que la situation ait tourné différemment », quoiqu'il « souhaiterait qu'on se souvienne de lui plus tard lorsque Larkin se retirerait[116] ». Gordon n'en accepte pas moins le poste de représentant du Canada à la Conférence économique internationale de Gênes aux mois d'avril et de mai 1922[117], à laquelle sera abordée la question de la reconstruction financière européenne. À titre de représentant du gouvernement du Dominion, il y rend de « bons services » puisqu'il figure parmi les principaux experts du pays sur les « questions financières » et s'oppose à ce que « le Canada octroie des crédits supplémentaires aux villes européennes », une position qui plaît à King[118]. « Gordon est un homme capable », dira plus tard King avec enthousiasme.

Cet épisode est révélateur de quelques aspects intéressants de la relation entre la Banque et le Dominion. Tout d'abord, en dépit des protestations, le premier ministre saisit bien les implications du pouvoir et de l'influence du monde montréalais des affaires. Pour reprendre ses termes, il faut donc trouver une façon de « concilier leurs attentes » et « la déception de voir le Haut-commissariat leur échapper[119] ». Autrement dit, indépendamment de ses opinions partisanes, il doit mettre la pédale douce. Deuxièmement, la relation entre la Banque et le Dominion est étroite. Elle est aussi asymétrique en faveur de la Banque – à tout le moins pour l'instant. Troisièmement, les réseaux d'influence qui soutiennent la relation traditionnelle entre la Banque et le Dominion présentent des signes prématurés d'effilochement, comme le montrent les soupçons naissants de King à propos des motifs et des intentions de ces « intérêts montréalais » qu'il évoque souvent.

Pourtant, il ne faut pas oublier que, si la relation qui unit le Dominion et la Banque à cette époque est étroite, c'est, à tous les égards, par la force des choses. En effet, la dépendance du gouvernement du Dominion par rapport à l'expertise, aux conseils et à la capacité des dirigeants bancaires est forte. Cela lui permet de s'assurer de répondre aux besoins de l'État sur le plan des capitaux et des emprunts. Les gouvernements dépendent également des grandes banques canadiennes, surtout de la Banque de Montréal, pour assurer la bonne santé du système bancaire canadien. En voici un exemple parmi tant d'autres : le 27 décembre 1921, immédiatement après les élections, le premier ministre élu King écrit que sir Frederick Williams-Taylor, le directeur général de la Banque de Montréal, « a téléphoné pour dire qu'à moins que la Banque Nationale puisse obtenir sur le champ un prêt d'un million $ du gouv[ernement], elle fera faillite ». King demande à son ministre des Finances, W. S. Fielding, d'appeler sir Frederick pour clarifier les choses, tandis que Williams-Taylor choisit d'attendre que King soit en poste à Ottawa[120]. Bien entendu, au cours des années qui vont suivre, il y aura de nombreux autres contacts et moult discussions sur toute sorte de questions, notamment les fusions bancaires (en particulier l'achat par la Banque de Montréal de la Banque des Marchands, rongée par les scandales)[121].

Rien d'extraordinaire jusque-là. Mais, manifestement, on sent qu'il se trame quelque chose. Une question qui revient sans cesse dans le journal personnel de King est le monopole exercé par la Banque de Montréal sur les affaires du gouvernement. À titre de nouveau premier ministre en 1921, King écrit à propos du dîner qu'il partage le 2 septembre 1921 avec C. E. Neill, le directeur général de la Banque Royale : « Une fois seuls, j'ai parlé de mon intention de ne pas permettre de monopole dans quelque secteur que ce soit, y compris les banques, ajoutant que la B. de Commerce avait essayé d'avoir la peau de sir W. et ne comptent pas parmi mes amis. Neill a répondu qu'ils en avaient beaucoup contre moi. J'ai dit avoir des sentiments différents envers la B. de Montréal, sans toutefois souhaiter la voir exercer un monopole sur les affaires gouvernementales. Neill a affirmé qu'il ne fallait pas négliger la B.

de Montréal, qui avait droit à la reconnaissance du gouv. Je lui ai parlé de ma volonté de partager les affaires du gouv. comme tout le reste[122]. » À nouveau le 24 janvier 1922, King relate une autre rencontre avec Neill et réitère son désir de transférer « certaines affaires gouv. à d'autres banques[123] ». Son ministre des Finances, Fielding, par contre, est en faveur de « garder le monopole de la Banque de Montréal », ce qui semble incorrect aux yeux de King. « Il faudrait répartir les affaires du gouv. Encore une fois, il n'est pas facile de changer la mentalité des "vieux" au sein d'un cabinet de réforme[124]. » Mais ce n'est pas uniquement la Banque de Montréal qui est dans la mire de King; bien au contraire, il concentre particulièrement son venin sur la Banque de Commerce, qui est « trop associée à Mackenzie et Mann et a tout mis en œuvre pour anéantir le Parti libéral[125] ».

La question des affaires bancaires gouvernementales revient sans cesse sur la table du cabinet, ce qui mène à une sorte d'impasse entre un premier ministre soucieux de briser le monopole de la Banque de Montréal pour les affaires gouvernementales et un ministre des Finances qui y est farouchement opposé. King écrit le 8 avril 1922 : « J'ai pressé M. Fielding de changer de politique [...] mais il fait quasiment une crise de panique quand j'en parle. » Et il poursuit : « Aujourd'hui, la plupart des membres du conseil partageaient mon opinion et, si les choses avaient été poussées un peu plus loin, je crois que M. Fielding se serait effondré. Il semblait très fragile et presque abattu alors qu'il défendait "ce qu'on fait depuis 40 ans". Je lui ai dit que, d'après moi, c'était une bonne raison pour changer maintenant. Son seul argument est que cela poussera d'autres banques à faire des pressions pour obtenir des affaires gouv. Comment en serait-il autrement? Si ce sont de saines institutions, il vaut mieux que l'argent public soit réparti plutôt que de se trouver dans les mains des intérêts les plus riches[126]. »

Les opposants à la Banque de Montréal se font de plus en plus entendre. Le lieutenant-gouverneur du Nouveau-Brunswick, William Pugsley, un homme politique circonspect de la machine libérale, le major-général Robert Rennie, un pilier du parti et candidat libéral malheureux à Toronto, ainsi que l'agent en placements torontois J. H. Gundy relatent à King que Fielding s'est trouvé à Montréal en train de négocier avec la Banque J. P. Morgan « en passant par la Banque de Montréal plutôt que par la Banque Royale, qui est notre alliée et celle de la famille Morgan ». King en conclut que « par son conservatisme et son obstination dans cette affaire, Fielding a été inéquitable envers ses collègues[127] ».

Le biographe de Fielding, Carman Miller donne un indice de la disposition du ministre des Finances : « Dans sa vieillesse, il refusa de s'adapter le moindrement aux temps nouveaux », s'opposant, entre autres, à l'idée que le Canada ait une représentation à Washington et signe ses propres traités. « L'univers de Fielding, conclut Miller, demeurait celui du Canada d'avant-guerre[128]. » Quand J. A. Robb prend les finances en mains en 1924 en raison de la santé fragile de Fielding, le gouvernement ne tarde pas à négocier de meilleures ententes avec les banques pour la vente de bons du trésor. Au mois de septembre 1924, King note « de quelle manière la Banque de Montréal, en essayant d'arracher plus que 4½ [points de marge] a tout perdu, tandis que Robb parvenait à négocier 4 points et une commission de 20 pour cent avec une banque rivale[129]. J'apprécie la façon dont il a tenu tête à la Banque de Montréal, conclut King. Fielding n'y serait jamais parvenu[130]. »

Un nouveau *modus vivendi* est en train de s'installer et la rigidité de la position de Robb en matière de négociation de prêts arrivés à échéance avec la Banque de Montréal en est le signe le plus évident. À la fin de l'année 1927, alors que la moitié d'un prêt de 45 millions $ arrivant à échéance est en cours de négociation, les dirigeants bancaires montréalais cherchent à obtenir 4 3/8e plutôt que les 4 pour cent habituels. Robb ne tarde pas à appeler à New York et à faire intervenir la Banque Royale pour amener la Banque à accepter une marge plus faible. King note alors que la Banque de Montréal « obtient environ 280 000 $ sans intérêt et la Banque Royale environ 80 000 $ sur les montants qu'elle est autorisée à garder[131] ».

Les affaires du gouvernement sont une chose : les élections et la formation des gouvernements en sont une autre, ô combien plus risquée. Au terme des élections fédérales d'octobre 1925 est déclenchée une crise constitutionnelle et politique à propos du parti qui va prendre le pouvoir : les libéraux sortants de King ou les prétendants conservateurs dirigés par sir Arthur Meighen – en dépit de la défaite cinglante des libéraux. King tient bon pendant neuf mois avec l'appui du Parti progressiste, période au terme de laquelle le gouverneur général dissout le Parlement. De nouvelles élections ont lieu, qui reportent les libéraux au pouvoir.

Nous ne nous intéresserons pas particulièrement aux résultats des élections de 1925 et 1926 dans ces pages. La question est plutôt de savoir à quel point la participation du gouvernement représente un risque, même pour de puissants banquiers, dans une ambiance aussi fébrile. King confie à son journal personnel que J. W. McConnell, un administrateur nouvellement élu de la Banque de Montréal, ainsi que le directeur général de la Banque, sir Frederick Williams-Taylor, ont fait des déclarations publiques virulentes contre King et en faveur du chef conservateur. La motivation de McConnell ne laisse aucun doute : il est le ministre des Finances tout désigné dans un éventuel gouvernement Meighen. Celle de Taylor est plus obscure, mais il semble évident qu'il espère une victoire de Meighen.

Rendu furieux par ces interventions, King sème la panique au sein des dirigeants de la Banque de Montréal – à tel point que, le soir du 4 novembre 1925, le directeur adjoint de la Banque, F. J. Cockburn, à l'insistance du président Meredith, va rendre visite au premier ministre. Cockburn donne l'assurance à King que « la Banque de Montréal ne fait pas de politique », que McConnell a agi de sa propre initiative et que, de surcroît, « il n'est administrateur de la Banque que depuis peu et que la direction ne peut exercer de contrôle sur lui ». La description que fait Cockburn de son collègue Williams-Taylor est nettement plus accablante : « [Williams-]Taylor est un fou et sa femme est débile. » Sir Vincent a conseillé à Williams-Taylor de « se contrôler » et lui a dit que « personne ne le prenait au sérieux, que la seule raison pour laquelle il avait accédé à son titre [de noblesse] est qu'il avait payé des repas en Angleterre à des gens qui ne l'en ont même pas remercié[132] ».

Cette scène extraordinaire dans la résidence du premier ministre par une soirée d'automne particulièrement froide mérite qu'on s'arrête un instant pour la contempler[133]. Non seulement l'émissaire de la Banque, F. J. Cockburn, présente-t-il des excuses, mais, cherchant à défendre la relation de la Banque avec un premier ministre à la peau sensible, il s'arrange aussi pour balancer par-dessus bord aussi bien McConnell que Williams-Taylor. La véhémence et la nature personnelle de la condamnation de Williams-Taylor sont particulièrement surprenantes. Peut-être cela explique-t-il les mises que l'on croyait sur la table.

En tout état de cause, la conclusion de King après avoir écouté l'intervention de Cockburn, reprise en introduction de la quatrième partie, est éloquente : « Manifestement, les gens de la Banque de Montréal considèrent qu'on les a battus et qu'ils sont à genoux, ce qui est peut-être vrai. Les choses changeront lorsque ces gens se mettront à dépêcher leurs émissaires directement pour demander pitié[134]. » Manifestement, il estime que les dirigeants montréalais, y compris ceux de la Banque et certains d'entre eux de manière très flagrante, ont misé sur le mauvais cheval en pariant sur les conservateurs de sir Arthur Meighen, de sorte que l'équipe de direction de la Banque se retrouve complètement en mode de contrôle des dégâts.

Les soupçons du premier ministre à l'égard des « intérêts montréalais » ne se démentent pas. Dès le lendemain, son lieutenant québécois, le sénateur Dandurand, téléphone de Montréal pour suggérer que l'on propose une sorte de gouvernement d'unité nationale sans King ni Meighen à la barre. « Je n'ai pas mâché mes mots envers Dandurand à propos de ce genre de proposition, qui signifierait remettre le gouv. entre les mains des intérêts montréalais après que ceux-ci aient tout mis en œuvre pour anéantir le gouv. libéral. Cela reviendrait à trahir les libéraux qui ont livré bataille récemment et cela n'est pas conforme à l'usage constitutionnel. Ce serait en quelque sorte la répétition du gouv. unioniste présentant tous les maux inhérents à une coalition. J'ai été abasourdi de voir Dandurand adopter cette tournure d'esprit. C'est révélateur des effets de "l'ambiance"[135]. »

King est convaincu que ce sont les pertes des libéraux en Ontario qui ont provoqué sa défaite aux élections de 1925. « Notre revers en Ont. est principalement attribuable à l'argent de Montréal », conclut-il, ajoutant que « la lutte est celle des intérêts financiers de cette ville pour prendre le contrôle du parl. [Parlement] ». Au cours d'un déjeuner le 15 novembre, il confie aux militants libéraux Percy Parker et Andrew Hayton que « si les hommes de Toronto souhaitent se battre, je suis partant pour les aider contre la Banque de Montréal de la rue Saint-Jacques, le Canadien Pacifique, McConnell et sa bande. Il faudra prendre ce genre de mesures pour les amener à s'impliquer; c'est leur intérêt personnel qui les stimule[136]. »

Les événements marquant la relation de la Banque avec le gouvernement du Dominion dans les années 1920 se fondent en un scénario inquiétant, du point de vue de la Banque à tout le moins. Les dirigeants bancaires, en particulier ceux de Montréal, continuent d'exercer une influence prépondérante sur les finances publiques du Canada. Mais l'équilibre dans l'asymétrie flagrante entre banquiers et ministres commence à pencher du côté des derniers alors que les gouvernements se mettent à faire valoir le pouvoir public dans la gestion des finances publiques. Les dirigeants de la Banque de Montréal ont le loisir de souligner leur gestion avisée depuis longtemps de la fourniture des capitaux et leur excellente conduite du système bancaire canadien, de même que la compétence technique et professionnelle de l'aînée des banques. Le système bancaire canadien jouit d'une grande admiration et de beaucoup de respect tant au Canada qu'à l'étranger.

Mais la question n'est pas là. Elle réside de plus en plus dans le contrôle gouvernemental des finances publiques, des affaires bancaires et du numéraire. Fait inévitable, la lutte pour le contrôle se transporte dans l'arène politique. Le premier ministre Mackenzie King tient mordicus à forcer ses adversaires politiques, les intérêts montréalais, aux tendances essentiellement conservatrices, à un règlement de comptes. Les années 1920 ont été le présage des événements futurs lorsque les circonstances radicales transformeront la politique des changements progressifs en une politique de la transformation. Le crépuscule du banquier montréalais tout puissant vient de s'amorcer.

10

Le paradoxe du banquier montréalais

C'est possible, mais le chemin du paradoxe est celui de la vérité. Pour éprouver la réalité il faut la voir sur la corde raide. Quand les vérités deviennent des acrobates nous pouvons les juger»
Oscar Wilde, *Le portrait de Dorian Gray*

La fin des années 1920 est une période de prospérité pour le Canada et la Banque de Montréal. « Jamais dans l'histoire du Canada », s'enthousiasme le président de la Banque, sir Charles Gordon, « le commerce dans son ensemble s'est-il aussi bien porté qu'au cours de la dernière année ». Il affirme aux actionnaires de la Banque, en 1929, que « [jamais auparavant] les sources développées de notre richesse [...] n'ont été aussi nombreuses et variées qu'elles le sont aujourd'hui, et jamais nos employés n'ont démontré une capacité bénéficiaire soutenue dans autant de circuits de production[1] ». Le krach boursier, conclut-il, est « le résultat d'un effondrement découlant d'une orgie purement spéculative sur les marchés boursiers » qui ne devrait pas « indûment fausser notre perspective[2] ». Le directeur général de la Banque, H. B. Mackenzie, abonde dans le même sens :

> Pendant plusieurs années, nous avons vécu sous la menace d'une ferveur croissante autour de la spéculation boursière. L'effondrement a eu des conséquences douloureuses pour de nombreuses personnes et ses effets provoqueront sans doute une diminution des dépenses dans certains secteurs; quoi qu'il en soit, il est préférable que le krach soit derrière nous plutôt que devant nous, et il ne faut pas oublier qu'il n'a entraîné aucune destruction de la prospérité. La véritable richesse

> nationale des États-Unis et du Canada demeure ce qu'elle était. Ce n'est peut-être pas très réconfortant pour ceux qui ont tout perdu, mais il est important d'en tenir compte du point de vue du bien-être et des perspectives des deux pays. Un possible ralentissement des affaires est envisageable en attendant que la vie reprenne son cours, mais la réalité des deux côtés de la frontière nous procure une base solide sur laquelle nous pouvons aborder l'avenir avec optimisme[3].

Mackenzie n'est pas le seul dirigeant financier nord-américain à se tromper de manière aussi spectaculaire : c'est le cas de presque tout le monde.

Comme le démontre le dernier chapitre, les signes d'une spéculation boursière qui commence à surchauffer et à engendrer des risques intolérables se manifestent dans l'ensemble du réseau de succursales de la Banque de Montréal. Peu nombreux, toutefois, sont ceux qui anticipent l'ampleur que prendra l'effondrement au lendemain du krach d'octobre 1929. Encore moins nombreux sont ceux qui arrivent à prédire la durée, la gravité et le caractère transformateur de la dépression qui s'annonce pour le pays et la Banque.

La réalité du paradoxe bancaire

L'expérience que vivra la Banque en tant qu'institution financière canadienne de premier plan dans le Canada des années 1930 aura pour effet d'achever les transformations amorcées au cours de la décennie précédente sous la forme de courants parallèles issus des sphères politique, commerciale et financière. Trop souvent, cependant, lorsque nous nous reportons en arrière et examinons ces mécanismes à l'œuvre, nous ne percevons que leur apparente inéluctabilité historique : la force du destin. En fait, les informations recueillies suggèrent plutôt que ces changements ne sont ni prédestinés ni automatiques, mais le fruit d'une combinaison de facteurs : leadership, chance, volonté, personnalité et circonstances. Et les dirigeants de la Banque de Montréal ne manquent pas une occasion d'utiliser tous les moyens à leur disposition pour influencer le cours des événements et protéger les intérêts de la Banque.

Le système bancaire canadien des années 1930 fonctionne bien et se montre résilient. Les banquiers de la Banque de Montréal demeurent influents et sont appelés à conseiller le secteur des affaires et le gouvernement lors des moments cruciaux de la vie financière du pays. Si l'autorité dont les banquiers montréalais jouissent dans les années 1930 n'est plus ce qu'elle était durant les années folles, la Banque de Montréal conserve malgré tout une grande part de son pouvoir et de son prestige. Pourtant, il est indéniable qu'un aspect important a changé. L'influence de la Banque dans les coulisses du pouvoir demeure légendaire, mais sur l'enjeu clé de la décennie – la création d'une banque centrale –, elle est destinée à s'incliner.

La stratégie et la démarche de la Banque, décriées dans certains milieux comme étant trop conservatrices ou prudentes, n'ont pas comme seul mérite de protéger l'institution lors des périodes les plus tumultueuses; elles constituent également une condition préalable essentielle à sa survie et à la stabilité du système. La Banque de Montréal est la figure de proue de la vie financière au Canada – banquier du gouvernement, pierre d'assise des finances du Dominion, détenteur d'obligations, prêteur et financier auprès des entreprises. Ses hauts dirigeants représentent l'élite du système bancaire canadien. Pourtant, le statut de la Banque est à la fois une incontestable bénédiction et une insidieuse malédiction, puisqu'il confirme la nécessité de perpétuer une approche conservatrice. En devenant une grande institution nationale et quasi gouvernementale, la Banque de Montréal récolte le prestige et les privilèges qui vont de pair avec un tel statut. Autrement dit, elle détient une responsabilité qui va au-delà d'elle-même.

À l'aube des années 1930, la Banque se profile comme une imposante institution bureaucratique, ce qui incite ses plus hauts dirigeants, déjà peu enclins à prendre des risques, à réaffirmer leurs positions conservatrices. Elle semble également avoir acquis bon nombre des « tendances de l'organisation », complexes et bureaucratiques, relevées par le sociologue allemand Max Weber dans les organisations traditionnelles du vingtième siècle – la centralisation, l'officialisation, la dépersonnalisation, la carriérisation, la formalisation et la normalisation. Ces tendances s'avèrent être des outils clés – et indispensables – pour gérer la quantité de plus en plus volumineuse de renseignements, de capitaux, de bureaux, de succursales, d'employés, de politiques et de procédures nécessaires simplement pour répondre aux besoins administratifs de l'organisation. Les mêmes outils permettent en outre aux banquiers de composer avec les incertitudes du monde qui les entoure. Mais ils peuvent aussi finir par influencer le jugement de leurs utilisateurs et devenir de véritables cages de fer. L'émergence d'une institution colossale ancrée dans la bureaucratie et les règles tend à faire en sorte que les perspectives et les prises de décisions sont empreintes d'une prudence démesurée. En outre, le système imposera des contraintes de plus en plus strictes par rapport à l'innovation et à la capacité d'intégrer différents points de vue dans les discussions concernant la réorientation stratégique, et ce, même si de tels points de vue existent.

Les forces de la Banque s'avèrent donc être ses faiblesses. De ses points forts découlent ses limites, et de son apparente solidité et ses immuables vertus bancaires, ses vices. Ce qui la rend si résiliente face aux turbulences la rend du même coup réfractaire au changement, lorsque celui-ci se présente. Sa position et ses capacités lui confèrent des avantages concurrentiels de premier plan, mais transmettent également un héritage plutôt ambigu, tenace et persistant. Voilà qui résume le paradoxe du banquier de Montréal, un élément central de l'expérience de la Banque de Montréal durant la Grande Dépression.

Prise dans son entièreté, l'expérience collective de la Banque de Montréal dans les années 1930 – d'un océan à l'autre, auprès des entrepreneurs et des hauts dirigeants du Dominion, dans les succursales des petites et grandes villes et les différents services de l'institution – se révèle être une mosaïque des plus complexes. Les histoires et informations recueillies font état de milliers de prêts, hypothécaires et autres, mais aussi d'espoirs, de souffrances et de persévérance. Les sous-cultures de la Banque s'épanouissent dans leur manifestation locale, régionale et fonctionnelle, rassemblées sous l'égide d'une organisation, d'un ensemble de règles et d'un leadership communs. Être un banquier de la Banque de Montréal revêt une signification particulière aux yeux des dirigeants et du personnel de la Banque, mais renferme aussi son lot d'expériences riches et variées. Des expériences qu'il est impossible de relater ici, faute d'espace, mais qui jouent néanmoins un rôle fondamental dans l'histoire de la Banque.

Être à la hauteur

Pour faire face à ce qui s'avérera la plus grande crise économique et politique de longue durée depuis la Confédération, la Banque de Montréal peut compter sur une équipe de la haute direction composée de banquiers et d'administrateurs chevronnés qui figurent parmi les têtes dirigeantes du secteur économique et financier du Canada. Sir Charles Gordon devient président en 1927 et demeurera en poste jusqu'à sa mort, en 1939. Huntly R. Drummond est vice-président de 1927 à 1939, avant de succéder à Gordon. Sir Frederick Williams-Taylor siège également au conseil d'administration de 1929 à 1932. Le major-général Sydney Chilton Mewburn est appelé à occuper un poste de vice-président et à siéger au comité de direction du conseil de 1927 à 1950. Avocat de formation, Mewburn est un ancien ministre de la Milice et de la Défense au sein du gouvernement de coalition. Il cumule un nombre remarquable de postes d'administrateur – même pour l'époque[4].

Les talentueux directeurs généraux de la Banque sont également appelés à jouer un rôle crucial pour permettre à l'organisation de traverser cette période. La nomination de H. B. Mackenzie en 1929 est écourtée lorsque ce dernier décède prématurément l'année suivante. William Alexander Bog, son remplaçant ontarien, exerce les fonctions de directeur général jusqu'en 1936, puis celles de vice-président de 1936 à 1944, mettant un terme à soixante-trois ans de service à la Banque. Admiré pour sa « force de caractère et son imperturbable intégrité[5] », Bog a travaillé, au moment d'entrer en poste comme codirecteur général au salaire de base de 25 000 $[6], dans pratiquement toutes les régions où la Banque exerce ses activités.

Le codirecteur général de Bog est Jackson Dodds, qui occupera ces fonctions de 1930 à 1942. Dodds est appelé à jouer un rôle de premier plan dans bon nombre des combats politiques et financiers qui se dérouleront dans les années à venir. Il a tout du banquier montréalais idéal, étant « Londonien de naissance et, concrètement, banquier de naissance[7] ». Il sert dans l'armée britannique durant la Grande Guerre, combattant en France et étant cité à l'ordre du jour à quatre reprises. Il détient le grade de lieutenant-colonel au moment où la guerre prend fin, et on lui décerne l'Étoile de Mons et le titre d'officier de l'Ordre de l'Empire britannique. Il se joint à la Banque de Montréal en 1918. Lorsqu'il prend sa retraite en 1942, Dodds est considéré comme un « chef de file des affaires financières du Canada » et « un chef de file également au sein des mouvements et organismes sociaux et philanthropiques et l'un des citoyens montréalais les plus dévoués à la cause publique ». Son travail au sein du mouvement scout l'amène à recevoir les plus hautes distinctions décernées au sein du scoutisme à l'échelle mondiale, le Loup de bronze et le Loup d'argent[8].

George W. Spinney est un autre acteur important dans les événements qui ont cours durant cette période. Spinney joint les rangs de la Banque en 1906 à Yarmouth, en Nouvelle-Écosse. Entre 1915 et 1930, il est promu à des postes de plus en plus importants. On lui confie notamment la responsabilité du nouveau Service des valeurs mobilières à la fin des années 1920, ce qui témoigne de son influence croissante dans les hautes sphères de la Banque. « Ce développement du secteur bancaire l'amène à collaborer étroitement et confidentiellement avec les responsables des finances publiques et d'entreprise », rapporte un compte rendu de l'époque[9]. Il est nommé directeur général adjoint en 1928, puis codirecteur général en 1936, au salaire de 35 000 $; il quitte ce poste en 1942 pour devenir président de la Banque. Spinney acquiert une brillante réputation au sein des milieux financiers du Canada – à un point tel que le premier ministre, Mackenzie King, mentionne en juin 1940 que deux administrateurs de la Banque, Beatty et McConnell, lui recommandent chaleureusement Spinney comme « la meilleure nomination possible » au poste de ministre des Finances du Dominion[10]. King est du même avis, ajoutant qu'« il est un homme très honorable, un libéral, et qu'il serait un formidable atout pour le gouvernement dans le domaine de la finance[11] ». Spinney décline finalement l'offre, sous prétexte qu'il « ne pourrait pas s'adapter aux procédures parlementaires » et qu'il est « simplement intéressé par le secteur bancaire[12] ». Le facteur déterminant, toutefois, est que « son cœur a toujours été, dès son plus jeune âge, avec la Banque de Montréal[13] ».

Sir Vincent Meredith a été président de la Banque de Montréal de 1913 à 1927. Pendant les difficiles années 1914–1918, il a investi les ressources de la Banque dans l'effort de guerre. Sous son leadership, la Banque a incité les membres de son personnel à servir leur pays et a continué de verser leur salaire pendant les six premiers mois du service militaire. 1915. Anonyme. Image reproduite avec l'aimable permission du Musée McCord d'histoire canadienne, II-264794.0.

Pour souligner son 100e anniversaire et réfléchir à ces années en affaires, la Banque a publié *The Centenary of the Bank of Montreal, 1817–1917*. 1917.

L'équipe de direction de la Banque de Montréal – de gauche à droite, Lord Mount Stephen, C. F. Smithers, Lord Strathcona et George Drummond photographiés dans le document publié à l'occasion du centenaire de la Banque. 1917.

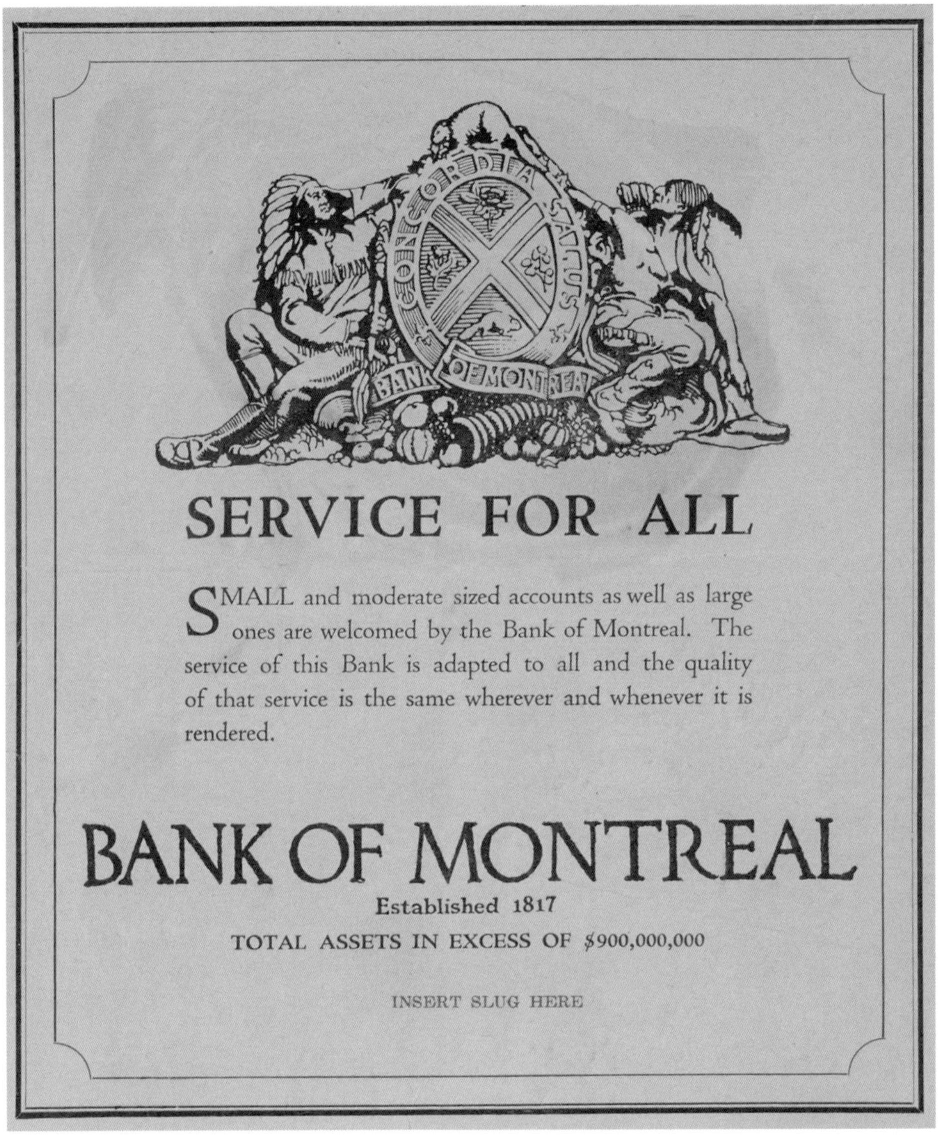

Cette publicité présente les armoiries d'origine de la Banque de Montréal avec les « supports agenouillés » des deux côtés. Comme l'indique la publicité, l'actif total de la Banque s'élève alors à 900 millions $. Années 1920.

L'équipe féminine de hockey de la Banque de Montréal, photographiée au cours de la saison 1920–1921, était composée, de gauche à droite, de : (*première rangée*) Mlle N. Kennedy, Mlle C. L. A. Wheeler, Mlle M. E. R. Boon, et Mlle K. I. Richey; (*deuxième rangée*) Mlle L. E. Grant, M. J. S. Hughes (directeur), Mlle D. A. Adams, Mlle F. S. Cooke, Mlle I. R. Harper, M. W. Galipeau (entraîneur), Mlle I. V. McKyes et Mlle M. Scott. 1921.

HAROLD KENNEDY
Director, Bank of Montreal

Ce dessin de Harold Kennedy, administrateur de la Banque de Montréal, fait partie d'une série constituée par Arthur George Racey, qui représente les membres de la haute direction. En toile de fond se trouve l'illustration par le dessinateur de « la vieille dame de la rue Saint-Jacques », conformément au surnom longtemps donné en anglais à la Banque de Montréal. 1922. Image reproduite avec l'aimable permission du Musée McCord d'histoire canadienne, M20111.31.

Intitulé « Une réunion ennuyeuse, ou nous-mêmes comme nous ne nous sommes jamais vus », ce dessin d'Ernest Le Messurier, publié en 1924, représente une réunion du conseil d'administration de la Banque de Montréal. Sur le dessin (avec le nom du poste au conseil entre parenthèses), on voit, dans le sens horaire (*debout*) sir Vincent Meredith (1910–1929), sir Frederick Williams-Taylor* (1929–1945), le général S. C. Mewburn (1924–1954), F. E. Meredith (1923–1941), James Stewart (1922–1930), sir Arthur Currie (1920–1933), sir Lomer Gouin (1920–1929), sir Edward Beatty (1919–1943), Henry Cockshutt (1917–1944), G. B. Fraser (1917–1933), H. W. Beauclerk (1917–1925), Harold Kennedy (1916–1934), Herbert Molson (1916–1938), William McMaster (1913–1930), D. Forbes Angus (1912–1943), H. R. Drummond (1912–1957), C. R. Hosmer (1908–1927) et sir Charles Gordon (1912–1939). Chacun des administrateurs a signé sa caricature. 1924.

* Sir Frederick Williams-Taylor n'était pas administrateur à l'époque; il se peut qu'il remplaçait J. H. Ashdown (1917–1924), qui n'est pas autour de la table.

Sir Frederick Williams-Taylor aimait recevoir et il organisait souvent des dîners dans sa demeure de Montréal. De gauche à droite : (*première rangée*) O. R. Sharp, Jackson Dodds, sir Charles Gordon, sir Vincent Meredith, sir Frederick Williams-Taylor, F. J. Cockburn et W. A. Bog; (*deuxième rangée*) G. W. Spinney, W. M. Bancroft, T. E. Merrett, C. H. Cronyn, E. P. Winslow, W. H. Hogg, J. W. Spears, J. McEachern, D. R. Clarke, C. W. Chesterton, A. E. Nash, A. S. Minnion, W. R. Chenoweth et J. T. Stevens; (*dernière rangée*) W. W. Bruce, H. B. Mackenzie, J. H. Gillard, G. G. Adam, S. C. Norsworthy, W. T. Oliver, R. E. Knight, W. R. Creighton, O. R. Rowley et F. G. Woods. 1926.

La sous-agence de la Banque de Montréal à Glenwood, en Alberta, en 1926–1927. Arthur George Clandfield, directeur (ou dirigeant responsable), se trouve sur le seuil. La note dans la fenêtre indique : « ouvert le mardi et le samedi ». 1927.

Sir Charles Gordon a repris les rênes de la Banque de Montréal en 1927, peu avant la Grande Dépression. Rares ont été les présidents de la Banque de Montréal aux prises avec un début de mandat aussi pénible. En 1939, à la fin de ce mandat, la Banque de Montréal avait récupéré des difficultés qu'elle avait connues au début des années 1930. 1929. Anonyme. Image reproduite avec l'aimable permission du Musée McCord d'histoire canadienne, II-292627.

Dévoilée en 1923, cette statue est située dans la succursale principale de Montréal pour rendre hommage aux 230 membres du personnel morts au cours de la Première Guerre mondiale. Elle se trouve encore dans l'atrium de la succursale de nos jours. 1930.

(*ci-dessus*) Cette publicité, avec « L'ambition transforme les gamins aux pieds nus en hommes prospères » comme titre d'appel, se lit comme suit : « Transformez vos rêves en réalités avec un compte d'épargne de la Banque de Montréal, comme des milliers de Canadiens. » 1930.
(*page ci-contre*) Cette publicité a été publiée dans le *Canadian Geographical Journal*. L'image représente le hall d'entrée de la succursale principale de Montréal. Le texte se lit comme suit : « Une Banque un demi-siècle plus vieille que le Dominion lui-même – munie de l'expérience, des ressources, de l'organisation, et des relations nécessaires pour être utile au monde canadien des affaires. » 1931.

A Bank half a century older than the Dominion itself–equipped through experience, resources, organization, and connections to serve helpfully all Canadian business
BANK OF MONTREAL
Established 1817

Cette publicité, avec pour slogan « Ça vaut de l'or où que vous soyez », est parue dans le *Canadian Geographical Journal*. Le texte se lit comme suit : « Croisière autour du monde – une balade de deux semaines à la campagne – quel que soit le voyage que vous prévoyez faire… ne prenez pas le risque d'emporter des liasses de billets alors que les chèques de voyage sont pratiques et sécuritaires. » Prière de noter qu'au plus fort de la Grande Dépression, l'actif total déclaré de la Banque de Montréal se situe à « plus de 800 millions $ » plutôt que les 900 millions $ publicisés au cours des années 1920. 1931.

En dépit de la Grande Dépression, la construction se poursuit sur le chantier de la Banque à Ottawa, la capitale du Canada. 1931. Bibliothèque et Archives Canada/ fonds Clifford M. Johnston/a056609.

Les édifices de la Banque de Montréal sur Waterloo Place à Londres (photographié ici) et dans Threadneedle Street revêtent une importance considérable, non seulement pour les échanges internationaux des deux côtés de l'Atlantique Nord, mais aussi pour l'effort de guerre du Canada au cours des deux guerres mondiales. 1931.

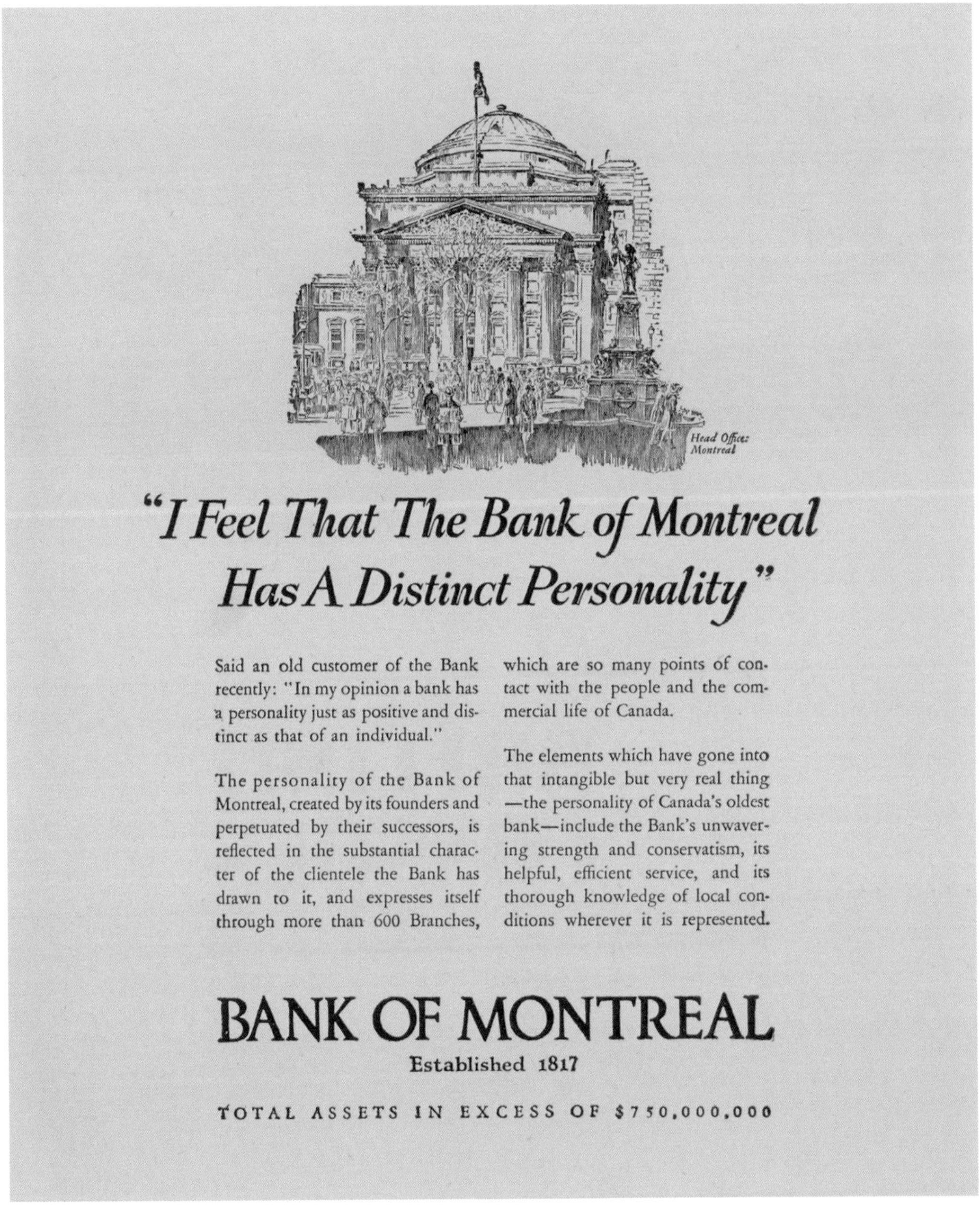

Parue dans le *Canadian Geographical Journal*, cette publicité rend compte de « la vigueur et de la prudence inébranlables » de la Banque de Montréal au plus fort de la Dépression. L'actif de la Banque, fixé plus tôt dans l'année à « plus de 800 millions $ », a maintenant glissé davantage pour s'établir à « plus de 750 millions $ ». 1931.

A Fourfold Organization *for* Efficient Banking Service

THE organization of the Bank of Montreal includes these four features:

1. The local Branch and Manager
2. Provincial Headquarters and Supervision.
3. A Nation-wide Institution with over 600 Branches.
4. An International Bank with offices in the world's leading financial centres and world-wide banking connections.

Each individual customer enjoys the full benefit of this well-rounded organization. Notwithstanding its great size and scope, the Bank of Montreal welcomes small accounts as well as large, and extends to all the same high quality of service.

BANK OF MONTREAL

Established 1817

(*ci-dessus*) Pendant tout le vingtième siècle, le Mexique a représenté une cible séduisante pour la Banque de Montréal. Celle-ci y a inauguré son premier bureau en 1906, avant de quitter le pays dans les années 1930. La Banque a fait d'autres tentatives d'expansion au Mexique dans les années 1960 et 1990. Cette photo représente un bureau de la Banque de Montréal dans le district d'Aragon de Mexico. 1932.
(*page ci-contre*) Parue dans le *Canadian Geographical Journal*, cette publicité vante « l'organisation à quadruple niveau de service bancaire efficace » de la Banque, qui comprend une gestion locale, une administration centrale et une supervision provinciales, une couverture nationale et des liaisons internationales. 1932.

Très inhabituel, ce chèque est imprimé sur un morceau de peau de phoque. Le client, le lieutenant R. Greenwood, l'a utilisé pour acheter des fourrures auprès d'un trappeur du Spitzberg, en Norvège, où c'est le seul genre de chèque disponible. Le bénéficiaire est l'agent norvégien du trappeur. 1933.

Les armoiries de la Banque de Montréal ont été soumises au Collège des hérauts de Londres en 1933. Ce sont les armoiries officielles de la Banque de Montréal depuis lors. 1933.

Cet emplacement de la Banque de Montréal dans les territoires désolés de l'Ouest canadien témoigne du fait que la Banque se trouvait à l'avant-garde de la colonisation du pays. 1937.

Le Canada a joué un rôle central dans l'effort des Alliés au cours de la Seconde Guerre mondiale. Sur un tramway passant à proximité de la succursale principale de la Banque de Montréal à Winnipeg se trouve une affiche disant : « Accueillons chaleureusement nos visiteurs américains. » Années 1940. Bibliothèque et Archives Canada/fonds Ronny Jaques/ e010980684.

Au cours de la Seconde Guerre mondiale, vingt-trois dirigeants supérieurs de la Banque de Montréal ont pris congé afin d'assumer des rôles administratifs ou consultatifs au sein du gouvernement. Le président de BMO, G. W. Spinney, a assumé la présidence du Comité national des finances de guerre. Sur cette photo, on voit Spinney en train de faire un discours au nom de ce comité. Derrière lui se trouvent, de gauche à droite, Paul Earle, Jackson Dodds, Adélard Godbout, le capitaine de la US Navy Arthur Purvis, le colonel Frank Knox et Huntley Drummond. 1941.

Les années 1930 s'annoncent éprouvantes pour tous les membres de la haute direction, mais avant tout pour ces directeurs généraux (ou chefs de la direction) qui doivent composer avec une période souvent inquiétante pour les banques : une forte pression sur les prêts, la hausse vertigineuse des cas de défaut, l'insatisfaction des commis à l'égard de leur salaire et l'agitation politique et sociale contribuent à créer un environnement des plus difficiles. Pour les dirigeants de la Banque de Montréal, les enjeux sont particulièrement élevés. Sur le marché, elle n'occupe plus le premier rang des banques canadiennes selon les actifs, la Banque Royale lui ayant ravi ce titre à la fin des années 1920 au terme de diverses fusions et acquisitions. Le bouleversement des conditions économiques suscite un nombre croissant d'appels à l'intervention de l'État dans les politiques budgétaires et monétaires – notamment par la création d'une banque centrale – et ceux-ci ne peuvent être ignorés. Tout le système bancaire est soumis à un examen sans précédent pour déterminer son rôle dans le développement et la croissance économiques. Parallèlement, l'échec du capitalisme au Canada et à l'étranger prend une nouvelle tournure et provoque un sentiment d'urgence avec l'émergence de mouvements politiques et économiques – et, dans certaines provinces, de gouvernements – opposés au *statu quo*.

L'événement déclencheur de cette période d'instabilité est bien connu. Le 23 octobre 1929, la bourse de New York s'effondre et atteint un creux record, entraînant l'économie mondiale dans l'une des pires dépressions économiques de l'histoire. Le Canada, dont l'économie repose en grande partie sur les exportations, figure parmi les pays les plus touchés par le krach[14]. Dans les quatre années qui suivent 1929, la dépense nationale brute (DNB) chute de quarante-deux pour cent, le revenu national de plus de cinquante pour cent, le revenu du secteur agricole de presque quatre-vingts pour cent et l'investissement intérieur de presque quatre-vingt-dix pour cent – pour s'établir à seulement onze pour cent de ce qu'il était en 1929[15]. Au cœur de la Grande Dépression, en 1933, près d'un cinquième de la main-d'œuvre au pays est sans emploi[16].

Malgré ces conditions éprouvantes, le système financier canadien résiste. Si environ 5 000 banques déclarent faillite aux États-Unis durant les années 1930, aucune ne ferme ses portes au Canada[17]. Les arguments avancés pour expliquer la stabilité du système financier canadien varient. Les experts considèrent notamment les facteurs suivants : l'ouverture de succursales à l'échelle nationale, qui assure la diversification du système canadien et, ainsi, accroît sa capacité à faire face aux chocs locaux et régionaux; l'existence de l'Association des banquiers canadiens, qui joue un rôle de coordination lors des crises financières en l'absence d'une banque centrale; et la décision du gouvernement d'encourager les fusions entre les banques bien établies et celles qui le sont moins, ce qui permet d'éliminer les institutions fragiles avant que ne frappe la Grande Dépression[18].

Même si les conditions économiques se détériorent durant toute l'année 1930, les dirigeants de la Banque demeurent optimistes, du moins publiquement. En 1930, une publication de la Banque reconnaît que les « chômeurs se manifestent en plus grand nombre », mais explique immédiatement cette situation par le fait que les chômeurs ont toujours tendance à se rassembler dans les grandes villes[19]. En fait, le « bulletin commercial » de la Banque laisse entendre que « l'activité commerciale au Canada ne fait que marquer le pas entre deux saisons. Une baisse des activités de fabrication et de mise en marché a été observée sur douze mois, et le commerce n'est pas encore sorti du marasme dans lequel il a été plongé à la suite de l'effondrement des cours et de l'entreposage d'une maigre récolte de blé. La compensation entre banques, par exemple, dénote une diminution du volume d'affaires, les centres déclarants ayant presque tous enregistré une baisse des valeurs échangées en compensation au cours des dernières semaines[20]. » Ainsi, en apparence peu ébranlée par la situation, la Banque verse quand même une prime de deux pour cent sur ses dividendes en décembre 1930[21].

Le président Gordon évoque la longue expérience de la Banque comme important point de référence – et avantage concurrentiel. « Nous avons à la Banque de Montréal un avantage que peu d'établissements commerciaux possèdent », avance-t-il en 1931. « Nous avons dans nos propres archives des documents qui permettent de retracer l'évolution du commerce au pays au cours des 115 dernières années. En examinant ces documents, nous constatons qu'il y a eu dans le passé des périodes où les conditions et les perspectives, non seulement au Canada, mais à l'échelle mondiale, étaient plus sombres que celles des deux dernières années [...] Et pourtant, malgré des circonstances plus défavorables qu'elles le sont aujourd'hui, les conditions ont toujours fini par s'améliorer[22]. »

À mesure que les années 1930 s'écoulent et que les conditions difficiles se prolongent, on commence à réaliser qu'il n'est pas question d'un ralentissement économique comme les autres. « Le taux de chômage demeure anormalement élevé, les prix des produits de base diminuent lentement, les acheteurs procèdent avec prudence et il y a moins d'argent en circulation que l'an dernier », peut-on lire dans une circulaire publiée à l'été 1930[23]. Le président Gordon ajoute l'année suivante que « les affaires du Dominion sont en proie à une récession plus grave que ce qui était indiqué dans notre dernier rapport, et que les industries de base du pays en subissent les contrecoups[24] ». La conjoncture est peu encourageante, et les analyses deviennent au fil des mois de plus en plus sombres : « Le nuage ne s'est toujours pas dissipé [...] Nombreux sont les pays qui n'ont pas un budget équilibré, ce qui affecte leur accès au crédit. Le taux d'imposition est élevé partout. La situation du blé [...] est assombrie par le retour de la Russie comme exportateur et la disposition d'autres pays européens à se tourner vers la production intérieure pour subvenir à leurs besoins [...] Sans compter la concurrence féroce qui sévit sur les marchés mondiaux dans divers secteurs, notamment la pêche (une industrie que le Japon développe activement), le bois d'œuvre, le cuivre et d'autres produits de base propres au Canada[25]. »

Le salut des banques canadiennes est notamment attribuable à l'interdiction canadienne d'accorder des prêts garantis par des biens immobiliers et des « prolongations de prêts improductifs, comme c'est le cas aux États-Unis ». Par conséquent, les ressources de la Banque de Montréal et des autres institutions canadiennes ne sont pas « immobilisées dans des prêts gelés[26] ». Les politiques et procédures de la Banque, ainsi que son approche conservatrice face aux services bancaires en général, protègent l'institution dans une certaine mesure.

Le rendement de la Banque en 1931 pourrait être bien pire, mais il est aussi loin d'être bon, au contraire. La Banque encaisse une perte de 25,3 millions $ de la valeur de ses actifs, qui s'établit à 769,2 millions. « Il s'agit, je crois que vous en conviendrez, d'une baisse somme toute légère », déclare le directeur général Bog, « compte tenu de l'état des affaires au pays, de l'important recul du commerce extérieur et des faibles niveaux auxquels ont chuté les prix des produits de base[27] ». La Banque ferme trente-deux succursales à l'échelle du Canada (et en ouvre cinq), préférant se concentrer sur les centres urbains. Comme mesure supplémentaire, elle vend sa participation dans la Barclays Bank's Dominion, Colonial and Overseas (DCO), dont elle était un actionnaire original[28]. Même en ces temps difficiles, la Banque réalise un profit de 4,7 millions $ en 1932[29].

La crise économique force également la Banque à rapatrier une part importante des bénéfices générés par ses activités de longue date à Londres. Selon ce que rapporte le comité de la Banque à Londres au début de mai 1932, le siège social a retiré 448 000 £ de son bureau de Londres au cours du mois. Dans les deux semaines qui suivent, une somme supplémentaire de 639 000 £ est ainsi transférée[30]. C'est donc plus d'un million de livres qui sont retirées des activités londoniennes de la Banque durant ce mois de mai. Le comité de Londres continue à chercher de nouveaux moyens d'accroître son volume d'affaires, et il en trouve un lorsque le marché de l'or de New York ferme en 1933 et que le gouvernement du Dominion se tourne vers Londres comme débouché susceptible de lui permettre de mobiliser des capitaux[31]. Il est clair que les activités du comité de Londres continuent à jouer un rôle important dans le réseau financier de la Banque, surtout que celle-ci agit toujours comme agent financier du gouvernement du Dominion dans la capitale britannique[32].

Les difficultés des banques canadiennes ne se comparent pas à celles que vivent les institutions américaines. En 1932, une ruée vers les banques amorcée au Michigan finit par mener à une « situation invraisemblable : l'interruption temporaire des paiements dans toutes les banques des États-Unis[33] ». De nombreuses banques, et leurs clients, placent tous leurs espoirs dans la capacité de la nouvelle administration Roosevelt à, non seulement stabiliser la situation bancaire, mais aussi à relancer le moteur économique de l'Amérique – un retournement de situation dont les effets, selon la Banque de Montréal, « se feraient sentir jusqu'au Canada ... et dans le reste du monde[34] ».

La détérioration des conditions économiques se poursuit sans relâche. En 1932, tous les prêts, en particulier ceux accordés aux provinces et aux municipalités, font l'objet d'une surveillance accrue. En mai de la même année, la Banque demande à ses directeurs d'« analyser avec soin tous les prêts de cette nature déjà consentis et d'examiner de près toutes les nouvelles demandes de crédit, que ce soit pour couvrir des dépenses courantes ou d'immobilisations, fournir de l'aide aux chômeurs, etc. », afin que la Banque puisse éviter d'« être aux prises avec des emprunts additionnels qui ne feraient que s'ajouter à un fardeau déjà très lourd[35] ».

Ville en détresse

La Banque de Montréal est appelée à jouer un rôle dans le destin de nombreuses entités publiques, tant à l'échelle nationale que municipale. L'un des cas les plus préoccupants concerne la Ville de Montréal et son incapacité à respecter ses obligations de prêt à la fin des années 1930. La dette de la Ville est détenue non seulement au Canada, mais également en Angleterre, ce qui sème la consternation des deux côtés de l'Atlantique.

En 1939, les banques créancières – dont la Banque de Montréal figure parmi les principales – adoptent une position ferme et, d'un commun accord, signifient à la Ville qu'« aucune avance de capital supplémentaire ne sera accordée sans l'assurance d'une source de remboursement fiable et bien définie[36] ». Le montant prêté par les banques à la Ville de Montréal s'élève à plus de 30 millions $. La Ville peine à remplir ses obligations en matière d'assistance sociale et à respecter le calendrier de remboursement des intérêts sur les prêts qu'elle a contractés depuis le début de la décennie. Les banques indiquent qu'aucune dérogation au plan de remboursement ne sera acceptée, et exigent en outre que soit nommé un « contrôleur du budget et que les finances de la ville soient gérées comme celles d'une entreprise[37] ». La situation, toutefois, est complexe : si les banques refusent de prêter les sommes demandées, la Ville sera forcée de couper l'aide sociale, ce qui, « compte tenu du chômage élevé qui sévit dans la ville, risque de provoquer de vives tensions », note Donald Gordon, un représentant de la Banque du Canada. « Naturellement, si une telle situation venait à se matérialiser, le blâme serait jeté sur les banques et il est possible, par conséquent, qu'elles décident de tempérer leurs exigences[38]. » La situation, aux dires d'un banquier, « est le résultat d'une succession d'administrations inaptes à gérer les affaires de la ville, par manque de connaissances et de compétences, ayant pour effet que Montréal a perdu la confiance du marché des valeurs mobilières local[39] ». Finalement, comme G. W. Spinney en informe la Banque d'Angleterre le 25 mai 1939, la crise est évitée grâce à l'intervention des autorités provinciales qui promettent d'agir « en coopération avec les banques[40] ».

En 1940, Montréal fait défaut sur une partie de sa dette et est placée sous la tutelle de la Commission municipale du Québec (CMQ). Créée en 1932, la CMQ est investie d'immenses pouvoirs l'autorisant à prendre en charge les municipalités « incapables, ou en voie d'être incapables, de respecter leurs obligations financières[41] ». L'affaire retient l'attention du réseau de la Banque de Montréal en Angleterre, où est détenue une part importante de la dette de la Ville. Le 13 août 1941, W. A. Pope informe la Banque d'Angleterre que des plans sont en cours de préparation pour trouver une solution à la dette de Montréal, qui atteint alors l'imposante somme de 60 millions £ (environ 268 millions $CA). Les émissions en livres sterling totalisent 13,5 millions £ et la majorité sont des émissions de la Banque de Montréal. Le jour suivant, sir Montagu Norman, le gouverneur de la Banque d'Angleterre, envoie un télégramme à son homologue de la Banque du Canada, Graham Towers, pour l'aviser qu'il souhaite a) « éviter toute répercussion défavorable sur le crédit canadien, tant le crédit du Dominion que celui des provinces, à Londres; et b) s'assurer que les détenteurs d'obligations en livres sterling ont une chance équitable de juger des mérites de la position[42] ». La nouvelle du rééchelonnement des paiements se répand rapidement dans tout le réseau de la Banque d'Angleterre.

La Banque d'Angleterre est extrêmement préoccupée par le fait qu'une « importante ville du Dominion » puisse prendre des mesures pour restructurer sa dette, ce qui aurait une incidence négative sur le crédit du gouvernement, tant celui du Dominion que celui du Royaume-Uni. « Les actionnaires britanniques sont, bien entendu, intéressés au plus haut point : ils auraient normalement été en droit de s'attendre à ce qu'une proposition leur soit présentée par la Ville, mais la Banque de Montréal craint en privé qu'ils ne soient mis devant le fait accompli », déplore un représentant de la Banque d'Angleterre[43]. Le registre de la Banque de Montréal à Londres compte à lui seul 15 000 actionnaires anglais[44].

Les banquiers, cependant, sont réticents à l'idée de permettre à Montréal d'emprunter à l'extérieur de l'Empire. « Qu'importe à quel point la Ville s'est mal comportée – et je crois comprendre que sa conduite a été inacceptable

–, j'estime qu'il n'est pas avantageux à long terme d'exhorter une telle Ville à considérer des intérêts étrangers à l'Empire pour satisfaire ses incontournables besoins », observe un représentant de la Banque d'Angleterre en 1939[45]. « Je suis d'avis que les frictions survenant au sein de l'Empire doivent être réglées ici même et qu'elles ne doivent pas être évitées en se tournant vers des pays étrangers. » Le banquier de la Banque d'Angleterre ajoute que l'expérience vécue avec la Nouvelle-Galles du Sud est, à cet égard, instructive. Les dirigeants de la Nouvelle-Galles du Sud avaient brandi la menace d'un rééchelonnement de paiements et de la négociation de prêts à l'extérieur de l'Empire (aux États-Unis). Londres « avait cru bon de leur servir une leçon » en refusant d'acquiescer à leurs demandes et en ignorant leurs menaces. « La seule leçon qu'ils ont apprise, c'est qu'ils pouvaient nous ignorer et faire affaire avec les États-Unis, un dénouement bien gênant et déshonorant; et fâcheux, puisque nous avons dû transférer là-bas le service de la dette[46]. » Au bout du compte, une banque néerlandaise octroie un prêt initial de 4 millions $ à la Ville de Montréal, avec la promesse d'un autre montant équivalent à venir[47].

Le problème persiste jusqu'au milieu des années 1940 et des échanges récurrents ont lieu entre les banquiers, le comité des détenteurs d'obligations et la Ville, jusqu'à ce que cette dernière, la province et la Banque de Montréal s'entendent sur une restructuration en 1944[48].

Dans les coulisses de la crise économique au Canada

Les procès-verbaux des années 1930 du comité de direction du conseil d'administration de la Banque de Montréal révèlent dans quelle mesure le destin d'un nombre incalculable d'entreprises repose entre les mains de la Banque. Le comité agit comme principal organe délibérant et décisionnel du conseil, responsable des décisions quotidiennes et de la préparation, au besoin, des positions sur lesquelles l'ensemble du conseil d'administration est appelé à se prononcer. Il est présidé par sir Charles Gordon, le président de la Banque, et ses autres membres sont S. C. Mewburn, E. W. Beatty, W. A. Bog (directeur général) et C. H. Cronyn, qui assume la fonction de secrétaire. À titre de codirecteur général, Jackson Dodds participe aussi régulièrement aux rencontres. Le comité examine les avances supérieures à 100 000 $. Ce que les procès-verbaux montrent, c'est une Banque qui exerce avec soin une influence sur un grand nombre de sociétés, parfois de concert avec la Banque Royale ou d'autres banques.

Quelques exemples permettent d'apprécier la teneur de ces volumineux documents. En septembre 1930, le président et le directeur général donnent leur avis au comité concernant le cas de Greenshields and Company, qui cherche sincèrement à « éviter de mettre la société dans l'embarras » en raison d'une « importante quantité de titres de maisons de courtage qu'elle a en main et qu'elle a financés au moyen des dépôts en espèces et en titres de ses clients », la laissant avec un énorme manque à gagner de 1,8 million $. Selon la solution proposée, la Banque de Nouvelle-Écosse, la Banque Royale et la Banque de Montréal verseraient chacune une avance de 620 000 $ à une société filiale et prendraient en garantie les titres adossés à des créances hypothécaires de la société qui ne sont pas détenus par d'autres banques[49]. Dodds informe le comité que les banques sont prêtes à accorder ces prêts malgré le risque d'« une perte éventuelle oscillant autour de 2[00 000 $ à] 300 000 $ par souci d'éviter une aggravation de la situation[50] ». Comme toujours, le prêt est assorti de conditions spécifiques imposées aux emprunteurs et à Charles Greenshields lui-même, qui est sommé de liquider les titres et de procéder au remboursement des avances dès que possible.

Les conditions difficiles auxquelles est confrontée l'industrie des pâtes et papiers font l'objet de multiples réunions du comité de direction. Nombre d'entreprises se trouvent ensevelies sous les dettes. Le 17 décembre 1930, le président de la Banque de Montréal, Charles Gordon, convoque une réunion spéciale du comité pour discuter du versement d'avances à la Canada Power and Paper Corporation. Cette convocation fait suite à une rencontre entre Gordon, Dodds et Bog et deux banquiers de la Banque Royale, C. E. Neill et M. W. Wilson, qui porte sur une situation découlant de la fusion de plusieurs papetières pour créer la Canada Power and Paper. Les entités rachetées étaient des « comptes satisfaisants » de la Banque de Montréal. Après la fusion, toutefois, la nouvelle société est frappée d'un important revers de fortune. La Banque constate qu'elle a dilapidé son fonds de roulement en « versant à l'avance » des commissions à William Hearst au lieu de payer des dividendes aux actionnaires, les intérêts sur les débentures et des compensations pour immobilisations corporelles. Gordon insiste auprès de C. E. Neill sur le fait que ces obligations – envers les actionnaires et les prêteurs – doivent être la priorité. Neill concède le point, mais il est impossible pour la société de se soustraire à l'obligation légale de verser les commissions prévues. Les banques n'ont simplement pas d'autre choix. « Si nous décidons d'assurer notre propre sécurité, prévient Neill, nous nous exposons à une perte de deux millions $ Il est donc impératif que tous les paiements échus en janvier soient effectués, après quoi tous les versements auxquels sir Charles fait allusion seraient reportés, à l'exception du paiement prévu à Hearst; celui-ci, a-t-il dit, doit être effectué[51] ».

Ce qui est en jeu est un prêt de 7,5 millions $ de la Banque de Montréal et un montant équivalent de la Banque Royale, ainsi qu'un agencement complexe d'obligations détenues. La Banque de Montréal accepte de verser des avances jusqu'à concurrence de 7,5 millions $, de prendre un tiers des obligations et de récupérer autant des autres obligations que possible auprès des principaux promoteurs de la société.

Une fois publiques, ces décisions, ainsi que la taille du prêt, risquent toutefois de présenter une menace pour la réputation de la Banque. Mais même cet aspect de la question est envisagé. « On a fait valoir », écrit Dodds dans une note, que « la seule critique à laquelle nous nous exposons en agissant de la sorte viendrait de gens qui pourraient déclarer que la Banque a pris des mesures pour se protéger sans chercher à défendre les intérêts des autres parties. D'un autre côté, il a aussi été proposé de dire que la Banque accordait un délai supplémentaire pour qu'une solution aux difficultés soit trouvée[52]. »

La Banque de Montréal, de concert avec la Banque Royale, procède ainsi à sauver d'autres sociétés, comme Montreal Power, National Breweries, Shawinigan Power et Dominion Bridge – lorsque nécessaire en « achetant des parts » sur le marché à des prix préétablis. Gordon ajoute qu'il ne souhaite pas qu'un traitement spécial soit accordé à Dominion Textile, une société à laquelle il est lié, parce qu'« elle est en mesure de prendre soin d'elle-même[53] ».

La Banque examine dans les années 1930 un nombre considérable de demandes de prêts substantiels pour protéger ses clients de longue date et leur permettre de consolider leurs positions, comme c'est le cas pour Distillers Corporation-Seagrams et B. C. Distillers. En 1931, le comité de direction passe en revue une liste plutôt longue de prêts qui nécessitent une « attention spéciale » – en d'autres mots, dont les sociétés se trouvent dans des « situations embarrassantes ». La liste se veut un impressionnant échantillon d'entreprises et de sociétés durement touchées par les conditions économiques difficiles. Les noms et les montants dus, énumérés dans le tableau suivant, donnent une bonne idée de l'ampleur des enjeux.

Le comité de direction envisage également de protéger les actions inscrites à la Bourse de Montréal après maints échanges avec W. E. J. Luther, le président de la Bourse. Il est décidé que le directeur général examinera la possibilité d'approcher d'autres banques et sociétés de fiducie dans le but de convenir d'un commun accord de ne pas exiger le remboursement des prêts si jamais les prix de soutien étaient abolis[54]. Les banques sont dans une position privilégiée pour continuer à faire rouler l'économie. La décision de ne pas exiger le remboursement immédiat de tous les prêts permet d'éviter une véritable ruée vers la Bourse, dont les conséquences auraient été désastreuses.

Les relations bancaires décrites dans les annales révèlent dans quelle mesure les banques interviennent pour maintenir en vie d'innombrables entreprises, et comment elles agissent de concert lors des moments critiques. Les deux principales banques, la Banque de Montréal et la Banque Royale,

Tableau 10.1 | Prêts importants demandant l'attention spéciale des membres du comité de direction, 31 octobre 1931

Entreprise	*Secteur*	*Montant du prêt*
Canada Steamships Lines	Transport de marchandises	1,275 million $
Greencoy Corp. Ltd	Placements (Greenshield)	943,000 $
Hudon, Hébert, Chaput Limitée	Commercialisation d'aliments	1,539 million $
T.B. Macaulay Securities	Président de la Sun Life – particulier	1,041 million $
Newsprint Bond and Share Co.	Pâtes et papiers	1,136 million $
Bonaventure Pulp & Paper Co.	Pâtes et papiers	998 000 $
F. Lyall and Sons Construction Co.	Construction	1,026 million $
Tetrault Shoe Co. Ltd	Biens de consommation	663 000 $
Madawaska Corporation Ltd	Pâtes et papiers	3,311 millions $
Quebec Fisheries Ltd	Pêches	427 000 $
Quebec Investment Co.	Placements	1,092 million $
John Perkins	Particulier	547 000 $
Canada Power & Paper Co.	Pâtes et papiers	8,119 millions $
Howe Lumber Co. en liquidation	Foresterie	491 000 $
Université Acadia	Éducation	406 000 $
BC Packers	Agriculture	689 000 $
Canadian Fishing Co. / New England Fish Co.	Pêches	2 millions $
Gouvernements provinciaux de l'Ouest	Gouvernement	« Garanties de prêt pour des montants importants »
Gouvernement de Terre-Neuve	Gouvernement	2 millions $

Source : ARCH. BMOA, Procès-verbaux du comité de direction du conseil d'administration, du 5 décembre 1927 au 13 février 1953, 8 décembre 1931.

font figure à la fois de féroces concurrents et de collaborateurs unis par la nécessité de sauver certaines des sociétés les plus importantes du pays – et, par le fait même, leur imposant portefeuille de prêts et de placements.

Il arrive à l'occasion, cependant, que la pression concurrentielle l'emporte sur l'esprit de collaboration. Le 6 octobre 1936, Gordon convoque une réunion spéciale du comité de direction. Le seul point à l'ordre du jour : la perte, scandaleuse, de l'un des principaux clients de la Banque au sein de l'administration publique – le gouvernement du Québec – au profit de la Banque Royale, rien de moins. Il est probable que la nouvelle enflamme les dirigeants de la Banque de Montréal, car ils envisagent même de se retirer de l'Association des banquiers canadiens en guise de protestation. La perte de ce client amène toutefois les administrateurs à se demander si la « structure tarifaire générale proposée par les banques aux emprunteurs, compte tenu de la concurrence provenant de sources autres que les banques du Canada et de l'étranger, n'est pas trop élevée[55] ».

Les difficultés des années 1930 sont telles que les décideurs de la Banque de Montréal doivent faire face à l'ensemble des défis auxquels sont confrontées les entreprises canadiennes, et les effets de ces défis se font sentir. La valeur des actifs de la Banque diminue de 200 millions $ entre 1929 et 1935. Le prix de ses actions, lui, passe de 425 $ en 1929 à seulement 150 $ en 1933[56].

Le prolongement de la crise économique force la Banque de Montréal à prendre des décisions difficiles. D'abord, la Banque doit réévaluer l'ensemble de son portefeuille d'actifs. Dans son allocution annuelle à l'intention des actionnaires de 1932, le président Gordon rappelle aux gens que « nos banques acceptent les emprunteurs auxquels l'octroi d'un prêt est sans risque, et en tant que dépositaires des fonds que leur confient les déposants et qui servent au financement des prêts, elles ne devraient accorder de prêts sous aucune autre condition[57] ». D'ailleurs, le ralentissement des dépôts et la rareté des emprunteurs solvables incitent les administrateurs à orienter le portefeuille de la Banque vers les obligations à faible rendement, plus sûres, mais également moins rentables[58]. La Banque réduit aussi considérablement la taille de son réseau de succursales et cesse une bonne partie de ses activités à l'étranger. En 1932, elle ferme trente-six succursales, y compris trois au Mexique[59]. En 1934, ce sont cent succursales de plus qui sont fermées. Malgré les fermetures, la Banque parvient à éviter les licenciements et mute plutôt ses employés vers des succursales avoisinantes[60]. À cet égard, l'approche privilégiée laisse présager certains changements que la Banque apportera après la Seconde Guerre mondiale, lorsque l'automobile permettra aux gens d'accéder à des succursales centralisées et qu'il sera ainsi possible de fermer des succursales situées dans des villes et des villages éloignés. Comme le souligne Jackson Dodds en 1931, il n'est « plus aussi nécessaire d'établir des succursales dans des hameaux qui autrefois justifiaient 1'ouverture d'un bureau à quelques milles d'autres succursales de la même banque ou d'un établissement rival[61] ».

La concurrence des prêteurs américains s'ajoute au lot de préoccupations des banques canadiennes. Des banques, des sociétés de fiducie et d'autres institutions américaines qui ont des fonds dormants au Canada entreprennent d'« envahir le territoire canadien en offrant aux emprunteurs des prêts à des taux extrêmement bas ». Dans le cas du vital commerce des grains, des prêts d'une durée de trois, quatre ou cinq mois sont octroyés pour lesquels « le récépissé de silo terminal pour les grains est donné en garantie et le taux offert permet de couvrir le risque de change ». La Banque de Montréal porte à l'attention de ses chefs de service en 1936 qu'elle a « perdu une quantité considérable de ce type de prêts la saison dernière au profit de sources américaines[62] ».

Grâce à l'importante réorientation de son portefeuille d'actifs et au rétrécissement de son réseau de succursales, la Banque s'en tire plutôt bien durant cette période, même si les obligations jugées plus sûres viennent gruger ses marges habituelles. Ces décisions font en sorte que la Banque ne puise jamais dans son fonds d'urgence pour boucler son budget, n'affiche jamais de perte et, fait notable, continue à verser des dividendes sans interruption. En 1929 et 1930, la Banque verse un dividende de douze pour cent, auquel s'ajoute une prime de deux pour cent, et ce, après la comptabilisation de toutes les pertes et l'affectation d'une somme considérable à la réserve de la Banque[63]. Comme la dépression se prolonge, toutefois, Gordon reconnaît en 1931 que même si « les profits enregistrés durant l'année sont suffisants pour justifier le versement du dividende habituel [...] les administrateurs jugent souhaitable de ne pas verser la prime de deux pour cent payée ces dernières années », ajoutant que cette approche prudente « s'inscrit dans la politique conservatrice traditionnelle de l'institution[64] ».

Les dernières années comme banquier du gouvernement

Si les cinq dernières années de la Banque à titre de banquier du Dominion – entre 1930 et 1935 – sont parmi les plus exigeantes de son histoire, ses dirigeants démontrent également la pleine capacité de leur institution à gérer les urgences financières et économiques qui surviennent après le krach de 1929. Les emprunts sur le Trésor du gouvernement sont plus nombreux que jamais, résultat de la diminution des recettes fiscales et douanières et du ralentissement de l'économie. La solide position de trésorerie de la Banque, de surcroît, se veut un pilier de sécurité à la fois pour elle-même et pour le pays, alors que la situation est précaire et que le Canada est au bord de la catastrophe économique. Les chapitres suivants sur le rôle de la Banque de Montréal à Terre-Neuve et la création de la Banque du Canada abordent en détail les enjeux, les difficultés et la nature de la relation entre la Banque et le gouvernement. Toutefois, même en dehors de ces épisodes mémorables de l'histoire du secteur bancaire, les affaires courantes du gouvernement donnent un aperçu de la nature intime de la relation, des efforts exceptionnels que la Banque déploie pour répondre aux demandes – et des tensions qui en résultent.

Deux exemples permettent d'illustrer ce point. Dans un échange au début de la dépression, sir Charles Gordon rappelle au premier ministre R. B. Bennet, qui a succédé à Mackenzie King en 1930, le « service inhabituel » que la Banque a rendu au Canada en couvrant ses obligations financières sur le marché de New York à même ses fonds disponibles – sois 25 millions $ en bons du Trésor. « Afin d'éviter au gouvernement d'avoir à remettre à New York une somme si considérable dans un court laps de temps », la Banque avait vendu au gouvernement du Dominion les 25 millions $ au pair le 1er août 1929. « En guise de compensation, le gouvernement a accepté de nous payer pour les fonds au Canada en juin, mais c'était à nous d'assumer le risque de marché et, le 1er août, de mettre les 25 millions $ sur la table à New York[65]. »

Les événements de 1930 et les mesures extraordinaires prises par la Banque pour garantir le crédit du Dominion sont à nouveau soulevés en 1932, lorsque le gouvernement décide de supprimer le nom de la Banque des chèques du receveur général. Gordon écrit à Bennett : « Je suis conscient que c'est de l'histoire ancienne et c'est contre mon gré d'y faire référence, mais j'estime qu'en regard de l'importance cruciale de ce dossier, je ne rendrais pas service à la Banque si je ne portais pas ces faits à votre attention[66]. » En outre, explique Gordon au premier ministre, c'est en grande partie grâce à la solide position de trésorerie de la Banque que cette dernière a pu garantir le crédit du Dominion. Ce point « est peut-être sans importance aux yeux du public, car celui-ci n'examine pas avec attention les relevés des banques, mais il revêt une importance capitale en situation de crise, lorsque nous sommes appelés à agir pour sauvegarder le crédit du pays[67] ». Gordon ajoute : « Il nous aurait été impossible de convertir une aussi grande quantité d'obligations à court terme en obligations à long terme si la position de trésorerie de la Banque n'avait pas été aussi favorable, car il s'agit d'une mauvaise pratique bancaire, et c'est seulement pour cette raison, et par patriotisme, qu'il nous semblait justifié d'intervenir et de prendre par conséquent le risque d'une perte éventuelle qui s'est, dans les faits, matérialisée[68]. »

La façon dont Gordon insiste sur le « service patriotique » dans sa note au premier ministre Bennett mérite qu'on s'y attarde davantage. L'observation révèle une certaine frustration face à la nouvelle attitude du gouvernement à l'égard du système bancaire et au manque de reconnaissance des efforts déployés par la Banque de Montréal pour garantir le crédit du pays. Cette frustration refait surface en mai 1933, lorsque le ministre des Finances, Edgar Rhodes, choisit de contracter un prêt de la Chase Bank de New York au lieu de se tourner vers la Banque de Montréal. Gordon fait valoir son point ainsi :

> Concernant le prêt temporaire dont le gouvernement avait besoin à New York et que vous avez obtenu d'une banque new-yorkaise à un taux moins élevé que le nôtre, je tiens à vous mentionner que nous avons toujours gardé à l'esprit la possibilité que le gouvernement du Dominion doive contracter un prêt temporaire, et que nous conservons pour cette raison des fonds à New York à des taux peu rémunérateurs, sous forme d'obligations du gouvernement des États-Unis, de prêts à

> vue et de soldes bancaires, ce que nous ne ferions pas autrement. Vous conviendrez que ce qu'il nous en coûte de conserver un solde bancaire à New York ne se compare pas à ce qu'il en coûte à une banque locale [...] Dans ces circonstances, il nous est bien entendu impossible d'offrir des taux qui puissent concurrencer ceux d'une banque locale. Si la situation à New York avait été telle que le gouvernement n'aurait pu obtenir de prêt d'une banque locale, et dans les circonstances actuelles ce n'est pas improbable, nous sommes d'avis qu'il se serait attendu à pouvoir compter sur nous et que, dans cette perspective, une simple question de taux n'aurait pas dû influencer votre décision dans le cas présent[69].

La frustration de la Banque à l'égard des gestes accomplis par le gouvernement du Dominion à New York illustre bien la nature parfois exaspérante de son rôle en tant que banquier du gouvernement, dont la responsabilité exige de la Banque qu'elle effectue ses placements d'une certaine façon, en mettant l'accent sur la disponibilité des fonds et la sécurité. Comme Gordon l'explique, c'est une approche que la Banque n'aurait autrement pas privilégiée. D'où l'objection à la décision du gouvernement de chercher à obtenir le taux le plus bas, sans tenir compte du portrait global.

Vingt-quatre mois après cet échange, la création de la Banque du Canada mettra définitivement un terme aux aléas de la Banque de Montréal à titre de banquier du gouvernement. C'est le début d'une nouvelle ère.

Conclusion

Il est possible de résumer l'histoire financière de la Banque simplement au moyen de quatre graphiques (voir les figures 10.1, 10.2, 10.3 et 10.4). Sur le plan des actifs, la situation est inquiétante dans les premières années de la dépression, la Banque enregistrant une perte chaque année de 1929 à 1934. La tendance commence alors à s'inverser et les actifs de l'organisation finissent par dépasser, en 1939, le sommet atteint dix ans plus tôt. Les profits et les dividendes subissent une baisse constante, mais bien moins marquée que celle de l'économie globale. Le dernier graphique montre que le fonds de réserve tant vanté de la Banque demeure, lui, immuable. Établie à 38 millions $ en 1930, la réserve augmente graduellement pour atteindre 39 millions $ à la fin de la décennie[70]. La préservation du fonds de réserve, alors que le Canada est confronté à des défis sans précédent sur le plan économique, est à la fois un fait d'armes remarquable et un rappel éloquent de l'approche résolument conservatrice de la Banque quant à la gestion de ses affaires.

Les années 1930 s'avèrent être une décennie de transformation pour la première banque du Canada. Ses dirigeants sont confrontés à des difficultés

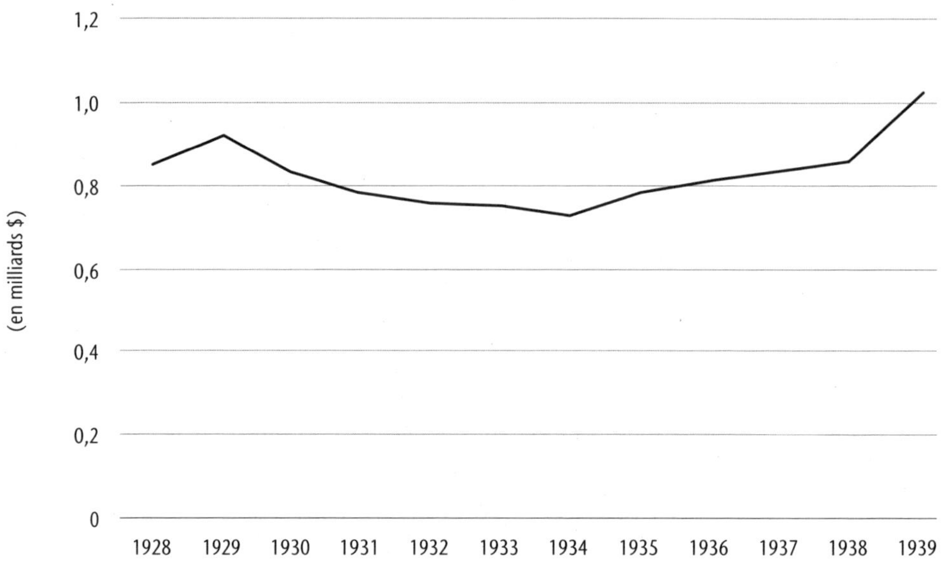

Figure 10.1 | Actif de la Banque de Montréal, 1928-1939
Source : Rapports annuels de la Banque de Montréal, 1928-1939.

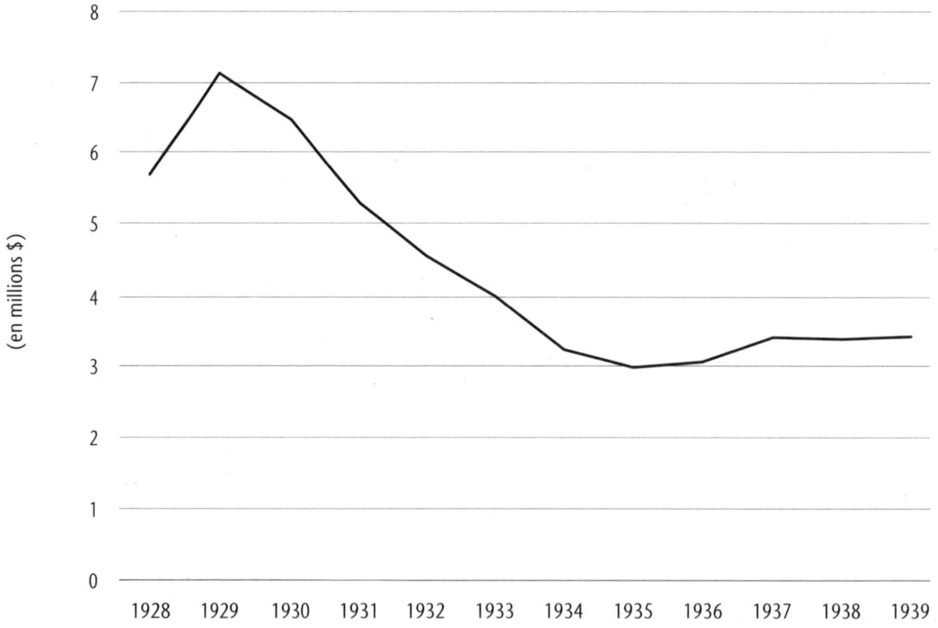

Figure 10.2 | Profits de la Banque de Montréal, 1928-1939
Source : Rapports annuels de la Banque de Montréal, 1928-1939.

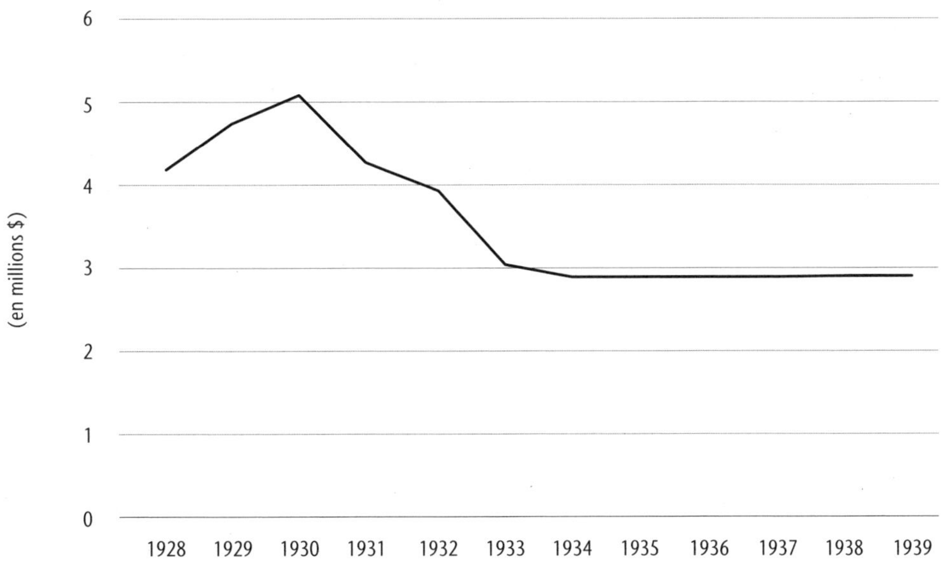

Figure 10.3 | Dividendes versés par la Banque de Montréal, 1928-1939
Source : Rapports annuels de la Banque de Montréal, 1928-1939.

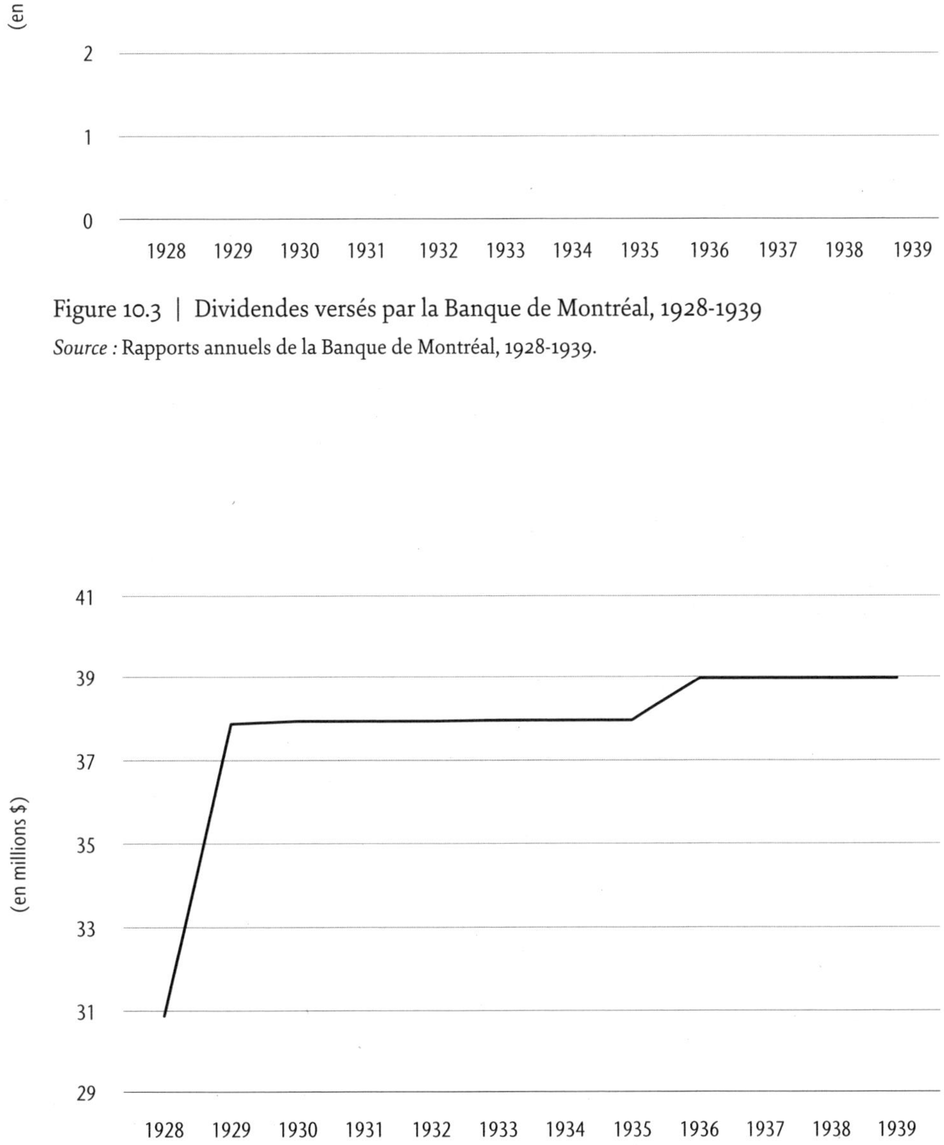

Figure 10.4 | Fonds réserve de la Banque de Montréal, 1928-1939
Source : Rapports annuels de la Banque de Montréal, 1928-1939.

inédites entraînées par une crise économique prolongée. Lorsque la Banque est soumise à une série d'épreuves, l'efficacité de ses réseaux financiers et la qualité de sa prise de décisions sont mises à l'avant-plan. La Banque demeure en tout temps à la hauteur de son rôle de banquier du Dominion et de gardien du système bancaire canadien. Ses dirigeants prennent les décisions nécessaires pour protéger les activités essentielles, accorder des prêts dans des temps difficiles. La Banque remporte finalement son long combat pour maintenir les dividendes et renverser le déclin des actifs, et ce, au cœur de la pire contraction économique jamais vécue par les banquiers de l'époque. Les gestionnaires de la Banque de Montréal ne puisent pas une seule fois dans le fonds de réserve de leur institution, ce qui témoigne du professionnalisme et de la discipline de cette génération de banquiers. Ils prennent les décisions difficiles qui s'imposent pour protéger leur institution tout en ayant en main le destin de multiples industries et entreprises, et même de gouvernements.

Les années 1930 sont également le théâtre d'une série de bouleversements politiques, sociaux et économiques qui ébranlent et transforment le paysage financier canadien. Les diverses politiques publiques qui voient le jour en réponse à ces temps de désespoir mènent, comme nous le verrons, à la création d'une banque centrale et, dans son sillage, à l'émergence de gouvernements plus disposés à se doter des instruments fiscaux et monétaires nécessaires pour façonner l'activité économique et mettre en œuvre leurs politiques publiques. Dans l'Ouest, des mouvements agricoles-ouvriers émettent des critiques virulentes du capitalisme, des gouvernements et des banques à charte. Un parti politique socialiste, la Fédération du commonwealth coopératif (FCC), est formé à Calgary en 1932 et adopte ce qu'on appellera le Manifeste de Regina lors de son premier congrès national, tenu à Regina en juillet 1933[71]. Le manifeste proclame l'objectif du groupe, qui est de remplacer le capitalisme par un système axé sur l'égalité économique – un nouvel ordre social fondé sur l'« organisation collective judicieuse de nos ressources économiques afin d'accroître le temps pouvant être consacré aux loisirs et d'enrichir la vie de chaque citoyen[72] ». Le parti déclare que « les banques à charte doivent être socialisées et soustraites aux intérêts privés qui cherchent à engendrer des profits; et que le système bancaire national ainsi établi doit avoir à sa tête une banque centrale en mesure de réguler le flux de crédit et le niveau général des prix, de même que les opérations de change[73] ».

La tourmente secoue l'ensemble des Prairies canadiennes, où la Banque de Montréal compte quarante-sept succursales en Alberta et trente-quatre en Saskatchewan. En Alberta, les Fermiers unis, qui sont élus en 1921, gardent le pouvoir jusqu'en 1935, lorsque le mouvement du Crédit social prend les rênes sous la gouverne de William Aberhart. Le Crédit social « a tendance à concentrer ses attaques sur les institutions financières[74] ». Ces attaques sont à la fois populaires et efficaces, car bon nombre d'électeurs de la province se considèrent victimes d'un système monopolistique et exploitant qui comprend les banques et les chemins de fer. Les pages du *Social Credit Chronicle* regorgent d'opinions dirigées contre l'est du pays, le capitalisme et, surtout, les banques[75]. Le gouvernement Aberhart attise l'animosité en affirmant que les banques ont la mainmise sur la « seule chose capable de soulager la détresse des masses, l'"argent"[76] ». Il adopte des lois radicalement interventionnistes – en particulier le *Reduction and Settlement of Debts Act* en 1936 et le *Home Owners' Security Act* en 1938 – visant à octroyer à des commissions provinciales le pouvoir de réduire unilatéralement les taux d'intérêt imposés par les institutions financières sur les prêts accordés aux propriétaires de maisons, aux exploitations agricoles et aux petites entreprises. La législation oppose directement le gouvernement albertain à celui du Dominion dirigé par Mackenzie King (de retour au pouvoir après 1935), qui revendique l'autorité exclusive sur le système bancaire et la monnaie. Ces lois sont rejetées par les tribunaux, mais le climat politique prévaudra pendant de nombreuses années.

Dans ce contexte, la nature et la portée des activités bancaires de la Banque de Montréal sont appelées à évoluer, parfois de manière marquante. La Banque doit notamment s'ajuster au lendemain de la création de la Banque du Canada. Après 1935, toutefois, l'expansion de ses activités commerciales lui permet de « contrebalancer toute diminution de son chiffre d'affaires auprès du gouvernement », incitant un observateur à conclure qu'elle n'a « perdu aucun terrain par rapport aux autres banques[77] ». Ses concurrentes se spécialisent également. La Banque de Nouvelle-Écosse est très active dans les dépôts d'épargne et se positionne essentiellement comme une banque d'investissement. La Banque Canadienne de Commerce, faisant écho à ses racines principalement agricoles, se concentre particulièrement sur le financement du transport du blé et des négociants en grains[78]. La Banque Royale, quant à elle, est à l'avant-garde des autres banques canadiennes sur la scène internationale et aucune de ses concurrentes ne peut compter sur un réseau aussi étendu de succursales à l'étranger. Au Canada, ses activités sont axées sur les pâtes et papiers en Ontario et au Québec, et sur les sociétés d'électricité québécoises. Ses importantes activités sur le marché des valeurs mobilières la distinguent aussi des autres grandes banques.

Toutes les banques canadiennes prennent de l'expansion dans les années 1930, mais tout en conservant leurs positions respectives, à l'exception de la Banque de Toronto qui, selon un observateur étranger, est « la plus agressive des banques de moindre envergure et impopulaire auprès des autres[79] ». La concurrence est féroce et mène souvent à une saturation du marché, en particulier dans les villes. « Si, par exemple, une banque à charte ouvre une succursale dans une nouvelle ville de banlieue, les autres lui emboîtent généralement le pas », note un banquier, « que la taille du marché le justifie ou non[80] ».

La réponse à ces changements devra toutefois attendre, puisque le pays et son peuple sont de nouveau engagés dans un conflit militaire mondial à la fin de l'été 1939. Pour la deuxième fois en une génération, les banquiers de la Banque de Montréal seront enrôlés afin de mettre le pouvoir et la capacité de la première banque du Canada au service de l'effort de guerre national.

11

Un Dominion sans répit pour les banques : les banquiers montréalais et le destin financier de Terre-Neuve

Nulle part la gravité de la contraction économique qui secoue l'Amérique du Nord n'est aussi marquée que dans le Dominion de Terre-Neuve. À titre de banquier du gouvernement du Canada, la Banque de Montréal est appelée à intervenir de manière déterminante dans la formulation des mesures en réponse à la crise. D'autant plus, et précisément en raison du statut d'institution quasi gouvernementale de la Banque, que les ennuis de Terre-Neuve pourraient avoir une incidence directe sur les finances publiques du Canada – surtout sur le marché des obligations américain, dont les opérateurs considèrent souvent toute l'Amérique du Nord, y compris la partie « non américaine », comme un seul et même territoire. Les événements qui se déroulent à Terre-Neuve mettent en lumière l'un des chapitres financiers les plus révélateurs de l'expérience que vit la Banque à l'époque de la Grande Dépression. L'histoire nous fournit également un aperçu du rôle complexe et important que la Banque de Montréal joue dans le système financier de la région de l'Atlantique Nord en général et dans le secteur des finances publiques canadiennes en particulier.

L'intervention de la Banque dans cette saga est complexe. Elle agit d'abord comme banquier auprès du gouvernement de Terre-Neuve, tout en étant le banquier principal du Canada. De plus, à titre de chef de file du « consortium bancaire » – qui regroupe la Banque de Montréal, la Banque Royale, la Banque Canadienne de Commerce et la Banque de Nouvelle-Écosse – mandaté pour renflouer Terre-Neuve, elle coordonne les mesures adoptées par le système bancaire canadien pour régler la crise. D'autre part, la Banque de Montréal est le principal porte-étendard du secteur bancaire et financier canadien à Londres. Et, bien sûr, la Banque doit aussi veiller à protéger ses propres intérêts à la fois dans l'île et sur le territoire canadien.

Même s'il ne participe pas régulièrement aux négociations, le président de la Banque, Charles Gordon, y exerce une grande influence. Son directeur général, Jackson Dodds, est appelé à jouer un rôle plus crucial en tant que prêteur, syndicataire, conseiller, intermédiaire et gardien du système bancaire et de la solvabilité – à la fois à Terre-Neuve et dans toute la région de l'Atlantique Nord. Enfin, sir William E. Stavert, un ancien banquier de la Banque de Montréal, est une personne clé et de confiance à St. John's tout au long de la période.

Des finances publiques précaires

La Banque de Montréal amorce sa relation avec Terre-Neuve en 1894 peu après que la faillite des deux principales institutions financières de la colonie – la Union Bank of Newfoundland (fondée en 1854) et la Commercial Bank of Newfoundland (fondée en 1858) – ait laissé une petite banque d'épargne publique comme seule institution financière appartenant à des intérêts locaux[1]. La Banque de Montréal ouvre une succursale à St. John's en 1895 avant d'être nommée peu de temps après le banquier officiel du gouvernement de Terre-Neuve, au cœur de la dépression des années 1890[2]. La Banque accorde un premier prêt au gouvernement terre-neuvien en 1895 pour permettre à ce dernier de respecter ses engagements financiers[3].

Même durant les périodes de prospérité, le gouvernement de Terre-Neuve peine à honorer ses engagements. Il parvient malgré tout à éviter le pire pendant quelque temps. À compter des années 1920, cependant, le recours aux émissions d'emprunt pour pallier le perpétuel manque à gagner est de plus en plus fréquent. Un prêt est contracté chaque année entre 1921 et 1932, gonflant la dette de 43 millions $ à 97,5 millions $ en seulement douze ans. Une série de projets d'immobilisations vraisemblablement nécessaires et sans aucun doute coûteux à réaliser contribuent également à augmenter l'endettement public. Selon un rapport publié ultérieurement, « figurent parmi les projets [...] financés [par des prêts] la construction d'une cale sèche, de voies rapides et de nombreux bâtiments de travaux publics, la prise de contrôle et l'amélioration du chemin de fer, l'expansion du réseau de télégraphe et de téléphone et la fourniture de bateaux à vapeur au service côtier. Malheureusement, aucun de ces projets ne s'est avéré lucratif[4]. »

Le krach boursier de 1929, jumelé à l'imposition de tarifs protecteurs et à l'effondrement subséquent des marchés internationaux après 1930, crée des conditions difficiles pour l'économie terre-neuvienne, laquelle est fondée sur l'exportation de produits de la pêche, de la foresterie et de l'exploitation minière. Laissant déjà peu de marge de manœuvre au gouvernement, la dette publique augmente alors de façon vertigineuse : entre 1929 et 1933, la hausse atteint presque vingt-quatre pour cent[5]. En raison de la chute des revenus, la part des dépenses publiques du Dominion affectée au service de la dette augmente aussi à un rythme alarmant. En effet, s'il représente 35,9 pour cent des dépenses du gouvernement terre-neuvien en 1929-1930, le remboursement de la dette compte pour presque les deux tiers des dépenses (63,2 pour cent) en 1932-1933[6].

Ainsi que l'énonce l'historien Peter Neary, le gouvernement terre-neuvien, confronté à la détérioration des finances publiques, se résout à adopter « une série de mesures de plus en plus désespérées[7] ». Avec l'aide de la Banque de Montréal, le gouvernement du premier ministre Richard Squires contracte en 1930 un prêt de cinq millions $ pour permettre au Dominion de s'acquitter de ses obligations[8]. Les prêts futurs seront toutefois bien plus difficiles à obtenir. Pour respecter ses obligations venant à échéance le 1er juillet 1931, le gouvernement de Terre-Neuve autorise une nouvelle dette de huit millions $. Signe des temps à venir, cependant, le gouvernement ne trouve aucun preneur pour celle-ci. Terre-Neuve se trouve dans une situation critique. Le gouvernement Squires propose de mettre en vente le Labrador dans l'espoir que le Canada envisagera son achat. Le prix demandé est de 110 millions $ – une somme qui permettrait d'effacer d'un coup la dette du Dominion[9]. Malheureusement, l'état des finances publiques du Canada est tel que cette proposition ne sera jamais sérieusement envisagée, et ce, malgré un prix considéré comme avantageux.

Face à la crise qui s'aggrave, Squires décide d'exposer ses vues au premier ministre du Canada, R. B. Bennett, et au ministre du Commerce du Canada, C. H. Cahan. Il presse le gouvernement fédéral de convaincre les grandes banques canadiennes, la Banque de Montréal en tête, d'octroyer un nouveau prêt à Terre-Neuve : « Compte tenu que le gouvernement de Terre-Neuve se retrouve dans l'incapacité d'émettre un emprunt obligataire de huit millions $ récemment autorisé par l'Assemblée législative, il ne sera pas en mesure de rembourser les intérêts sur sa dette dus les 30 juin et 1er juillet prochains sans une aide substantielle sous la forme d'un prêt à court terme[10]. »

La possibilité que Terre-Neuve manque à ses obligations représente une menace qui plane sur tous les principaux acteurs. Le gouvernement canadien craint toute incidence potentielle sur sa réputation, sans parler des conséquences qu'un défaut de remboursement aurait sur la capacité du Canada à respecter ses propres obligations. De la même manière, le gouvernement du Royaume-Uni est préoccupé par les répercussions qu'aurait un tel défaut sur le crédit des colonies britanniques. Les banques, quant à elles, sont inquiètes à l'idée de perdre à la fois argent et réputation, compte tenu de leur important engagement dans les prêts consentis à Terre-Neuve.

À la suite de l'appel à l'aide de Squires, Bennett entre en contact avec le directeur général de la Banque de Montréal, Jackson Dodds, qui est également le chef et porte-parole du consortium bancaire ayant participé aux interventions de sauvetage de Terre-Neuve. Le 19 juin 1931, Bennett exhorte Dodds à agir en invoquant l'importance de protéger la solvabilité du Canada : « Ce gouvernement est d'avis que les répercussions seraient néfastes pour le Canada si Terre-Neuve se retrouvait en situation de défaut à ce moment-ci, et nous saurions gré aux banques si elles prenaient les mesures nécessaires pour qu'une telle éventualité ne se produise pas[11]. » Dodds obtempère et convainc les autres banques du consortium d'octroyer à Terre-Neuve un prêt de plus. Le jour suivant, le 20 juin, Dodds envoie un télégramme à A. A. Werlich, le directeur de la succursale de la Banque de Montréal à St. John's, dans lequel il décrit le sauvetage proposé :

> Le consortium composé de la Banque de Montréal, de la Banque de Nouvelle-Écosse, de la Banque Royale du Canada et de la Banque Canadienne de Commerce a accepté d'accorder une avance au gouvernement de Terre-Neuve sous forme d'obligations temporaires, établies par vos avocats conformément aux exigences de forme prévues par la loi pour des termes de deux, trois et quatre mois[,] pour la somme de 838 481 $ (Banque de Montréal), 700 000 $ (Banque de Nouvelle-Écosse), 450 000 $ (Banque Royale) et 125 000 $ (Banque de Commerce)[,] pour permettre au gouvernement de payer les intérêts sur sa dette vers la fin du mois, soit un montant de 2 085 740 $, et d'avoir accès à un fonds d'amortissement de 27 740 $, pour une avance totale de 2 113 481 $[12].

Le montant total est bien en deçà des huit millions $ initialement émis par le gouvernement de Terre-Neuve, mais il est suffisant pour permettre au Dominion de respecter ses obligations du 31 juillet.

Les fonds octroyés sont toutefois assortis de conditions : le consortium bancaire insiste pour que le Trésor britannique nomme un commissaire chargé d'enquêter sur la situation financière de Terre-Neuve et de formuler des recommandations pour assainir les finances publiques[13]. Le gouvernement du Royaume-Uni se plie à la demande et nomme à ce titre sir Percy Thompson, le vice-président du conseil du Revenu de l'intérieur[14].

Aux yeux des banques, la nomination de Thompson a pour but de mener le Dominion de Terre-Neuve vers la solvabilité financière. D'ailleurs, l'une des conditions du prêt stipule que le gouvernement terre-neuvien *est obligé* d'accepter toutes les recommandations que fera Thompson dans son rapport. Parlant au nom de la Banque de Montréal et des autres banques du consortium, Dodds veille à informer le premier ministre Squires du fait que les banques ne sont en aucun cas tenues d'accorder de nouveaux prêts à Terre-Neuve pour couvrir le paiement des intérêts si jamais les solutions proposées par Thompson ne permettent pas de stabiliser les finances publiques du Dominion : « Si les revenus générés à la suite de la mise en œuvre des plans recommandés par le commissaire s'avéraient insuffisants pour couvrir le paiement des intérêts en janvier prochain, la décision de rouvrir le dossier vous revient; aucun engagement futur ne lie les banques concernant la présente situation[15]. » Le message de Dodds est clair : en ce qui le concerne, les banques ont accompli leur devoir et Terre-Neuve devra dorénavant elle-même orchestrer son sauvetage.

L'automne 1931 est toutefois de mauvais augure pour l'économie terre-neuvienne, dont la crise ne fait que s'intensifier. Dès le mois d'octobre, des signes laissent présager que le gouvernement ne sera pas en mesure de respecter ses obligations de janvier 1932. En désespoir de cause, Squires déclare aux dirigeants de la Banque de Montréal que « le gouvernement a urgemment besoin de 1,5 million $ à des fins d'allègement de sa dette, sans quoi de nombreuses personnes mourront[16] ». Lors d'une réunion du comité de direction de la Banque de Montréal, Dodds informe les membres de l'état des finances de Terre-Neuve « tel que transmis de manière confidentielle par sir Percy Thompson à notre directeur de succursale de St. John's ». Le comité prend la décision d'aviser Thompson « qu'il ne doit pas compter sur les banques canadiennes pour avancer des fonds supplémentaires au gouvernement de Terre-Neuve, que ce soit aux fins de paiement des intérêts du 1er janvier ou à toute autre fin[17] ». Dodds et les dirigeants des autres banques n'ont pas l'intention de céder, ce qui confirme que le consortium a vraisemblablement dit son dernier mot.

Ne pouvant compter sur une aide supplémentaire du consortium bancaire, Squires se voit forcé de faire de nouveau appel au Canada. Le lendemain de Noël 1931, sir Percy Thompson, le président de la Banque de Montréal sir Charles Gordon et le premier ministre R. B. Bennett se réunissent pour discuter de la situation de Terre-Neuve[18]. Influencé par les appels répétés de Squires, Bennett insiste pour que le consortium bancaire octroie une autre avance au gouvernement de Terre-Neuve. Durant la rencontre, Gordon aborde la question avec le directeur général de la Banque, ses hauts dirigeants et, surtout, ses administrateurs. Deux jours plus tard, Gordon écrit à Bennett pour lui signifier que la Banque de Montréal, de concert avec les autres banques du consortium, accepte de lancer à Terre-Neuve une bouée de sauvetage de plus, assujettie aux mêmes conditions que le prêt de juillet 1931 :

> Vous serez intéressé d'apprendre qu'à la suite de votre urgente demande, et en ayant votre assurance que vous porterez à l'attention des membres de votre cabinet et, si nécessaire, du Parlement, le fait que vous avez pressé les banques canadiennes, en faisant valoir l'importance de la situation pour l'Empire et sur le plan international, de prêter l'argent nécessaire au paiement des intérêts dus le 31 décembre et le 1er janvier et de permettre conséquemment à Terre-Neuve de respecter ses obligations, notre conseil d'administration accepte les avances octroyées. Nous avons depuis obtenu la confirmation que la Banque de Nouvelle-Écosse, la Banque Royale du Canada et la Banque Canadienne de Commerce apporteront leur contribution selon les mêmes conditions qu'en juillet dernier[19].

Le gouvernement Squires obtient son salut moins de vingt-quatre heures avant l'échéance du 1er janvier 1932. Le directeur de la succursale de St. John's de la Banque de Montréal, A. A. Werlich, transmet ainsi la nouvelle au gouvernement de Terre-Neuve :

> J'ai l'honneur de joindre une copie du télégramme de notre directeur général détaillant les conditions selon lesquelles le consortium bancaire prêtera au gouvernement de Terre-Neuve la somme de 2,2 millions de dollars pour lui permettre de payer les intérêts dus sur la dette publique.

Banque de Montréal	–	863 500 $
Banque de Nouvelle-Écosse	–	733 700 $
Banque Royale du Canada	–	471 900 $
Banque Canadienne de Commerce	–	130 900 $
		2 200 000 $[20]

Le fait d'évoquer « l'importance pour l'Empire et sur le plan international » d'assurer le sauvetage de Terre-Neuve s'avère un facteur déterminant dans la décision d'accorder le nouveau prêt.

L'entente de prêt conclue à la fin de l'année comporte d'autres conditions concernant la circulation de la monnaie et l'exportation d'or. De ce fait, l'assemblée terre-neuvienne adopte une loi sur la monnaie stipulant que les billets des quatre banques du consortium ont maintenant cours légal à Terre-Neuve et interdisant toute exportation d'or à l'extérieur du Dominion. Ces conditions « placent le pays aux portes de la mise sous séquestre[21] ».

La Banque de Montréal et les autres banques du consortium semblent être prises au piège, prêtant d'importantes sommes contre leur gré. « S'il n'en tenait qu'aux banques, il n'y aurait pas de prêt », remarque John H. Penson

– l'adjoint de Thompson – en décembre 1931[22]. Dodds est du même avis et rappelle à Bennett en avril 1932 que « les prêts consentis en juillet et en décembre ont été renouvelés de temps à autre et tout indique qu'ils devront continuer à l'être pendant une période plus ou moins indéterminée, en attente du moment où le gouvernement touchera des recettes excédentaires lui permettant de les rembourser[23] ».

Le scénario tant redouté : 1932

En juin 1932, Frederick Alderdice succède à sir Richard Squires comme premier ministre de Terre-Neuve. Alderdice est confronté à un choix cauchemardesque : respecter les obligations du Dominion concernant le paiement des intérêts sur la dette ou nourrir « une armée de pauvres de plus en plus imposante[24] ». De son côté, le consortium bancaire est déjà conscient depuis quelques mois de la situation insoutenable dans laquelle il se trouve plongé, ayant laissé entendre qu'il ne pourrait pas continuer à consentir des prêts indéfiniment. En effet, dans une communication entre la Banque de Montréal et les autres banques du consortium datant de la fin de 1931, on remarque que les banques « ne s'attendent pas à recevoir une demande de prêt supplémentaire pour aider le gouvernement à payer les intérêts qui seront échus en juillet prochain [1932] et en janvier 1933, étant entendu que le gouvernement sera en mesure d'effectuer ces paiements lui-même[25] ».

Face à de nouvelles obligations à respecter qui se profilent à l'horizon, Terre-Neuve est bientôt à court d'options. Le Canada a commencé à durcir le ton à son égard, et il est de moins en moins probable que le premier ministre Bennett intervienne de nouveau en faveur du gouvernement terre-neuvien. Au contraire, Bennett invite fermement ce dernier à prendre les mesures législatives qui s'imposent, « sans quoi nous nous trouverions dans une situation des plus embarrassantes, et nos banques seraient inutilement en proie aux critiques[26] ».

Pour respecter ses obligations de juillet 1932, Terre-Neuve est contrainte d'envisager d'autres avenues, y compris une solution radicale et sans précédent : un rééchelonnement unilatéral des intérêts à payer[27]. Le plan d'urgence est élaboré par E. N. R. Trentham, que le Trésor du Royaume-Uni avait dépêché à Terre-Neuve vraisemblablement pour empêcher la mise sur pied du plan qu'il s'apprête maintenant à recommander, et William R. Stavert, un banquier de carrière qui agit comme conseiller auprès du gouvernement Alderdice. Trentham lui-même est insatisfait du plan.

Les propositions sont vigoureusement dénoncées par J. H. Thomas, secrétaire d'État aux affaires des Dominions, qui s'en remet au discours désormais bien familier selon lequel « la prise de telles mesures aurait un effet dommageable sur le crédit de toutes les parties de l'Empire ». Effectivement, l'adoption du stratagème entraînerait non seulement une « violation directe des conditions régissant les prêts accordés à Terre-Neuve », mais risquerait également d'avoir de « graves répercussions sur les relations financières et économiques dans le monde entier ». Devant de tels avertissements alarmistes, le plan est abandonné[28].

Au lieu de se tourner vers le gouvernement du Canada ou celui du Royaume-Uni, ou même vers le consortium bancaire, Terre-Neuve décide d'émettre ce qu'elle appellera l'« emprunt de la prospérité », pour un montant total de 2,5 millions $. Nombre de sociétés privées et de particuliers répondent à l'appel : Imperial Oil/l'Impériale souscrit à l'emprunt pour la somme de 1,75 million $ en échange du monopole de l'importation, de la fabrication et de la mise sur le marché de tous les produits pétroliers et d'un versement annuel minimal de 300 000 $[29]; l'Anglo-Newfoundland Development Company s'engage pour un montant de 250 000 $; le grand public souscrit à l'emprunt pour une somme totale de 592 000 $[30]; et le Fonds de réparations de Terre-Neuve s'engage pour un montant de 158 000 $[31]. L'approche est peu conventionnelle, mais elle permet à Terre-Neuve de respecter ses obligations. Elle témoigne aussi d'une chose : le gouvernement est maintenant à court d'options. Aucune aide extérieure ne viendra des banques ni des autres États, et cet ultime tour de financement vient également d'épuiser les dernières ressources internes du Dominion.

Au bord du gouffre

Le gouvernement Alderdice déploie des efforts extraordinaires pour stabiliser la situation dans l'espoir que le budget de Terre-Neuve de 10 170 millions $ puisse être maintenu. La *Loi sur le contrôle du Trésor* du 30 avril 1932 établit le poste de contrôleur du Trésor et prévoit qu'aucune dépense ne puisse être effectuée sans l'approbation explicite du contrôleur[32]. La révision à la baisse des salaires au sein de la fonction publique est censée permettre à elle seule de réduire le déficit de un million $ chaque année[33]. Le verdict du conseil d'administration de la Banque de Montréal est implacable : « Les probabilités qu'elle [Terre-Neuve] puisse y parvenir sont faibles ou nulles, et les banques ne devraient pas verser d'avance supplémentaire, de sorte que le paiement des intérêts dus le 1er janvier prochain ne pourra vraisemblablement pas être effectué. Aucune décision n'a été prise, la question demeurant ouverte en attendant une discussion avec les autres banques concernées[34]. » Cette observation se révèle prémonitoire puisque, bien qu'ambitieuses, les coupures annoncées par Terre-Neuve arrivent trop tard pour avoir une réelle incidence sur la situation. Comme une note de 1933 le laissera entendre, « il était bientôt évident [...] que l'espoir [d'avoir un budget équilibré] ne se concrétiserait pas. Il était impossible de maintenir les dépenses dans les limites prévues en raison de la nécessité de continuer à subventionner les programmes d'aide aux personnes valides, tandis que les revenus subissaient une importante baisse attribuable au pouvoir d'achat amoindri de la population[35] ».

La situation désespérée dans laquelle se retrouve Terre-Neuve est mise en évidence dans un échange entre le premier ministre Alderdice et le directeur général de la Banque de Montréal, Jackson Dodds, le 27 septembre 1932. Alderdice écrit :

> Nul doute que vous êtes au courant de notre situation. Nous sommes littéralement au bord du gouffre. Nous faisons de notre mieux pour réduire nos dépenses et nous continuerons à agir de la sorte. Malheureusement, les économies que nous faisons à ce titre ne nous permettent pas de combler la baisse des revenus à laquelle nous sommes confrontés [...] Il n'y a selon moi aucun moyen d'imposer des compressions supplémentaires sans provoquer une véritable révolte, et d'un autre côté, je ne vois pas comment nous pouvons espérer en arriver à un budget équilibré d'ici la fin de l'exercice financier [...] [Ni] moi ni aucun de mes collègues n'avons les compétences nécessaires pour décider quelle voie est la plus susceptible d'assurer, en définitive, le bien-être du pays [...] Croyez-moi, il me peine de vous écrire au sujet d'une situation aussi difficile. Il s'agit presque d'un aveu d'échec de ma part dans ma tentative de ramener la stabilité au pays. Je suis désolé de vous écrire ainsi. Je suis d'avis, cependant, que vous devez être au courant de mon sentiment par rapport à la fâcheuse position dans laquelle nous nous trouvons[36].

Alderdice demande également à Jackson Dodds de lui recommander un nouveau conseiller financier. Il souhaite mettre Thompson à l'écart en raison de son association avec le gouvernement Squires, et écrit à ce sujet que « sir Percy Thompson, par sa faute ou à la suite d'un déplorable concours de circonstances, a cessé de nous être utile dans notre situation. Le gouvernement et sir Percy ne sont plus sur la même longueur d'onde. Il est impossible d'espérer pouvoir travailler ensemble en harmonie[37] ». En outre, le nouveau conseiller financier doit être nommé par le consortium bancaire. Alderdice est d'avis que seul le consortium est en mesure de sortir Terre-Neuve du bourbier dans lequel elle est plongée : « Si vous pouviez vous permettre de mandater un de vos meilleurs dirigeants, un homme dont le jugement est fiable et sur lequel vous pouvez compter, à venir sur place se forger une opinion de nos affaires, je suis persuadé que cela serait grandement bénéfique [...] Notre sort est en immense partie entre les mains des banques [du consortium] et il m'apparaît donc nécessaire que quelqu'un soit dépêché sur les lieux pour dresser un portrait global de la situation, en veillant à tenir compte de tous les enjeux connexes[38]. »

Dodds informe le premier ministre canadien, R. B. Bennett, de la demande : « Vous remarquerez que M. Alderdice demande au consortium bancaire de nommer un représentant pour se rendre sur place et prendre en main la situation, et qu'il propose que cet homme soit un dirigeant de la Banque. » Dodds suggère sans détour que la personne nommée ne soit pas un banquier du consortium, estimant « qu'il serait préférable, pour toutes les parties concernées, que ce soit quelqu'un venant de l'extérieur ». Dodds mentionne que les banques du consortium recommandent nul autre que William E. Stavert, une figure omniprésente dans la saga des finances publiques de Terre-Neuve[39]. C'est avec enthousiasme que R. B. Bennett donne son assentiment à la nomination de Stavert, ajoutant ceci : « Je ne doute pas que M. Alderdice saura reconnaître les efforts déployés par les banques canadiennes pour lui venir en aide et qu'il suivra, dans la mesure du possible, leurs recommandations[40]. »

Sir William E. Stavert est un banquier de carrière originaire de Summerside, à l'Île-du-Prince-Édouard, qui a travaillé pour plusieurs banques de la région – la Summerside Bank, la Merchants Bank of Halifax, la Banque de Nouvelle-Écosse et la Banque du Nouveau-Brunswick. Lors de son passage à la Banque de Nouvelle-Écosse à la fin des années 1890, il met sur pied la succursale de la banque à St. John's[41]. De 1905 à 1912, il occupe également le poste de chef des succursales des Maritimes pour la Banque de Montréal[42]. Il est alors un proche collaborateur de l'illustre directeur général de la Banque, sir Edward Clouston. Malheureusement pour lui, son implication aux côtés de Clouston et d'Arthur R. Doble dans la tristement célèbre fusion de Canada Cement orchestrée par Max Aitken le voit contraint, en 1912, d'abandonner une « carrière prometteuse comme dirigeant [...] au sein de la Banque de Montréal[43] ». Stavert se trouve rapidement un autre emploi pour une nouvelle banque d'affaires, Corporation Agencies, dont l'un des fondateurs est C. H. Cahan (un futur administrateur de la Banque de Montréal et ministre canadien du Commerce)[44]. Il n'y a aucun doute que les deux décennies qui s'écoulent entre 1912 et les débuts de la Grande Dépression permettent à Stavert de rétablir sa réputation.

Même si les banques sont heureuses de proposer la nomination de Stavert pour succéder à Thompson, elles ne sont pas disposées à octroyer un énième prêt au gouvernement terre-neuvien. Cette position est clairement exprimée par Dodds dans une communication datant d'octobre 1932 adressée au premier ministre Bennett : « Vous comprendrez que le consortium bancaire ne peut, étant donné l'état précaire dans lequel se trouvent actuellement les finances du gouvernement de Terre-Neuve, autoriser quelque avance supplémentaire que ce soit et que le gouvernement doit faire du mieux qu'il peut pour tirer des revenus les fonds nécessaires, quitte à réduire davantage ses dépenses s'il le faut[45]. » C'est dans ce contexte que sir Percy Thompson publie son rapport final au début d'octobre 1932, dans lequel il conclut sombrement que « le gouvernement de Terre-Neuve sera forcé de manquer à ses obligations, du moins en partie, concernant le paiement des intérêts sur sa dette externe dus à la fin de l'année[46] ».

Les banques refusant de lui accorder un prêt de plus et en l'absence d'autres options, le gouvernement Alderdice annonce catégoriquement que Terre-Neuve ne respectera pas ses engagements à l'égard de sa dette – qui s'élève désormais à 100 millions $ – d'ici la fin de 1932[47]. Cet aveu sincère provoque une onde de choc au sein des gouvernements canadien et britannique, dont les inquiétudes de longue date concernant les conséquences désastreuses d'un manquement de Terre-Neuve à ses obligations refont surface.

Jackson Dodds s'inquiète également des effets que pourrait avoir une telle situation sur le Canada, craignant que les Américains se méprennent et pensent que Terre-Neuve fait partie du Canada. En octobre, peu après l'annonce d'Alderdice, Dodds écrit à Bennett pour lui demander d'émettre une déclaration publique, principalement à l'intention du marché des capitaux américain, énonçant clairement que Terre-Neuve est un État indépendant du Canada : « Dans l'éventualité où M. Alderdice déciderait de manquer à ses obligations, je suis d'avis qu'il devrait d'abord vous donner l'occasion d'informer la population des États-Unis que Terre-Neuve ne fait pas partie du Canada. Je crois que le gouvernement terre-neuvien vous doit au moins cela, compte tenu de tout ce que vous avez fait pour lui[48]. » Il réitère d'ailleurs sa demande deux semaines plus tard : « Comme le laissait entendre ma lettre du 12 octobre, nul doute que vous êtes conscient des répercussions qu'un manquement à ses obligations de la part du gouvernement de Terre-Neuve aura sur les titres canadiens et que vous jugerez nécessaire d'émettre une déclaration à ce sujet dans les journaux au moment opportun[49]. »

Redoutant la réaction en chaîne que provoquerait un défaut de paiement de la part de Terre-Neuve, les gouvernements canadien et britannique décident de passer à l'action. Ils instaurent conjointement la *Loi sur l'emprunt* de 1932, qui prévoit l'octroi d'un prêt d'urgence de 1,25 million $ à Terre-Neuve pour permettre au Dominion de respecter ses obligations[50]. Comme toujours, le prêt est assorti de conditions, cette fois-ci la nomination d'une commission royale chargée de se pencher sur les difficultés financières de Terre-Neuve.

> La moitié de ce prêt sera octroyée par le gouvernement de Sa Majesté en Grande-Bretagne, tandis que le gouvernement de Sa Majesté au Canada fournira l'autre moitié. De son côté, le gouvernement de Sa Majesté à Terre-Neuve consent à la nomination d'une commission composée de deux membres nommés par le gouvernement de Sa Majesté en Grande-Bretagne (dont l'un sera nommé en consultation avec le gouvernement de Sa Majesté au Canada) et d'un troisième membre nommé par le gouvernement de Sa Majesté à Terre-Neuve. La commission aura le mandat de se pencher sur l'avenir de Terre-Neuve et, en particulier, de faire état de sa situation financière actuelle et future et des mesures qui pourraient devoir être prises pour assurer sa stabilité financière, en vue d'en arriver à une prise de décision avant la date d'échéance des intérêts sur la dette du 1er juillet 1933[51].

Avec l'adoption de la *Loi sur l'emprunt* de 1932, tout est en place pour que la commission royale amorce son travail. Tous les membres sont nommés par Whitehall. Les Britanniques optent pour Lord Amulree, un pair travailliste écossais, qui sera également président de la commission. Le Canada arrête son choix sur Charles A. McGrath, tandis que Terre-Neuve jette son dévolu sur nul autre que sir William E. Stavert, qui vient d'être nommé au poste de conseiller financier quelques mois plus tôt. La commission se réunit au début de 1933 et procède à une rigoureuse analyse de la situation financière de Terre-Neuve.

Dans son dernier rapport, publié en novembre 1933, la commission recommande la suspension du gouvernement responsable dans l'île de Terre-Neuve, ainsi qu'un certain nombre d'autres dispositions. Une commission de gouvernement spéciale serait créée et se verrait attribuer tous les pouvoirs législatifs et exécutifs. Elle serait composée de six membres, mis à part le gouverneur, dont trois proviendraient de Terre-Neuve et les trois autres du Royaume-Uni – et tous seraient nommés par Londres. En outre, elle serait assujettie à la supervision du secrétaire d'État aux affaires des Dominions du gouvernement britannique. Ce dernier prendrait en charge les obligations financières de l'île « jusqu'à ce qu'elle soit de nouveau financièrement autonome[52] » et adopterait, notamment, « les dispositions jugées équitables et réalisables dans le but d'alléger le fardeau actuel de la dette publique de Terre-Neuve ». Le gouvernement responsable reprendrait les rênes une fois « les difficultés de l'île surmontées et le pays de nouveau financièrement indépendant[53] ».

N'ayant vraiment pas d'autre choix, le gouvernement de Terre-Neuve accepte les recommandations en novembre 1933 et la nouvelle commission de gouvernement prend le pouvoir au mois de février suivant. Elle gouvernera finalement jusqu'en 1949, lorsque le pays se joindra à la fédération canadienne à titre de dixième province.

Les banquiers de Montréal et le Dominion de Terre-Neuve

L'effondrement financier de Terre-Neuve au début des années 1930 connaît un dénouement dramatique. La suspension du gouvernement responsable et démocratique pendant quinze ans est un prix élevé, mais nécessaire à payer, dans le contexte des années 1930 où les temps sont de plus en plus durs. La mise en place de la commission de gouvernement permet à tout le moins au pays d'éviter de manquer à ses obligations à l'égard de sa dette écrasante et de se retrouver dans une situation encore plus désastreuse.

À mesure que Terre-Neuve s'enfonce dans le piège inéluctable des intérêts à payer sur sa dette, les banques canadiennes doivent à plusieurs reprises prendre la décision difficile de continuer à financer le gouvernement une dernière fois avant d'y renoncer définitivement. Au début des années 1930, le coût d'un tel geste sur le plan politique et humain augmente de mois en mois. Il n'y a aucun doute, cependant, que ce sont des considérations politiques qui influenceront le dénouement ultime de cette affaire. Si le premier ministre canadien, R. B. Bennett, et le gouvernement britannique interviennent directement à de multiples reprises, c'est qu'ils sont conscients des conséquences qu'aurait un manquement de Terre-Neuve pour le Canada sur le marché des capitaux américain et pour l'Empire dans son ensemble. Les dirigeants de la Banque de Montréal et des autres banques du consortium qui octroie les prêts d'urgence à Terre-Neuve agissent dans l'intérêt de la nation et de l'Empire et, semble-t-il, avec grande réticence, car tout indique que le remboursement des prêts pourrait prendre de nombreuses années. Si la Banque de Montréal est à même d'influencer le cours des événements, elle n'est pas en mesure de le dicter. La décision de ne pas accorder de prêts à Terre-Neuve est valide uniquement en théorie puisqu'elle signifierait, en pratique, l'échec de la Banque dans son rôle de protecteur du crédit canadien au pays comme à l'étranger, notamment à New York. Les risques associés à un défaut de paiement sont trop grands. La protection des détenteurs d'obligations est primordiale.

L'expérience de la Banque à Terre-Neuve démontre que le secteur bancaire est animé à la fois par des considérations politiques et financières. Pour maîtriser la complexité des finances publiques à l'époque de la Grande Dépression, les banquiers doivent mettre à profit leur expertise professionnelle dans des circonstances extraordinairement difficiles. Mais ce n'est que la moitié de l'équation. Comme en témoigne le cas de Terre-Neuve, la situation exige une grande part de jugement et d'acuité politique. Les mesures adoptées ne s'appuient qu'en partie sur les principes bancaires; un réseau de relations étroites entre banquiers, politiciens et gouvernements de la région de l'Atlantique Nord joue également un rôle prépondérant dans la prise de décisions.

S'il y a un aspect que les banquiers ont pu influencer, ce sont les conditions imposées à Terre-Neuve et leurs conséquences. Les parties étrangères à Terre-Neuve – les banques, le gouvernement du Canada et celui du Royaume-Uni – imposent, en échange de prêts et de garanties, des conditions de plus en plus strictes et jugées nécessaires, à l'égard des finances de l'île, une tactique qui aboutit à la mise sur pied de la commission de gouvernement. Peter Neary écrit qu'« en dernier recours, [Terre-Neuve] a dû s'en remettre à ce que Richard Squires [...] appela, dans un moment d'espoir timide, "ce fragile lien de cœur et de sang" qui unit l'Empire britannique[54] ». Le « fragile lien de cœur et de sang » auquel fait référence Squires en 1929 finit effectivement par lier Terre-Neuve à l'Empire, qui vient finalement à la rescousse par l'intermédiaire d'Ottawa, de Montréal et de Londres. Mais le prix à payer est énorme. Terre-Neuve est appelée à vivre plusieurs années de sévères compressions budgétaires, en plus de perdre son gouvernement représentatif. Pendant quinze ans, ce ne sont pas des Terre-Neuviens qui gouverneront sur l'île. La scène politique et financière de Terre-Neuve ne sera plus jamais la même.

12

Des gagnants, des perdants et des banquiers : la création de la Banque du Canada

La création de la Banque du Canada en tant que banque centrale du pays en 1935 est l'événement le plus marquant du vingtième siècle dans le secteur bancaire canadien. Elle survient des décennies, et dans certains cas des siècles, après que chaque grande nation dans le monde de l'Atlantique Nord a établi sa propre banque centrale[1]. L'absence d'une banque centrale n'empêche cependant pas le Canada de créer un système bancaire de banques à charte solide, stable et prospère, de maintenir la stabilité des prix et d'éviter les échecs systémiques. La plus ancienne banque du Canada, la Banque de Montréal, agit en qualité de banquier du gouvernement et le Trésor canadien agit en qualité de prêteur de dernier recours, tandis que l'Association des banquiers canadiens agit à titre d'organe de coordination, au même titre que le ministère des Finances.

Ce chapitre examine la lutte menée au Canada pour créer une institution bancaire centrale et publique. Les chapitres précédents ont porté sur les changements survenus dans l'économie politique du secteur bancaire canadien dans les années 1920, qui constituent directement le prologue de ces événements. La Banque de Montréal figure au nombre des acteurs dans le drame qui se déroule et est celui qui a le plus à perdre en tant que principal établissement bancaire au pays et banque centrale du gouvernement.

La Dépression entraîne dans son sillage un certain nombre de changements radicaux au *statu quo*. Au début des années 1930, l'idée d'établir une banque centrale fait son chemin au pays dans les milieux politiques et à l'étranger, par l'intermédiaire d'organes tels que la Conférence financière internationale tenue à Bruxelles en 1932 et la Conférence monétaire et économique mondiale (juillet 1933)[2]. La décision du Canada d'abandonner l'étalon-or en 1928 constitue un autre facteur. En 1933, la Commission royale sur le système bancaire et le régime monétaire recommande officiellement l'établissement d'une banque centrale. Le gouvernement du Canada rédige alors le projet de loi nécessaire, et une banque centrale est établie en 1935 en tant qu'institution privée contrôlée par des actionnaires. En 1936, une seconde phase du projet de loi met la Banque du Canada exclusivement entre les mains du gouvernement canadien, le ministère des Finances en étant l'actionnaire exclusif.

De 1932 à 1938 environ, les acteurs du secteur bancaire canadien se lancent dans un jeu stratégique complexe entraînant des mesures, des contre-attaques et des changements d'alliances. L'intensité du débat entourant l'établissement d'une banque centrale fait des années 1930 une période grandement concurrentielle et litigieuse dans l'histoire du secteur bancaire canadien. Ce chapitre est surtout axé sur les acteurs ayant le plus à perdre : les banques canadiennes elles-mêmes devant un changement presque certain dans leur industrie.

L'établissement de la Banque du Canada implique au moins deux rivalités distinctes : la rivalité politique et, au-delà de la simple politique, la rivalité des élites, publiques et privées, canadiennes et britanniques. La politique alimente en effet l'intensité du débat à propos d'une banque centrale. Les divergences politiques entre les partis quant au rôle que doit jouer l'État dans l'économie divisent les conservateurs et les libéraux, et ainsi que libéraux, les progressistes et la Fédération du commonwealth coopératif (FCC). Le conflit va cependant bien au-delà. Des divergences marquées, métropolitaines, régionales et de classe, redéfinissent souvent les divisions de sorte qu'elles existent au sein même des partis, et non seulement entre eux. Au sein de la fraternité bancaire canadienne également, un front commun représenté par l'Association des banquiers canadiens dissimule des intérêts divergents entre les banques, surtout leur chef, la Banque de Montréal, et la Banque Royale, sa puissante adversaire. Le débat entourant la banque centrale révèle aussi des divisions chez et entre les élites financières et les fonctionnaires. Enfin, la participation des banquiers de la Banque d'Angleterre faisant activement la promotion des intérêts impériaux met en évidence une dimension anglo-canadienne clé, mais mal appréciée, dans l'histoire.

Le contexte du secteur bancaire canadien

Avant la création de la Banque du Canada en 1935, les établissements privés assument les fonctions caractéristiques d'une banque centrale. Après la Confédération en 1867, la Banque de Montréal agit à titre d'agent financier du Canada et le fera jusqu'à la création de la Banque du Canada.

Un résumé de l'état du secteur bancaire canadien dans les années 1930 s'impose. Au début de la décennie, dix banques à charte sont exploitées au Canada, la Banque Royale, la Banque de Commerce et la Banque de Montréal menant le décompte des succursales (738, 667 et 560 succursales, respectivement). Au total, 3 158 succursales sont exploitées dans tout le Dominion[3]. Selon un observateur de la Banque d'Angleterre, cela signifie que la nécessité de donner la capacité de diriger en de nombreux centres n'est pas la même, « comme il est nécessaire, mais comme on le voit rarement [...] dans le système de banques individuelles[4] ». Le capital remboursé des banques en 1932 est d'environ 144,5 millions $, en plus d'une réserve supplémentaire de 162 millions $[5].

Les banques canadiennes sont généralement administrées par des dirigeants de tendance conservatrice ayant fait leurs preuves sur le plan des bonnes pratiques bancaires ainsi que de la stabilité. Les banquiers des années 1930 attribuent la réussite du Canada à cinq fondements : une autorité législative unique; la nature simple et directe de la réglementation; la prescription d'une taille minimale; la formation « systématique et progressive » des dirigeants des banques par l'intermédiaire du régime de succursales; et enfin, la distribution harmonieuse et méthodique du capital bancaire en fonction des besoins locaux, une autre caractéristique du régime de succursales[6]. Les banques acquièrent ainsi une bonne réputation au Canada à l'égard de la mise en place prudente et méthodique du système financier canadien dans le financement des opérations commerciales tant au pays qu'à l'étranger. Cela est particulièrement vrai, mais non exclusivement, pour la Banque de Montréal.

Les banques canadiennes maintiennent également un taux d'intérêt stable pour les dépôts à terme (trois pour cent par année) et les prêts commerciaux de premier ordre (six pour cent). Cette politique a pour objectif d'exercer une influence stabilisatrice sur les épargnants et les emprunteurs et, plus important encore, d'éliminer les fluctuations pendant les périodes d'incertitude économique cyclique. Comme l'indique le directeur général de la Banque de Montréal Jackson Dodds en 1933 : « Elle [la politique des taux d'intérêt] constitue un facteur important dans la création et le maintien du sentiment de confiance à l'égard de sa banque au sein du public en général[7]. » La Dépression entraîne une légère modification du taux, qui passe à 2,5 pour cent pour les dépôts et à sept pour cent pour les prêts.

Depuis 1929, les banques canadiennes cherchent à « se retirer dans l'ordre devant la baisse des prix mondiaux et de la prospérité[8] ». Le resserrement des prêts bancaires qui en résulte entraîne un cercle vicieux de rappel de prêts et de resserrement du crédit. Les banquiers canadiens déplorent l'effet des banques d'investissement sur l'expansion massive du crédit, que même « l'influence contraignante » des banques à charte ne permet pas de contrer[9]. Les banques à charte et les banques d'investissement sont clairement à couteaux tirés.

Les banques canadiennes sont régies par la *Loi des banques,* révisée tous les dix ans. Elles peuvent émettre des billets, faire le commerce de l'or et de l'argent et généralement exercer des activités bancaires, sauf consentir des prêts garantis sur des biens immeubles. Aucun coefficient des réserves-encaisse n'est prévu par la loi, mais les banques conservent généralement dix pour cent de leur réserve en liquidités. Les dispositions relatives à l'expansion du capital se limitent au départ à la variation des récoltes avant la guerre. Après la guerre, cependant, le pouvoir des dispositions relatives au crédit est considérablement élargi[10].

Il convient de souligner plusieurs autres caractéristiques du système canadien. L'importance primordiale de la récolte et la grande variabilité du climat font en sorte que des fluctuations saisonnières à intervalles réguliers doivent être prévues à grande échelle et de façon judicieuse au chapitre du capital, entraînant une variation de cinq pour cent des actifs[11]. Les banques ont le droit d'émettre des billets de banque, une caractéristique qui, selon les banquiers, leur permet de fournir un instrument d'échange à faible coût aux collectivités pionnières et d'ouvrir un grand nombre de succursales dans tout le pays; en moyenne, en 1933, une succursale sert 3 350 personnes[12].

Le contrôle du crédit

Les banques ont le contrôle du crédit sur le territoire du Dominion sans même l'existence d'un organisme officiellement constitué pour ce faire. La fraternité bancaire canadienne est tissée tellement serrée, cependant, que la politique d'une seule banque sera considérée comme la politique de tous. « Si le conseil d'administration et le directeur d'un établissement ont l'impression – après avoir sérieusement considéré la question » – que l'expansion du crédit menace la stabilité ou la santé du système, « cette banque réduira progressivement ses avances et limitera les nouvelles demandes de crédit[13] ». Ce jour-là, les autres banques s'entendront probablement, et même s'il existe des divergences d'opinions, « toutes considéreront bientôt comme exact un point de vue ou l'autre[14] ».

Les réserves de la plupart des banques canadiennes sont concentrées sur le marché de New York pour des raisons de proximité et compte tenu de la nature peu développée du marché boursier et du marché des changes canadiens. De plus, les engagements extérieurs du Canada se trouvent principalement aux États-Unis, ainsi que dans ses échanges commerciaux[15].

La plus grande banque à charte canadienne et celle qui exerce le plus d'influence est la Banque de Montréal, suivie, grosso modo, de la Banque Royale et de la Banque de Commerce. La position de la Banque de Montréal en tant que première banque du Canada lui vaut une place de choix, tout comme son statut de banquier du gouvernement et d'agent du Dominion à Londres, même si, selon d'autres mesures, le classement est plus serré. Le directeur général de la Banque de Montréal à Londres, W. A. Pope, correspond activement avec la Banque d'Angleterre concernant des questions comme la nécessité d'élargir le marché direct Canada-Londres en dollars canadiens, le contrôle des changes et les réserves excédentaires[16]. La question des marchés monétaires est importante, notamment parce que Pope préconise de se tourner vers Londres, étant donné que les Canadiens « n'ont pas fait de bonnes affaires avec les Américains » et qu'il espère qu'ils en ont « tiré des leçons[17] ». Le marché de New York a connu de « brutales fluctuations de taux », et il est même difficile d'y obtenir une couverture pour 5 000 £ à un taux raisonnable[18].

Au-delà des banques mêmes, l'Association des banquiers canadiens (ABC) est constituée en vertu d'une loi en 1900 pour chapeauter les banques à charte et assumer une fonction éducative et une fonction d'inspection. Ses autres responsabilités comprennent la réception des dépôts d'or et des billets du Dominion dans les réserves d'or centrales. L'ABC a également le pouvoir d'imposer des règlements ayant force exécutoire sur les banques pour des fonctions précises. En cas de faillite d'une banque, le président de l'ABC est habilité par la loi à nommer des syndics pour administrer la banque en difficulté[19].

La *Loi de trésorerie* de 1923 autorise les banques à escompter certains titres pour lesquels elles reçoivent des avances de billets du Dominion, et qui doivent être remboursées ainsi. Cela permet aux banques d'obtenir un escompte de, disons 4,5 pour cent, puis de consentir du crédit et des prêts sur le marché de l'argent au jour le jour à New York à des taux considérablement plus élevés. Les banques se rendent compte que le tout est non seulement de toute évidence rentable, mais rend également l'existence d'une banque centrale inutile. La Loi y parvient en conférant le pouvoir de contrôle du crédit au ministère des Finances pour qu'il surveille l'expansion indue[20].

L'opposition à l'idée d'une banque centrale est naturelle pour les banques à charte, pour les raisons énoncées et parce qu'un tel établissement éliminera leurs propres billets et aggravera l'improductivité des succursales déjà peu productives, surtout en raison de l'encaisse qu'elles seront contraintes de conserver. La Banque de Montréal a le plus à perdre de l'établissement d'une banque centrale en raison de sa position de banquier du gouvernement[21].

Les courants internationaux et le dollar canadien

Le système financier canadien abandonne concrètement l'étalon-or dès 1928, quoique son adhésion, pour ainsi dire, semble subsister jusqu'au début des années 1930. Après que la Dépression a produit son plein effet, la parité du dollar canadien avec le dollar américain est perdue. Le dollar canadien vaut en outre davantage que la livre sterling. Le Canada n'a pas un régime d'étalon-or dans le « plein sens du terme ». Une note de service de la Banque d'Angleterre (BE) donne à penser en 1931 que, même si le Canada revient à l'étalon-or, les stocks du pays disparaîtront sans qu'il y ait amélioration permanente du taux de change[22]. Le prétexte selon lequel le Canada « a en réalité un régime d'étalon-or alors que les opérations de change avec New York se font à prime considérable » est relativement futile. La note de service donne en outre à penser qu'on encourage les banques à charte canadiennes à transférer leurs stocks d'or canadiens au gouvernement du Dominion en échange de billets émis par le gouvernement pour stabiliser quelque peu la situation monétaire. Ensemble, les banques à charte détiennent, en 1930, 72,7 millions de réserves d'or. Les banques canadiennes ont également avantage à ne pas « encaisser » leurs propres billets en or, mais à débourser des billets du Dominion et à contraindre les chercheurs d'or à l'acquérir ailleurs[23]. Pourtant, même sans banque centrale, le ministère des Finances a le pouvoir, en vertu de la *Loi de trésorerie* de 1923, de gérer la situation monétaire et l'or, notamment d'obliger les banques à assurer une remise suffisante des réserves d'or et l'achat des billets du Dominion (ce qui n'a jamais été un vrai problème). L'opinion d'experts dans les milieux gouvernementaux commence à laisser entendre que la loi régissant l'émission des billets doit faire l'objet d'une réforme[24].

Le pays détient d'importantes sommes aux États-Unis[25]. L'évolution du solde de l'endettement canadien de favorable à défavorable après 1930 est également préoccupante, tout comme la possibilité de devoir emprunter à grande échelle à l'étranger pour le Canadien National et le refinancement de la dette provinciale grandissante. Le Canada, autrement dit, se retrouve lourdement endetté envers les pays étrangers pour l'investissement net et à d'autres fins.

Le principal moyen dont dispose le gouvernement canadien pour influer sur la situation est le contrôle ultime du pouvoir d'achat et, par conséquent, des prix au Canada. Le ministère des Finances a la capacité d'accroître la masse totale du pouvoir d'achat au pays en empruntant des banques (augmentant la dette envers les banques). Pourtant, l'expérience australienne fait ressortir les dangers de « l'emprunt non coordonné », et la situation sur le marché monétaire de New York met en évidence les avantages d'une action concertée dans le but « d'éviter une forte augmentation des taux[26] ».

Vers la fin de 1932, la situation sur le marché des changes canadien s'est détériorée de façon marquée. Le dollar canadien s'est considérablement déprécié par rapport à la livre sterling et au dollar américain, une situation qu'un observateur bien placé de Toronto qualifie de « très troublante », car elle attire généralement l'attention du public sur toute la question de l'échange[27]. La dette extérieure consolidée du Canada (Dominion, provinces, municipalités et entreprises) accroît la pression à la baisse. La fuite des capitaux du Canada, surtout sous forme de liquidation par les Américains de leurs investissements considérables sur le territoire du Dominion, constitue un risque. Les exportateurs agricoles et les personnalités bancaires au pays plaident aussi pour une campagne de dépréciation du dollar[28]. Les banques, surtout les deux plus importantes, la Banque de Montréal et la Banque de Commerce, ne prennent pas position à l'égard de la monnaie.

La Commission royale sur le système bancaire et le régime monétaire : 1933

La Grande Dépression au Canada engendre une situation économique de plus en plus catastrophique pour laquelle on multiplie les appels à des mesures gouvernementales. Le gouvernement Bennett s'oppose au départ à l'idée d'une intervention plus énergique dans l'économie et plus précisément à la notion d'une banque centrale, au début des années 1930, parce que le pays – le premier ministre voulant sans doute dire les grandes banques à charte – n'est « pas prêt à faire le changement[29] ». En 1933, Bennett est au moins prêt à étudier la question et établit donc la Commission royale sur le système bancaire et le régime monétaire.

La Commission royale est constituée par voie de décret le 31 juillet 1933[30]. Elle doit être dirigée par Lord Macmillan, un banquier d'Angleterre ayant siégé au comité qui a rédigé le rapport Macmillan sur le système bancaire au R.-U. en juillet 1931. Sir Charles Addis, un autre banquier d'Angleterre, a une grande expérience des questions bancaires et a été membre du Comité Cunliffe et de la Commission monétaire indienne, est l'un des directeurs de la Banque d'Angleterre et a été vice-président de la Banque des règlements internationaux[31]. Le Canada est représenté par sir Thomas White, ancien ministre des Finances pendant la guerre, et Beaudry Leman, de la Banque Nationale, décrit comme un « banquier de la vieille école[32] ». Le cinquième membre est l'ancien premier ministre de l'Alberta, J. N. Brownlee.

Les attentes à l'égard de la Commission varient. John C. Reade du *Saturday Night Magazine* indique que « la Commission Macmillan jettera les bases d'un nouvel État canadien ou ne fera que mélanger un seau de chaux pour couvrir la moisissure et un peu de plâtre pour remplir les fissures évidentes. Ce qui en résultera dépend de la question de savoir si ses membres peuvent s'abstenir de soupirer en pensant au bon vieux temps – qui est heureusement derrière nous – et entamer leur travail dans l'esprit d'une renaissance au vingtième siècle[33] ».

La Commission tient des audiences sur tout le territoire du Dominion au cours de l'été 1933, se déplaçant en train à un rythme exténuant de Halifax à Vancouver. Elle attire d'innombrables mémoires de tous les coins possibles et imaginables du pays, mais surtout des organisations œuvrant dans le secteur bancaire, des milieux de la finance, de l'industrie et du commerce d'exportation, des agriculteurs, des chambres de commerce et des municipalités. Des exportateurs désespérés présentent leurs arguments. Le commerce d'exportation, dont le pays dépend fortement, a beaucoup souffert au cours des premières années de la Dépression. Les monnaies concurrentes dépréciées de l'Australie et de grandes parties de l'Empire britannique perturbent sérieusement les échanges commerciaux[34]. L'Association des marchands détaillants du Canada se déclare en faveur d'une banque centrale. « Ce mémoire n'a pas pour but de faire porter le blâme aux établissements bancaires ou à toute autre organisation dans le système actuel [...] mais plutôt à suggérer que la difficulté doit être surmontée par l'État dans son ensemble, et il est à souhaiter qu'elle peut l'être sans trop s'écarter de la socialisation[35]. » Le système financier actuel n'a « pas répondu de la bonne manière [...] alors que le pouvoir d'achat du consommateur commence à décliner ».

L'Association des banquiers en placement du Canada exhorte la Commission royale à limiter les banques, leurs pouvoirs et surtout leur « empiètement sur les autres activités qui ne constituent pas des fonctions bancaires[36] ». Les banques à charte sont entrées dans le commerce des obligations en 1923, une initiative que les banques d'investissement n'apprécient guère. Elles s'indignent en particulier de l'établissement par la Banque de Montréal, en 1926, de la Montreal Company of New York, une maison de placement, et de son étroite alliance avec la Royal Trust et la Banque[37].

Les agriculteurs sont divisés dans les solutions qu'ils proposent, mais font front commun pour dénoncer le fait que les banques canadiennes sont « très mesquines » à l'égard de leurs installations. Un agriculteur indique que les banques sont comme les gens qui donnent à quelqu'un « un parapluie lorsque le ciel est bleu puis lui enlèvent lorsque la pluie commence à tomber[38] ». D'autres blâment le système bancaire lui-même pour les conditions économiques difficiles dans l'Ouest, surtout en Alberta[39]. Une banque centrale contrôlée par des banquiers n'est « pas suffisante » de l'avis de la presse agricole de l'Alberta[40].

Le magnat de la presse W. M. Southam est d'avis que, « à l'exception de nos amis, les membres de l'Association des banquiers canadiens, la plupart des Canadiens doués de raison pensent que nous devons compléter notre système bancaire au moyen d'une Banque centrale. Bien que les banques s'opposent unanimement à un tel établissement pour des raisons évidentes, je crois que la commission monétaire proposée approuvera la proposition[41]. »

L'Economic Reform Association est également fortement en faveur d'une banque centrale ayant de puissants pouvoirs, mais elle conçoit cet établissement comme s'inscrivant dans une réforme en profondeur du système économique canadien, y compris la fluctuations du prix des marchandises et les relations de change[42].

Un important sentiment contre les banques se fait sentir aux audiences. Un correspondant de Toronto écrit au sénateur conservateur Arthur Meighen pour proposer le renouvellement des chartes bancaires pour une année seulement, dans le but de s'assurer que « nous sachions comment notre banque centrale à venir s'intégrera à la structure financière avant que nous donnions à ces voleurs, les banques, dix autres années de vie. Le public est profondément indigné des méthodes des banquiers, par exemple, le montant d'argent que [Herbert] Holt a détourné de la Banque Royale vers le Montréal Trust pour soutenir ses investissements à la fin de la Récession[43]. »

Dans la même veine, un « homme d'affaires de Toronto » écrit au *Globe* en mars 1934 :

> Les banquiers peuvent-ils dire honnêtement qu'ils n'ont pas souvent été impitoyables en acculant des entreprises établies au « pied du mur » et parfois même sans scrupules? Les banquiers peuvent-ils dire qu'ils n'ont pas été impitoyables en demandant des réductions aussi draconiennes dans les prêts commerciaux et industriels [et que, ce faisant,] ils n'ont pas sérieusement et gravement nui au fonctionnement quotidien normal de nombreuses bonnes entreprises? Les banquiers peuvent-ils dire qu'ils n'ont pas, sans raison valable, obligé leurs clients de prêts commerciaux à faire des sacrifices injustifiés et inutiles au plan des investissements privés et personnels pour la réduction soi-disant bénéfique de ces prêts commerciaux[44]?

La nouvelle des audiences de la Commission a des répercussions immédiates le long de la frontière canadienne. La Banque de Montréal rapporte que sa succursale de Windsor affiche un grand nombre de retraits faits par des déposants américains après qu'un article publié dans le *Detroit News* le 7 mars 1934 a signalé que les banques canadiennes font l'objet d'une enquête. « Nous ne prévoyons pas de répercussions importantes pour notre bureau, mais la publication de nouvelles de ce genre conjuguée au fait que des dépôts dans des Banques des États-Unis allant jusqu'à 2 500 $ sont maintenant garantis par la Federal Deposit Insurance Corporation peut entraîner une tendance à la baisse soutenue de nos dépôts[45]. »

Des groupes comme l'Economic Reform Association of Canada et la Ligue pour la reconstruction sociale (LRS) présentent des mémoires détaillés sur le système bancaire en place et l'urgence d'apporter un changement à ce système pour le bien-être national. La LRS, en particulier, estime que le contrôle de l'État sur le système bancaire s'inscrit dans un nouvel ordre économique. Pour ce groupe, une banque centrale et le contrôle par l'État de tous les établissement bancaires existants et d'une « majorité d'autres établissements financiers » est nécessaire pour que le Canada sorte de la Dépression[46].

Le point de vue des banquiers

Dans un tel environnement, les banquiers canadiens optent, astucieusement, pour des déclarations publiques soigneusement pensées au sujet d'une banque centrale. Le directeur de la Banque de Nouvelle-Écosse, H. J. Coon, témoigne devant la Commission que « les banques doivent garder à l'esprit d'une part les observations présentées à la Commission en faveur de cette mesure et, d'autre part, l'impérative nécessité d'éviter toute mesure qui pourrait avoir une incidence négative sur la structure financière du pays[47] ». Les banques se donnent beaucoup de mal pour souligner que la vigueur du système bancaire au Canada est en partie attribuable au fait qu'il a grandi avec le Canada et qu'il « n'a pas fait l'objet d'expérimentation ». Coon met en garde les commissaires « contre les innovations qui relèvent de l'imitation plutôt que de la nécessité ou qui risquent d'affaiblir un système bancaire ayant participé au grand développement de ce pays au cours des cent dernières années[48] ». Son analyse est que le système bancaire canadien fonctionne parce qu'un petit nombre de banques solides avec succursales permet « la grande mobilité des fonds prêtables, une grande expérience de l'utilisation de ces fonds aux fins des banques commerciales et un billet de banque actuellement automatiquement adapté aux exigences du pays[49] ».

Cependant, les banques à charte du Canada se rendent aussi compte que la création d'une banque centrale est une réponse possible à la crise financière qui assaille la région de l'Atlantique Nord. D'ailleurs, le directeur général adjoint de la Banque de Montréal, G. C. Cassels, a fait partie de la délégation canadienne à la Conférence financière internationale tenue à Bruxelles en 1920, qui a recommandé l'établissement d'une banque centrale d'émission, bien que le Canada ne se considère de toute évidence pas lié par les conclusions de la Conférence[50]. Cependant, les banques canadiennes soulignent le fait que même les pays ayant une banque centrale ne peuvent prendre de contre-mesures pour contrôler le boom à l'origine du ralentissement. Bien qu'une banque centrale permette d'élargir la structure du crédit au pays, ce n'est là qu'une solution, et une solution qui exige de la direction et du conseil d'administration les « compétences les plus grandes[51] ».

Les banques font en outre valoir qu'une banque centrale canadienne ne jouera qu'un rôle mineur dans les relations internationales. Son rôle sera également circonscrit par les conditions locales. Les mesures prises par la Banque d'Angleterre et la Sveriges Riksbank (Suède) pour stabiliser les prix des marchandises sont louables, mais elles représentent des réussites exceptionnelles attribuables à la conjoncture locale : dans le cas de l'Angleterre, le contrôle étroit exercé sur les fluctuations du crédit, et dans le cas de la Suède, les opérations sur le marché des changes. Ni l'une ni l'autre des situations ne sera un tant soit peu possible au Canada, car le pays n'a pas de marché monétaire semblable (au sens de la taille et en raison des organisations bancaires de New York et de Londres). Il n'y a aucun établissement au Canada pour les opérations sur le marché libre. Les réserves canadiennes sont maintenues à New York. La solution d'une banque centrale, autrement dit, n'est pas une réponse universelle aux défis économiques nationaux du Canada.

Les banquiers canadiens, selon W. A. Pope, de l'Association des banquiers canadiens (ABC), n'ont « jamais été favorablement accueillis par le public ». Dans un aveu révélateur, Pope laisse entendre que « les banquiers ont acquis une réputation mythique pour leur manque de compréhension ou de sympathie; ils sont censés être sans âme et également sans cerveau. De telles convictions fournissent aux critiques une réserve permanente de munitions pour leurs attaques, mais lorsque, de surcroît, s'écoulent trois années de dépression, il n'est peut-être pas étonnant qu'ils proclament, avec une joie excessive, l'occasion tant attendue de se rendre à Ottawa et d'exposer leur cas au gouvernement[52]. »

L'ABC écrit au premier ministre qu'il n'est « ni souhaitable ni nécessaire d'établir une banque centrale au Canada en ce moment[53] ». Le fonctionnement de la *Loi de trésorerie* est suffisant pour assurer l'exploitation du commerce bancaire canadien sur le plan du crédit, des billets en circulation et le respect de toutes les autres exigences raisonnables. Si l'on accorde à une banque centrale le privilège exclusif d'émettre des billets, prévient l'ABC, « on n'a qu'à mentionner l'effet dévastateur sur l'actuel système bancaire d'un tel changement, si l'on considère l'activité bancaire exercée par les banques à charte dans des régions pionnières du Canada, pour que quiconque connaissant l'exploitation du système bancaire du Canada comprenne[54] ». Comme le montre la figure 12.1, la quantité de billets en circulation des quatre grandes banques à charte est considérable, la Banque de Montréal étant en tête du peloton jusqu'en 1935, et ayant par conséquent le plus à perdre de la disparition du droit d'émettre des billets de banque.

Les banques reconnaissent qu'une banque centrale, dirigée par une personne ayant une excellente réputation et une grande autorité, peut exercer une

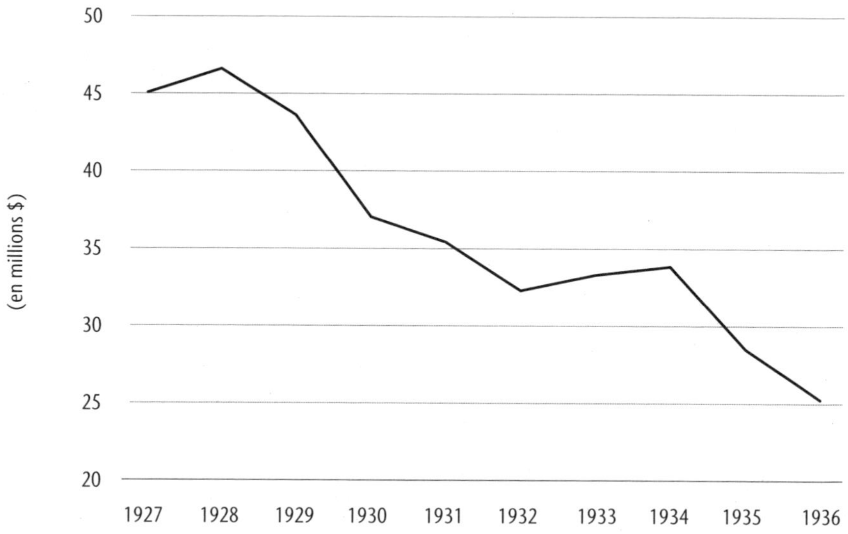

Figure 12.1 | Billets en circulation, Banque de Montréal, 1927-1936
Source : Rapports annuels de la Banque de Montréal, 1927-1936.

pression morale sur le marché. Elle pourra également acheter et vendre des obligations et réaliser des opérations de change, et ajuster le taux exigé sur les avances[55]. Cependant, les instruments seront « quelque peu rudimentaires » et il faudra se montrer « visionnaire » pour espérer qu'une banque centrale canadienne, peu importe à quel point elle est avisée ou solide, soit en mesure d'imposer sa volonté simplement en utilisant les moyens à sa disposition[56]. Les avantages, en outre, seront « chèrement payés » s'ils ont pour effet d'affaiblir la structure bancaire en place ou font en sorte que les banques commerciales peuvent seulement assurer au public un service bancaire moins bon qu'auparavant[57].

L'or et les billets n'augurent rien de bon

Pour les banques canadiennes, l'idée d'une banque centrale présente deux aspects troublants. Le premier est la question du « droit exclusif d'émettre des billets », privant les banques commerciales de leur privilège à cet égard. Le privilège d'émettre des billets permet aux banques de demeurer dans les petites collectivités, et une émission de billets centrale unique, au lieu d'une monnaie peu dispendieuse que les banques fournissent à l'heure actuelle, rendra le maintien de toutes ces succursales trop onéreux. Le profit en souffrira également[58]. Un membre de l'ABC dit au premier ministre que le coût de la perte du privilège d'émission pourra s'élever à pas moins de 40 millions $[59]. Le second aspect troublant du projet de banque centrale n'est pas aussi grave mais tout de même important : les banques s'opposent à l'obligation qui leur sera imposée de conserver en tout temps une réserve couvrant leur passif à la banque centrale.

Néanmoins, malgré toutes leurs objections soulevées méticuleusement, les banques se rendent également compte que les jeux sont faits : la tendance est à la création d'une banque centrale. En conséquence, elles tentent de s'assurer que cet établissement ne sera pas influencé par des considérations politiques et qu'il usera davantage de persuasion que les instruments à la disposition des banques à charte pour contrôler le marché intérieur. « Il nous faut insister avec tout le sérieux dont nous pouvons faire preuve, souligne H. J. Coon, sur l'importance capitale de l'expérience, de l'administration intelligente et conservatrice de tout établissement central pouvant être établi. Une banque centrale ne peut pas valoir mieux que l'homme qui l'administre ». Si tel est le cas, « nous pouvons espérer conserver les avantages du régime actuel, sans les inconvénients manifestes des systèmes de crédit centralisés d'autres pays[60] ». Cela mettra l'éventuelle Banque du Canada dans l'esprit et l'attitude du système bancaire canadien comme il fonctionne depuis longtemps, avec succès.

Les banques et les commissaires derrière des portes closes : les séances privées

Une séance privée de la Commission royale avec les banques canadiennes, tenue le 8 août 1933, donne un aperçu révélateur des points de vue différents des commissaires britanniques et des banquiers canadiens. Un échange entre Lord Macmillan et le directeur général de la Banque de Montréal, Jackson Dodds, est particulièrement révélateur. Au sujet du pouvoir de la banque centrale de prendre des mesures coordonnées, Macmillan fait l'éloge de la Banque d'Angleterre pour sa capacité à exercer des pressions afin de contrôler la position du pays à l'égard du crédit. « Rien n'est comparable à cela ici? », demande-t-il[61].

> M. DODDS : Non. Nous avons plutôt eu peur, après ce que nous avons vu de l'autre côté de la frontière, d'adopter une telle mesure parce que nous ne croyons pas qu'elle a connu beaucoup de succès.
> LE PRÉSIDENT : Les conditions qui prévalent ici ressemblent tellement plus aux conditions qui prévalent en Angleterre à cet égard, vous avez un groupe de grandes banques commerciales, dix banques, qui exercent des activités bancaires générales [...][62].

Les divergences entre les commissaires canadiens et britanniques concernent surtout la manière d'élaborer la politique. La Banque d'Angleterre exerce ses pouvoirs par la persuasion et l'influence, la consultation directe et l'augmentation ou la réduction du taux d'intérêt[63]. Sir Charles Addis explique que, « lorsque la politique générale est indiquée [...] on demande aux banques de rendre leurs opérations conformes à cette politique générale dans la mesure du possible ». S. H. Logan, de la Banque Canadienne de Commerce, explique à son tour que le système canadien repose sur l'accès direct au ministre et au premier ministre. « Une chose est très importante à notre avis, et c'est que nous relevons directement du premier ministre et du ministre des Finances [...] et en cas de crise [...] nous pouvons venir ici et nous assoir à la table avec le ministre des Finances et le premier ministre et nous pouvons prendre une décision rapidement. J'ai toujours pensé que c'est très important du point de vue de la sécurité du pays tout entier et de la position des banques elles-mêmes[64]. » Lorsqu'on demande aux banques de prêter au gouvernement ou d'emprunter en vertu de la *Loi de trésorerie,* elles s'y conforment volontiers. Lorsque Macmillan laisse entendre que cela pourrait être perçu comme de l'influence politique, les banquiers canadiens répondent qu'ils n'ont jamais considéré les transactions comme politiques. Logan, de la Banque de Commerce, fait valoir que, « si un gouvernement veut passer par-dessus la tête des banques, il le fera. Cela s'appliquera à la Banque d'Angleterre. » Macmillan répond que les banques centrales doivent exister pour freiner les gouvernements irresponsables. « Évidemment, chaque gouvernement peut proposer des expérimentations. *Il s'agit de l'exercice d'un contrôle par le pouvoir exécutif sur elles*[65]» [c'est nous qui soulignons]. Cette déclaration est tout à fait conforme à la pensée contemporaine quant au rôle du technocrate dans l'application des politiques publiques. Cependant, les banquiers canadiens, de leur côté, respectent le milieu politique, peut-être parce qu'ils sont généralement habitués de faire à leur tête, au moins jusqu'aux années 1920.

L'autre question qui divise les commissaires britanniques et les banquiers canadiens est celle d'un marché monétaire. Londres, évidemment, contrôle le « flux mondial des rentrées et des débours » tandis que le Canada n'a absolument pas ce flux et, de l'avis des banques canadiennes, n'a donc pas besoin d'un établissement bancaire central. Macmillan laisse entendre qu'« on ne peut avoir [un marché monétaire] sans une certaine méthode bancaire centrale, et on ne peut exploiter une banque centrale autrement que par l'intermédiaire d'un marché monétaire ». Dodds rétorque qu'« il s'en faut de nombreuses années encore[66] ». Il indique en outre avec raison que le « système de réserve fédéral ne s'est pas révélé meilleur que le nôtre [...] Nous préférerons de beaucoup nous servir de notre propre jugement plutôt que de recevoir l'opinion toute faite d'une banque fédérale de réserve comme celle de l'autre côté de la frontière[67]. »

Une discussion franche s'ensuit à propos des différences entre le système bancaire canadien et britannique. Les banquiers canadiens signalent les mises en garde qu'ils ont formulées à la fin de 1928 et en 1929 concernant la surchauffe de la spéculation sur le marché, et en particulier le fait que la plupart des banques n'ont pas prêté d'argent pour acheter des actions tout au long de 1929, « parce que nous avions prévu ce qui risquait d'arriver[68] ». Le fait étonnant est, selon Logan, que « toutes les banques le long de la frontière, de Buffalo jusqu'aux États de la Nouvelle-Angleterre[,] prêtaient de l'argent pour des titres canadiens[69] ».

Jackson Dodds formule la question d'une banque centrale comme suit :

> M. DODDS : Il nous faudra vous démontrer ou tenter de vous démontrer que, en ce qui concerne ce pays, nous croyons avoir tout avantage à ne pas avoir de banque centrale. En réalité, nous espérons vous démontrer qu'il vaut mieux de ne pas avoir de banque centrale, que nous nous en sommes très bien tirés sans et que ce n'est pas le bon moment. Par contre, vous pouvez avoir rassemblé au cours de vos voyages tellement de témoignages que vous arriverez à la conclusion qu'il faut quelque chose de différent. Je ne dis pas que nous n'en voulons toujours pas, mais je dis que nous devrons produire ce que vous voudrez lorsque vous reviendrez et tenterez de mettre en place un débit et un crédit bien à vous.
>
> LE PRÉSIDENT : C'est seulement ce que j'avais en tête.[70]

Concernant la question de l'émission des billets, les banquiers préviennent qu'un monopole d'État sur l'émission des billets entraînera la fermeture de nombreuses petites banques. Dodds présume que plusieurs succursales ont moins de 6 000 $ à leur disposition. Logan laisse entendre qu'il en coûtera à chacune des grandes banques environ 750 000 $ par année « si nous avons à acheter les billets des autres au lieu des nôtres dans nos diverses succursales[71] ». Le privilège d'émettre des billets est l'une des raisons pour lesquelles les banques canadiennes peuvent exercer des activités bancaires dans l'Ouest, « dans la mesure où nous l'avons fait », ajoute J. M. McLeod, de la Banque de Nouvelle-Écosse[72]. « Il y aura certainement [...] des fermetures de succursales devenues déficitaires, explique Dodds. Si certaines personnes dans certaines régions du Canada savaient que nous avons perdu autant d'argent dans cette région en particulier du pays, elles ne seraient peut-être pas aussi critiques[73]. »

En réalité, les banques ont déjà commencé à fermer un certain nombre de succursales dans l'Ouest, suscitant de fortes protestations dans les régions rurales de l'Alberta ainsi qu'un flot constant de télégrammes au premier ministre[74]. En fin de compte, cependant, l'argument qui l'emporte est avancé par W. C. Clark, le sous-ministre des Finances, qui dit à la Commission que le contrôle de la monnaie et du crédit sera, si on ne s'en occupe pas, « entièrement entre les mains d'intérêts privés. Personnellement, je préférerais qu'une partie indépendante, non motivée par la recherche de profits, assume cette fonction particulière[75]. » Clark est d'avis que l'absence d'une banque centrale canadienne est non seulement embarrassante, mais soulève aussi des questions quant à la pertinence d'avoir un organe politique chargé d'administrer la *Loi de trésorerie*. Avec une banque centrale indépendante, ces préoccupations seraient dissipées[76].

La stratégie de relations publiques des banques

Après cette séance privée, l'ABC, sentant dans quelle direction souffle le vent, se met au travail pour établir sa stratégie de relations publiques. E. A. Peacock transmet une note de service préparée par G. E. Jackson, le conseiller économique de l'Association, à la Banque d'Angleterre en septembre 1933, où l'on voit que les banques ont compris l'inévitabilité de la création d'une banque centrale, que cela leur plaise ou non. Par conséquent, afin d'obtenir les meilleurs conditions pour les banques à charte, les banques elles-mêmes, fait valoir Jackson, doivent établir leur propre vision d'une banque centrale[77].

La note de service de l'ABC présente une stratégie pour les banques canadiennes, qu'on peut résumer comme suit :

1. Les audiences de la Commission déboucheront probablement sur la création d'une banque centrale, « quel que soit le point de vue que nous adoptions ».
2. Les banques doivent veiller à suivre la tradition britannique.
3. « Prendre l'initiative » de créer une « banque centrale privée comme la Banque d'Angleterre, et non une banque centrale officielle comme celles des États-Unis ».
4. Intervenir le moins possible dans la rédaction du projet de loi.
5. S'assurer que les réserves d'or et le dépôt de sécurité pour les billets en circulation demeurent entre les mains des banques à charte; que la banque centrale assume les fonctions de receveur général et les fonctions de chambre de compensation[78]; que la représentation de la banque centrale ne repose pas sur la politique ou le territoire; que les exigences relatives aux réserves soient abolies; et que les privilèges d'émettre des billets soient maintenus[79].

R. N. Kershaw, de la Banque d'Angleterre, fait observer que la stratégie des banques canadiennes ne sera « probablement pas accueillie très favorablement par la Commission[80] ». Pourtant, la stratégie de l'ABC reconnaît certaines réalités politiques, dont le courant au Parlement et au pays en faveur de l'établissement d'une banque centrale n'est pas la moindre. Il existe, en outre, un « très fort courant d'opinion non partisane » en faveur de l'idée, qui est suffisamment répandu pour « obtenir la reconnaissance » tôt ou tard à Ottawa. G. E. Jackson admet que la situation n'est pas « satisfaisante à tous les points de vue[81] ». Tout en reconnaissant qu'un ou deux pays ayant une banque centrale ont « récemment fait la preuve de leur capacité *dans les circonstances actuelles* [italique présent dans l'original] à stabiliser leurs propres prix intérieurs dans des limites très strictes », il fait observer que « ce pouvoir est exercé principalement par la manipulation de la valeur de la monnaie concernée sur les marchés des changes, à une époque de grande confusion[82] ».

Deux grandes menaces pèsent sur les banques à charte. La première est la perte des réserves d'or par la contrainte (c'est-à-dire, la vente des réserves à une banque centrale). Les stocks d'or des banques à charte avoisinent les 40 millions $. Les banques craignent, avec assez d'intuition, que leurs établissements soient contraints de vendre leur or à un taux hors marché. D'autres feront plus tard valoir que le profit sur l'or est « fortuit et le résultat d'une situation nationale et internationale pour laquelle les banques n'ont aucune raison de s'attendre à un profit[83] ». La seconde menace, encore plus grande, tel qu'expliqué précédemment, est la perte du droit d'émettre des billets de banque. L'enjeu est considérable : ensemble, les banques vont perdre 1,5 million $ en profits bancaires annuels.

Entre-temps, les banques conviennent qu'il ne sera pas souhaitable d'adopter une position d'opposition absolue à l'égard du projet de banque centrale. Si une banque centrale est établie « conformément aux meilleures *traditions bancaires britanniques* et conformément aux *besoins propres au Canada*, elles pourront au moins la juger acceptable, même si elles ne sont pas disposées à l'accueillir avec enthousiasme » [italique présent dans l'original][84]. Une telle banque centrale doit être exempte de contrôle politique et doit appartenir à des intérêts privés, et non être un organe de l'État.

Les directeurs de la Banque d'Angleterre accueillent chaleureusement le document de stratégie de l'ABC. J. A. C. Osborne, qui deviendra plus tard le sous-gouverneur de la Banque du Canada, fait remarquer à E. R. Peacock, en octobre 1933, qu'il est très satisfaisant de « constater comment l'opposition des banques commerciales à l'établissement d'une banque centrale s'est affaiblie, même au point qu'elles proposent d'en établir une elles-mêmes [...] Il ne fait aucun doute que les profits inattendus reviennent aux gens qui apprécient le moins de se résigner, mais le profit (ou la perte) sur les stocks d'or de la banque commerciale sera sans aucun doute pour le compte de l'État, et non pour celui de la banque centrale[85]. »

Parallèlement, Lord Macmillan exerce activement des pressions sur le chef de l'opposition libérale, Mackenzie King, quant à la nécessité d'une banque centrale et l'exhorte à aller encore plus loin et à souscrire à l'idée d'une banque centrale avec un unique actionnaire, le gouvernement : « Vous devez être audacieux et avoir recours à une politique centralisatrice qui consolidera les finances nationales[86]. » Il admet cependant que les mesures prises par les banques au début des années 1930 sur le marché international ont permis de maintenir la stabilité des changes étrangers. Il s'agit d'un service essentiel pour le crédit sur le territoire du Dominion, parce que le Canada est un pays débiteur et que les fluctuations du change nuisent à son crédit et « exercent une influence aléatoire et perturbatrice », surtout sur les établissements qui doivent payer des intérêts[87] ». La politique des banques canadiennes, « bien qu'elle ne vise pas principalement cette fin », a eu pour effet d'accumuler à l'étranger les produits de balances commerciales favorables (visibles et invisibles).

Le jeu d'échecs de la vieille dame

L'un des aspects les plus extraordinaires des événements ayant mené à la création de la Banque du Canada est la participation importante et énergique de la Banque d'Angleterre. Non seulement Lord Macmillan et sir Charles Addis militent-ils activement en faveur de l'idée d'une banque centrale, mais ils demeurent également en étroite relation avec les hauts dirigeants de la BE quant à la stratégie et aux tactiques pendant et après les audiences de la Commission. J. L. Fisher signale le 13 août 1933 que les banquiers canadiens siégeant à la Commission sont dans l'ensemble « faciles à vivre », bien que pour certains, les arbres cachent la forêt. Parlant de Beaudry Leman de la Banque Nationale, Fisher laisse entendre qu'il est « en faveur d'une autorité de contrôle, mais d'avis qu'une véritable banque centrale n'est pourtant ni possible ni souhaitable[88] » et que son exploitation s'avérera trop dispendieuse (un coût que les banquiers devront assumer)[89]. On dit de sir Thomas White qu'il vit encore « en partie à l'époque de sa fonction en tant que ministre des Finances » pendant la guerre et qu'il « passe d'une opinion à l'autre ». Et encore : « On n'en parle pas à sir Thomas White, on l'écoute seulement alors qu'il continue avec beaucoup de courtoisie et se répète avec beaucoup d'habileté[90] ». En revanche, J. L. Brownlee est un personnage sympathique et simple qui « sera sans réserve en faveur d'une banque centrale[91] ». Brownlee est d'avis, cependant, que la situation est

« plus difficile qu'il l'a au départ envisagé concernant l'opposition des banquiers[92] ». Peu importe le résultat, Fisher signale qu'« il y aura une banque de premier ordre pour l'émission des billets et l'or; les capitaux et le conseil constituent deux autres points difficiles[93] ».

On rapporte que le commissaire en chef, Lord Macmillan, est en faveur d'une autorité centrale intermédiaire qui deviendra éventuellement une banque centrale, car il est « peu probable qu'une banque centrale pleinement opérationnelle soit possible sur le plan politique, surtout si elle doit avoir un capital générant des dividendes. Il faut encore user de beaucoup de persuasion[94]. » Fisher implore Kershaw, de la Banque d'Angleterre, de se rendre au Canada pour convaincre la Commission sur la question de la banque centrale. Il y a « beaucoup d'appuis » pendant les audiences concernant une banque centrale, mais « beaucoup d'idées fausses » à propos de ses fonctions[95].

Les conclusions de la Commission royale

La Commission royale présente ses conclusions en septembre 1933. Sa première recommandation, la plus urgente, est également celle qui divise le plus : dans une proportion de trois contre deux, les commissaires réclament « l'établissement immédiat d'une banque centrale au Canada ». Les deux commissaires britanniques, Lord Macmillan et sir Charles Addis, sont fortement en faveur, tout comme J. L. Brownlee. Sir Thomas White et Beaudry Leman s'y opposent.

La Commission « tient à louer » le système bancaire canadien pour sa « sécurité, son efficacité et sa commodité[96] ». Pourtant, la banque centrale est la recommandation principale et centrale, pour ne pas dire une question déjà réglée. L'absence d'une autorité bancaire unique pour réglementer la masse de la circulation monétaire et du crédit, pour maintenir la stabilité externe de la monnaie et pour donner des avis impartiaux et éclairés met en évidence la nécessité d'une banque centrale. Les commissaires invoquent également les trois grandes conférences monétaires internationales tenues après la Grande Guerre qui ont fait ressortir la nécessité des banques centrales, la plus récente étant la Conférence monétaire et économique mondiale de 1933[97]. À la majorité, la Commission fait valoir qu'une banque centrale est l'aboutissement logique de tout État moderne évoluant dans un contexte impérial et international. L'Afrique du Sud et l'Australie ont une banque centrale; l'Inde et la Nouvelle-Zélande y travaillent. La *Loi de trésorerie* du Canada n'est pas un instrument suffisant pour contrôler une banque centrale. De là la proposition de l'ABC d'un « conseil d'administration » pour s'occuper des questions touchant la banque centrale. Une banque centrale pourra ne pas remplir toutes les attentes dans l'esprit du public, mais elle permettra au « système sous-développé et anormal » d'assurer un contrôle plus rationnel et unifié de la structure du crédit au pays. Une banque centrale fournira également un bon instrument pour l'application de la politique nationale[98].

Les dissidents, Leman et White, s'opposent à l'établissement de la banque en raison de l'ingérence politique possible et de l'époque. De plus, White fait valoir qu'une banque centrale nuira à « l'intervention sans restriction du gouvernement », plutôt que d'y contribuer, alors que cette dernière est nécessaire[99]. Il laisse en outre entendre que la *Loi de trésorerie* est un instrument de politique financière suffisant et n'indisposera pas la machine financière du pays. Une banque centrale, en ces temps économiques difficiles, sera dirigée « par un conseil d'administration forcément inexpérimenté et indépendant, revêtu du pouvoir de contrôler la monnaie, le crédit et les émissions de valeurs », alors que le gouvernement du Dominion nécessite tout le pouvoir et l'ensemble des ressources à sa disposition pour faire face à l'urgence économique[100]. White ne sait pas non plus que faire des conclusions des conférences internationales. « L'histoire ne rapporte rien de plus tragiquement futile que les délibérations et résolutions de ces trop nombreuses assemblées, à partir du Traité de Versailles jusqu'à nos jours[101]. »

La banque que propose la Commission s'apparente à une société contrôlée par des actionnaires et gérée par un conseil d'administration, un gouverneur et des subalternes. Les administrateurs seront choisis parmi des « hommes de métiers divers » (et non les banquiers), parallèlement à d'autres compétences. La banque aura le droit exclusif d'émettre des billets, de verser des dividendes limités, de gérer la dette publique, de s'occuper de l'achat et de la vente de l'or, et ainsi de suite.

Les répercussions

La BE est, avant tout, satisfaite de la recommandation de la majorité d'une banque centrale[102]. La dissidence de White est décrite comme « inadéquate et anachronique[103] ». Le Haut-commissariat de Grande-Bretagne à Ottawa signale en novembre 1933 que la proposition de banque centrale suscite le plus grand intérêt, mais il mentionne également la nature évasive de la presse conservatrice de Toronto à l'égard de la proposition et l'attitude plus ouvertement négative des journaux de Montréal. En particulier, le *Montreal Gazette* et le *Financial Post*, influencés par la Banque de Montréal, sont « franchement hostiles à l'établissement d'une banque centrale et expriment avec véhémence les appréhensions du milieu bancaire[104] ».

La demande est forte pour le rapport de la Commission Macmillan à Londres, le Haut-commissariat du Canada réclamant de nombreux exemplaires[105]. En revanche, le Parti libéral du Canada s'est engagé à l'égard d'une banque centrale, mais la presse libérale ne peut « pas être décrite comme enthousiaste face au rapport de la Commission royale[106] ». Daniel Dafoe, du *Winnipeg Free Press,* se dit favorable, et plus on va à gauche et vers l'Ouest, plus l'idée trouve des appuis. Certains des organes plus radicaux au pays suggèrent que le gouvernement doit détenir la banque d'emblée. D'autres sources, cependant, sont « remplies d'appréhensions » à l'idée que la banque centrale proposée devienne complice de la Banque d'Angleterre et surtout de son infâme gouverneur, sir Montagu Norman. Des sources comme le *Financial Post* prétendent sans équivoque que le lien britannique suppose de mettre le Canada sous l'emprise de la rue Threadneedle[107].

En effet, une des controverses qui ressortira aux audiences du comité parlementaire sur le projet de loi concerne le choix d'un gouverneur anglais pour la Banque du Canada. « La nouvelle banque centrale du Canada n'appartiendra pas au gouvernement canadien », lance le *New York Times* en mai 1934, « et apparemment son gouverneur sera un Anglais[108] ». Bennett s'oppose vigoureusement à la conclusion des libéraux que la nouvelle banque sera contrôlée par la Banque d'Angleterre. En réalité, lorsqu'il consulte le gouverneur de la BE, sir Montagu Norman, à ce sujet, le gouverneur dit « craindre de donner le moindre conseil, tout comme il appréhende que ce soit perçu comme supposant une ingérence de la Banque d'Angleterre[109] ». La Banque d'Angleterre ayant beaucoup tiré de ficelles au Canada concernant la question bancaire, le commentaire de Norman est à couper le souffle pour son effronterie flagrante. Les banques canadiennes sont aussi sévèrement critiquées pendant les audiences du comité parlementaire. L'une des principales accusations est qu'elles ont « gardé la tête hors de l'eau » en poussant l'industrie canadienne « dans les bas-fonds ». L'allégation est que les banques se sont effondrées « rapidement et cruellement », ruinant les prix puis récoltant les fruits. On dit en outre que les banques contrôlent la plus grande partie de l'industrie canadienne par l'entrecroisement des conseils d'administration[110].

L'étape législative

Le 22 février 1934, le gouvernement Bennett présente un projet de loi visant à créer la Banque du Canada, suivant à presque tous les égards les recommandations de Lord Macmillan. Le gouvernement Bennett a fait beaucoup de chemin depuis sa réticence à proposer une telle mesure, mettant d'abord sur pied la

Commission royale et établissant maintenant un plan concret pour une banque centrale[111]. La conversion de Damas n'échappe pas à l'attention de l'astucieux Mackenzie King, qui décide que le mérite, pour ainsi dire, de la création de l'établissement ne reviendra pas à Bennett[112]. « Je suis prêt à laisser le premier ministre lui-même faire connaître clairement sa propre paternité de l'idée. Ce que j'aimerais cependant mentionner encore une fois, et avec insistance », annonce King à la Chambre des communes, « c'est le fait que le premier ministre, s'il avait en tête de septembre 1931 jusqu'au moment de la Conférence mondiale d'établir une banque centrale au Canada[,] n'a pas fait connaître ce point de vue à cette Chambre lorsqu'elle a discuté de la question[113] ».

Le projet de loi sur la Banque du Canada[114] est à certains égards un compromis entre les idées des partisans de la banque centrale au sein du gouvernement canadien et de la Banque d'Angleterre, d'une part, et celles des banquiers canadiens, d'autre part. Le sous-ministre des Finances, W. C. Clark, consulte très attentivement ses homologues de la Banque d'Angleterre[115], qui proposent plusieurs amendements au cours de l'hiver 1934 quant au libellé et à des questions de fond comme le pouvoir de consentir des avances, la concurrence avec les banques à charte, l'endettement à l'étranger, l'émission des billets sur le territoire du Dominion et les titres[116]. R. M. Kershaw, le conseiller économique en chef de la Banque d'Angleterre, exhorte aussi Clark et les mandarins d'Ottawa à garder leur calme et à passer outre aux objections des banques, si la « Banque du Canada doit atteindre les importants objectifs énoncés dans le Préambule[117] ». Le Comité spécial permanent des banques et du commerce se réunit tout au long de l'hiver et du printemps 1934 et entend un large éventail de témoignages sur l'attitude à prendre à l'égard des banques à charte, l'entrecroisement des conseils d'administration dans le secteur bancaire, la politique des banques pendant la Dépression et même les relations des banques avec le Canadien Pacifique[118].

La banque aura son siège à Ottawa, un capital de 5 millions de dollars, appartiendra à des intérêts privés et émettra des actions d'une valeur nominale de cent dollars avec un dividende cumulatif de six pour cent par année. Elle aura aussi le pouvoir d'établir des succursales et des agences dans tout le Dominion[119]. La banque deviendra la réserve exclusive pour l'or, offrira une fonction de réescompte et donnera aux banques à charte accès au crédit (comme dans la *Loi de trésorerie*). Les banques à charte devront conserver des dépôts auprès de la banque centrale équivalant à cinq pour cent du passif-dépôts au Canada.

La banque aura sept administrateurs, qui seront des sujets britanniques et non des députés (fédéraux ou provinciaux). Fait important, le ministre des Finances, Edgar N. Rhodes, fait observer que la banque centrale ne doit « pas être considérée comme une rupture avec le passé [...] Nous n'abandonnons pas le système qui nous a si bien servis. La banque centrale doit plutôt être perçue comme une autre étape dans l'évolution naturelle de notre système bancaire[120]. »

L'Association des banquiers canadiens reste stratégiquement muette quant à de nombreux aspects du projet de loi, à une exception près : le transfert de l'or à la banque centrale. Le projet de loi du gouvernement ordonne aux banques à charte de remettre l'or à un prix réduit par rapport à la prime. S'exprimant au nom de l'ABC, le directeur général de la Banque Canadienne de Commerce, S. H. Logan, fait valoir qu'il est « extrêmement injuste » que tous reçoivent la prime et que les banques, en revanche, reçoivent seulement quatre septièmes de la valeur marchande, « parce que l'or se trouve à être en pièces ». Logan laisse entendre que le « simple citoyen » estimera qu'il s'agit d'une « confiscation injuste et injustifiée[121] ». Les banques, affirme-t-il, seront exposées à des pertes de change, car elles ne pourront pas se protéger dans une situation où l'or a été vendu à un prix très réduit et les primes de la livre sterling s'élèveront jusqu'à trente pour cent.

Le chef de l'opposition officielle, William Lyon Mackenzie King, préconise fortement l'établissement d'une banque centrale afin de contrôler le crédit et de relever les défis particuliers que pose la Dépression[122]. Dès 1932, King et ses principaux conseillers – Daniel Dafoe, Vincent Massey et Ernest Lapointe – se sont tous accordés sur l'idée qu'une banque d'escompte centrale nationale est nécessaire pour « obtenir un faible taux d'intérêt sur les titres, du crédit disponible à un faible taux d'intérêt sur les titres, du crédit disponible à un faible taux d'intérêt, comme à la Banque d'Angleterre[123] ». On trouve une banque centrale dans « pratiquement tous les pays ayant une certaine importance financière[124] ». Le point de vue libéral changera quelque peu, mais seulement dans les détails. Au départ, il y a également l'idée de laisser de côté la question de l'émission des billets; celle-ci ne sera pas un droit exclusif de la Banque du Canada proposée dans les premières versions[125]. Dès 1932, King réclame la création d'une commission d'enquête sur le système bancaire et le régime monétaire et tout en soulignant la nécessité d'une banque centrale[126]. Le député libéral N. M. Rogers espère que King se penchera sur la question au cours de la prochaine élection partielle dans South Huron[127]. En février 1933, King souligne avec satisfaction que « l'idée d'une banque centrale semble offrir le point de convergence des nombreux points de vue [au sein du caucus concernant la monnaie, le crédit et le système bancaire][128] ».

La position libérale au sujet de la banque donne lieu à beaucoup de dissidence interne. Il se forme un net clivage entre l'Est et l'Ouest au sein du caucus libéral, les progressistes de l'Ouest réclamant une mesure vigoureuse à ce sujet, ceux de l'Est étant beaucoup plus circonspects quant à la « socialisation » du système bancaire. Le chef de l'aile gauche du parti, Ian Mackenzie, a, pour reprendre les propos d'un observateur, « accepté toutes les hérésies monétaires qui se sont présentées jusqu'ici et il ne fait aucun doute qu'il est prêt à en accueillir d'autres qui seront portées à sa connaissance[129] ». Mackenzie sera l'auteur de quelques amendements au projet de loi sur la Banque du Canada qui témoignent, pour reprendre les propos du *New York Times*, « d'opinions monétaires évoluées ». De l'autre côté, des libéraux de droite ne veulent rien savoir d'une banque centrale contrôlée par l'État. Le premier ministre Bennett profite d'un discours prononcé devant le Congrès du travail du Canada (partisan de la nationalisation) pour déclarer : « Lorsque je me rendrai compte de ce que pourra signifier de donner à la Banque du Canada une organisation politique, je ne pourrai pas le faire et ne le ferai pas[130]. »

Le journal personnel de King révèle l'ampleur de la dissidence au sein du caucus libéral. Le 1er mars 1934, ce dernier rapporte que « les députés se sont prononcés les uns après les autres en faveur d'une banque *appartenant* au gouvernement et contrôlée par le gouvernement, une banque de propriété publique. Plusieurs députés, notamment Charlie Stewart Euler et d'autres, ont affirmé que rien ne les empêcherait d'être en faveur des deux, chacun ayant sa façon de s'exprimer. » King écrit que « j'ai dû me retirer avec audace, d'abord quant à la politique de la chose, l'absurdité d'imaginer que ce serait la question en jeu dans une campagne... mais [plutôt] oubliée (un fait accompli), sauf pour nos amendements concernant le contrôle ». La propriété et le contrôle du gouvernement signifieront un « prélude à la présence du gouvernement *dans les affaires*[131] » [italique présent dans l'original]. King dit aussi au caucus qu'il ne peut « pas appuyer l'étatisation de la banque, sachant ce que cela signifiera au chapitre des pressions exercées par les députés et les provinces sur les gouvernements, etc. ». Le parti a le devoir de se souvenir à quel point le système bancaire est bon, et de prendre garde au danger « d'effrayer le capital, l'épargne, etc. ». King rapporte qu'il rallie la majorité du caucus, même si « Euler a méchamment tenté de donner l'impression que je l'ai expulsé du parti », parce que « j'ai dit que ceux qui sont en faveur du socialisme d'État doivent rejoindre les rangs de la C.C.F. J'ai dit que notre position se situe à mi-chemin, sans laisser place aux conservateurs ou aux socialistes d'État. » King admet qu'il déteste « combattre [ses] propres hommes, mais les hommes eux-mêmes semblent la plupart du temps y prendre goût et sentir la vérité de ce que je disais[132] ». Trois semaines plus tard, King revient sur sa position quant à la pertinence de la propriété privée. La conversion survient en lien avec la question du pouvoir de la banque centrale. L'idée qu'une banque centrale aura le droit exclusif d'émettre des billets et toutes les réserves d'or et demeurera de propriété privée est insoutenable. « C'est une chose de maintenir des établissements privés à des fins privées[;] une autre de se départir de la propriété publique au profit d'intérêts privés sans un contrôle public prédominant[133]. »

Dans les Débats de la Chambre des communes au sujet de la banque centrale au milieu de l'année 1934, la position libérale se précise, avec des motions visant à nationaliser la banque et également à réserver ses trois principaux postes à des Canadiens qualifiés. « Cette banque sera-t-elle administrée dans l'intérêt de ce pays ou sera-t-elle dominée par la Banque d'Angleterre? », demande le député Maxime Raymond[134]. Le premier ministre Bennett répond que les banquiers canadiens eux-mêmes sont d'avis que « aucun d'entre eux n'est en mesure de prendre le contrôle d'une banque centrale[135] ». Pour les libéraux, la question se résume à la souveraineté du Parlement, à la suprématie du « pouvoir politique » représenté par le gouvernement par rapport au « pouvoir de l'argent » représenté par la banque centrale[136].

Des éléments de la gauche agricole travailliste se rallient au chef de la CCF, James S. Woodsworth, qui dénonce les banques et qualifie le débat sur le projet de loi sur la Banque du Canada de « dernière bataille pour la démocratie ». On laisse passer aux mains d'une poignée la « souveraineté du crédit ». Plus précisément, Herbert Holt, de la Banque Royale, sir Charles Gordon, de la Banque de Montréal, et W. A. Black, de la Banque de Commerce, détiennent en tout 9,6 millions $ en actions bancaires. L'oligarchie financière canadienne doit être dépouillée de son pouvoir de « déterminer concrètement le pouvoir d'achat du dollar et déterminer concrètement le niveau des prix, car tous deux constituent des fonctions trop importantes dans l'économie pour être confiées à des particuliers[137] ».

Les discours des membres de la gauche deviennent si enflammés que les libéraux, ravalant leurs propres réserves, offrent aux conservateurs au pouvoir leur aide pour assurer l'adoption rapide du projet de loi, prenant davantage publiquement les devants quant à la question de la propriété totale que doit avoir le gouvernement de la banque et de la nationalisation et la socialisation de la fonction du crédit[138]. Le projet de loi est adopté à l'automne 1934 avec plusieurs amendements et entre en vigueur le 1er janvier 1935. Le message du nouvel an de Bennett qualifie l'établissement de la Banque du Canada (BC) de « réalisation d'un rêve d'avant la Confédération qui aura de profondes répercussions sur la mécanique des finances[139] ». Il s'agit d'un rêve pour les uns, d'un cauchemar ou d'un travail inachevé pour les autres.

Les amendements au projet de loi en comprennent certains qui atténuent quelque peu les effets sur les banques à charte en éliminant progressivement leurs billets sur une décennie[140]. D'autres amendements sont plus préoccupants au chapitre de la réduction des quotas des réserves (une mesure visant deux ou trois petites banques)[141]. Le projet de loi définitif plaît néanmoins aux banques, car il façonne le nouvel établissement comme une société privée avec un capital de 5 millions $ pour souscription populaire assorti d'un rendement de 4,5 pour cent[142]. Le conseil d'administration doit être élu par les sept actionnaires.

La Banque du Canada s'emparera de tout le stock d'or des banques à charte. Ses responsabilités seront axées sur la réglementation du crédit intérieur et des opérations de change et viseront à « atténuer les fluctuations dans l'emploi et les prix du commerce ». La Banque aura le droit exclusif d'émettre des billets, mais seulement après une période de transition de dix ans. Entretemps, cependant, les banques doivent commencer à se conformer aux nouvelles dimensions des billets imposées par la BC[143].

En septembre 1934, Graham F. Towers, le directeur général adjoint de la Banque Royale du Canada, est nommé gouverneur de la Banque du Canada. Towers est un diplômé de McGill et un banquier de la Banque Royale depuis 1920, au début de sa carrière (il a trente-sept ans)[144]. La nomination d'un Canadien hautement qualifié contribue à apaiser la crainte que la « mère patrie pourrait diriger les finances du Dominion[145] », une crainte qui, en rétrospective, n'est pas sans véritable fondement. Le dirigeant de la Banque d'Angleterre J. A. C. Osborne est nommé sous-gouverneur.

L'élection des administrateurs

Les administrateurs du premier conseil de la BC sont élus en janvier 1935 parmi diverses catégories établies de métiers, principalement dans l'industrie, le commerce et autres[146]. Au total, soixante-neuf personnes sont nommées, dont une femme, la femme du sénateur James Murdock[147]. La presse souligne que la « liste des administrateurs proposée par la Chambre de commerce a été adoptée, car chaque administrateur élu y figure ». Thomas Bradshaw est nommé directeur général[148].

King qualifie l'élection des administrateurs de scandale. La « Chambre de commerce du Canada, où se concentrent les affaires et la finance, et dont le siège est situé à Montréal, a établi une liste de candidats, l'a diffusée dans tout le pays et a mené une campagne électorale par voie de lettre et dans la presse. Aucun autre candidat n'était en lice. Chaque administrateur élu a été choisi par un groupe d'hommes de la finance de Montréal et est redevable à ce groupe pour l'honneur, la gloire et les émoluments dont s'accompagne la fonction[149] ».

La Banque du Canada ouvre ses portes le 11 mars 1935[150], avec un actif total de 225 millions $ en or et en titres et un passif du même montant. Le taux d'escompte se situera autour de 2,5 pour cent. « Que peut faire de plus une banque centrale que le système bancaire lui-même n'a pas fait? », demande une maison obligataire de Toronto. « On laisse entendre que la Banque du

Canada s'efforcera de restreindre à des mesures monétaires certains des développements récents et d'offrir des conditions favorables à la reprise des emprunts à long et à court termes par l'industrie et le commerce d'une part, et à la réduction des emprunts du gouvernement d'autre part[151]. »

Une manœuvre politique de mars 1935 est peut-être liée à la question de la banque centrale, nommément : des appels à un gouvernement de coalition formé des libéraux et des conservateurs. King apprend le 13 mars que « les magnats de Montréal » – Beatty, du Canadien Pacifique, sir Charles Gordon, de la Banque de Montréal, Molson et d'autres – ont demandé à Thomas Ahearn, un administrateur de la Banque de Montréal, de consentir à « quelque chose du genre ». Le caucus libéral rejette d'emblée l'idée, mais décide de laisser mourir tranquillement la question malgré la campagne en faveur de la coalition menée dans certains milieux de la presse montréalaise[152].

Le transfert de l'or

La question de l'obligation de vendre les réserves d'or est fort délicate. La *Loi sur la Banque du Canada* exige le transfert à la banque centrale de toutes les pièces et de tous les lingots d'or détenus au Canada. Ottawa s'enrichira lorsque les banques remettront l'or, aux dépens des banques[153]. Enfin, en avril 1935, le gouvernement effectue la transaction, recevant 37,8 millions $ en or des banques à charte. Les deux premières banques, la Banque Canadienne de Commerce et la Banque de Montréal, remettent chacune un peu plus de 13 millions $ en réserves d'or, ce qui représente environ soixante-dix pour cent de tout l'or canadien[154] (voir la figure 12.2).

« Les banquiers sont réalistes »

Sir Charles Gordon, président de la Banque de Montréal, laisse entendre que la loi bancaire aura sur les banques commerciales l'effet de « diminuer le potentiel de profit par la réduction des privilèges liés aux billets en circulation et la limitation du taux d'intérêt ». Il fait également remarquer que toute autre tentative de réduire le profit aura de graves répercussions sur les banques commerciales. D'ailleurs, des succursales commencent à fermer leurs portes en partie en raison des restrictions; trois semaines plus tard, la succursale de la Banque de Montréal située à Wheatley, en Ontario, ferme ses portes, et la fermeture est expressément attribuée à la Banque du Canada. Cette mesure, explique la Banque, est en conformité avec la politique en cours d'adoption voulant que les petits centres soient placés sous le contrôle d'une banque. Dans ce cas-ci, la Banque de Montréal cède ses comptes de Wheatley à la Banque Royale[155].

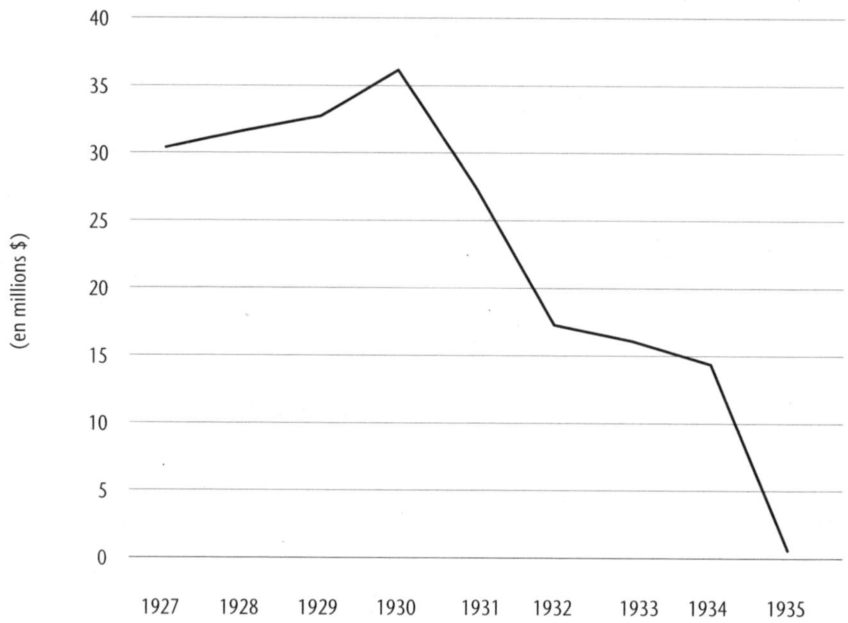

Figure 12.2 | Or et pièce de monnaie divisionnaire, Banque de Montréal, 1927-1935
Source : Rapports annuels de la Banque de Montréal, 1927-1935.

Les banques en 1934 et en 1935 sont en difficulté, et non seulement en raison de la baisse des profits et des dépenses constantes. Comme le souligne Gordon dans son discours prononcé à l'assemblée annuelle en octobre 1934, la situation sur le plan des prêts commerciaux ne cesse de se détériorer, et le taux d'intérêt sur les titres est en baisse[156]. Les banques n'ont en outre pas la faveur populaire et sont « peut-être plus impopulaires que jamais », comme le laisse entendre un commentateur de la Banque d'Angleterre. Pire encore, l'opinion publique canadienne est « gravement contaminée » par des théories monétaires américaines absurdes qui rendent le climat de l'opinion publique beaucoup plus difficile[157].

Gordon rappelle à son auditoire que le système bancaire canadien a bien servi le pays. Il avait un actif total de près de 3 milliards $; il comptait 4,7 millions de déposants, la Banque de Montréal comptant plus d'un million d'entre eux; en 1933 seulement, 37 millions $ sont payés en intérêts et 12 millions $ sont versés en dividendes aux actionnaires[158]. En outre, les banques ont réussi à mettre en place des succursales et des banques à une distance raisonnable de « pratiquement chaque endroit dans l'Ouest où un agriculteur apporte son grain à un silo de collecte[159] ». W. A. Bog, le codirecteur général de la Banque de Montréal, ajoute que les billets des banques canadiennes (qui sont sur le point d'être éliminés progressivement sur une décennie) sont particulièrement utiles au Canada, car ils permettent de prévenir l'inflation de la monnaie. C'est le cas car les billets des banques sont émis « seulement à mesure que l'activité commerciale l'exige et lorsque le besoin immédiat est comblé les billets sont retournés aux banques et sont rachetés[160] ».

L'avènement d'une banque centrale n'est pas considéré comme la condamnation du système bancaire canadien de l'époque. Un expert américain, Benjamin H. Beckart, écrit dans *Annalist* que le « secteur bancaire canadien s'est adapté somme toute de façon admirable à l'exigence actuelle du Dominion » et que certains aspects pourraient également être suivis aux États-Unis[161]. Jackson Dodds résume avec justesse le point de vue des banques à charte canadiennes en septembre 1934. Évidemment, la nouvelle banque centrale entraînera une rupture marquée dans l'évolution du secteur bancaire canadien, mais « il n'y a pas lieu de craindre que les banquiers canadiens ne coopéreront pas avec la Banque du Canada ». Depuis la Grande Guerre, fait valoir Dodds, les banques centrales sont devenues très en vogue, et les Canadiens sont amenés à croire qu'une banque centrale constituera un facteur clé pour assurer un retour à la prospérité escomptée. « Cette promotion de l'idée d'une banque centrale a fait en sorte que le public canadien a oublié le bilan des banques canadiennes qui, au cours des quatre ou cinq dernières années, ont résisté au choc de la dépression avec beaucoup de fermeté, et ce, contrairement au bouleversement sans précédent des services bancaires et de la stabilité que connaissent les États-Unis avec leur système de réserve fédéral, qui fonctionne selon les principes d'une banque centrale[162] ». Dodds a raison, mais les dés sont jetés. « Les banquiers sont réalistes », conclut-il avec regret. « Ils sont prêts à utiliser le mieux possible le matériel qu'ils ont en main, et lorsque la banque centrale sera établie, les banquiers du Canada coopéreront avec elle dans l'intérêt du pays tout entier[163] ».

En 1933, John P. Day, de l'Université McGill, écrit : « Jusqu'à ce que les banquiers soient sincèrement et entièrement convertis, l'établissement d'une banque centrale au Canada décevra et constituera un danger; toute tentative prématurée aura pour effet de reporter la réussite éventuelle. Il faut laisser à l'opinion des banquiers le temps de mûrir; le cours naturel des choses les poussera à voir de plus en plus le système bancaire comme un tout et moins exclusivement la vigueur, le progrès et la prospérité de leur propre banque[164]. » Judicieusement, Day laisse entendre qu'« on ne veut pas avoir un comité d'experts universitaires payé par le gouvernement et ignoré des banques[165] ».

L'ABC organise une campagne de relations publiques en 1935. Son assemblée annuelle de cette année fait couler beaucoup d'encre, tout comme le discours du président Jackson Dodds. Le *Ottawa Journal* rapporte le premier événement sous le titre « Sound as the Rock of Gibraltar » (solide comme le rocher de Gibraltar) et fait l'éloge de la politique à quatre pierres angulaires des banques à charte du Canada : protéger les porteurs de billets, préserver les dépôts des citoyens, mobiliser les épargnes afin d'encourager l'agriculture et l'industrie, et contribuer au développement du commerce extérieur[166]. Le discours de Dodds en tant que président sortant en novembre 1935 se porte essentiellement à la défense d'un système bancaire qui a jadis été couronné de succès et qui a été attaqué. Il critique les théories « nuisibles » relatives au crédit, surtout celles ayant mené à la nationalisation des activités bancaires[167].

La configuration finale

En 1935, les libéraux font de la nationalisation de la Banque du Canada un enjeu électoral clé. La principale accusation de la gauche progressiste est que la Banque du Canada, dans sa forme d'alors, est inique. King lui-même considère l'établissement actuel de la banque comme « d'un genre fasciste : il s'agit d'une société privée détenant la masse du crédit du pays[168] ». « Jusqu'à ce que le contrôle de la question de la monnaie et du crédit soit redonné au gouvernement et reconnu comme sa responsabilité la plus manifeste et sacrée, il est futile de parler de la souveraineté du Parlement. L'objectif premier de l'effort libéral continuera d'être de récupérer pour la nation ce qui a ainsi été perdu[169]. » Les libéraux ne précisent pas, cependant, comment le gouvernement réaffirmera son contrôle de la monnaie et du crédit[170]. Ils poursuivent plutôt l'attaque, faisant valoir que le gouvernement Bennett a remis les réserves d'or, les titres et la propriété de l'État à une société privée, la Banque du Canada[171]. « Le contrôle du crédit et de la monnaie est du ressort public, déclare King, il n'intéresse pas seulement les banquiers, mais concerne directement chaque citoyen[172] ». « Vous rendez-vous compte », demande Mackenzie King à un rassemblement en octobre 1935, « que le seul parti qui a voté contre une banque appartenant à des intérêts privés et qui a parrainé une banque de propriété publique est le Parti libéral? Le projet de loi établissant la banque privée a été présenté par les conservateurs, et M. Woodsworth, avec une majorité de ses partisans, lui a donné son appui[173]. »

L'autre grande préoccupation de King est de s'assurer que « la Banque centrale du Canada ne risque en rien de devenir subordonnée dans le cadre de l'une quelconque de ses fonctions aux établissements bancaires de la Grande-Bretagne ou des États-Unis ou de tout autre pays[174] ». Les hauts dirigeants et les administrateurs doivent tous être des sujets britanniques ainsi que des résidents du Canada.

Après la victoire des libéraux aux élections d'octobre 1935, les intentions exactes du nouveau premier ministre concernant la Banque du Canada demeurent inconnues pendant un certain temps. Les hypothèses viennent combler le vide. Il y a clairement un parti pris en faveur de la propriété publique. Les autres possibilités vont d'un contrôle par le gouvernement au statu quo. La plus grande crainte est que la banque passe sous contrôle politique. La position de la Banque d'Angleterre est que le gouvernement doit devenir l'unique propriétaire des actions, et que l'autonomie du gouverneur ainsi que les mesures de protection contre un contrôle possible par des acteurs financiers importants doivent demeurer intactes. À son avis, les personnalités actuellement en place – Mackenzie King, Clark, Towers – donnent l'assurance que l'on cherchera à mettre en œuvre des solutions raisonnables. La question suscite assurément beaucoup de discussion et de correspondance entre les dirigeants de la Banque du Canada et la Banque d'Angleterre, en 1935, quant à ce que King fera et au moment où il le fera.

En fin de compte, en 1936, le gouvernement King présente un nouveau projet de loi sur la Banque du Canada, qui renforce la position du gouverneur et accroît les pouvoirs de l'organisation en tant que banque centrale du pays[175]. Le nombre d'actions de la Banque du Canada est doublé pour donner au gouvernement une majorité au conseil d'administration. En 1938, la Banque est entièrement nationalisée, et le gouvernement en est l'unique propriétaire. La nomination directe des administrateurs offre à King l'occasion d'établir de nouveaux liens avec certaines régions du pays tandis que des groupes d'intérêt présentent des observations quant aux personnes devant siéger au conseil[176].

Un champ de bataille compliqué

La lutte entourant la création de la Banque du Canada fait la lumière sur une période de changements majeurs au sein du système bancaire canadien. Tel que souligné au début de ce chapitre, l'établissement de la Banque du Canada met en jeu deux rivalités distinctes : une rivalité politique, qui détermine les paramètres du débat et l'issue possible; et une rivalité entre élites.

La rivalité politique

L'interprétation conventionnelle donnée à l'établissement de la Banque du Canada est celle d'un objectif politique par opposition à une nécessité financière. Les témoignages présentés dans ce chapitre mettent en évidence la même conclusion. Cette conclusion est cependant évidente, compte tenu de l'urgence d'agir pendant la Dépression et de la recherche d'instruments financiers pour répondre à la crise du crédit, à l'instabilité des prix et au chômage. Au bout du compte, la bataille ne vise pas tant à savoir *s'il* y aura une banque centrale, mais si cette banque doit être un établissement privé ou public.

Entre 1932 et 1934, la rivalité se déroule dans plusieurs sphères : au sein du Parlement; au sein du caucus du Parti libéral en particulier, qui s'efforce d'adopter une position pouvant accommoder à la fois les députés progressistes de l'Ouest du Canada et les députés de l'Est, qui sont davantage à l'aise avec le système bancaire courant; et au sein de la Commission royale sur le système bancaire et le régime monétaire, à qui un flot d'acteurs économiques à la fois (principalement) en faveur et (étonnamment souvent) contre l'idée d'une banque centrale présentent leurs arguments, des maisons de placement aux agriculteurs, aux chambres de commerce et aux associations de détaillants.

L'issue de la bataille n'est pas inévitable, et les banques canadiennes n'abandonnent pas sans se battre. Elles présentent de solides arguments contre l'établissement d'une banque centrale. Le meilleur argument en faveur des banques canadiennes est leur bilan supérieur au chapitre de l'administration, comparativement aux banques américaines ou européennes. Les banquiers canadiens se battent avec acharnement pour empêcher la création d'une institution centralisée. Lorsque la banque centrale est perçue comme inévitable, la stratégie des banques change pour tâcher d'obtenir la meilleure issue possible compte tenu des circonstances. Cette issue est au départ une organisation privée assortie d'une disposition de temporarisation de longue durée pour le retrait des billets de banque; il s'agit de la première version de la Banque du Canada. La victoire des libéraux de Mackenzie King aux élections d'octobre 1935, cependant, fait en sorte que la roue de la fortune politique fera son dernier tour et donnera une banque centrale de propriété publique.

Compte tenu du contexte, des forces et des circonstances auxquels elles font face, les banques canadiennes mènent une dure bataille. Le recours traditionnel à l'adaptation des élites pour régler des dispositions institutionnelles n'est plus possible. Qui plus est, aux acteurs traditionnels – les présidents et les directeurs des banques, les ministres et les députés – s'ajoutent de nouveaux acteurs ayant une conception très différente de la manière dont un système bancaire doit fonctionner. Les banques sont par conséquent forcées de faire un recul stratégique par rapport à la position qu'elles privilégient, soit d'utiliser le système courant pour en tirer le meilleur parti; une fois que les dés sont jetés, elles tentent plutôt de façonner la banque centrale d'une manière telle que leurs craintes soient apaisées et leurs intérêts protégés. Les banques y parviennent de façon remarquable, au moins pendant un certain temps.

La présentation sans précédent de points de vue et de perspectives dans le contexte de la Commission royale a donné à divers groupes l'occasion nécessaire d'exposer la place que doivent occuper selon eux les banques dans le paysage économique, social et politique canadien. On ne peut pas dire que la réputation des établissements financiers au Canada avant la Dépression, surtout dans l'Ouest, est très bonne. Nombreux sont ceux qui déplorent les difficultés à obtenir du crédit, les fermetures de succursales et d'autres aspects de la politique bancaire dans le contexte d'un ralentissement économique brutal. D'autres encore décrient la trop grande influence du « pouvoir de l'argent » par l'entrecroisement des conseils d'administration. Les banques en paient sans aucun doute le prix au chapitre de la réputation. Cela n'est pas étonnant. Ce qui est étonnant, par contre, c'est le fait que, dans l'ensemble, le système bancaire canadien survit à cette période sans que sa réputation de stabilité, de probité et de compétence administrative ne soit vraiment entachée. Les banquiers savent qu'ils ne seront jamais aimés, mais au moins, ils seront respectés, à contrecœur ou autrement.

La transformation finale de la Banque du Canada en un établissement public révèle les limites de l'influence des banquiers sur les décisions politiques générales dans le secteur. Le consensus entourant les arrangements financiers en vigueur au Canada est sanctionné par la *Loi de trésorerie* de 1914 et celle de 1923. Au milieu des années 1920, cependant, ce consensus semble s'affaiblir. Les tendances internationales favorisent un contrôle central plus serré, tout comme un nombre sans cesse croissant d'économistes du milieu universitaire, dont beaucoup sont à l'Université Queen's, à Kingston. Dans les années 1930, il sera impossible de revenir aux anciens modèles ou à quelque remède secret.

La rivalité entre élites : conspiration et choix

L'établissement de la Banque du Canada est également, visiblement, une rivalité entre élites. Ces élites sont, d'une part, le « pouvoir monétaire » traditionnel, comme on dit à l'époque, soit les banquiers des banques les plus importantes de Montréal et de Toronto : la Banque de Montréal, la Banque Canadienne de Commerce, la Banque Royale du Canada et la Banque de Nouvelle-Écosse. À divers degrés et de différentes manières, ces banquiers dominent depuis longtemps l'administration du système financier canadien en raison de leurs établissements importants et influents. La Banque de Montréal arrive en tête compte tenu de sa position en tant que banquier du gouvernement et de l'ampleur de ses capacités à Londres et à New York. Sir Thomas White, un membre de la Commission royale sur le système bancaire et le régime monétaire, sir Charles Gordon, président de la Banque de Montréal, Jackson Dodds, directeur général de la Banque de Montréal, et J. M. McLeod, de la Banque de Nouvelle-Écosse, incarnent tous ce groupe et défendent le statu quo et le bilan du système bancaire canadien qui repose sur une vaste expérience sans pareille.

Devant eux, une élite concurrente et redoutable prête à s'opposer à ces banquiers canadiens sur la question de la banque centrale : une élite technocratique convaincue du caractère inévitable et de la nécessité d'une coordination centrale de la monnaie et des activités bancaires. Cette élite est plus visiblement représentée par les banquiers de la Banque d'Angleterre. Les principaux acteurs de ce groupe sont, évidemment, Lord Macmillan et sir Charles Addis, les deux membres britanniques de la Commission royale. En coulisse se trouvent le gouverneur de la Banque d'Angleterre, sir Montagu Norman, et son cercle d'experts bancaires, J. A. C. Osborne, J. L. Fisher, R. N. Kershaw et autres. Ce dernier groupe garde un contact étroit avec ses sympathisants canadiens, dont les plus importants sont W. C. Clark, le sous-ministre des Finances, et Graham Towers, le premier gouverneur de la Banque du Canada. La BE et ses alliés militent sans relâche en faveur d'une banque centrale pour le Canada. Comme Peter Cain le souligne de manière concise, cet « impérialisme de bonne grâce » poursuit un objectif sciemment défini : faire entrer le Canada dans la zone sterling et exploiter le ralentissement financier temporaire à New York pour reprendre la suprématie impériale[177]. Les liens qui les unissent sont non seulement impériaux mais anti-américains[178]. Les liens impériaux sont en outre renforcés par des affinités sociales au sein de ce groupe. La puissante expertise en coulisse de la Banque d'Angleterre, l'influence de technocrates canadiens aux points de vue similaires et l'excellente réputation des membres britanniques de la Commission royale font en sorte que le succès de la campagne pour établir une banque centrale n'est pas laissé au hasard, mais est plutôt rigoureusement déterminé par ceux qui sont convaincus de leur mission. Les dirigeants de la Banque d'Angleterre ont des intentions cachées qui leur donnent des incitatifs supplémentaires pour faire pression au pays : les jeunes banques centrales « doivent agir de manière très semblable à leur modèle qui leur fournira des conseils et du personnel[179] ». Cain souligne que le contingent britannique au Canada devient « franchement enclin à la conspiration » pour s'assurer de la bonne issue[180]. Une fois la Banque du Canada établie et en activité, cependant, les espoirs de réorienter le Canada vers Londres sont déçus. La conclusion de Cain à ce sujet est très pertinente : « La Banque d'Angleterre a tenté de tirer profit des difficultés du Canada pour promouvoir son propre programme mais, en cours de route, ce sont les politiciens canadiens qui ont réussi à tirer profit du prestige et de l'influence de la Banque à leurs propres fins intérieures[181]. » L'erreur fatale de Macmillan, de Norman, d'Addis et des autres est de traiter le Canada avec énormément de condescendance, une attitude qui vient évidemment des dirigeants de la Banque d'Angleterre.

Des gagnants et des perdants

Nul doute que la voie menant à l'établissement de la Banque du Canada fait des gagnants et des perdants. Évidemment, nulle grande transformation politique ne peut être réduite à une simple colonne des gains et des pertes. Les joueurs peuvent gagner une partie et perdre une saison. Les pertes peuvent être limitées ou catastrophiques.

En l'occurrence, les gagnants politiques sont nombreux. En premier lieu, les conservateurs de Bennett s'attirent des applaudissements pour la création de la Banque du Canada, bien que, à plus à long terme, ils soient destinés à perdre le pouvoir. Les libéraux de Mackenzie King sont également gagnants, car leur conception de la constitution de la Banque du Canada – le caractère public de sa propriété et de son mandat – prévaut. La plus grande gagnante, cependant, est l'élite financière technocratique. À court terme, elle regroupe les mandarins de la Banque d'Angleterre et surtout les experts du ministère canadien des Finances et de la nouvelle Banque du Canada. À plus long terme, la Banque d'Angleterre est manifestement perdante dans sa tentative de créer une zone sterling ou de réorienter le commerce et les finances du Canada à New York vers Londres par tous les moyens possibles.

Les vaincus sont, évidemment, les banquiers, mais pas tous de manière égale. Plus les banques sont importantes, plus grandes sont leurs réserves d'or et plus grand est le nombre de billets en circulation, plus les répercussions éventuelles seront grandes. Si une banque a de l'importance dans toutes ces catégories et est également le banquier officiel du gouvernement du Canada, la perte sera alors proportionnellement plus grande. Dans ce contexte, c'est la Banque de Montréal qui a le plus à perdre. En réalité toutefois, la création d'une banque centrale affaiblit le pouvoir non seulement de la Banque de Montréal, mais également des capitalistes montréalais en général. Montréal a partagé un pouvoir et un prestige de plus en plus grands avec Toronto tandis que les banques de Toronto prospéraient. Maintenant, Ottawa devient un autre centre du pouvoir dont il faut tenir compte.

Il y a aussi d'autres perdants. L'Association des banquiers canadiens perd son rôle de coordination de l'expansion et du resserrement du crédit; dorénavant, les établissements de la finance centrale constituent le bon endroit pour la prise de ces décisions de politiques publiques. Ensuite, il y a les défenseurs du système bancaire socialisé. Pour être honnête, cependant, ces derniers n'ont pas la moindre chance. Dans l'ensemble, il s'agit d'une bataille qui est tranchée par les élites, de nombreux petits acteurs exerçant une certaine influence, mais ne déterminant pas l'orientation fondamentale des politiques.

À long terme, la remise des réserves, l'émission des billets et le statut de banquier officiel du gouvernement progressent harmonieusement, et le système bancaire canadien bénéficie de l'établissement d'une réserve centrale, peu importe la petite taille ou la non-existence du marché monétaire au Canada. Les grandes lignes du système bancaire canadien ne changent pas. Il y a des gains et des pertes, mais cela reste dans la famille. Comme le rappelle J. A. C. Osborne en 1939, « il aurait été tout naturel, cependant, que les banques commerciales n'accueillent pas tout à fait l'avènement de la Banque du Canada; mais elles ont vite compris la différence fondamentale entre une banque centrale et une banque commerciale. Elle représente la coordination et non la concurrence. Peut-être aussi une certaine protection du gouvernement : si elle s'avère nécessaire et justifiée[182]. » La nouvelle banque centrale entreprend de se pencher sur la question de tous les emprunts intérieurs pour le gouvernement du Dominion, les gouvernements provinciaux ayant également le pouvoir de le faire. La politique de « l'argent facile » de la Banque du Canada facilite le remboursement d'un montant important de la dette du gouvernement à des taux moins élevés, et également l'émission de nouveaux prêts[183].

Pour ce qui est des profits, la Banque de Montréal connaît une mauvaise année en 1934 mais elle se rétablit; la Banque Royale obtient de piètres résultats en 1935 (voir la figure 12.3). Sur le plan de l'actif, là encore, les plus grandes banques sont les plus durement touchées en 1935, mais en 1939, elles ont retrouvé des bases solides (voir la figure 12.4)

Une dernière histoire avant de terminer. En septembre 1937, le premier ministre William Lyon Mackenzie King contribue à poser la première pierre, rue Wellington, à Ottawa, de ce qui deviendra le nouveau siège social de la Banque du Canada. E. Y. Jackson écrit au sujet de l'événement au gouverneur de la Banque d'Angleterre sir Montagu Norman, le décrivant ainsi : « Une des grandes victoires de la Banque du Canada, à ce jour, est survenue lorsqu'elle a réussi à convaincre Mackenzie King de prononcer un discours de dix minutes seulement, à la fin duquel il a déclaré que la première pierre était bel et bien posée; mais on m'a informé en privé que, après que l'agitation et les cris ont cessé et que tous sont partis, les ouvriers l'ont ramassée et l'ont posée correctement[184]. » Dans un sens plus que métaphorique, Mackenzie King pose en effet la première pierre de la Banque du Canada pendant le bouleversement politique et économique des années 1930. Après les discours, la tâche plus prosaïque de jeter les bases du système bancaire canadien relèvera de la responsabilité des banques à charte du Canada, de sa nouvelle banque centrale et d'un nouveau régime réglementaire. Lorsque la Banque de Montréal remet le rôle de banquier du gouvernement entre les mains de la Banque du Canada établie depuis peu, elle peut le faire en sachant que la banque centrale sera chargée de la supervision et de la coordination d'un système bancaire solide, stable et prospère.

Figure 12.3 | Profits, Banque de Montréal, 1927-1937

Source : Rapports annuels de la Banque de Montréal, 1927-1937.

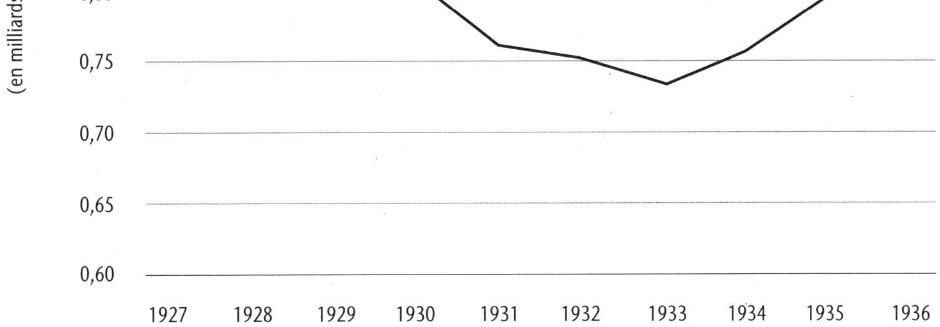

Figure 12.4 | Actif, Banque de Montréal, 1927-1936

Source : Rapports annuels de la Banque de Montréal, 1927-1936.

13

Bâtir l'arsenal financier du Canada

Le Canada déclare la guerre à l'Allemagne le 10 septembre 1939, à la suite de la déclaration de la Grande-Bretagne une semaine auparavant. Le déclenchement d'un second conflit mondial en l'espace d'un quart de siècle mobilise une fois de plus l'État canadien et ses entreprises dans l'effort de guerre à venir. Le rôle de la Banque de Montréal dans ce conflit sera cette fois quelque peu différent. La nouvelle banque centrale du Canada coordonnera maintenant les immenses besoins en capitaux du gouvernement canadien. Néanmoins, la Banque de Montréal se révélera un élément essentiel de l'effort de guerre financier au Canada grâce à son réseau financier dans la région de l'Atlantique Nord. Les relations dont elle dispose et l'expertise que la Banque peut mettre à profit sont vastes et solides. Les capacités de leadership de la Banque de Montréal ainsi que ses capacités organisationnelles rendront encore une fois de grands services à l'État.

La Banque affrontera la Seconde Guerre mondiale sans son président de longue date, sir Charles Blair Gordon, qui décède soudainement en 1939. La Banque de Montréal de Gordon s'est battue avec acharnement pour maintenir la santé de son bilan dans des circonstances extrêmement difficiles. Non seulement Gordon a-t-il été contraint de guider l'établissement dans les eaux tumultueuses d'une dépression économique sans précédent, mais il a également commencé à réorienter la Banque dans l'abandon graduel de ses responsabilités en tant que banquier du gouvernement, avec la perte de son statut connexe. Le rendement de la Banque à la fin de 1939 indique dans une certaine mesure à quel point Gordon a réussi : l'actif de la Banque franchit alors le seuil du milliard de dollars, un sommet dans son histoire[1]. Les recettes après impôt de la Banque en 1939 s'élèvent à 3,462 millions $, une légère augmentation par rapport à l'année précédente[2].

Le « calme et gentil[3] » Huntly Redpath Drummond succède à Gordon. L'ascendance de Drummond au sein de la Banque remonte à son grand-père (un ancien vice-président) et à son père (président). Il a été vice-président de Gordon pendant toute sa présidence. Drummond a une santé chancelante et assumera ses fonctions seulement jusqu'en 1942 (même s'il vivra jusqu'à l'âge de quatre-vingt-treize ans en 1958). Il laisse sa place à G. W. Spinney, qui supervisera la transition de la Banque dans le monde de l'après-guerre avant son décès prématuré en 1948.

On peut diviser en deux grands thèmes l'expérience de la Banque pendant la guerre : la mobilisation en vue de l'effort de guerre et la transformation en un nouveau type d'établissement bancaire. Ce chapitre décrit la façon dont la Banque de Montréal y est dans les deux cas parvenue.

La contribution du Canada à la guerre, comme le fait observer le président de la Banque de Montréal, Drummond, en 1939, sera « en grande partie comme source d'approvisionnement pour la Grande-Bretagne ». Il proclame que l'objectif principal de la Banque est de « contribuer jusqu'à la limite de [ses] capacités à la victoire[4] ». Drummond sait que « dans l'approvisionnement en blé, en minéraux et en produits manufacturés, la contribution [du Canada] à l'effort concerté, du bon côté, dans cette guerre excédera de beaucoup ce qu'elle a été la dernière fois; et de nombreux faits dans chaque province du Dominion révèle que la contribution du Canada en hommes [sera] grande et du genre qui, au cours de la dernière guerre, a fait la gloire éternelle de ce pays[5] ».

En même temps, la direction de la Banque est soucieuse d'éviter certaines des conséquences les plus dangereuses d'une économie d'après-guerre déséquilibrée ou surchauffée. « Nous devons mettre à profit toute la puissance d'un Canada uni pour amener la guerre à une conclusion heureuse », affirme Drummond en 1939, mais nous devons également « [garder] nos affaires en main de sorte que nous puissions opérer le réajustement des conditions d'après-guerre avec le moins d'inflation possible, avec le moins de dettes possible et le moral intact. Je suis convaincu que, tout comme nous avons commencé à subir, en tant que Canada unifié, la terrible épreuve de la guerre, nous devons ainsi en sortir, comme une nation unie, mais faisant preuve de plus de maturité dans les réflexions et les aspirations, prête à avoir en tant que membre du Commonwealth britannique des nations le grand destin qui attend sans aucun doute ce pays[6]. »

Les contributions à l'effort de guerre au pays vont bien au-delà de l'aide apportée au gouvernement du Dominion. Le rapport annuel de 1939 de la

Banque souligne que « le déclenchement de la guerre a amené la Banque à décider de suspendre les activités de construction, de prendre les mesures qui s'imposent pour protéger le travail déjà réalisé et de reporter la reprise de la construction jusqu'à ce que les conditions reviennent à la normale. On considère qu'il s'agit de la voie patriotique et prudente à suivre compte tenu de la responsabilité qu'a la Banque de se tenir prête à répondre aux besoins supplémentaires de ses clients en temps de guerre[7]. » En outre, la Banque est restructurée pour mieux répondre aux besoins du pays et de l'économie de guerre. En 1942, conformément aux politiques de la Commission des prix et du commerce en temps de guerre, la Banque suspend toutes les activités bancaires non essentielles. L'année financière 1942 est marquée par la fermeture de vingt-cinq succursales, dont seize sont situées dans de grandes villes et ont des succursales à proximité. La Banque réduit également trois succursales au statut de sous-agence[8]. L'année suivante, quatorze autres succursales sont fermées. Pour souligner son engagement à l'égard de l'effort de guerre et des Forces armées canadiennes, cependant, la Banque de Montréal ouvre une nouvelle succursale à Cornwallis, en Nouvelle-Écosse, pour accommoder les officiers et les hommes de la Marine royale canadienne[9].

À l'occasion de la 124e assemblée annuelle des actionnaires en 1941, Drummond déclare ce qui suit :

> Aujourd'hui, étant donné la guerre totale, conjuguée aux nouvelles techniques [...], nous devons nous débarrasser des vieilles idées. Les avions, les navires, les sous-marins, la radio et la propagande ont aboli les anciennes limites. Dans une guerre comme celle que nous connaissons, les pays n'ont plus de frontières géographiques définies. Comme l'a affirmé un premier ministre de l'Angleterre, la frontière de l'Angleterre est sur le Rhin, et aujourd'hui, notre frontière se trouve en Europe. Nous combattons un ennemi qui consacre année après année toute son énergie à dominer le monde, et il nous faut relever ce défi. La démocratie nous donne de grands privilèges, mais pas pour rien; chaque privilège s'accompagne d'un devoir correspondant; pour garder ces privilèges, nous devons être prêts à tout sacrifier, sauf l'ultime liberté elle-même. La liberté vaut la peine de tout sacrifier[10].

Réunis à Montréal, la direction et le conseil d'administration de la Banque de Montréal partagent assurément sans réserve les convictions profondes exprimées par Drummond. Il s'agit d'une perspective très favorable au rôle du Canada dans la défense du royaume. Les liens qui unissent la Banque de Montréal à Londres et aux établissements de l'Empire sont profondément ancrés dans l'histoire, l'expérience et l'héritage de la Banque. En effet, les dirigeants de la Banque de Montréal sont probablement les plus britanniques des banquiers canadiens. Leurs relations avec Londres et le rôle prépondérant de la Banque comme point de repère canadien dans cette ville, sans parler des liens d'amitié, des affaires et de l'affinité, font tous en sorte qu'on s'identifie de près aux épreuves de la mère patrie.

La ferveur patriotique des plus hauts dirigeants de la Banque va jusqu'à l'appui de la conscription : le rappel obligatoire des hommes physiquement aptes d'âge militaire. La question a suscité beaucoup de discorde pendant la Première Guerre mondiale, déchirant le Parti libéral de sir Wilfrid Laurier et, fait plus important encore, entraînant des tensions politiques sans précédent entre un Canada français opposé à la conscription et un Canada anglais qui y est favorable.

En janvier 1942, le directeur retraité de la succursale de Londres, Dudley Oliver, écrit au sénateur Arthur Meighen à l'appui de la conscription, ce qui en soi n'est pas particulièrement étonnant. Oliver, cependant, joint une lettre potentiellement explosive du général A. W. Currie remontant à très longtemps, au 30 novembre 1917, en plein cœur de la Grande Guerre. Dans cette lettre, le commandant du Corps canadien exprimait des opinions bien arrêtées sur la *Loi du Service Militaire* qui allait instaurer la conscription au Canada. « Je suis d'avis que si l'on s'ingère dans son application, ou même si elle est reportée, ce sera la catastrophe[11]. » Currie poursuivait en prédisant que, sans conscription, le « Corps canadien en tant qu'unité de combat disparaîtra pratiquement » et que le Canada aura « non seulement abandonné les hommes ici, mais aura pratiquement abandonné l'Empire également. Le combat à mort approche à grands pas; l'Empire doit aller jusqu'au bout; et si nous ne jouons pas notre rôle jusqu'au bout, cela voudra presque dire que nous ne nous soucions pas de faire partie de cet Empire[12]. » Currie a dit à Oliver qu'il envisageait de transmettre le message au Canada, même s'il savait que « cela signifie que je devrai pratiquement présenter ma démission en même temps ». Il demandait conseil à Oliver quant à la situation qui prévalait réellement au Canada en novembre 1917 et à ce qu'il devait faire.

Un quart de siècle plus tard, Oliver est d'avis que, si cette lettre confidentielle est rendue publique, la réputation de Currie et la fermeté de ses opinions concernant la conscription influenceront les politiciens à Ottawa engagés dans le débat. L'acheminer à un vieil ami de la Banque, sir Arthur Meighen (alors sénateur), pourrait résoudre le problème. À son tour, Meighen consulte Jackson Dodds, le directeur général de la Banque, quant à la pertinence de rendre la lettre publique. Il estime qu'il n'a « jamais rien lu de mieux » au sujet de la conscription, et qu'il est impossible de « justifier la dissimulation d'un exposé aussi clair, direct et convaincant de la nécessité de la conscription au cours de la dernière guerre que cette lettre de sir Arthur Currie ». Meighen demande à Dodds de « libérer M. Oliver de tout scrupule l'empêchant d'autoriser l'utilisation de la lettre[13] ».

La réponse de Dodds est révélatrice. Le lendemain même, il écrit : « je me demande s'il vaut la peine de présenter ce qu'un homme mort a dit dans des conditions si différentes de celles d'aujourd'hui ». Il laisse entendre que, même si Oliver est libre de faire ce qu'il veut et que Meighen peut utiliser la lettre, il espère que Meighen « ne mentionnera pas le nom de la Banque dans cette affaire, parce que vous vous rendez compte qu'on criera immédiatement que : "La rue St-Jacques est derrière tout cela"[14] ». Dodds s'empresse d'ajouter que « tous mes amis de la rue St-Jacques sont derrière vous dans votre tentative d'obtenir la conscription. Dommage que vous n'ayez pas entendu le discours de M. Crawford Crier, directeur de la Bishop's College School, à ce sujet au Cercle canadien hier. J'étais présent et j'ai applaudi ses demandes tous azimuts. Je suis à cent pour cent pour ce que vous voulez faire, et c'est non seulement en ma qualité de directeur général de la Banque, mais aussi en tant qu'ami et admirateur que je vous écris ainsi[15]. » Meighen accepte la demande courtoise de Dodds, mais non sans déplorer le fait que la lettre du général Currie aurait fait une « impression foudroyante sur le peuple canadien ». Il conclut en exprimant ses sincères « regrets de ne pouvoir utiliser la lettre[16] ».

L'affaire Oliver-Currie donne un aperçu de ce que vit la Banque de Montréal en temps de guerre. En premier lieu, la Banque est tout sauf neutre dans ses opinions sur la manière et la mesure dans laquelle le Canada doit poursuivre l'effort de guerre. Ses dirigeants sont non seulement favorables mais, pour reprendre l'expression de Chateaubriand, « plus royalistes que le roi ». En second lieu, la guerre ne suspend pas les activités courantes de la politique ni les relations politiques. La référence à la rue St-Jacques et l'appréhension ressentie par Jackson Dodds à l'idée que les finances de Montréal soient mêlées à une bataille politique exposent les limites du discours politique canadien. Enfin, l'affaire indique clairement que la Banque canalisera ses énergies pour bâtir l'arsenal financier de l'effort de guerre canadien, là où ses efforts porteront réellement fruit.

La contribution de la Banque de Montréal

Entre 1939 et 1945, la Banque cherche principalement à s'assurer que sa pleine capacité financière et économique et celle de ses 6 347 employés[17] soient déployées au maximum pour l'effort de guerre[18]. Ses dirigeants appuient, voire, réclament un impôt sur le revenu et un impôt des sociétés considérablement plus élevés pour financer la guerre. La volonté de mobiliser la Banque de Montréal en faveur de la cause des Alliés ne fait aucun doute. À partir de la fin de 1939, les dirigeants de la Banque commencent à renouveler son organisation pour en faire un établissement aligné sur les exigences organisationnelles, bureaucratiques et financières imposées par la guerre.

La Banque fait l'objet d'une importante modernisation bureaucratique. Des « mesures de guerre » sont mises en œuvre pour réduire le volume des tâches courantes dans la préparation des comptes. En outre, d'innombrables circulaires sont envoyées partout au pays concernant les commandes de guerre, le financement et les marges de crédit, et les aspects juridiques associés à la bonne gestion de ces activités[19]. Les circulaires sont le fruit d'un vaste réseau d'information, ayant son unité centrale de traitement au siège social de Montréal et des milliers de nœuds dispersés géographiquement et fonctionnellement dans toute l'organisation d'un océan à l'autre. Le siège social émet des milliers de commandes, maintient des règles et des règlements, établit les règles d'engagement relativement à un large éventail d'activités et donne des conseils sur les activités bancaires et une foule d'autres questions : les paiements, les prêts, les cotisations, les impôts, les obligations, les actions, les transferts de fonds à l'étranger, les escomptes, les découverts, les rapports de solvabilité, les politiques de retenue, le développement commercial et bien plus encore. Le 27 novembre 1941, par exemple, la Banque ordonne aux directeurs et au personnel de cesser d'établir des rapports sur les prêts si le solde impayé est de cent dollars ou moins ou est suffisamment garanti par « des obligations de premier ordre, des actions cotées en bourse de qualité supérieure ou la valeur de rachat d'un contrat d'assurance-vie valable[20] ». Des circulaires sont diffusées concernant les affaires courantes de la Banque dans le cadre des prêts, de l'assurance-incendie et même des prêts à l'égard des pneus. La défense civile constitue également un sujet important, y compris les précautions à prendre en cas de raids aériens pour les succursales de la région de Montréal[21]. À la fin de la guerre, on se concentre sur des défis concrets : réintégrer les anciens combattants, rétablir leur crédit et leur trouver des emplois.

En 1943, le fardeau administratif s'est considérablement alourdi. « Les transactions par chèques et en dépôts, les obligations de la Victoire et les coupons connexes, transitant dans nos mains, sont infiniment plus abondants qu'avant la guerre », rapporte le président Spinney. « Nous avons déjà ouvert des milliers de comptes de coupons de rationnement et traité des coupons pratiquement par centaines de millions[22]. » D'une certaine façon, l'élargissement des services bancaires à un public beaucoup plus vaste – au-delà des particuliers et des entreprises fortunés – commence tout simplement ainsi.

Certaines des principales fonctions de la Banque pendant la Première Guerre mondiale sont assumées par la Banque du Canada pendant la

Seconde. L'émission de prêts, l'achat de la dette du gouvernement et le contrôle du crédit, des prix et des salaires relèvent maintenant de la banque centrale. Aux côtés d'autres banques à charte, la Banque de Montréal s'attarde à consentir du crédit pour assurer le fonctionnement de l'appareil de production de guerre et à amasser l'important capital nécessaire à l'effort de guerre par l'intermédiaire des obligations de la Victoire. Ces obligations sont des titres de créance émis par le gouvernement du Dominion pour contribuer au financement de l'effort de guerre. Dans l'ensemble, neuf obligations de la Victoire sont émises pendant la guerre, permettant d'amasser 12 milliards $[23]. « Le rôle de nos directeurs », peut-on lire dans une circulaire publiée par la Banque de Montréal plus tard pendant la guerre, « est notamment d'attirer de nouvelles entreprises et de nouveaux dépôts, et du même coup d'amener leurs clients à investir une partie importante de leurs fonds excédentaires dans les nouveaux emprunts de la Victoire[24]. »

Les obligations de la Victoire portent fruit en partie parce qu'elles permettent de rejoindre de nombreux petits investisseurs canadiens. En revanche, le premier emprunt de guerre du Royaume-Uni ne vise pas à susciter une réponse aussi généralisée du petit investisseur, comme le confie Montagu Norman, de la Banque d'Angleterre, au gouverneur de la Banque du Canada, Graham Towers, en mars 1940[25]. « Nous croyons qu'il est prudent, et qu'il sera avantageux, de labourer ce champ au moyen de nos méthodes actuelles pendant quelque temps encore, ou au moins jusqu'à ce que nous voulions avoir une récolte beaucoup plus grande que l'exige notre situation actuelle. »

Les finances ne représentent pas la seule expertise que la Banque offre à l'effort de guerre. Le leadership est aussi mis à contribution. Tout comme ils l'ont fait pendant la Grande Guerre, les hauts dirigeants de la Banque de Montréal assument également un rôle administratif et consultatif auprès du gouvernement entre 1939 et 1945. L'exemple le plus frappant est le directeur général (et plus tard le président) de la Banque de Montréal, George Spinney, qui joue un rôle essentiel dans le succès des obligations de la Victoire en sa qualité de président du Comité national des finances de guerre, l'organisme chargé de la vente des obligations[26]. On ne saurait sous-estimer la valeur de Spinney pour le gouvernement du Dominion. Le premier ministre King exerce de fortes pressions pour que Spinney devienne le ministre des Finances du Canada en 1940, un rôle que Spinney refuse d'assumer en raison de ses obligations envers la Banque et parce que la présidence de la Banque de Montréal, pour laquelle il est le premier en lice après Huntly Drummond, serait l'aboutissement d'un rêve de toute une vie. Le deuxième programme des obligations de la Victoire, et le premier sous la présidence de Spinney, connaît un succès remarquable. Le *Staff Magazine* de la Banque mentionne en 1942 que le « rendement préliminaire au moment d'aller sous presse indique des souscriptions totales de plus de 979 millions $, mais lorsque tous les chiffres seront rassemblés et compilés, le chiffre pourra avoisiner un milliard $. Cela dépasse tous les emprunts de la Victoire de la dernière guerre et représente l'emprunt le plus important jamais émis au Canada[27]. » L'immense succès de la campagne de vente des obligations pousse un Mackenzie King enchanté à souligner que, « dans la planification et dans l'exécution, la campagne est un triomphe d'efficacité[28] ». L'année suivante, Mackenzie King écrit une lettre à Spinney exprimant sa « reconnaissance » pour le « succès obtenu lors de la quatrième campagne d'emprunt de la Victoire[29] ».

En reconnaissance de son réseau international et de son influence, la Banque de Montréal est également nommée à titre d'agent autorisé de la Commission de contrôle du change étranger (CCCE)[30]. Créée en septembre 1939 en vertu de la *Loi sur les mesures de guerre,* cette commission est chargée de contrôler le change étranger pour préserver la valeur du dollar canadien[31]. Là encore, la distance historique qui nous sépare de ces événements atténue la perception de l'importance qu'a la CCCE pour l'effort de guerre financier. La politique de contrôle du change étranger n'aurait eu aucune chance, fait observer le *Globe and Mail* en décembre 1943, « si chaque banque n'avait pas compté des hommes qui sont des experts bien formés pour faciliter les opérations complexes de commerce international[32] ». Les banques ont fait économiser aux contribuables canadiens « des sommes considérables en prenant en charge la gestion des coupons dans le cadre de la mesure de rationnement généralisée de la Commission des prix et du commerce en temps de guerre et en contribuant à financer des millions de souscriptions dans de vastes campagnes d'emprunt de guerre du gouvernement[33] ».

L'effort de guerre du côté des finances est complexe à mener. Il met en jeu des questions de monnaie et d'opérations de change, la valeur relative de la monnaie entre les dollars canadien et américain et la livre sterling, et une myriade d'autres questions. La balance des paiements entre les Alliés dans la région de l'Atlantique Nord constitue également un défi de taille, tout comme la question de l'ancrage de la valeur du dollar canadien à la livre sterling[34]. Les finances de guerre canadiennes sont aussi confrontées au besoin impérieux des dollars américains. La production de guerre du Canada dépend d'une « forte augmentation de ses importations en provenance des États-Unis », explique une note de service de la Banque d'Angleterre. « Celles-ci ont dû être payées en argent américain, et il n'y a aucune possibilité dans l'immédiat d'assister à une augmentation comparable des exportations canadiennes vers les États-Unis[35]. » L'adoption par le gouvernement du Dominion de mesures extraordinaires pour rationner les produits et lever des impôts très élevés sur le revenu pour la défense parvient à stabiliser la situation, bien qu'elle entraîne une grave pénurie de marchandises[36]. Au début de la guerre, ces politiques « avaient pour principale tâche d'ouvrir la voie, ou plutôt de garder la voie ouverte, pour la production de guerre », en diminuant les dépenses de la population civile et en instaurant des contrôles et des impôts très élevés.

À n'en pas douter, le service de guerre de la Banque a une finalité patriotique profondément ancrée. Il a cependant aussi d'autres fins. Le rôle essentiel que jouent les banques dans l'effort de guerre permet d'affaiblir l'argument selon lequel elles doivent être nationalisées et exploitées par l'État, une idée qui circule de plus en plus dans les milieux ouvriers et progressistes. La Fédération du commonwealth coopératif (FCC) a depuis longtemps la conviction que les banques doivent être nationalisées sous une forme ou une autre. La propriété publique de la banque centrale ne suffit pas. La FCC est convaincue que « nos établissements financiers (banques, sociétés de fiducie et de prêt, compagnies d'assurances) doivent être socialisés et faire partie intégrante de notre planification socialiste démocratique. Il est absolument essentiel de reconnaître que, dans la politique de la FCC, la socialisation des finances et celle de l'industrie vont de pair. L'une ne va pas sans l'autre[37]. » La FCC est persuadée que, « pour avoir une société juste et stable, nous devons aussi contrôler le genre d'investissement dans lequel vont les fonds disponibles et la dépense de ces fonds. À ces fins, il faudra absolument pouvoir compter sur la socialisation de toute la machine financière et également des principales industries. La socialisation des finances n'est pas une panacée, mais elle constitue un élément nécessaire de l'ordonnance[38]. » Les banques à charte sous un gouvernement de la FCC deviendront, pour reprendre les paroles du chef du parti en Saskatchewan, T. C. Douglas, « des succursales d'une banque centrale appartenant au gouvernement et contrôlée par le gouvernement[39] ». La position de la FCC à l'égard des banques et des activités bancaires continuera de constituer un pilier de sa politique financière[40]. Cette position est au programme depuis le milieu des années 1930 et rares sont les banquiers qui y ont porté une attention sérieuse. En 1943, cependant, la victoire spectaculaire à l'élection partielle dans York-Sud de J. W. Noseworthy de la FCC sur le chef des conservateurs et politicien chevronné Arthur Meighen donne les premiers signes d'un possible séisme politique. L'appel lancé par la FCC aux électeurs de la classe ouvrière dans cette course repose sur un engagement à l'égard non seulement « d'un effort de guerre complet », mais aussi à l'égard de « la justice sociale après la guerre[41] ». Le 4 août 1943, en outre, la FCC arrive deuxième aux élections provinciales en Ontario, avec 31,6 pour cent du vote populaire et trente-quatre sièges à l'assemblée de quatre-vingt-dix sièges. Ensuite, le 15 juin 1944, Douglas mène la FCC à une victoire écrasante en Saskatchewan, devenant le chef du premier gouvernement socialiste en Amérique du Nord. À la fin de l'année 1944, la FCC forme le gouvernement dans une province et est l'opposition officielle dans quatre autres à l'ouest de la rivière des Outaouais[42]. L'élan puissant de la FCC en 1943 et en 1944 ne fait aucun doute, comme le savent fort bien les banquiers tout autant que les gouvernements.

En 1943 et en 1944, le président Spinney est suffisamment préoccupé pour aborder la question à l'occasion de deux assemblées annuelles. « Si un monopole du gouvernement était institué au Canada, la socialisation du reste de l'économie ne serait guère plus qu'une "opération de nettoyage"[43]. » Spinney laisse entendre que cette dystopie collectiviste finira par placer tous les secteurs productifs de l'économie canadienne sous la coupe du gouvernement. En 1944, il réaffirme son appel à résister à la tentation de « laisser le gouvernement tout faire », malgré la grande ampleur des problèmes de conversion d'après-guerre, « à moins que nous soyons heureux de nous engager sur la voie que l'Allemagne a suivie jusqu'au totalitarisme[44] ».

Se rallier aux drapeaux

Les employés de la Banque de Montréal de partout au Canada contribuent à l'effort de guerre de différentes manières créatives. En 1939, « certaines des dames voulaient tricoter pour la Marine et se demandaient si l'on pouvait former un club quelconque », souligne le *Staff Magazine* de la Banque de Montréal en 1940. Au début de l'année 1940, le Comité des services de guerre du personnel de Toronto de la Banque de Montréal est donc créé dans le but de tricoter au profit des soldats canadiens et d'aider ceux qui souffrent en Europe[45]. Ces efforts ne sont pas sans résultats. Le 27 juin 1941, le Comité expédie « directement à lady Edith Curtis de Dorridge, près de Birmingham en Angleterre, deux cents articles vestimentaires pour nourrissons en vue de leur distribution aux enfants "bombardés" dans la région de Birmingham[46] ».

Une initiative semblable est lancée à l'autre bout du pays, à Vancouver, où des employés mettent sur pied le Club de bienfaisance de la Banque de Montréal en vue de contribuer à l'effort de guerre. Ce groupe aussi est « très occupé à coudre pour les réfugiés et à tricoter pour la Force aérienne[47] ». De la même façon, au siège social, le personnel forme une « Unité des services de guerre » qui, après seulement trois mois, a déjà tricoté « quarante et un foulards, soixante-quinze paires de chaussettes, vingt-cinq paires de bas marins et six casques. En outre, il a acheté quatre dizaines de chandails à col roulé pour les marins. » Le *Staff Magazine* ajoute que « les femmes du département Étranger qui possèdent leur propre machine à tricoter ont fabriqué trente-cinq paires de chaussettes pour la Ligue navale, et un autre groupe sous la direction de mademoiselle D. Johnston a, depuis le début de la guerre, tricoté soixante-quinze paires de chaussettes et quinze chandails pour la Force aérienne[48] ».

En 1941, le Club de bienfaisance de la Colombie-Britannique de la Banque de Montréal prépare des colis de Noël pour les hommes servant à l'étranger. Il amasse aussi des fonds pour les Obligations d'épargne de guerre en vendant des billets de tirage et en commanditant la production d'une pièce de théâtre, « Bunty tire les ficelles », où pendant l'entracte, il vend des bonbons faits à la maison. Ses efforts « permettent de récolter une jolie somme[49] ». À Winnipeg, pendant ce temps, le « Club de tricotage des dames » de la Banque de Montréal recueille les vêtements usés mis au rebut pour les réparer et les envoyer aux hommes dans la Marine marchande[50].

Les dirigeants des succursales de la Banque de Montréal aux États-Unis contribuent tout autant. Le bureau de San Francisco de la Banque de Montréal devient le « dépositaire de toutes les activités » de la British War Relief Association of Central and Northern California[51]. Le personnel de la succursale de la Banque de Montréal recueille des fonds pour l'association de secours en « appuyant des levées de fonds par divers moyens, en vendant des macarons, etc.[52] ». Pendant ce temps, les employés de l'agence de New York contribuent en travaillant comme sténographes et comptables pour l'association de secours après journée[53]. Ce ne sont là que quelques-uns des nombreux exemples de la façon dont les gens de la Banque de Montréal répondent à l'urgence en temps de guerre au Canada, loin des hostilités.

Les contributions en Europe : Waterloo Place

De nombreux employés de la Banque de Montréal servent au front : quatre-vingt-quatre sont tués. Comme le souligne le président de la Banque B. C. Gardner (1948-1952) dans *Field of Honour*, une publication d'après-guerre de la Banque de Montréal créée pour rendre hommage à ceux qui ont servi pendant la Seconde Guerre mondiale : « Pendant les années de conflit, nos hommes ont servi les forces canadiennes, britanniques et alliées sur la plupart des champs de bataille du monde; sur terre, en mer et dans les airs. Nos femmes ont aussi fait leur part dans les services complémentaires[,] accomplissant des tâches dont bon nombre étaient dans le passé considérées comme le travail des hommes. Elles se sont toutes acquittées de leurs tâches de manière remarquable et ont légué un fier bilan de service dont on se souviendra toujours avec gratitude[54]. » Au total, près de 1 500 employés de la Banque de Montréal servent dans les forces armées pendant la Seconde Guerre mondiale[55]. Pour mettre ce nombre en perspective, c'est presque le quart de tous les employés de la Banque de Montréal. En 1940, le personnel de la Banque se compose de 3302 dirigeants, de 2003 employés de sexe féminin et de 1042 encaisseurs, et employés de service à temps plein et à temps partiel, soit un total de 6347 personnes[56].

Tout comme pendant la Grande Guerre, les bureaux de la Banque de Montréal à Londres servent de carrefour pour les Canadiens. Une grande différence par rapport à la période de 1914 à 1918, cependant, est que les bureaux se trouvent maintenant directement dans la ligne de feu, sous les bombardements intensifs et incessants de la puissante force aérienne allemande. Tout au long des bombardements sur Londres, les bureaux de la Banque poursuivent « les activités bancaires habituelles sous de véritables bombes ». « De façon très concrète », rapporte-t-on, « les civils en Grande-Bretagne combattent l'ennemi, non seulement en refusant d'abandonner les services essentiels, mais en secourant les blessés, en éteignant les feux et en accomplissant les nombreuses tâches qui relèvent de la Garde territoriale[57]. »

La Banque est prête à toute éventualité. En 1939, elle fait les préparatifs nécessaires en cas de bombardement ou d'invasion des Allemands. La planification détaillée fait la lumière sur les puissantes forces de l'organisation supérieure, comme le souligne un témoignage remarquable de l'époque :

> Avant le déclenchement de la guerre, des mesures ont été prises pour fournir des abris antiaériens aux employés et aux autres qui pourraient se trouver dans les bureaux de nos succursales de Londres et de Waterloo Place [...] Les bureaux se trouvant dans la cave ont été renforcés avec des échafaudages d'acier et rendus étanches aux gaz. Une sortie de secours a été prévue dans chaque cas ainsi que des fournitures médicales et autre matériel essentiel. Les employés ont été formés à la procédure à suivre en cas de raids aériens, comme un incendie, des manifestations, les premiers soins, le retrait des livres, le placement de l'argent et des titres dans les chambres fortes, etc. [...]
>
> On a fait une copie de tous les registres essentiels et une méthode a été adoptée pour garder les copies à jour de sorte que, en cas de perte des registres originaux lors d'attaques ennemies, des copies soient immédiatement disponibles. Les copies des registres sont entreposées dans la cave à Farnborough, dans le Kent, et des films supplémentaires des registres des titres et des grands livres ont été acheminés au siège social. Par mesure de précaution, Londres a loué trois maisons à Wimbledon, au 10, Grosvernor Hill, où le service de transfert a été déplacé, au 4, Lingfield Road, où des sections de plusieurs autres services ont été déplacées, et au 25, Homefield Road, qui était gardé inoccupé, en réserve. Ainsi, les affaires étaient réparties entre ces trois lieux et seule une petite partie du personnel est demeurée à Threadneedle Street pendant la période des grands raids aériens. Au printemps et à l'été 1942, une grande partie des affaires qui étaient menées à Wimbledon sont retournées à Londres[58].

La succursale de Waterloo Place reprend le rôle qu'elle avait pendant la Première Guerre mondiale comme lieu de rassemblement pour les Canadiens à l'étranger. Le passage suivant du *Staff Magazine* de 1944 souligne l'importance de Waterloo Place pour les Canadiens à Londres :

> C'est Rudyard Kipling qui a affirmé que, si on veut rencontrer un compatriote globe-trotter, on n'a qu'à attendre assez longtemps à l'un des trois endroits – Singapour, Marseille ou la gare de Charing Cross – et il finirait par se présenter. À ces trois endroits s'ajoute maintenant un quatrième, au moins en ce qui concerne les Canadiens : « Le n° 9, Waterloo Place. » Pendant la Grande Guerre 1914-1918, notre succursale du West End, à Londres, était beaucoup plus qu'une banque. C'était un lieu de rassemblement et un centre d'information pour les hommes et les femmes de toutes les provinces du Dominion. Les hommes revenant du front, la boue de la Flandre encore sur les vêtements, en ont fait le premier lieu où se rendre en arrivant en « Angleterre ». Nombreuses ont été les heureuses retrouvailles tandis que ces frères d'armes accueillaient les compatriotes canadiens dont ils n'avaient pas entendu parler depuis des mois. Aujourd'hui, dans la Seconde Guerre mondiale, « Waterloo Place » retrouve son rôle. Encore une fois, c'est le point de ralliement des Canadiens à l'étranger, le lieu de rassemblement des amis. Encore une fois, son personnel sert avec loyauté et générosité, assumant une grande responsabilité, contribuant à maintenir ce lien vital du service qui relie nos hommes à l'étranger à ceux qui les attendent à la maison[59].

La succursale de Waterloo Place fournit d'importants services aux Canadiens qui servent à l'étranger. Elle a rempli ce rôle pendant la Première Guerre mondiale, et la Banque de Montréal sait qu'elle fera encore de même. En 1940, « avant l'arrivée du premier contingent de l'A.A.C. [Armée active du Canada, puis simplement l'Armée canadienne] en Angleterre, la succursale de Waterloo Place a pris des dispositions pour gérer les comptes d'un grand nombre d'officiers et pour la prestation des services qu'elle a été appelée à fournir pendant la guerre précédente. Le temps de dix-huit employés est pleinement utilisé à s'occuper des comptes[60]. » Le bureau est devenu tellement bondé que, en 1943, la Banque se voit obligée de louer des locaux de la banque française Crédit Lyonnais, située à côté. Comme le fait remarquer un employé de la Banque de Montréal, « cela est devenu nécessaire parce que le bureau actuel [Waterloo Place] était rempli au maximum, le bureau et l'espace public étaient congestionnés. En outre, les affaires de la succursale augmentaient sans cesse, principalement dans les comptes des membres de l'armée active qui ont maintenant atteint d'importantes proportions[61]. »

Consciente de son rôle en tant que « Salon de la feuille d'érable » unique à Londres, la Banque apporte un goût bien de chez nous à l'étranger en distribuant des copies de son *Staff Magazine* aux employés qui servent à l'étranger. Pour l'employé de la Banque devenu soldat, le magazine est un excellent moyen de rester en contact avec le Canada. Le caporal D. H. Liang, de la succursale de Calgary de la Banque, servant avec le premier bataillon du Canadian Scottish Regiment, souligne qu'« il n'est pas très difficile de trouver un ancien de la Banque et il semble aller de soi de "parler boutique". Un exemplaire du *Staff Magazine* présente parfois plus d'intérêt que l'évolution de la guerre, et on peut souvent voir, lors d'une soirée ennuyeuse, d'anciens employés éplucher [...] les nouvelles et les articles[62]. » Au départ un simple organe interne pour soutenir le moral des employés, le *Staff Magazine* a gagné une popularité dont ses équivalents contemporains ne peuvent que rêver.

À l'aube d'un monde d'après-guerre

Du point de vue du siège social de la rue St-Jacques, la « guerre des banquiers » permet aux dirigeants et aux gens de l'établissement de se rallier à la cause du roi et de la patrie. En tant que banquiers les plus expérimentés au pays, les dirigeants de la Banque déploient tous leurs efforts et mettent leur expérience au profit de l'effort de guerre canadien. L'établissement lui-même se mobilise en un arsenal financier de la démocratie canadienne, offrant les services et l'expertise de son personnel et de son organisation là où ils auront le plus d'effet. Cette mobilisation exige que la Banque elle-même suspende temporairement bon nombre de ses plans en vue d'ouvrir de nouvelles succursales et d'élargir les services. Les gens de la Banque servent autant sur le champ de bataille que sur le front intérieur, où ils peuvent se rendre utiles. Autrement dit, la Banque a une contribution importante à l'effort de guerre canadien et relève les défis que la période de guerre lui présente.

La fin de la guerre est également la fin d'une période complexe dans l'expérience de la Banque. Le quart de siècle qui sépare la fin de la Première Guerre mondiale et la conclusion de la Seconde est un temps de remarquables transformations dans les relations de la Banque, dans ses fonctions et sa position dans le système bancaire. Des luttes des années 1920 liées aux fusions, aux acquisitions et à la position concurrentielle au contexte public et commercial radicalement changé créé en partie par la Grande Dépression des années 1930, en passant par la remobilisation des ressources et du personnel de la Banque pour répondre à l'urgence en temps de guerre, la Banque de Montréal est contrainte de répondre à une série de changements majeurs qui modifieront considérablement son contexte opérationnel. Sa fortune, en réalité, est « incertaine ».

Après la guerre, la Banque de Montréal tournera son attention vers les services bancaires personnels. La révision décennale de 1944 de la *Loi des banques* facilite ce changement. La Loi ramène le taux d'intérêt maximal de sept à six pour cent. Elle désigne également, enfin, la Banque du Canada en tant qu'agence exclusive chargée d'émettre les billets au Canada, simplifie les procédures pour élargir la portée des prêts consentis aux agriculteurs et aux pêcheurs, et autorise les banques à prêter de l'argent avec « la garantie de billets portant privilège, de contrats de vente et d'autres instruments ou d'accords concernant la vente de produits et de marchandises ou des sommes payables qui en découlent[63] ». Pour mettre en place sa nouvelle stratégie d'après-guerre, la Banque organisera plus tard la campagne « Ma Banque », qui « témoigne d'un effort délibéré de la banque de ne pas paraître uniquement intéressée par les grandes entreprises et le gouvernement[64] ».

En 1944, la Banque se joint au pays pour préparer le monde de l'après-guerre. « Il est très évident qu'une conviction profonde se fait jour au Canada selon laquelle, après les souffrances et les difficultés qu'a engendrées cette guerre », fait observer G. W. Spinney, « il doit y avoir de nouvelles possibilités pour le mieux-être personnel et social à notre époque et pour nos enfants[65]. » Les activités bancaires doivent s'adapter aux nouvelles attentes des Canadiens. L'année suivante, la fin des combats étant en vue, les changements qui s'opèrent dans les activités bancaires – une politique de prêts plus libérale, une plus grande sensibilisation d'un public plus vaste, l'établissement d'activités bancaires plus axées sur la personne – se font déjà sentir. Au comité de direction du conseil en janvier 1945, on envisage une avance très importante – 10 millions $ – à Lever Frères. L'explication au dossier est révélatrice : « Le Comité[,] tout en soulignant le fait que de consentir des prêts à terme s'éloignait de la pratique bancaire ordinaire[,] pour tenir compte des temps qui changent, a approuvé la politique consistant à consentir de tels prêts avec des mesures de protection adéquates, chaque demande devant être traitée en fonction de son bien-fondé[66]. »

La transition de la guerre à la paix, laisse entendre le président Spinney en 1945, « est l'étape la plus difficile à franchir parce que, à certains égards, il faudra penser à la guerre pendant de nombreux mois à venir encore[67] ». Le plus grand danger économique immédiat réside dans les pressions inflationnistes qui sont « plus intenses et potentiellement plus dangereuses qu'à n'importe quel moment pendant les années de conflit réel[68] ». Les plans de reconstruction d'après-guerre du Dominion et des gouvernements provinciaux apparaissent aussi beaucoup sur le radar de l'administration de la Banque de Montréal. La Conférence du Dominion et des provinces sur la reconstruction à l'été 1945 attire beaucoup d'attention au sein de la Banque. Le conseiller économique de la Banque, W. T. G. Hackett, prépare un résumé analytique des délibérations[69]. La Conférence propose une refonte en profondeur des assises financières du gouvernement du Canada. Des incitatifs financiers devront être offerts aux provinces pour les programmes de travaux publics. Le gouvernement du Dominion propose également un « programme de services sociaux considérablement élargi », qui sera principalement financé par le gouvernement national. Cela inclut un programme national de soins de santé complet, une augmentation et une refonte de la pension de vieillesse nationale, un élargissement de l'assurance-chômage pour couvrir tous les travailleurs et des paiements d'assurance-chômage pour les « employables non admissibles aux prestations d'assurance-chômage[70] ». De plus, le gouvernement du Dominion propose de faire valoir son autorité sur les impôts des sociétés au moment où il met en œuvre des hausses considérables de ces impôts pour récupérer et doubler les pertes des provinces.

Hackett calcule que le coût probable de ces nouveaux programmes s'élève à des centaines de millions de dollars. La dépense pour un programme national de soins de santé, par exemple, équivaudra à 264 millions $, comparativement aux 43 millions $ dépensés par les autorités publiques au Canada à cette fin en 1944. Les propositions liées à la pension de vieillesse coûteront 165 millions $ de plus[71]. Les objectifs de plein emploi du gouvernement King et le recours à la politique fiscale pour contrôler l'investissement économique et la demande des consommateurs suscitent un certain scepticisme[72]. Néanmoins, l'adoption inconditionnelle du financement contracyclique keynésien et un rôle considérablement élargi pour l'État deviennent des éléments permanents de la vie économique au Canada. L'arrivée d'une mesure de sécurité sociale, l'importance accrue des sociétés d'État et la philosophie plus interventionniste du gouvernement du Dominion sont tous les signes avant-coureurs d'une ère nouvelle. Les pouvoirs grandement élargis du gouvernement du Dominion ne tenaient sans doute qu'aux dispositions de la *Loi sur les mesures de guerre* au début du conflit armé, mais en 1945, un important fondement législatif et des programmes pour l'expansion de l'État sont établis.

Les dirigeants de la Banque ont leurs propres plans d'après-guerre. Les nouveaux bâtiments et les agrandissements ont été repoussés jusqu'à la fin de la guerre. Lorsque celle-ci survient, le programme de rénovation est impressionnant : 5,8 millions $ pour la modernisation, avec une « réserve disponible d'environ 2 millions $ », dont la majeure partie ira à la construction des nouveaux bureaux de Toronto. Le siège social à Montréal doit lui-même être grandement modernisé[73]. Le monde de l'après-guerre pose d'énormes défis et engendre une multitude de possibilités pour la Banque. Cette dernière peut pourtant entrer dans ce monde avec un bilan bien établi d'endurance, de réussite et de service au pays. La question qui se pose est la suivante : la Banque pourra-t-elle traduire ce bilan en un avantage concurrentiel durable à l'aube d'un jour nouveau?

NOTES

Abréviations

ANE	Archives de la Nouvelle-Écosse
APS	Archives provinciales de la Saskatchewan
APTN	Archives provinciale de Terre-Neuve
ARCH. BE	Archives de la Bank of England
ARCH. BMO	Archives de la Banque de Montréal
BAC	Bibliothèque et Archives Canada
DBC	*Dictionnaire biographique du Canada* (http://www.biographi.ca/fr/; Les Presses de l'Université Laval/University of Toronto Press, 2003–)
TNA	Archives nationales du Royaume-Uni

Introduction générale

1 Nous avons recours à l'occasion dans cet ouvrage à l'abréviation « BMO » comme raccourci et dans un souci d'éviter la répétition du nom intégral et celui de l'institution. Il ne faut pas la confondre avec l'adoption officielle de cette abréviation par la Banque de Montréal dans le cadre de son exercice de revalorisation de la marque des années 1990.

2 À compter du 31 octobre 2018. https://www.bmo.com/accueil/a-propos-de-bmo/services-bancaires/information-dentreprise/a-propos-de-nous/bmo-groupe-financier (consultation le 14 février 2019).

3 Duncan McDowall, *Quick to the Frontier: Canada's Royal Bank,* Toronto, McClelland and Stewart, 1993; James Darroch, *Canadian Banks and Global Competitiveness,* Montréal/Kingston, McGill-Queen's University Press, 2014.

4 Philip Scranton et Patrick Friedenson, *Reimagining Business History,* Oxford, Oxford University Press, 2013, p. 30, 32.

5 *Ibid.*, p. 32.

6 William Deresiewicz, « Solitude and Leadership », *American Scholar*, n° 790 (printemps 2010), p. 24.

7 Scranton et Friedenson, *Reimagining Business History*, p. 114.

8 Tiré de la citation d'Eliot comme prix Nobel de littérature (1948), citation dans *Nobel Lectures Literature 1901-1967*, Horst Frenz (dir.), Amsterdam, Elsevier Publishing Company, 1969.

9 T. S. Eliot, « Little Gidding », *Quatre quatuors*, traduction française de Pierre Leyris, Paris, Éditions Rombaldi, 1963, p. 182.

Chapitre un

1 Adam Shortt, « Canadian Currency and Exchange under French rule », *Canadian Bankers' Association Journal*, vol. 5, p. 1057.

2 David Bergeron, « Le financement de la guerre de 1812 », *Recherches du Musée de la Banque du Canada* (1er janvier 2012), p. 4.

3 Karen Campbell, « The Embargo Act of 1808 », dans *The Vermont Encyclopedia*, John J. Duffy, Samuel B. Hand et Ralph H. Orth. (dir.), New Hampshire, University Press of New England, 2003, p. 114.

Aux dires d'observateurs contemporains, l'armée britannique reçoit jusqu'au tiers de son ravitaillement en viande de bœuf du Vermont. Lorsque les contrebandiers sont arrêtés dans la célèbre affaire du *Black Snake*, en 1808, ils résistent d'abord aux douaniers et tuent deux miliciens et un simple spectateur. En dépit des efforts de l'armée américaine et de la milice chargée de surveiller la frontière, la contrebande se poursuit pratiquement sans arrêt jusqu'à la fin de la guerre de 1812. Voir à ce sujet l'ouvrage de John Little, *Loyalties in Conflict: A Canadian Borderland in War and Rebellion, 1812–1840,* Toronto, University of Toronto Press, 2008. Selon Little, les liens commerciaux naturels de l'ouest du Vermont suivent le corridor du lac Champlain et de la rivière Richelieu jusqu'à Montréal. L'embargo décrété par Jefferson ne réussit pas à interrompre la circulation des biens vers le nord et le Bas-Canada et suscite même une rébellion virtuelle dans certaines localités vermontoises et new-yorkaises. La déclaration de guerre contre l'Angleterre en 1812 n'endigue guère le commerce, même si l'on saisit, à 170 reprises, des biens entrés en contrebande dans le nord du Vermont. Se reporter également à Nicholas H. Muller, « Smuggling into Canada: How the Champlain Valley Defied Jefferson's Embargo », *Vermont History,* vol. 38, nº 1 (janvier 1970), p. 5–21. Muller laisse entendre qu'en 1808, l'année même du début de l'embargo, les échanges commerciaux auraient augmenté de 31 p. cent, pour atteindre au total 140 000 livres de marchandises.

4 Peter Andreas, *Smuggler Nation: How Illicit Trade Made America*, New York, Oxford University Press, 2013, p. 74–80. Voir également Louis Martin Sears, *Jefferson and the* Embargo, Durham, NC, Duke University Press, 1927, ouvrage présenté par W. F. Galpin, dans *Georgia Historical Quarterly*, vol. 11, nº 4 (décembre 1927), p. 357–359; Jeffery A. Frankel, « The 1807–1809 Embargo against Great Britain », dans *Journal of Economic* History, vol. 42, nº 2 (juin 1982), p. 291–308.

5 Bergeron, « Le financement de la guerre de 1812 », p. 4.

6 Bray Hammond, *Banks and Politics in America from the Revolution to the Civil War*, Princeton, NJ, Princeton University Press, 1967, p. 641–643.

7 Merrill Denison, *La première banque au Canada : Histoire de la Banque de Montréal*, vol. 1, Toronto, McClelland and Stewart, 1966, p. 62.

8 Bergeron, « Le financement de la guerre de 1812 », p. 12.

9 *Ibid.*, p. 5.

10 *Ibid.*

11 John R. Grodzinski, « Commissariat », dans *The Encyclopedia of the War of 1812: A Political, Social, and Military History*, vol. 1 (A-K), Spencer C. Tucker (dir.), Californie, ABC-CLIO, 2012, p. 148-149.

12 Bergeron, « Le financement de la guerre de 1812 », p. 9; G. Sheppard, *Plunders, Profit and Paroles: A Social History of the War of 1812 in Upper Canada*, Montréal/Kingston, McGill-Queen's University Press, 1994, p. 142; L. D. Bergeron, « Pretended Banking?: The Struggle for Banking Facilities in Kingston, Upper Canada, 1810–1837 », thèse de maîtrise, Université d'Ottawa, 2007, p. 72–74, citée dans Bergeron, « Le financement de la guerre de 1812 ».

13 Bergeron, « Le financement de la guerre de 1812 », p. 13; Sheppard, *Plunders, Profit and Paroles*, p. 104, 108 et 122.

14 Bray Hammond, « Banking in Canada before Confederation, 1792–1867 », dans Approaches *to Canadian Economic History: A Selection of Essays*, W. T. Easterbrook et M. H. Watkins (dir.), Toronto, McClelland and Stewart, 1967, p. 127-128.

15 ARCH. BMO, « Austin Cuvillier », dans The Founders (short biographies of).

16 Jacques Monet et Gerald J. J. Tulchinsky, « Cuvillier, Austin », dans *DBC*, vol. 7.

17 ARCH. BMO, « Austin Cuvillier », dans The Founders (short biographies of).

18 *Ibid.*

19 Jacques Monet et Gerald J. J. Tulchinsky, « Cuvillier, Austin ».

20 ARCH. BMO, « Horatio Gates », dans The Founders (short biographies of).

21 *Ibid.*; ARCH. BMO, document rédigé pour le centenaire de la Banque de Montréal, 1917, « Confidential Memorandum from Frederick Williams-Taylor to Mr. Vaughan », 14 mai 1917.

22 Jean-Claude Robert, « Gates, Horatio », dans *DBC*, vol. 6.

23 ARCH. BMO, « Horatio Gates »; *ibid.*, « Confidential Memorandum from Frederick Williams-Taylor to Mr. Vaughan ».

24 Robert, « Gates, Horatio ».

25 Gerald J. J. Tulchinsky, « Garden, George », dans *DBC*, vol. 6.

26 ARCH. BMO, « George Garden », dans The Founders (short biographies of); Archives de la Banque de Montréal, document rédigé pour le centenaire de la Banque de Montréal, 1917, « Confidential Memorandum from Frederick Williams-Taylor to Mr. Vaughan ».

27 ARCH. BMO, « John Richardson », dans The Founders (short biographies of); ARCH. BMO, *Centenary of the Bank of Montreal*, 1917, ch. 8, p. 2.

28 ARCH. BMO, « John Richardson », dans The Founders (short biographies of).

29 F. Murray Greenwood, « Richardson, John, » dans *DBC*, vol. 6.

30 Robert, « Gates, Horatio ».

31 BAC, *Journaux de la Chambre d'assemblée du Bas-Canada* (session de 1830), Québec, Neilson & Cowan, 1830, p. 86.

32 *Ibid.*

Deuxième partie

1 ARCH. BMO, Document rédigé pour le centenaire de Banque de Montréal, 1917, « Bank of Montreal, 1817–1917 – Vice-Presidents »; *ibid.*, « Cashiers ».

2 ARCH. BMO, Registre des nouveaux actionnaires, 1837-1845; on y voit que Joseph Masson est le principal actionnaire avec 312 actions, contre 205 pour John Molson et 100 pour John Redpath. Ces chiffres témoignent d'une vaste répartition des titres dans la collectivité.

3 ARCH. BMO, Lois sur les banques, Procès-verbaux du conseil d'administration, les 5 et 13 septembre 1817, les 7, 14 et 21 juillet 1818.

4 ARCH. BMO, *Statements of the Bank of Montreal as Required under the Act of the Provincial Parliament 11th Geo IV Chap VI for Amending and Continuing the Charter*, 1831.

Chapitre deux

1 Se reporter à Charles Fombrun, « The Building Blocks of Corporate Reputation: Definitions, Antecedents, Consequences », *The Oxford Handbook of Corporate Reputation*, Michael L. Barnett et Timothy G. Pollock (dir.), Oxford, Oxford University Press, 2014, p. 94–113 et particulièrement p. 98-99.

2 *Ibid.*

3 *Ibid.*, p. 99.

4 Rowena Olegario et Christopher McKenna, « Introduction: Corporate Reputation in Historical Perspective », *Business History Review*, vol. 87, n° 4 (Corporate Reputation) (2003), p. 643–654.

5 *Ibid.*, p. 645.

6 *Ibid.*; Niall Ferguson, *The House of Rothschild*, vol. 1, *Money's Prophets, 1798–1848,* Londres, Penguin, 2000; Niall Ferguson, *The World's Banker: The History of the House of Rothschild,* Londres, Weidenfeld & Nicolson, 1998; Edwin J. Perkins, *Financing Anglo-American Trade: The House of Brown, 1800–1880,* Cambridge, MA, Harvard University Press, 1975; Susie Pak, *Gentlemen Bankers: The World of J.P. Morgan,* Cambridge, MA, Harvard University Press, 2014. Pour une étude plus récente, voir celle de Johnathan Macey, citée dans Balleisen et coll., « Corporate Reputation Roundtable », *Business History Review*, vol. 87, n° 4 (Corporate Reputation) (2003), p. 627–642. Macey s'intéresse à J.P. Morgan et à la Bankers Trust New York Corporation. Il se demande si la réputation a autant d'importance dans le secteur financier aujourd'hui qu'il y a trente ans.

7 Susie Pak, « Reputation and Social Ties: J.P. Morgan & Co. and Private Investment Banking », dans *Business History Review,* vol. 87, n° 4 (Corporate Reputation) (2003), p. 703–728.

8 *Ibid.*, p. 706.

9 *Ibid.*, p. 727.

10 Christopher McKenna et Rowena Olegario, « Corporate Reputation and Regulation in Historical Perspective », *The Oxford Handbook of Corporate Reputation*, p. 260–277 et particulièrement la p. 268.

11 *Ibid.*, p. 269.

12 Pamela W. Laird, « *Pull: Networking and Success since Benjamin Franklin* », Cambridge, MA, Harvard University Press, 2007; McKenna et Olegario, « Corporate Reputation and Regulation in Historical Perspective », p. 269.

13 McKenna et Olegario, « Corporate Reputation and Regulation in Historical Perspective », p. 272; J. Bradford DeLong, « *Did J.P. Morgan's Men Add Value? An Economist's Perspective on Financial Capitalism* », Cambridge, MA, Harvard Institute of Economic Research, 1991, p. 205–236.

14 Robert Sweeny, « McGill, Peter », dans DBC, vol. 8.

15 ARCH. BMO, *The Centenary of the Bank of Montreal, 1817–1917*, p. 43.

16 ARCH. BMO, « Documents rédigés pour le centenaire de la Banque de Montréal », 1917, « Confidential Memorandum from Frederick Williams-Taylor to Mr. Vaughan », 14 mai 1917.

17 La Banque n'a pas de charte de 1817 à 1822, mais elle exerce ses affaires depuis sa fondation.

18 Edward P. Neufeld, *The Financial System of Canada: Its Growth and Development*, New York, St Martin's Press, 1972, p. 36.

19 *Ibid.*, p. 39.

20 ARCH. BMO, *The Centenary of the Bank of Montreal, 1817–1917*, p. 11.

21 ARCH. BMO, procès-verbaux du conseil d'administration, 10 octobre 1817, 2 juin 1845 et 27 février et 1er septembre 1846.

22 Naomi Lamoreaux, *Insider Lending: Banks, Personal Connections and Economic Development in Industrial New England*, Cambridge, MA, Cambridge University Press, 1994.

23 Sweeny, « McGill, Peter ».

24 Gerald Tulchinsky, « Moffatt, George », dans DBC, vol. 9.

25 André Garon, « Leslie, James », dans DBC, vol. 10; Jean-Claude Robert, « Gates, Horatio », *ibid.*, vol. 6.

26 ARCH. BMO, procès-verbal de la réunion du conseil d'administration, 27 août 1825.

27 ARCH BMO, Cahiers de résolutions, juillet 1826.

28 ARCH BMO, procès-verbaux de réunions du conseil d'administration, 7 juin 1824 et 12 janvier, 13, 23 et 27 juin, 4 octobre, 3, 7 et 8 novembre et 12 décembre 1826.

29 ARCH. BMO, Statuts constitutifs de la Banque de Montréal et Règlements de la Banque de Montréal, « Rules and Regulations adopted by the President and Directors of the Montreal Bank for Their Government and for Prescribing the Respective Duties of the President, Cashier, and Subordinate Officers of the Bank ».

30 Sweeny, « McGill, Peter ».

31 ARCH. BMO, *The Centenary of the Bank of Montreal, 1817–1917*, p. 24–25.

32 Voir *Journaux de la Chambre d'assemblée du Bas-Canada, 1829, 1930*; se reporter notamment au 2 février 1829 et au 5 février 1830.

33 ARCH. BMO, *The Centenary of the Bank of Montreal, 1817-1917*, p. 26.

34 ARCH. BMO, Faits saillants des procès-verbaux du conseil, 1837-1839, « Committee Report on Benjamin Holmes », 16 août 1837.

35 Lorne Ste Croix, « Holmes, Benjamin », dans DBC, vol. 9.

36 ARCH. BMO, Faits saillants des procès-verbaux du conseil, 1837-1839, « Committee Report on Benjamin Holmes », 16 août 1837.

37 *Kingston Chronicle*, 27 mars 1830.

38 Anatole Browde, « Settling the Canadian Colonies: A Comparison of Two Nineteenth-Century Land Companies », *Business History Review*, vol. 76, n° 2 (2002), p. 299–335 et particulièrement à la page 319.

39 BAC, RG7 G12, vol. 50A, Gosford à Glenelg, 17 mars 1836; Browde, « Settling the Canadian Colonies », p. 320.

40 Neufeld, *The Financial System of Canada*, p. 40.

41 ARCH. BMO, *The Centenary of the Bank of Montreal, 1817–1917*, p. 28.

42 *Ibid.*

43 ARCH. BMO, « Documents rédigés pour le centenaire de la Banque de Montréal », 1917, « Bank of Montreal, 1817–1917 – Cashiers »

44 ARCH. BMO, Rapport annuel de la Banque de Montréal, 1845.

45 Violina P. Rindova et Charles J. Fombrun, « Constructing Competitive Advantage: The Role of Firm-Constituent Interactions », *Strategic Management Journal*, vol. 20, n° 8 (1999), p. 691–710.

Chapitre trois

1 Se reporter notamment à Michael D. Bordo, Angela Redish et Hugh Rockoff, « Why Didn't Canada Have a Banking Crisis in 2008 (or in 1930, or 1907, or...)? », *National Bureau of Economic Research Working Paper Series*, document de travail n° 17312 (2011), p. 1–40.

2 *Ibid.*

3 « The Montreal Bank », *Daily National Intelligencer*, 13 décembre 1817.

4 BAC, *Journaux de la Chambre d'assemblée du Bas-Canada* [session 1828-1829], Québec, Neilson & Cowan, 1829, p. 354-355.

5 David McKeagan, « Development of a Mature Securities Market in Montreal from 1817 to 1874 », *Business History Review*, vol. 51, n° 1 (2009), p. 63. L'auteur souligne aussi que ce marché d'actions bancaires s'appuie sur des annonces paraissant régulièrement dans les quotidiens *Montreal Herald* et *Montreal Gazette*. Examinant de plus près les actions de la Banque, il conclut que les opérations d'achat et de revente sont nombreuses, surtout chez les dirigeants.

6 *Ibid.*, p. 61.

7 Ranald C. Michie, « The Canadian Securities Market, 1850–1914 », *Business History Review*, vol. 62, n° 1 (1988), p. 35–73 et 81.

8 ARCH. BMO, Registre des actionnaires n° 2 et 3.

9 McKeagan, « Development of a Mature Securities Market in Montreal from 1817 to 1874 », p. 70.

10 *Ibid.*, p. 60.

11 « Montreal Bank », *Times*, 3 avril 1834.

12 Michie, « The Canadian Securities Market, 1850–1914 », p. 35–73, p. 40.

13 Adam Shortt, « History of Canadian Currency, Banking and Exchange », *Journal of the Canadian Bankers' Association*, vol. 10 (janvier 1903), p. 35–39; Roeliff Morton Breckenridge, *The Canadian Banking System, 1817–1890*, New York, Macmillan, 1893, p. 121.

14 ARCH. BMO, Procès-verbal du conseil d'administration, 26 décembre 1845.

15 *Ibid.*, 13 août 1847.

16 ARCH. BMO, « Proceedings at a General Meeting of the Stockholders of the Bank of Montreal, held at the Banking House on This Day », 5 juin 1848.

17 *Ibid.*

18 *Ibid.*

19 *Journal of the Canadian Bankers' Association, vol.* 2 (septembre 1894-août 1895), Toronto, Monetary Times Printing Company, 1895, p. 150.

20 *Ibid.*, p. 174.

21 *Ibid.*, p. 176.

22 ARCH. BMO, Rapport annuel de la Banque de Montréal, 1850; *ibid.*, Rapport annuel de la Banque de Montréal, 1856.

Chapitre quatre

1 Adam Shortt, « The Early History of Canadian Banking: Canadian Currency and Exchange under French Rule », *Journal de l'Association des banquiers canadiens*, vol. 5, 1898, p. 176.

2 Voir, par exemple, Loi 18 Victoria, chap. 38 à 42.

3 *Montreal Gazette*, 16 mars 1841.

4 *Ibid.*

5 TNA, CO42/577, « Records of the Lords of the Treasury », 20 février 1851.

6 *Ibid.*

7 *Ibid.*

8 Elinor Kyte Senior, « Routh, Sir Randolph Isham », dans *DBC*, vol. 8.

9 Roeliff M. Breckenridge, « The Canadian Banking System 1817–1890 », *Journal de l'Association des banquiers canadiens*, 1894, p. 87.

10 *Ibid.*, p. 51–53, 58, 59, 87-88.

11 Documents parlementaires du Canada-Uni, 1841, Comité spécial sur le système bancaire et la monnaie, Annexe O, 10 septembre 1841.

12 Breckenridge, « The Canadian Banking System 1817–1890 », p. 53.

13 Adam Shortt, « History of Canadian Currency, Banking and Exchange», *Journal de l'Association des banquiers canadiens*, vol. 10, 1903, p. 35–39, vol. 8, n° 3, p. 227.

14 TNA, T1/3476, « Treasury Department Order », 30 novembre 1832.

15 TNA, T1/3476, boîte 63, n° 1599, 6 décembre 1832, Routh à James Stewart. Routh écrit qu'il a reçu instruction de « [ses] Lords commissaires du Trésor de Sa Majesté de transférer aux banques de Montréal et de York la garde des deniers publics destinés aux dépenses militaires au Canada ».

16 TNA, T1/3476 boîte 63, Routh au Trésor, 20 novembre 1832.

17 TNA, T1/3476 853/529/6, Benjamin Holmes à Routh, 27 juin 1833.

18 TNA, T1/3476, Long Papers, boîte 63, « Banks Canada (British North America) 1790–1840 », PO 42 Commissariat, Canada, Québec, Routh à James Stewart, 15 novembre 1834, n° 2240.

19 *Ibid.*

20 *Ibid.*

21 *Ibid.*

22 *Ibid.*

23 TNA, T1/3476, Long Papers, boîte 63, « Banks Canada (British North America) 1790–1840 », PO 42 Commissariat, Canada, Québec, Routh au commissaire général adjoint Price, 4 novembre 1834.

24 *Ibid.*

25 *Ibid.*

26 *Ibid.*

27 TNA, T1/3476, Long Papers, boîte 63, « Banks Canada (British North America) 1790–1840 », PO 42 Commissariat, Canada, Québec, Routh à Price, 6 novembre 1834.

28 TNA, T1/3476, Long Papers, boîte 63, « Banks Canada (British North America) 1790–1840 », PO 42 Commissariat, Canada, Québec, Routh à James Stewart, 15 novembre 1834.

29 *Ibid.*

30 TNA, T1/3476, Long Papers, boîte 63, « Banks Canada (British North America) 1790–1840 », PO 42 Commissariat, Canada, Québec, Price à Routh, 6 novembre 1834.

31 Alasdair Roberts, *America's First Great Depression: Economic Crisis and Political Disorder after the Panic of 1837,* Ithaca (NY), Cornell University Press, 2012.

32 Pour un compte rendu de première main sur la Panique de 1837 présenté dans la lettre d'un contemporain à New York, voir William H. Siles (dir.), « Quiet Desperation: A Personal View of the Panic of 1837 », dans *New York History*, janvier 1986, p. 89–92. La Panique a eu des répercussions dévastatrices sur la vie de millions d'Américains. Voir Jessica M. Lepler, *The Many Panics of 1837: People, Politics and the Creation of a Transatlantic Financial Crisis,* New York, Cambridge University Press, 2013; Jessica M. Lepler, « A Crisis of Interpretation: Prescursor to the Panic of 1837 », *Financial History,* vol. 109, (2014), p. 30–33.

33 Lepler, *A Crisis of Interpretation*, p. 32.

34 TNA, T1/3476, Long Papers, boîte 63, « Banks Canada (British North America) 1790–1840 », PO 42 Commissariat, Canada, Québec, Benjamin Holmes à Routh, 18 mai 1837.

35 *Ibid.*

36 TNA, T1/3476, Long Papers, boîte 63, « Banks Canada (British North America) 1790–1840 », PO 42 Commissariat, Canada, Québec, Samuel Gerrard à Peter McGill, 15 mai 1837.

37 *Ibid.*

38 TNA, T1/3476, Routh au commissaire général adjoint Coffin (Mexico), 18 mai 1837.

39 *Ibid.*

40 Roeliff M. Breckenridge, *The Canadian Banking System, 1817–1890,* New York, Macmillan, 1893, p. 61.

41 Voir, par exemple, TNA, T1/3476/18279, « Bank of Montreal Statements – Abstracts »; T1/3476, « General Statement of the Affairs of the Bank of Montreal on 1 February 1831 », pièce jointe n° 5, dépêche n° 39 .

42 TNA, T1/3475, Long Papers, boîte 62, « Banks: Canada (British North America) 1790–1840 », s.d. ».

43 TNA, T1/3476, « By the Right Honourable Lords of the Committee of Council Appointed for the Administration of All Matters Relating to Trade and Foreign Plantations », 18 juillet 1830, salle des délibérations, Whitehall.

44 TNA, T1/3476, « Office of the Committee of the Privy Council for Trade at the Council Chamber, Whitehall, 16 July 1830, by the Right Honourable Lords of the Committee of Council Appointed for the Consideration of All Matters Relating to Trade and Foreign Plantations »; TNA, T1/3476, Bureau du comité du Conseil privé pour le commerce, Whitehall, 1er juillet 1833, « Proposed Establishment of Banks in Canada ».

45 Breckenridge, *The Canadian Banking System, 1817–1890*, p. 51–53, 58, 59.

46 Voir, par exemple, TNA, CO42, T1/3476, n° 7286, 20 février 1833, dépêche de Routh n° 1679; « Official Statement of the Bank of Montreal for 1832 », n° 7286, Routh à James Stewart, 20 février 1833.

47 *Ibid.*

48 Voir, par exemple, TNA, T1/3476, n° 3079, Commissariat, Canada, Quebec, 22 septembre 1837, Routh au procureur général Spearman. Il y joint une lettre du caissier de la Banque de Montréal « pour [qu'il ait en main] l'état de [son] compte auprès de cette institution ».

49 Voir également TNA, CO42, T1/3476, n° 1352, Routh à James Stewart, 3 mars 1832 (liste des actionnaires de la Banque de Montréal); documents relatifs au transfert des fonds détenus dans les coffres de l'armée vers les banques du Canada, 11 janvier 1831 (communiqué de la Trésorerie), 17 mai 1831; Routh à Stewart, 29 juin 1831; M. Hay à E. Ellis, 19 juillet 1832; Communiqué de la Trésorerie – Routh, 6 décembre 1832; Routh (instructions aux gestionnaires); Routh à Benjamin Holmes, 11 janvier 1833; « General Statement of the Affairs of the Montreal Bank », 1er février 1831, pièce jointe n° 5, dépêche n° 39; TNA, T1/1688, « Lower Canada, Bank of Montreal », 3 mai 1834, J. Fleming au lieutenant-colonel Glegg.

50 TNA, T1/1688, Routh à Fleming, 3 mai 1831; Fleming à Routh, 3 mai 1831.

51 Kyte Senior, *Routh, Sir Randolph Isham.*

52 S. F. Wise, « Head, Sir Francis Bond », dans *DBC*, vol. 10.

53 TNA, T1/3476, 18279/37, Lieutenant-gouverneur Bond Head au Conseil privé, 18 avril 1837.

54 *Ibid.*

55 *Ibid.*

56 E. P. Neufeld, *The Financial System of Canada,* Toronto, University of Toronto Press, 1972, p. 84. Neufeld précise que ces lois énoncent d'autres dispositions comme la taxe d'un pour cent sur la circulation des billets de banque et des restrictions visant les dettes, à l'exclusion des passifs découlant d'un avoir numéraire positif et des effets publics, jusqu'à concurrence de trois fois le plafond applicable au capital entièrement versé des billets en circulation de la Banque, notamment.

57 Matthew Jaremski et Peter L. Rousseau, « Banks, Free Banks and US Economic Growth », *Economic Inquiry,* vol. 51, n° 2 (avril 2013), p. 1606.

58 *Ibid.*, p. 1607.

59 TNA, CO42/576, C. E. Trevelyan au Trésor, 11 juin 1851.

60 *Ibid.*

61 *Ibid.*

62 *Ibid.*

63 *Ibid.*

64 *Ibid.*

65 *Ibid.*

66 *Ibid.*

67 *Ibid.*

68 TNA, CO42/576, Merivale à C. E. Trevelyan, 12 juin 1851.

69 Jaremski et Rousseau, « Banks, Free Banks and US Economic Growth », p. 1608.

70 Neufeld, *The Financial System of Canada*, p. 76.

Chapitre cinq

1 ARCH. BMO, « Report of the Directors to the Stockholders at Their Fortieth Annual General Meeting Held 7th June 1858 ».

2 *Ibid.*

3 George Hague, « The Late Mr. E.H. King, Formerly President of the Bank of Montreal », *Journal of the Canadian Bankers' Association*, vol. 9 (octobre 1896-juillet 1897), p. 21.

4 Merrill Denison, *La première banque au Canada, Histoire de la Banque de Montréal,* vol. 1, Toronto, McClelland and Stewart, 1966, p. 60–70.

5 *Ibid.*, p. 71.

6 ARCH. BMO, « Report of the Directors to the Stockholders at Their Forty-first Annual General Meeting Held 6th June 1859 ».

7 ARCH. BMO, « Report of the Directors to the Stockholders at their Forty-third Annual General Meeting Held 3rd June 1861 ».

8 *New York Times*, 24 décembre 1861, p. 7.

9 *Ibid.*

10 « Chicago », *Milwaukee Sentinel*, 25 octobre 1871.

11 Andrew Smith, « Continental Divide: The Canadian Banking and Currency Laws of 1871 in the Mirror of the United States », *Enterprise and Society,* vol. 13, n° 3 (septembre 2012), p. 455–503.

12 Charles W. Calomiris et Stephen H. Haber, *Fragile by Design: The Political Origins of Banking Crises and Scarce Credit*, Princeton, NJ, Princeton University Press, 2014, p. 303.

13 Philip Scranton et Patrick Friedenson, *Reimagining Business History*, Baltimore, MD, John Hopkins University Press, 2013, p. 30-31.

14 ARCH. BMO, Document rédigé pour le centenaire de la Banque de Montréal, 1917, « Bank of Montreal, 1817–1917 – Presidents »; *ibid.,* « Vice-Presidents ».

15 Gerald J. J. Tulchinsky et Alan R. Dever, « Ryan, Thomas », dans *DCB*, vol. 11.

16 *Ibid.*

17 Gerald Tulchinski, « Redpath, John », dans *DCB,* vol. 9.

18 R. E. Rudin, « King, Edwin Henry », dans *DCB*, vol. 12.

19 Denison, *La première banque au Canada*, vol. 1.

20 C'est l'appellation que préfère le *Toronto Globe.*

21 George Worts, de la Banque de Toronto, et John Rose, respectivement.

22 Jean-Pierre Kesteman, « Galt, Sir Alexander Tilloch », dans *DCB*, vol. 12.

23 David M. L. Farr, « Rose, Sir John », dans *DCB*, vol. 11.

24 ARCH. BMO, « Report of the Directors to the Stockholders at their Forty-sixth Annual General Meeting Held 6th June 1864 ».

25 ARCH. BMO, « Report of the Directors to the Stockholders at their Forty-seventh Annual General Meeting Held 5th June 1865 ».

26 David McKeagan, « Development of a Mature Securities Market in Montreal from 1817 to 1874 », *Business History,* vol. 51, n° 1 (janvier 2009), p. 62.

27 Ronald A. Shearer, « The Foreign Currency Business of Canadian Chartered Banks », *Revue canadienne d'économique et de science politique,* vol. 31, n° 3 (août 1965), p. 331. Les observations de Shearer par rapport à la qualité des prêts à vue méritent une certaine attention. Il note « qu'aux yeux d'un banquier canadien, un prêt à vue remboursable dans la ville de New York qui est garanti par une sûreté de haut niveau équivaut pratiquement à des fonds en caisse [...] alors qu'au Canada, le même type de prêt, que les institutions bancaires boudent, ne saurait être ni remplacer une réserve d'argent liquide. Au Canada, un prêt à vue n'est pas remboursable sur demande. Les banquiers savent très bien qu'ils ne peuvent compter sur ces prêts pour renflouer les coffres en cas d'urgence, car les sûretés servant de garantie ne peuvent être liquidées rapidement sans qu'ils perdent au change. » Citation dans J. F. Johnson, *The Canadian Banking System*, Washington, 1910, p. 73. Voir aussi H. M. P. Eckhardt, « Modes of Carrying Cash Reserves », *Journal of the Canadian Bankers' Association,* vol. 16 (1909), p. 98–105; Roeliff M. Breckenridge, *The Canadian Banking System, 1817–1890*, New York, Macmillan, 1893, p. 343–345.

28 Bray Hammond, *Banks and Politics in America from the Revolution to the Civil War,* Princeton, NJ, Princeton University Press, 1967, p. 669-670.

29 Jay Sexton, « Transatlantic Financiers and the Civil War », *American Nineteenth Century History,* vol. 2, n° 3 (2001), p. 30.

30 *Ibid.*

31 Voir *The Centenary of the Bank of Montreal, 1817–1917*, Montréal, 1917, p. 49.

32 Hague, « The Late Mr. E.H. King », p. 23.

33 David F. Weiman et John A. James, « The Political Economy of the US Monetary Union: The Civil War Era as a Watershed », *American Economic Review,* vol. 97, n° 2 (2001), p. 271.

34 *Ibid.,* p. 274. Voir aussi H. Bodenhorn, *A History of Banking in Antebellum America: Financial Markets and Economic Development in an Era of Nation-Building,* New York, Cambridge University Press, 2000.

35 Peter L. Rousseau, « The Market for Bank Stocks and the Rise of Deposit Banking in New York City, 1866, 1897 », *Journal of Economic History,* n° 71 (2011), p. 976.

36 Breckenridge, *The Canadian Banking System*, p. 185.

37 Denison, *La première banque au Canada*, vol. 2, p. 160.

38 *New York Times*, 22 février 1863.

39 Denison, *La première banque au Canada*, vol. 1, p. 132.

40 Rudin, « King, Edwin Henry ».

41 Hague, « The Late Mr. E.H. King », p. 21.

42 « The Finances of Canada », *New York Times*, 13 mars 1864.

43 Hague, « The Late Mr. E.H. King », p. 23.

44 Comme indiqué dans « Provincial Parliament: Legislative Assembly », *Ottawa Citizen*, 8 août 1866.

45 Canada, Senate *Journal*, 1867-1868, extraits que le comité spécial rapporte à propos des « Causes of the Recent Financial Crisis in the Province of Ontario ».

46 « The Late Canada Bank Failure », *New York Times*, 24 octobre 1867.

47 *Ibid.*

48 Voir un compte-rendu contemporain de cette période dans Breckenridge, *The Canadian Banking System*, p. 128-129.

49 *Ibid.*, p. 128.

50 *Ibid.*, p. 135.

51 *Ibid.*, p. 175.

52 R. Sylla, « Federal Policy, Banking Market Structure and Capital Mobilization in the United States, 1863–1913 », *Journal of Economic History*, vol. 29, n° 4 (1969), p. 657.

53 *Ibid.*, p. 659.

54 *Ibid.*, p. 661.

55 Hague, « The Late Mr. E.H. King », p. 25.

56 Breckenridge, *The Canadian Banking System*, p. 185.

57 Pour en savoir plus sur la guerre qui se dessine entre les banques, voir notamment « The Banking System of Canada », *The Globe*, 10 avril 1869; « Bankers and Finance », *The Globe*, 1er février 1872.

58 « The Galt-Howland Banking Scheme: Its Introduction Last Session; The Reception It Met With; Its Details », *The Globe*, 30 octobre 1867.

59 « The Bank Crisis: Opinions of the Press », *The Globe*, 30 octobre 1867.

60 « The Renewal of the Bank Charters », *The Globe*, 23 novembre 1867.

61 *The Globe*, 24 août 1869.

62 D. C. Masters, « Toronto vs. Montreal: The Struggle for Financial Hegemony, 1860–1875 », *Canadian Historical Review*, vol. 22, n° 2 (1941), p. 140.

63 *Ibid.*, 141.

64 Voir, notamment, Matthew Jaremski, « National Banking's Role in US Industrialization, 1850–1900 », *Journal of Economic History*, vol. 74, n° 1 (2014).

65 McKeagan, « Development of a Mature Securities Market in Montreal from 1817 to 1874 », p. 70.

66 Lawrence L. Schembri et Jennifer A. Hawkins, « The Role of Canadian Chartered Banks in US Banking Crises: 1870–1914 », *Business History*, vol. 34, n° 3 (1992).

67 *Ibid.*, p. 138.

68 « Banking Review, 1871 », *Monetary Times and Trade Review – Insurance Chronicle*, 2 février 1872.

69 « Bank Stocks », *Monetary Times and Trade Review*, janvier 1873.

Troisième partie

1 Nicolas Machiavel, *Le Prince*, traduit par Jean Vincent Périès, Charpentier, 1855.

2 Arthur R. Lower, *Colony to Nation: A History of Canada*, Toronto, McClelland and Stewart, 1981.

3 *Monetary Times and Trade Review*, vol. 6, n° 14 (4 octobre 1872), p. 271-272.

4 Pour en savoir plus sur « le long dix-neuvième siècle », comme l'a nommé Eric J. Hobsbawm, il faut consulter sa trilogie publiée en traduction française à Paris : *L'ère des révolutions, 1789-1848* (2011), *L'ère du capital, 1848-1875* (2010) et *L'ère des empires, 1875-1914* (1989).

5 L'idée voulant que la dépression de 1873 à 1896 ne soit pas continue, mais plutôt scindée en deux phases distinctes, a été proposée pour la première fois par H. L. Beales dans son article paru en 1934, qui s'intitule « Revisions in Economic History: The Great Depression in Industry and Trade », *Economic History Review*, vol. 5, n° 1 (octobre 1934), p. 65–75. Un argument semblable est aussi mis de l'avant dans l'ouvrage *The Myth of the Great Depression, 1873–1896,* Londres, Macmillan, 1969, de S. B. Saul.

6 Y Goo Park, « Depression and Capital Formation in the United Kingdom and Germany, 1873–1896 », *Journal for European Economic History*, vol. 26, n° 3 (hiver 1997), p. 511–534; A. E. Musson, « The Great Depression in Britain, 1873–1896: A Reappraisal », *Journal for European Economic History*, vol. 19, n° 2 (juin 1959), p. 199–228.

7 R. T. Naylor, *The History of Canadian Business, 1867–1914, Volume One: The Banks and Finance Capital*, Montréal/Kingston, McGill-Queen's University Press, 2006, p. 7–9.

8 *Ibid.*, p. 10.

9 *Ibid.*

10 Michael Collins, « The Banking Crisis of 1878 », *Economic History Review*, 2e série, vol. 42, n° 4 (1989), p. 504.

11 *Ibid.*, p. 507.

12 *Ibid.*, p. 525-526.

13 ARCH BMO, Rapport annuel de la Banque de Montréal, 1898.

14 *Ibid.*, 1899.

15 *Ibid.*, 1900.

16 « Bank of Montreal: Largest Net Earnings on Record Shown in the Semi-Annual Statement », *The Globe*, 14 novembre 1900.

17 *Ibid.*

18 « Bank of Montreal: Report Shows the Most Successful Year in Its History », *The Globe*, 15 mai 1901.

19 « The Canadian Banking System », *The Globe*, 12 août 1901.

20 Naylor, *The History of Canadian Business, 1867–1914, Volume One, The Banks and Finance Capital*, p. 15.

21 *Ibid.*, p. 10-11.

22 Gregory P. Marchildon, *Profits and Politics: Beaverbrook and the Gilded Age of Canadian Finance*, Toronto, University of Toronto Press, 1996, p. 10.

23 *Ibid.*, p. 7-8.

24 Naylor, *The History of Canadian Business, 1867–1914, Volume One: The Banks and Finance Capital*, p. 7.

25 *Ibid.*, p. 11.

26 *Ibid.*

27 *Ibid.*

28 Robert Bothwell, Ian Drummond et John English, *Canada 1900–1945*, Toronto, University of Toronto Press, 1990, p. 71.

29 *Ibid.*, p. 72.

30 Marchildon, *Profits and Politics*, p. 11.

Chapitre six

1 Frederick H. Armstrong, « Torrance, David », dans DBC, vol. 10.

2 *Ibid.*

3 *Ibid.*

4 Alexander Reford, « Stephen, George, 1er Baron Mount Stephen », dans DBC, vol. 15.

5 ARCH. BMO, Rapport annuel de la Banque de Montréal, 1884.

6 Alexander Reford, « Stephen, George, 1er Baron Mount Stephen », dans DBC, vol. 15.

7 Merrill Denison, *La première banque au Canada : histoire de la Banque de Montréal*, vol. 2, Montréal, McClelland and Stewart, 1966, p. 410.

8 Alexander Reford, « Angus, Richard Bladworth », dans DBC, vol. 15.

9 *Ibid.*

10 *Ibid.*

11 Carman Miller, « Clouston, sir Edward Seaborne », dans DBC, vol. 14.

12 *Ibid.*

13 ARCH. BMO, Rapport annuel de la Banque de Montréal, 1911, 1912.

14 Miller, « Clouston, sir Edward Seaborne ».

15 *Ibid.*

16 *Ibid.*

17 *Ibid.*

18 Alexander Reford, « Smith, Donald Alexander, 1er baron Strathcona et Mount Royal », dans DBC, vol. 14.

19 *Ibid.*

20 *Ibid.*

21 *Ibid.*

22 *Ibid.*

23 *Ibid.*

24 Michèle Brassard et Jean Hamelin, « Drummond, sir George Alexander », dans DBC, vol. 13.

25 « Sir G. A. Drummond Dies in Montreal: Prominent Financier and Leader in Good Works », *The Globe*, 3 février 1910.

26 Brassard et Hamelin, « Drummond, sir George Alexander ».

27 Pierre Bisson, « Le Club Mont Royal », dans *Les Chemins de la Mémoire : Monuments et sites historiques du Québec*, Québec, Commission des biens culturels, 2001.

28 William Fong, *J. W. McConnell: Financier, Philanthropist, Patriot,* Montréal/Kingston, McGill-Queen's University Press, 2008, p. 280-281.

29 *Monetary Times and Trade Review*, vol. 7, n° 34 (20 février 1874), p. 829.

30 *Monetary Times and Trade Review*, vol. 7, n° 46 (15 mai 1874), p. 1165.

31 *Monetary Times and Trade Review*, vol. 8, n° 23 (4 décembre 1874), p. 628.

32 ARCH. BMO, Rapport annuel de la Banque de Montréal, 1885.

33 ARCH. BMO, Registres des procès-verbaux, conseil d'administration, 13 mai 1887.

34 ARCH. BMO, Rapport annuel de la Banque de Montréal, 1891.
35 ARCH. BMO, Rapport annuel de la Banque de Montréal, 1893.
36 ARCH. BMO, Rapport annuel de la Banque de Montréal, 1894.
37 ARCH. BMO, Grand livre, 2007-094.
38 ARCH. BMO, Rapport annuel de la Banque de Montréal, 1894.
39 ARCH. BMO, Rapport annuel de la Banque de Montréal, 1892.
40 ARCH. BMO, Rapport annuel de la Banque de Montréal, 1893.
41 *Ibid.*
42 ARCH. BMO, Rapport annuel de la Banque de Montréal, 1895.
43 *Ibid.*
44 ARCH. BMO, Rapport annuel de la Banque de Montréal, 1896.
45 ARCH. BMO, Rapport annuel de la Banque de Montréal, 1897.
46 ARCH. BMO, Rapport annuel de la Banque de Montréal, 1899.
47 *Ibid.*
48 ARCH. BMO, Rapport annuel de la Banque de Montréal, 1905.
49 ARCH. BMO, Rapport annuel de la Banque de Montréal, 1908.
50 ARCH. BMO, Rapport annuel de la Banque de Montréal, 1913.
51 ARCH. BMO, Rapport annuel de la Banque de Montréal, 1914.
52 ARCH. BMO, Rapport annuel de la Banque de Montréal, 1916.
53 *Monetary Times and Trade Review*, vol. 5, n° 47 (31 mai 1872), p. 947-948.
54 *Monetary Times and Trade Review*, vol. 9, n° 18 (29 octobre 1875), p. 493.
55 ARCH. BMO, Rapport annuel de la Banque de Montréal, 1882.
56 ARCH. BMO, Registres des procès-verbaux, conseil d'administration, 5 juin 1871.
57 Neil Quigley, « The Chartered Banks and Foreign Direct Investment in Canada », *Studies in Political Economy* 19 (janvier 1986), p. 34-35.
58 ARCH. BMO, Rapport annuel de la Banque de Montréal, 1872.
59 *Monetary Times and Trade Review*, vol. 9, n° 46 (12 mai 1876), p. 1294.
60 *Ibid.*
61 *Ibid.*
62 ARCH. BMO, Rapport annuel de la Banque de Montréal, 1876.
63 ARCH. BMO, Rapport annuel de la Banque de Montréal, 1879.
64 *Ibid.*
65 *Ibid.*
66 ARCH. BMO, Rapport annuel de la Banque de Montréal, 1881.
67 *Monetary Times and Trade Review*, 16, n° 3 (21 juillet 1882), p. 67.
68 ARCH. BMO, Rapport annuel de la Banque de Montréal, 1883.
69 ARCH. BMO, Rapport annuel de la Banque de Montréal, 1885.
70 ARCH. BMO, Rapport annuel de la Banque de Montréal, 1889.
71 Denison, *La première banque au Canada*, vol. 2, p. 251.
72 ARCH. BMO, Rapport annuel de la Banque de Montréal, 1889.
73 ARCH. BMO, *Character Book*.
74 *Ibid.*
75 James C. Scott, *Seeing Like a State: How Certain Schemes to Improve the Human Condition Have Failed*, New Haven, CT, Princeton University Press, 1998, p. 2.

76 Andrew Smith, « Continental Divide: The Canadian Banking and Currency Laws of 1871 in the Mirror of the United States », *Enterprise & Society*, vol. 13, n° 3 (septembre 2012), p. 455–503 et spécialement à la p. 459.

77 *Ibid.*, p. 476.

78 Lawrence L. Schembri et Jennifer A. Hawkins, « The Role of Canadian Chartered Banks in US Banking Crises: 1870–1914 », *Business History*, vol. 34, n° 3 (1992), p. 122–152 et spécialement à la p. 124.

79 Smith, « Continental Divide », p. 455.

80 Lance E. Davis et Robert E. Gallman, *Evolving Financial Markets and International Capital Flows: Britain, the Americas, and Australia, 1870–1914*, Cambridge, Cambridge University Press, 2001, p. 416.

81 Schembri et Hawkins, « The Role of Canadian Chartered Banks in US Banking Crises », p. 130.

82 Smith, « Continental Divide », p. 457.

83 Ian M. Drummond, « Capital Markets in Australia and Canada » (thèse de doctorat, Yale University, 1974), p. 15. Mentionné dans Davis et Gallman, *Evolving Financial Markets and International Capital Flows*, p. 414.

84 Denison, *La première banque au Canada*, vol. 2, p. 180.

85 Edward P. Neufeld, *The Financial System of Canada, Its Growth and Development*, New York, St Martin's Press, 1972, p. 101-102.

86 Denison, *La première banque au Canada*, vol. 2, p. 284.

87 *Ibid.*, p. 270.

88 *Ibid.*, p. 270-271.

89 Davis et Gallman, *Evolving Financial Markets and International Capital Flows*, p. 416.

90 Denison, *La première banque au Canada*, vol. 2, p. 255.

91 Kate Boyer, « 'Miss Remington' Goes to Work: Gender, Space, and Technology at the Dawn of the Information Age », *Professional Geographer*, vol. 56, n° 2 (mai 2004), p. 201–212 et spécialement à la p. 210.

92 ARCH. BMO, Rapport annuel de la Banque de Montréal, 1917, 1920 : liste des succursales.

93 ARCH. BMO, Rapport annuel de la Banque de Montréal, 1925.

94 Denison, *La première banque au Canada*, vol. 2, p. 282.

95 Gregory Marchildon, « 'Hands Across the Water': Canadian Industrial Financiers in the City of London, 1905–20 », *Business History*, vol. 34, n° 3 (juillet 1992), p. 69–96 et spécialement à la p. 80.

96 Davis et Gallman, *Evolving Financial Markets and International Capital Flows*, p. 415.

Chapitre sept

1 Andrew Smith, « Continental Divide: The Canadian Banking and Currency Laws of 1871 in the Mirror of the United States », *Enterprise & Society*, vol. 13, n° 3 (septembre 2012), p. 456-457.

2 *Monetary Times and Trade Review*, vol. 5, n° 2 (14 juillet 1871), p. 29.

3 *Monetary Times and Trade Review*, vol. 6, n° 2 (1872), p. 614.

4 David McKeagan, « Development of a Mature Securities Market in Montreal from 1817 to 1874 », *Business History*, vol. 51, n° 1 (janvier 2009), p. 70-71.

5 Ranald C. Michie, « The Canadian Securities Market, 1850–1914 », *Business History Review*, vol. 62, no 1 (printemps 1988), p. 55.

6 *Ibid.*, p. 52.

7 *Ibid.*

8 Ibid.

9 ARCH. BMO, Procès-verbal du conseil d'administration, 17 juillet 1874.

10 *Ibid.*, 21 février 1879.

11 *Ibid.*, 4 décembre 1891.

12 Merrill Denison, *La Première banque au Canada : Histoire de la Banque de Montréal*, vol. 2, Toronto, McClelland and Stewart, 1966, p. 248–250.

13 Carman Miller, « Clouston, sir Edward Seaborne », dans *DCB*, vol. 14.

14 BAC, Statistiques historiques du Canada (11-516x), section h : Finances publiques, h3551.

15 La première *Loi sur les banques* du Dominion du Canada reçoit la sanction royale le 14 avril 1871.

16 « The Financial Situation », dans *The Globe*, 10 décembre 1910.

17 ARCH. BMO, dossier « William-Taylor-White Correspondence », correspondance entre sir Frederick Williams-Taylor, directeur général de la BMO, et sir Thomas White, ministre des Finances, 6 mai 1915.

18 *Ibid.*, 6 juillet 1915.

19 Michael D. Bordo, Angela Redish et Hugh Rockoff, « Why Didn't Canada Have a Banking Crisis in 2008 (or in 1930, or 1907 or ...) », *NBER Working Paper Series* 17312 (2011), p. 11.

20 « The Canadian Banking System », *Financial News of London*, cité dans *The Globe*, 12 août 1901.

21 « Bank of Montreal: Report of the Annual Meeting of the Shareholders », *The Globe*, 4 juin 1901.

22 *Ibid.*

23 ARCH. BMO, dossier « William-Taylor-White Correspondence », correspondance entre sir Vincent Meredith, président de la Banque de Montréal, et sir Thomas White, ministre des Finances, 1915-1919, 8 août 1918.

24 *Ibid.*, 5 décembre 1918.

25 *Ibid.*

26 *Ibid.*, 31 janvier 1919.

27 Harold A. Innis, *A History of the Canadian Pacific Railway*, Toronto, McClelland and Stewart, 1923, p. 97-98.

28 *Ibid.*

29 *Ibid.*

30 *Ibid.*, p. 99.

31 ARCH. BMO, Procès-verbal du conseil d'administration du 28 septembre 1880.

32 *Ibid.*, 10 mars 1882.

33 Pierre Berton, *The National Dream: The Great Railway, 1871–1881*, Canada, Anchor Canada, 1970, p. 329-330.

34 ARCH. BMO, Procès-verbal du conseil d'administration du 21 novembre 1882.

35 Denison, *La Première banque au Canada*, vol. 2, p. 216.

36 *Ibid.*, p. 219.
37 ARCH. BMO, Procès-verbal du conseil d'administration du 5 mai 1885.
38 *Ibid.*, 6 février 1885.
39 *Ibid.*, 18 septembre 1885.
40 Innis, *A History of the Canadian Pacific Railway*, p. 118.
41 ARCH. BMO, Rapport annuel de la Banque de Montréal, 1884.
42 ARCH. BMO, Rapport annuel de la Banque de Montréal, 1882.
43 ARCH. BMO, Rapport annuel de la Banque de Montréal, 1883.
44 ARCH. BMO, Rapport annuel de la Banque de Montréal, 1887.
45 ARCH. BMO, Rapport annuel de la Banque de Montréal, 1889.
46 Paul F. Sharp, *The Agrarian Revolt in Western Canada: A Survey Showing American* Parallels, Regina, Canadian Plains Research Centre, University of Regina, 1997, p. 16.
47 BAC, Statistiques historiques du Canada (11-516x), section F : Produit national brut, stock de capital et productivité, F179-182.
48 BAC, Statistiques historiques du Canada (11-516x), section J, Banques et finances, J110.
49 BAC, Statistiques historiques du Canada (11-516x), Section J, Banques et finances, J481-494 : 115.7 vs 55.7. -1935-9 est considéré comme valeur de base de 100.
50 ARCH. BMO, Rapport annuel de la Banque de Montréal, 1902.
51 ARCH. BMO, Procès-verbal du conseil d'administration du 7 janvier 1903.
52 ARCH. BMO, dossier bibliographique Sweeny, Campbell, « From the First He 'Belonged' in B.C. ».
53 *Ibid.*
54 Voir par exemple, *The Globe*, 8 février 1904, 17 octobre 1905, 19 mai 1909, 11 mai 1911 et 23 juillet 1913.
55 ARCH. BMO, correspondance de Campbell Sweeny, 1911-1913; C. W. Parker (dir.), *Who's Who and Why: A Biographical Dictionary of Men and Women of Canada and* Newfoundland, *especially compiled for Newspaper and Library Reference*, vol. 6 et 7, 1915-1916, Toronto, International Press, 1914, p. 1050.
56 ARCH. BMO, dossier bibliographique Sweeny, Campbell.
57 *Ibid.*
58 « Coast Banker Dies », *The Globe*, 3 décembre 1928.
59 ARCH. BMO, Rapport annuel de la Banque de Montréal, 1904.
60 ARCH. BMO, Rapport annuel de la Banque de Montréal, 1898.
61 ARCH. BMO, Rapport annuel de la Banque de Montréal, 1899.
62 *The Financial Times*, 7 août 1915.
63 ARCH. BMO, Rapport annuel de la Banque de Montréal, 1908.
64 Joseph F. Johnson, « The Canadian Banking System and Its Operation under Stress », dans *Annals of the American Academy of Political and Social Science*, vol. 36, n° 3, 1910, p. 80.
65 Smith, « Continental Divide », p. 457.
66 George Rich, « Canadian Banks, Gold, and the Crisis of 1907 », *Explorations in* Economic *History*, vol. 26, 1989, p. 138.
67 *Ibid.*
68 Johnson, « The Canadian Banking System and Its Operation under Stress », p. 80.
69 ARCH. BMO, Rapport annuel de la Banque de Montréal, 1908.

70 « Financial Storm Passing », *The Globe*, 25 octobre 1907.

71 Pour en savoir plus sur le rôle de la Banque de Montréal et du système bancaire canadien pendant la crise de 1907, voir : Christopher Armstrong, *Blue Skies and Boiler Rooms: Buying and Selling Securities in Canada, 1870-1940*, Toronto, University of Toronto Press, 1997; Johnson, « The Canadian Banking System and Its Operation under Stress »; et Rich, « Canadian Banks, Gold, and the Crisis of 1907 ».

72 Lawrence L. Schembri et Jennifer A. Hawkins, « The Role of Canadian Chartered Banks in US Banking Crises: 1870–1914 », *Business History*, vol. 34, n° 3, 1992, p. 137-138.

73 *Ibid.*, p. 135.

74 *Ibid.*, p. 128; Denison, *La Première banque au Canada*, vol. 2, p. 294.

75 Schembri et Hawkins, « The Role of Canadian Chartered Banks in US Banking Crises », p. 134.

76 ARCH. BMO, Rapport annuel de la Banque de Montréal, 1908.

77 *Ibid.*

78 ARCH. BMO, Rapport annuel de la Banque de Montréal, 1909.

79 ARCH. BMO, Procès-verbal du conseil d'administration du 16 juin 1912.

80 ARCH. BMO, Rapport annuel de la Banque de Montréal, 1914.

81 « A Wonderful Financial Record: Canada's Amazing Prosperity », *The Globe*, 5 avril 1911.

82 ARCH. BMO, Rapport annuel de la Banque de Montréal, 1910.

83 ARCH. BMO, Rapport annuel de la Banque de Montréal, 1913.

84 ARCH. BMO, Rapport annuel de la Banque de Montréal, 1914.

85 ARCH. BMO, Rapport annuel de la Banque de Montréal, 1915.

86 « Hundred Thousand from Bank of Montreal: Directors Authorize That Contribution to the Patriotic Fund », *The Globe*, 22 août 1914.

87 ARCH. BMO, Procès-verbaux du conseil d'administration du 2 octobre 1914 et du 27 octobre 1914.

88 « Bank of Montreal Executives Hopeful », *The Globe*, 8 décembre 1914.

89 ARCH. BMO, dossier « William-Taylor-White Correspondence », F. Williams-Taylor à T. White, 6 janvier 1915.

90 *Ibid.*, 7 janvier 1915.

91 *Ibid.*, 28 mai 1915

92 ARCH. BMO, Rapport annuel de la Banque de Montréal, 1915.

93 *Ibid.*

94 *Ibid.*

95 ARCH. BMO, Rapport annuel de la Banque de Montréal, 1916.

96 « Bank of Montreal in Excellent Shape », *The Globe*, 19 novembre 1919.

97 Au 31 octobre 1914, les dépôts confiés à la Banque de Montréal se chiffraient à 197 200 000 $, et à 299 200 000 $ deux ans plus tard. ARCH. BMO, Rapport annuel de la Banque de Montréal, 1916.

98 « New High Record Set by Bank of Montreal », *The Globe*, 20 novembre 1915.

99 ARCH. BMO, Rapport annuel de la Banque de Montréal, 1916.

100 « Bank of Montreal Assets Expand: Enormous Growth in Bank's Assets as Shown in Annual Statement », *The Globe*, 22 novembre 1918.

101 « New Officers in Bank of Montreal: Executive Staff Enlarged by Appointment of Four Assistant General Managers », *The Globe*, 23 novembre 1918.

102 ARCH. BMO, D.W. Oliver, « Reminiscences of Canadian Activities Overseas during the Great War, 1914–1918 ».

103 *Ibid.*

104 *Ibid.*

105 ARCH. BMO, Lettres de guerre : Bank of Montreal, 9 Waterloo Place, Londres, Angleterre, D. W. Oliver à Mr Parmelee, 11 janvier 1916.

106 *Ibid.*, D. W. Oliver au Dr Matthews, 25 août 1916.

107 *Ibid.*, D. W. Oliver à Mr Macpherson, 30 avril 1915.

108 *Ibid.*, D. W. Oliver à « Per S.S. St. Paul », 13 juillet 1916.

109 *Ibid.*, D. W. Oliver à « My dear Bertie », 5 octobre 1917.

Chapitre huit

1 *Monetary Times and Trade Review*, vol. 5, nº 13 (29 septembre 1871), p. 244.

2 *Ibid.*

3 *Monetary Times and Trade Review*, vol. 5, nº 17 (27 octobre 1871), p. 207.

4 *Monetary Times and Trade Review*, vol. 5, nº 14 (6 octobre 1871), p. 266.

5 *Ibid.*

6 *Monetary Times and Trade Review*, vol. 7, nº 50 (12 juin 1874), p. 1279.

7 *Ibid.*, p. 1279-1280.

8 *Ibid.*, p. 1280.

9 *Ibid.*

10 Carman Miller, « Clouston, sir Edward Seaborne », *DCB*, vol. 14.

11 Christopher Armstrong et H.V. Nelles, « A Curious Capital Flow: Canadian Investment in Mexico, 1902–1910 », *Business History Review*, vol. 58, nº 2 (été 1984), p. 187.

12 Ronald A. Shearer, « The Foreign Currency Business of Canadian Chartered Banks », *Canadian Journal of Economics and Political Science / Revue canadienne d'économique et de science politique*, vol. 31, nº 3 (août 1965), p. 331-332.

13 *Ibid.*

14 Armstrong et Nelles, « A Curious Capital Flow », p. 178-179.

15 *Ibid.*, p. 185.

16 ARCH. BMO, Mexique, Notes et résumés, 1926-1927, « Report on Accounts ».

17 *Ibid.*

18 ARCH. BMO, Procès-verbaux des conseils d'administration des 31 mars 1905 et 18 août 1905.

19 Pour en savoir davantage sur le rôle de Drummond et de Clouston au regard de la Mexican Light and Power Company, consulter H. V. Nelles et Christopher Armstrong, *Southern Exposure: Canadian Promoters in Latin America and the Caribbean, 1896–1930*, Toronto, University of Toronto Press, 1988.

20 Miller, « Clouston, sir Edward Seaborne ».

21 *Ibid.*

22 ARCH. BMO, Rapport annuel de la Banque de Montréal, 1912.

23 ARCH. BMO, Mexique, Notes et résumés, 1926-1927, « Report on Accounts ».

24 Lire le compte rendu détaillé de cette affaire dans Gregory P. Marchildon, *Profits and*

Politics: Beaverbrook and the Gilded Age of Canadian Finance*, Toronto, University of Toronto Press, 1996.

25 Miller, « Clouston, sir Edward Seaborne ».

26 ARCH. BMO, Procès-verbal du conseil d'administration londonien de la Banque de Montréal, 16 juillet 1879. Selon Merrill Denison, King se joint au comité directeur de Londres en 1879, six ans après avoir pris sa retraite comme président de la Banque, renseignement que corrobore le procès-verbal du conseil d'administration de la Banque daté du 16 juillet 1879, qui porte pour la première fois la signature de King.

27 *Ibid.*, 31 octobre 1888. Ce même jour, E. H. King informe le comité de Londres qu'il a laissé la présidence.

28 *Ibid.*, « Extract of Letter from the General Manager [Clouston] », 13 novembre 1893.

29 *Ibid.*, 5 novembre 1879.

30 *Ibid.*, 9 août 1906.

31 *Ibid.*, 12 mars 1908.

32 *Ibid.*, 9 avril 1908.

33 Lawrence Kryzanowski et Gordon S. Roberts, « Canadian Banking Solvency, 1922–1940 », *Journal of Money, Credit and Banking*, vol. 25, n° 3, 1re partie (août 1993), p. 364.

34 E. P. Neufeld, *The Financial System of Canada*, Toronto, Macmillan, 1972, p. 81.

35 « Ontario Bank Absorbed by the Bank of Montreal », *The Globe*, 13 octobre 1906.

36 « Strength of Our Banking System », *The Globe*, 13 octobre 1906.

37 *Ibid.*

38 *Ibid.*

39 BAC, Documents de sir Thomas White, Meredith à White, 21 juillet 1915. Voir aussi ARCH. BMO, G. C. Cassels à sir V. Meredith, 15 novembre 1917.

40 BAC, Documents de sir Thomas White, Meredith à White, 27 avril 1917. Beaverbrook semble avoir axé sa stratégie sur la Banque coloniale, dont il était actionnaire majoritaire, pour prendre le contrôle de la BBNA en prévision d'une fusion entre le Canada et les Antilles occidentales.

41 *Ibid.*

42 BAC, Documents de sir Thomas White, Meredith à White, 28 avril 1917.

43 BAC, Documents de sir Thomas White, White à Meredith, 10 octobre 1917.

44 BAC, Documents de sir Thomas White, Meredith à White, 11 octobre 1917.

45 BAC, Documents de sir Thomas White, Meredith à White, 12 octobre 1917.

46 Jack Carr, Frank Mathewson et Neil Quigley, « Stability in the Absence of Deposit Insurance: The Canadian Banking System, 1908–1966 », *Journal of Money, Credit and Banking*, vol. 27, n° 4, 1re partie (novembre 1995).

47 *Ibid.*

48 Andrew W. Lo, *Adaptive Markets: Financial Evolution at the Speed of Thought*, Princeton, NJ, Princeton University Press, 2017, vol. 8. Pour en savoir davantage sur ce sujet, consulter Niall Ferguson, « An Evolutionary Approach to Financial History », *Cold Spring Harbor Symposia on Quantitative Biology*, vol. 74, 2010, p. 449–454.

49 Pour un exposé plus approfondi sur la complexité de la situation, voir Robert F. Weber, « Structural Regulation as Antidote to Complexity Capture », *American Business Law Journal*, vol. 49, n° 3, 2012.

50 ARCH. BMO, Frederick Williams-Taylor à Victor Ross, 31 août 1916.
51 ARCH. BMO, Frederick Williams-Taylor à Walter Vaughan, 28 avril 1917.
52 ARCH. BMO, *The Centenary of the Bank of Montreal: 1817–1917*, Montréal, 1917, p. 5.
53 *Ibid.*, p. 65.
54 *Ibid.*
55 *Ibid.*
56 *Ibid.*, p. 65-66.
57 *Ibid.*, p. 66.

Quatrième partie

1 Laurence B. Mussio, *Un destin plus grand que soi : L'histoire de la Banque de Montréal, 1817-2017*, Montréal/Kingston, McGill-Queen's University Press, 2016, p. 229.
2 ARCH. BMO, Procès-verbaux du conseil d'administration du comité de Londres, le 15 mai 1919.
3 ARCH. BMO, Rapport annuel de la Banque de Montréal, 1918.
4 Laurence B. Mussio, *Un destin plus grand que soi*, p. 201.
5 Maureen C. Miller, « Introduction: Material Culture and Catholic History », *The Catholic Historical Review*, vol. 101, Centennial Issue, 2015, n° 1.
6 Laurence B. Mussio, *Un destin plus grand que soi*, p. 229.
7 H. V. Nelles, *L'histoire spectacle : le cas du tricentenaire de Québec*, Montréal, Boréal, 2003, p. 372.
8 BAC MG26-J13, Journal personnel du premier ministre William Lyon Mackenzie King, le 2 septembre 1921.

Chapitre neuf

1 David J. Bercuson, *Confrontation at Winnipeg: Labour, Industrial Relations, and the General Strike*, Montréal/Kingston, McGill-Queen's University Press, 1990.
2 Merrill Denison, *La première banque du Canada : histoire de la Banque de Montréal*, vol. 2, Montréal, McClelland & Stewart, 1967, p. 341.
3 ARCH. BMO, Rapport annuel de la Banque de Montréal, 1920 : liste de succursales.
4 ARCH. BMO, *Staff Magazine* de la Banque de Montréal, février 1946.
5 ARCH. BMO, Rapport annuel de la Banque de Montréal, 1920.
6 *Ibid.*
7 *Ibid.*, 1923.
8 *Ibid.*
9 Duncan McDowall, « Meredith, sir Henry Vincent », dans *DBC*, vol. 15.
10 *Ibid.*
11 ARCH. BMO, *Staff Magazine* de la Banque de Montréal, octobre 1945, p. 5, 26.
12 ARCH. BMO, Souvenir de George Lyness, le 2 août 1982.
13 Duncan McDowall, « Meredith, sir Henry Vincent ».
14 BAC MG26-J13, journal personnel du premier ministre William Lyon Mackenzie King (ci-après journal personnel de King), le 4 novembre 1925.

15 Robert Craig Brown, « Gordon, sir Charles Blair », dans DBC, vol. 16.
16 *Ibid.*
17 *Ibid.*
18 Laurence B. Mussio, *Un destin plus grand que soi : L'histoire de la Banque de Montréal, 1817-2017,* Montréal/Kingston, McGill-Queen's University Press, 2016, p. 21.
19 ARCH. BMO, « Minutes of the Executive Committee of the Board 5 Dec. 1927 – 13 Feb 1953 », 11 décembre 1928; Brown, « Gordon, sir Charles Blair ; Mussio, *Un destin plus grand que soi*, p. 20.
20 « H. R. Drummond : Senior Bank Director Started Out as Clerk », *The Globe and Mail,* le 11 décembre 1957.
21 ARCH. BMO, Clarkson-Coles, B21-4, boîte 1, dossier 17 des RH : Cockburn, Francis Jeffrey.
22 ARCH. BMO, *Staff Magazine* de la Banque de Montréal, février 1946.
23 *Ibid.*
24 ARCH. BMO, Bulletins commerciaux de la Banque de Montréal, 22 avril 1926.
25 *Ibid.*
26 ARCH. BMO, Bulletins commerciaux de la Banque de Montréal, 23 janvier 1928.
27 ARCH. BMO, Rapport annuel de la Banque de Montréal, 1925.
28 Michael Bordo, Hugh Rockoff et Angela Redish, « The U.S. Banking System from a Northern Exposure: Stability vs. Efficiency », *Journal of Economic History,* vol. 52, n° 2, p. 325–341 et particulièrement la p. 339.
29 « Bank of Montreal Profits $3,949,796 », *The Globe,* 22 novembre 1921.
30 ARCH. BMO, « Minutes of the Executive Committee of the Board, 5 Dec. 1927–13 Feb 1953 », 24 janvier 1928.
31 *Ibid.,* 27 mars 1928.
32 *Ibid.,* 22 mai 1928.
33 *Ibid.,* 24 janvier 1928.
34 *Ibid.*
35 *Ibid.,* 14 août 1928.
36 *Ibid.,* 13 août 1929.
37 ARCH. BE, OV 58/1 430, « Office of the High Commissioner of Canada (Natural Resources and Industrial Information Bureau) Special Bulletin (J.L. Fisher) », le 24 juillet 1929.
38 *Ibid.*
39 *Ibid.*
40 *Ibid.*
41 ARCH. BMO, Rapport annuel 1923 de la Banque de Montréal.
42 *Ibid.*
43 ARCH. BMO, Rapport annuel 1926 de la Banque de Montréal.
44 *Ibid.,* 1924.
45 *Ibid.,* 1928.
46 ARCH. BMO, Circulaires de la Banque de Montréal, « Memorandum: Bank of Montreal Head Office to Managers (Quebec and Newfoundland District) », 10 janvier 1927.
47 *Ibid.*
48 ARCH. BMO, , Circulaires de la Banque de Montréal, « Confidential Memorandum: Bank of Montreal Head Office to Managers (Montreal Subsidiary Branches) », 2 juin 1927.

49 ARCH. BMO, Rapport annuel 1928 de la Banque de Montréal.

50 « Bank of Montreal Capital Is Increased to $50,000,000 », *The Globe*, 4 décembre 1928.

51 ARCH. BMO, Procès-verbal du Comité de direction du conseil, 5 déc. 1927–13 févr. 1953, 28 mai 1929.

52 ARCH. BMO, « Treasury Board Documents and Correspondence relating to Bank of Montreal Increasing Its Capital at Various Times between 1903–1992, Secretary, Montreal Stock Exchange, to C.H. Cronyn », 7 juin 1922.

53 *Ibid.,* Conseil du Trésor au directeur général de la Banque de Montréal, 3 janvier 1929.

54 ARCH. BMO, Bulletin commercial de la Banque de Montréal, 23 octobre 1929.

55 ARCH. BMO, « Mexico, Memos and Precis, 1926–1927 » ; « Mexico – Report on Accounts, Mexico, D.F. Managers – H.H. Davis – G.B. Howard », 11 mai 1926.

56 *Ibid.*

57 ARCH. BMO, « Closure of Mexican Branches, J. Vera Estanol ».

58 ARCH. BMO, « Closure of Mexican Branches, Memorandum for Mr. Spinney », 17 janvier 1946.

59 *Ibid.*

60 « Canadian Bank Back in Mexico », *Financial Post*, 12 septembre 1964.

61 « Principal Problems Ahead of Canada Dealt with at Annual Meeting of Bank of Montreal », *The Globe*, 5 décembre 1918.

62 *Ibid.*

63 ARCH. BMO, procès-verbal du comité de Londres de la Banque de Montréal du 17 juin 1920 au 25 octobre 1923, 18 octobre 1923. Voir aussi celui du 4 octobre 1923, dans lequel la Banque participe au nouveau prêt au Commonwealth d'Australie.

64 ARCH. BMO, procès-verbal du comité de Londres de la Banque de Montréal, du 1er novembre 1923 au 26 mars 1931, 6 octobre 1927, 15 décembre 1927, 12 janvier 1928 et 26 janvier 1928.

65 ARCH. BMO, procès-verbal du comité de Londres de la Banque de Montréal, du 23 octobre 1913 au 10 juin 1920, 11 septembre 1919.

66 ARCH. BMO, procès-verbal du comité de Londres de la Banque de Montréal, du 1er novembre 1923 au 26 mars 1931, 6 octobre 1927.

67 ARCH. BMO, procès-verbal du comité de Londres de la Banque de Montréal, du 23 octobre 1913 au 10 juin 1920, 19 juin 1919.

68 ARCH. BMO, procès-verbal du comité de Londres de la Banque de Montréal, du 17 juin 1920 au 25 octobre 1923, 27 janvier 1921.

69 Journal historique, Banque de Montréal, juillet 1936, « Expansion and Contraction, 1915-1936 – France » (Numérisation 3, n° 2005-540).

70 ARCH. BMO, procès-verbal du comité de Londres de la Banque de Montréal, du 17 juin 1920 au 25 octobre 1923, 4 mai 1922.

71 Procès-verbal du comité de Londres de la Banque de Montréal, du 9 avril 1931 au 4 novembre 1937, 13 août 1931.

72 Journal historique, Banque de Montréal, 15 avril 1938, « Paris, France » (Numérisation 3, n° 2005-540).

73 Journal historique, Banque de Montréal, 9 octobre 1936, « Paris, France » (Numérisation 3, n° 2005-540).

74 McDowall, « Meredith, sir Henry Vincent »; Denison, *La première banque au Canada*, vol. 2, p. 348.

75 Jack Carr, Frank Mathewson et Neil Quigley, « Stability in the Absence of Deposit Insurance: The Canadian Banking System, 1908–1966 », *Journal of Money, Credit and Banking*, vol. 27, n° 4 (novembre 1995), p. 1137–1158 et particulièrement à la p. 1145.

76 À propos des banques américaines, voir Lee J. Alston, Wayne A. Grove et David C. Wheelock, « Why Do Banks Fail? Evidence from the 1920s », *Explorations in Economic History* (octobre 1994), p. 409–431; Kris. J. Mitchener, « Bank Supervision, Regulation, and Instability during the Great Depression », *Journal of Economic History*, vol. 65, n° 1 (mars 2005), p. 152–185.

77 « Merchants Bank Now Absorbed by Bank of Montreal », *The Globe*, 17 décembre 1921.

78 ARCH. BMO, « Merchants Bank of Canada Special Report Balance Sheet », 30 avril 1921.

79 ARCH. BMO, « Agreement Made at Montreal This 10th Day of March 1922 between the Merchants Bank of Canada and the Bank of Montreal », 10 mars 1922.

80 ARCH. BMO, « Certified Extract from the Minister of a Minister of the Treasury Board, Held on the 18th March 1922, approved by His Excellency the Governor General in Council on the 20th March 1922 ».

81 ARCH. BMO, « Memorandum for the Minister of Finance regarding the Internal Affairs of the Merchants Bank of Canada », 5 février 1923.

82 « The Merchants Bank Affair », *The Globe*, 26 décembre 1921.

83 « Merchants Bank Now Absorbed by Bank of Montreal as Result of Disclosure of Heavy Losses », *The Globe*, 17 décembre 1921.

84 James L. Darroch, *Canadian Banks and Global Competitiveness*, Montréal/Kingston, McGill-Queen's University Press, 2014, p. 43.

85 « Two Great Banks Raced for Leader », *The Globe*, 17 décembre 1921, dans Lawrence Kryzanowski et Gordon S. Roberts, « Canadian Banking Solvency, 1922–1940 », *Journal of Money, Credit and Banking*, vol. 25, n° 3 (août 1993), p. 361–376 et particulièrement la p. 365.

86 Mussio, *Un destin plus grand que soi*, p. 52.

87 « Bank of Montreal Effects Agreement to Acquire Molsons », *The Globe*, 30 octobre 1924.

88 *Ibid.*

89 *Ibid.*

90 « Merger of Banks Makes Large Unit: Royal Bank Becomes Organization with Most Widespread Activities », *The Globe*, 1er septembre 1925.

91 Carr, Mathewson et Quigley, « Stability in the Absence of Deposit Insurance », p. 1150.

92 « The Home Bank Wreck », *The Globe*, 13 octobre 1923.

93 A.B. Jamieson, *Chartered Banking in Canada*, Toronto, Ryerson Press, 1953, p. 65.

94 Par contre, Carr, Mathewson et Quigley laissent entendre qu'il « faut faire la part des choses entre les prétentions selon lesquelles le Canada disposait d'une assurance-dépôts implicite et le fait que six des faillites, y compris les trois dernières, ont entraîné des pertes énormes pour les déposants ». Carr, Mathewson et Quigley, « Stability in the Absence of Deposit Insurance », p. 1138.

95 *Ibid.*, p. 1143.

96 *Ibid.*, p. 1151.

97 BAC, RG 19, dossier 488-61-232, « Memorandum on Canadian Banking System and the Home Bank Case », 3 mars 1924.

98 Carr, Mathewson et Quigley, « Stability in the Absence of Deposit Insurance », p. 1156.
99 ARCH. BMO, Bulletins commerciaux de la Banque de Montréal, 22 avril 1926.
100 McDowall, « Meredith, sir Henry Vincent ».
101 Irving Brecher, « Canadian Monetary Thought and Policy in the 1920's », *Canadian Journal of Economics and Political Science,* vol. 21, n° 2 (mai 1955), p. 154–173 et particulièrement la p. 154.
102 *Ibid.,* p. 157.
103 J. H. Creighton, *Central Banking in Canada,* Vancouver, Université de la Colombie-Britannique, 1933, p. 169; Brecher, « Canadian Monetary Thought and Policy in the 1920's, », p. 157.
104 Brecher, « Canadian Monetary Thought and Policy in the 1920's », p. 159.
105 Canada, Chambre des communes, « Proceedings (Revised) of the Select Standing Committee on Banking and Commerce of the House of Commons on Bill No. 83, An Act Respecting Banks and Banking and on the Resolution of Mr. Irvine, M.P. re Basis, Function and Control of Financial Credit, etc., 1923 », p. 325.
106 Brecher, « Canadian Monetary Thought and Policy in the 1920's », p. 164.
107 *Ibid.*
108 Canada, Chambre des communes, Comité restreint de la Chambre des communes sur les banques et le commerce, « Consideration of Improvement of the Banking System in Canada, Minutes of Evidence », 7 mars 1928, p. 1.
109 ARCH. BMO, Vincent Meredith à sir Thomas White, 5 décembre 1918.
110 ARCH. BMO, Dossier de correspondance entre Meredith et White, 1915, Thomas White à H. V. Meredith, 31 janvier 1919.
111 B. H. Higgins, *The War and Postwar Cycle in Canada, 1914–1923,* Ottawa, Comité consultatif de restauration, 1943, p. 40; Brecher, « Canadian Monetary Thought and Policy in the 1920's », p. 171.
112 ARCH. BMO, Rapports annuels de la Banque de Montréal, 1918-1929, inclusivement.
113 « Outstanding Figures Is Lost to Finance in Meredith's Death », *The Globe,* 25 février 1929.
114 Stephen A. Otto, « Larkin, Peter Charles », dans *DBC*, vol. 15.
115 BAC, Journal personnel de King, 15 décembre 1921.
116 *Ibid.,* 9 février 1922.
117 La représentation du Canada à la Conférence de Genève est particulièrement importante étant donné que les organismes internationaux présents sont chargés des réparations d'après-guerre et, de manière plus générale, d'éviter une catastrophe économique en Europe. Voir, par exemple, BAC, MG26 H, Documents de sir Robert L. Borden, vol. 433, « Financial Commission Minutes Feb-April 1919 », p. 130; « Financial Commission – 1st Sub-Committee Procès Verbal no. 1 », 15 mars 1919.
118 BAC, Journal personnel de King, 9 février 1922.
119 *Ibid.,* 7 février 1922.
120 *Ibid.,* 27 décembre 1921.
121 *Ibid.,* 7 mars 1922.
122 *Ibid.,* 2 septembre 1921.
123 *Ibid.,* 24 janvier 1922.
124 *Ibid.*

125 *Ibid.*

126 *Ibid.,* 8 avril 1922.

127 *Ibid.,* 20 avril 1922

128 Carman Miller, « Fielding, William Stevens », dans DBC, vol. 15.

129 BAC, journal personnel de King, 17 septembre 1924.

130 *Ibid.*

131 BAC, journal personnel de King, 14 novembre 1927.

132 *Ibid.,* 4 novembre 1925.

133 Il faisait -3,9 °C ce soir-là. Gouvernement du Canada, Rapport de données quotidiennes pour novembre 1925. http://climate.weather.gc.ca/climate_data/daily_data_f.html?timeframe=2&Year=1925&Month=11&Day=4&hlyRange=%7C&dly-Range=1872-03-01%7C1935-03-31&mlyRange=1872-01-01%7C1935-12-01&StationID=4327&Prov=ON&urlExtension=_e.html&searchType=stnName&optLimit=specDate&StartYear=1840&EndYear=2018&selRowPerPage=25&Line=0&-searchMethod=contains&txtStationName=ottawa.

134 BAC, journal personnel de King, 4 novembre 1925.

135 *Ibid.,* 5 novembre 1925.

136 *Ibid.* Voir aussi William Fong, *J.W. McConnell: Financier, Philanthropist, Patriot,* Montréal/Kingston, McGill-Queen's University Press, 2008, p. 393-394.

Chapitre dix

1 ARCH. BMO, Rapport annuel de la Banque de Montréal, 1929.

2 *Ibid.*

3 *Ibid.*

4 « S.C. Mewburn », dans *Who's Who in Canada 1938–1939,* B. M. Greene (dir.), Toronto, University of Toronto Press, 1939, p. 848.

5 ARCH. BMO, *Staff Magazine* de la Banque de Montréal, décembre 1944.

6 ARCH. BMO, Registres des RH, dossier Blanchet-Bonthrow, W. A. Bog.

7 ARCH. BMO, *Staff Magazine* de la Banque de Montréal, décembre 1942.

8 « Prominent in Canadian Scouting, J. Dodds Dies », *Welland-Port Colborne Tribune,* 8 avril 1961.

9 ARCH. BMO, *Staff Magazine* de la Banque de Montréal, avril 1948.

10 BAC, MG26-J13, Journal personnel du premier ministre William Lyon Mackenzie King (ci-après Journal personnel de King), 23 juin 1940.

11 *Ibid.*

12 *Ibid.,* 26 juin 1940.

13 *Ibid.*

14 A. E. Safarian, *The Canadian Economy in the Great Depression,* troisième édition, Montreal/Kingston, McGill-Queen's University Press, 2009, p. 72.

15 *Ibid.,* p. 75, 194.

16 *Ibid.,* p. 75.

17 La majorité des banques américaines qui font faillite sont des « banques individuelles », plutôt que des « banques à succursales », lesquelles sont très répandues au Canada.

Richard S. Grossman, « The Shoe That Didn't Drop: Explaining Banking Stability during the Great Depression », *Journal of Economic History,* vol. 54, nº 3 (1994), p. 654–682 (p. 658).

18 Pour différentes interprétations de ces facteurs, voir Donald J. S. Brean, Lawrence Kryzanowski et Gordon S. Roberts, « Canada and the United States: Different Roots, Different Routes to Financial Sector Regulation », *Business History,* vol. 53, nº 2 (avril 2011), p. 252; Lev Ratnovski et Rocco Huang, « Why Are Canadian Banks More Resilient? », *IMF Working Paper,* document de travail 09/152; Charles W. Calomiris. « Bank Failures in Theory and History: The Great Depression and Other "Contagious" Events », document de travail, National Bureau of Economic Research, 2007; Jack Carr, Frank Mathewson et Neil Quigley, « Stability in the Absence of Deposit Insurance: The Canadian Banking System 1890–1966 », *Journal of Money, Credit and Banking,* vol. 27, nº 4 (novembre 1995), p. 1137–1158; Michael D. Bordo, Hugh Rockoff et Angela Redish. « A Comparison of the United States and Canadian Banking Systems in the Twentieth Century: Stability vs. Efficiency? », document de travail nº 4546, National Bureau of Economic Research, 1993; Lawrence Kryzanowski et Gordon S. Roberts, « Canadian Banking Solvency, 1922–1940 », *Journal of Money, Credit and Banking,* vol. 25, nº 3, 1re partie (août 1993); Ian Drummond, « Why Did Canadian Banks Not Collapse in the 1930's? », dans *The Role of Banks in the Interwar Economy,* Harold James, Hakan Lindgren et Alice Teichova (dir.), Cambridge, Cambridge University Press, 1991, p. 232–250.

19 ARCH. BMO, Bulletins commerciaux de la Banque de Montréal, janvier 1930.

20 *Ibid.,* mars 1930.

21 ARCH. BMO, Rapport annuel de la Banque de Montréal, 1930.

22 *Ibid.,* 1931.

23 ARCH. BMO, Bulletins commerciaux de la Banque de Montréal, juin 1930.

24 ARCH. BMO, Rapport annuel de la Banque de Montréal, 1931.

25 *Ibid.*

26 ARCH. BMO, Rapport annuel de la Banque de Montréal, 1930.

27 *Ibid.,* 1932.

28 *Ibid.;* ARCH. BMO, Procès-verbal du conseil d'administration, 24 novembre 1933.

29 ARCH. BMO, Rapport annuel de la Banque de Montréal, 1932.

30 ARCH. BMO, Procès-verbaux du conseil d'administration de la Banque de Montréal à Londres, du 9 avril 1931 au 4 novembre 1937, 5 mai 1932 et 19 mai 1932.

31 *Ibid.,* 4 mai 1933.

32 *Ibid.,* 10 octobre 1935.

33 ARCH. BMO, Rapport annuel de la Banque de Montréal, 1932.

34 *Ibid.*

35 ARCH. BMO, Circulaires de la Banque de Montréal, « Confidential Memorandum (Not to Be Passed on to Managers), Bank of Montreal Head Office to Superintendents) », 10 mai 1932.

36 ARCH. BE, OV 58/26 2056/3, D. Gordon à J. A. C. Osborne, 23 mars 1939.

37 *Ibid.,* D. Gordon à J. A. C. Osborne, 23 mars 1939.

38 *Ibid.*

39 *Ibid.,* Directeur général au gouverneur, 15 mai 1939.

40 *Ibid.,* « Copy of Cable from Mr. Spinney, Head Office, to Bank of Montreal, London, Received 25 May 1939 ».

41 *Ibid.*, « Confidential to the Governors Re: City of Montreal », 13 août 1941.

42 *Ibid.*, « Draft Cable, Sir Montague Norman to Mr. Towers, Bank of Canada, Ottawa, SECRET, City of Montreal », 14 août 1941. Le dernier télégramme, codé, est envoyé le 16 août 1941.

43 *Ibid.*, « Confidential to the Governors Re: City of Montreal », 13 août 1941.

44 *Ibid.*

45 *Ibid.*, K. O. P. (K. O. Peppiatt) à D. Gordon, 9 mars 1939.

46 *Ibid.*

47 *Ibid.*, D. Gordon à J. A. C. Osborne, 23 mars 1939.

48 *Ibid.*, Télégramme, Comité des actionnaires britanniques de la Ville de Montréal à Braithwaite, 21 mai 1943. Voir aussi *Ibid.*, Comité des actionnaires britanniques de la Ville de Montréal à C. F. Cobbold, 18 avril 1944. Le plan de restructuration sera envoyé par la Banque de Montréal la semaine suivante.

49 ARCH. BMO, Procès-verbaux du comité de direction du conseil d'administration, du 5 décembre 1927 au 13 février 1953, 28 octobre 1930.

50 *Ibid.*

51 *Ibid.*, 17 décembre 1930.

52 *Ibid.*

53 *Ibid.*

54 *Ibid.*, 23 février 1932.

55 *Ibid.*, 6 octobre 1936.

56 Merrill Denison, *La première banque au Canada : histoire de la Banque de Montréal*, vol. 2, McClelland and Stewart, 1966, 1967, p. 377.

57 ARCH. BMO, Rapport annuel de la Banque de Montréal, 1932.

58 James L. Darroch, *Canadian Banks and Global Competitiveness,* Montréal/Kingston, McGill-Queen's University Press, 1994, p. 45.

59 ARCH. BMO, Rapport annuel de la Banque de Montréal, 1932.

60 Denison, *La première banque au Canada*, vol. 2, p. 380.

61 ARCH. BMO, Rapport annuel de la Banque de Montréal, 1931.

62 ARCH. BMO, Circulaires de la Banque de Montréal, « Memorandum, Bank of Montreal Head Office to Superintendents », 4 septembre 1936.

63 ARCH. BMO, Rapport annuel de la Banque de Montréal, 1929, 1930.

64 *Ibid.*, 1931.

65 APNE, MG2, vol. 1105 f 5, sir Charles Gordon à R. B. Bennett, 4 mars 1932, n° 47074-82.

66 *Ibid.*

67 En vertu d'une politique de gestion de la dette, le gouvernement peut transformer en obligations convertibles à long terme des obligations émises pour financer les efforts de guerre toujours en circulation et, ainsi, reporter leur remboursement. Il s'agit d'une pratique fréquente après la Première et la Seconde Guerre mondiale.

68 APNE, MG2, sir Charles Gordon à R. B. Bennett, 4 mars 1932.

69 APNE, MG2, vol. 1121 f 9, Charles Gordon à E. N. Rhodes, 3 mai 1933, n° 52622-7.

70 ARCH. BMO, Rapport annuel de la Banque de Montréal, 1930, 1936, 1940.

71 APS S-G2-1933-6, Feuillets de la CCF, 1933, Manifeste de Regina, juillet 1933.

72 *Ibid.*

73 *Ibid.*

74 Alvin Finkel, *The Social Credit Phenomenon in Alberta,* Toronto, University of Toronto Press, 1989, p. 22.

75 *Ibid.,* p. 32.

76 *Ibid.,* p. 56.

77 ARCH. BE, OV 58/4 430, « Chartered Banks », J. B. Loynes, 20 septembre 1940.

78 *Ibid.*

79 *Ibid.*

80 *Ibid.*

Chapitre onze

1 Peter Neary, *Newfoundland in the North Atlantic World, 1929-1949*, Montréal/Kingston, McGill-Queen's University Press, 1996, p. 6.

2 *Ibid.*

3 APTNL, MG955, boîte 7, dossier 2004 (17), Note du Conseil exécutif de Terre-Neuve, 26 mars 1895.

4 APTNL, GN2.5.582.3, 3 avril au 16 juin 1933, Note secrète.

5 Neary, *Newfoundland in the North Atlantic World*, p. 12.

6 Peter F. Neary, « "That Thin Red Cord of Sentiment and of Blood": Newfoundland in the Great Depression, 1929-1934 », ébauche, exemplaire du Centre for Newfoundland Studies, reproduit avec l'aimable autorisation de l'auteur, p. 9-10.

7 Peter Neary, « With great regret and after most anxious consideration: Newfoundland's 1932 plan to reschedule interest payments », *Newfoundland Studies*, vol. 10, n° 2 (1994), p. 250.

8 Neary, *Newfoundland in the North Atlantic World*, p. 14.

9 Neary, « With Great Regret and after the Most Anxious Consideration », p. 251.

10 BAC, MG26-K M893, Affaires étrangères – Correspondance entre Terre-Neuve et la Banque de Montréal, lettre non datée, 16940-2.

11 *Ibid.,* R. B. Bennett à Jackson Dodds, 19 juin 1931, 168943.

12 *Ibid.,* Télégramme de Dodds à Werlich, 20 juin 1931, 168945.

13 APTNL, GN8.142, dossier 1, Prêts du consortium bancaire, divers documents.

14 Neary, *Newfoundland in the North Atlantic World*, p. 14.

15 BAC, MG26-K M893, Dodds à Squires, 22 juin 1931, 168949.

16 BAC, MG26-K M893, Dodds à Bennett, 7 octobre 1931, 168951.

17 ARCH. BMO, Procès-verbaux du comité de direction du conseil d'administration, du 5 décembre 1927 au 13 février 1953, 24 novembre 1931.

18 BAC, MG26-K M893, C. B. Gordon à R. B. Bennett, 28 décembre 1931, 168952.

19 *Ibid.*

20 APTNL, GN8.142, dossier 2, Prêts du consortium bancaire, d'A. A. Werlich à Richard Squires, 30 décembre 1931.

21 Neary, *Newfoundland in the North Atlantic World*, p. 14.

22 APTNL, GN8.142, dossier 2, Prêts du consortium bancaire, Télégramme de J. H. Penson, reçu le 25 décembre 1931.

23 BAC, MG26-K M893, Dodds à R. B. Bennett, 5 avril 1932, 168961.

24 Peter Neary, « "Ebb and Flow": Citizenship in Newfoundland, 1929-1949 », dans *Belonging: The Future and Meaning of Canadian Citizenship*, William Kaplan (dir.), Montréal/Kingston, McGill-Queen's University Press, 1993, p. 79–103 (p. 82).

25 BAC, MG26-K M893, Gouvernement de Terre-Neuve, 168956.

26 *Ibid.,* R. B. Bennett à M. Creighton, 15 avril 1932, 168966.

27 Neary, « With Great Regret and after the Most Anxious Consideration », p. 251.

28 *Ibid.,* p. 251-252.

29 APTNL, GN2.5.582.3, du 3 avril au 16 juin 1933, Note secrète.

30 Il existe des rapports contradictoires concernant ce chiffre. Selon d'autres sources (APTN, GN2.5.582.3, du 3 avril au 16 juin 1933, « Note secrète »), le montant des souscriptions ne s'élève qu'à 350 000 $.

31 BAC, MG26-K M893, Jackson Dodds à R. B. Bennett, 16 septembre 1932, 169000; *ibid.,* Dodds à Bennett, 168973.

32 Rapport de la commission royale de Terre-Neuve, Annexe H, *Loi sur le contrôle du Trésor,* 1932; Une loi visant le contrôle du Trésor public, p. 256–258.

33 APTNL, GN2.5.582.1, du 20 septembre au 15 octobre 1932, A. A. Werlich à Alderdice, 21 septembre 1932.

34 ARCH. BMO, Procès-verbaux du comité de direction du conseil d'administration, du 5 décembre 1927 au 13 février 1953, 13 septembre 1932.

35 APTNL, GN2.5.582.3, du 3 avril au 16 juin 1933, Note secrète.

36 APTNL, GN2.5.582.1, du 20 septembre au 15 octobre 1932, F. C. Alderdice à Jackson Dodds, 27 septembre 1932; voir également BAC, MG26-K M893, Alderdice à Dodds, 27 septembre 1932, 169019-20.

37 *Ibid.;* voir également BAC, MG26-K M893, Alderdice à Dodds, 27 septembre 1932, 169019-20.

38 APTNL, GN2.5.582.1, du 20 septembre au 15 octobre 1932, F. C. Alderdice à Jackson Dodds, 27 septembre 1932; voir également BAC, MG26-K M893, F. C. Alderdice à Dodds, 27 septembre 1932, 169019-20.

39 BAC, MG26-K M893, Jackson Dodds à R. B. Bennett, 1er octobre 1932, 169018.

40 *Ibid.,* R. B. Bennett à Dodds, 5 octobre 1932, 169022.

41 James K. Hiller et Michael F. Harrington, *Newfoundland National Convention, 1946–1948: Volume 1,* Montréal/Kingston, McGill/Queen's University Press, 1995, p. 546.

42 ARCH. BMO, Registre du personnel des RH, Livre des dirigeants, S-T.

43 Gregory P. Marchildon, *Profits and Politics: Beaverbrook and the Gilded Age of Canadian Finance,* Toronto, University of Toronto Press, 1996, p. 232.

44 *Ibid.,* p. 178. Le trio de la Banque de Montréal mené par Clouston investit personnellement dans la création d'un syndicat de placement d'obligations, malgré le fait que la Banque représente la société visée par la prise de contrôle, Western Canada Cement. Non seulement s'agit-il d'un grave conflit d'intérêts, puisque les trois hommes cumulent les rôles de directeur de banque, de promoteur et d'« opérateur boursier », mais la situation met également en péril la réputation de la Banque de Montréal, car elle entraîne presque la ruine de sir Sandford Fleming.

45 BAC, MG26-K M893, Dodds à Bennett, 13 octobre 1932, 169044.

46 *Ibid.*, « Report by Sir Percy Thompson on the Financial Circumstances of Newfoundland », 169029-42.

47 APTNL, GN2.5.582.3, du 3 avril au 16 juin 1933, Terre-Neuve : annonce du gouvernement.

48 BAC, MG26-K M893, Dodds à Bennett, 12 octobre 1932, 169026.

49 *Ibid.*, Dodds à Bennett, 24 novembre 1932, 169080.

50 APTNL, GN2.5.582.4, « Government Finances; Financial Acts: Amendments », du 31 mars au 24 novembre 1933; Alderdice à Bennett, 31 mars 1933.

51 APTNL, GN2.5.582.1, du 20 septembre au 15 octobre 1932, « Government of Newfoundland Announcement, n.d. »

52 Rapport de la commission royale de Terre-Neuve, chapitre IX – Un plan de reconstruction conjoint.

53 Ces recommandations sont directement tirées du rapport final de la commission royale. Une version entièrement retranscrite du rapport et permettant d'effectuer des recherches plein-texte est accessible, en anglais, à l'adresse suivante : www.heritage.nf.ca/articles/politics/amulree-report-introduction.php.

54 Neary, « "That Thin Red Cord of Sentiment and of Blood." » La citation provient de la bibliothèque Harriet Irving, Université du Nouveau-Brunswick, Archives de R. B. Bennett, Télégramme de Squires à Bennett, 168685.

Chapitre douze

1 Dates d'établissement des banques centrales : Banque d'Angleterre, 1690; Banque de France, 1800; Reichsbank, 1876; Banca D'Italia, 1893; Federal Reserve System, 1907.

2 BAC, MG26, J MFMR, C-2475-A, Documents de William Lyon Mackenzie King (ci-après Documents de King), « Central Bank – Prime Minister's Attitude and Representations Re. c108469 ».

3 BAC, RG33–17, vol. 4, dossier 11B (1), Archives de la Commission royale sur le système bancaire et le régime monétaire, « Memorandum by Mr. J. A. McLeod, President of the Canadian Bankers' Association on the Present Working of the Canadian Banking System », 7 août 1933.

4 ARCH. BE, OV 58/1-2049/1, « Canadian Banking », 19 juin 1933.

5 BAC, RG33–17, vol. 7, dossier 12, Archives de la Commission royale sur le système bancaire et le régime monétaire, « Private Sitting Ottawa, 8 August 1933, copy of submission of Rt. Hon. R.B. Bennett, Prime Minister », p. 61.

6 *Ibid.*, vol. 4, dossier 11B (1), Note de service de M. J. A. McLeod.

7 *Ibid.*, vol. 4, dossier 11B (3), Jackson Dodds, « Loans to Farmers », p. 1.

8 *Ibid.*, vol. 6, n°s 36 et 37, « The Contribution of Canadian Finance toward the Solution of Canadian Problems », p. 14.

9 *Ibid.*

10 *Ibid.*, p. 31.

11 BAC, RG33-17, vol. 4, dossier 11B (1), Archives de la Commission royale sur le système bancaire et le régime monétaire.

12 *Ibid.*, « Memorandum by Mr. J.A. McLeod, President of the Canadian Bankers' Association ».

13 *Ibid.*, « The Extent of the Existing Control by the Banks of the Expansion and Restriction

of Credit in Canada – the Means Available for Exercising Such Control. Their Efficacy and the Extent to Which They Are Utilized ».

14 *Ibid.*

15 *Ibid.*, « Memorandum by Mr. J.A. McLeod. President of the Canadian Bankers' Association ».

16 ARCH. BE, OV 58/1-2049/1, « Note of an Interview with Mr. Pope, General Manager in London of the Bank of Montreal », 11 août 1933.

17 *Ibid.*

18 *Ibid.*, Jackson Dodds à E. R. Peacock, 6 août 1933.

19 *Ibid.*, « Canadian Banking », 19 juin 1933; BAC, RG 33-17, vol. 4, dossier 11B(1), Archives de la Commission royale sur le système bancaire et le régime monétaire.

20 ARCH. BE, OV 58/1-2049/1, « Canadian Banking », 19 juin 1933.

21 BAC, RG33-17, vol. 4, dossier 11B (1), « Memorandum by Mr. J.A. McLeod. President of the Canadian Bankers' Association ».

22 ARCH. BE, OV 58/1-2049/1, « Memorandum on Canadian Currency Policy, T.E.G. », 10 octobre 1931.

23 *Ibid.*

24 *Ibid.*

25 *Ibid.*, « Notes on the Monetary Situation ».

26 *Ibid.*

27 *Ibid.*, « Copy of a Letter from a Canadian Source to Mr. Peacock », 9 novembre 1932.

28 *Ibid.*, « Depreciation of Canadian $ », 2 février 1933.

29 Canada, *Débats* de la Chambre des communes, 19 mai 1931, 1562; Documents de King, « Re: Central Bank, etc. ».

30 BAC, RG25, vol. 1671, Archives du ministère des Affaires extérieures, PC 1562, 31 juillet 1933.

31 BAC, MG26K, Documents de Richard Bedford Bennett, Coupures de presse (ci-après Documents de Bennett, Coupures de presse), vol. 1048, John C. Reade, « Preparing for a Canadian New Deal », *Saturday Night*, 19 août 1933.

32 *Ibid.*

33 *Ibid.*

34 BAC, RG33-17, vol. 6, dossier 30-1/20-7, Archives de la Commission royale sur le système bancaire et le régime monétaire, « Difficulties Experienced by Canadian Firms in Export Trade due to the Exchange Situation », p. 2.

35 BAC, RG33-17, vol. 5, dossier 20-15/20-25, Archives de la Commission royale sur le système bancaire et le régime monétaire, « Retail Merchants Association of Canada Memorandum Submitted to the Royal Commission on Banking in Canada », 18 août 1933.

36 Documents de King, « British Columbia Bond Dealers Association to the Royal Commission », septembre 1933.

37 *Ibid.*

38 ARCH. BE, OV 58/1 2049/1, J. L. Fisher à Kershaw, 5 septembre 1933.

39 BAC, Documents de Bennett, Coupures de presse, vol. 1048, « Blame Banking System for Difficult Economic Conditions in Alberta », *Saskatoon Star Phoenix*, 19 août 1933. Voir également « Alberta Farmer Problems before Commission: Economic Burdens Laid at Door of Banking System », *Edmonton Bulletin*, 19 août 1933.

40 BAC, Documents de Bennett, Coupures de presse, vol. 1048, « Central Bank Controlled by Bankers Not Enough Is Declaration of Farmers », *Lethbridge Herald*, 18 août 1933.

41 BAC, MG26, série 5, vol. 149, Documents d'Arthur Meighen (ci-après Documents de Meighen), copie d'une lettre, W. M. Southam au sénateur Arthur Meighen, 22 mai 1933.

42 *Ibid.*, « Economic Reform Association: The Proposed Central Bank for Canada », février 1934.

43 *Ibid.*, W. Robertson au sénateur A. Meighen, 5 juin 1934.

44 « The Banking Inquiry: Questions Not Yet Asked », *The Globe*, 15 mai 1934.

45 BAC, MG26 I, M1096, Documents de Richard Bedford Bennett (ci-après Documents de Bennett), D. M. Carmichael, directeur adjoint, Banque de Montréal, au directeur général, Banque de Montréal, 8 mars 1934.

46 BAC, RG33-17, vol. 6, n° 30-1/20-7, Archives de la Commission royale sur le système bancaire et le régime monétaire, « Memorandum Presented by the League for Social Reconstruction to the Royal Commission on Banking and Currency », p. 2.

47 *Ibid.*, vol. 4, dossier 11B (1), Archives de la Commission royale sur le système bancaire et le régime monétaire, H. J. Coon, Banque de Nouvelle-Écosse, p. 14.

48 *Ibid.*; BAC, Documents de Bennett, Coupures de presse, vol. 1048, « Bank Managers Attack Central Bank Proposals », *Ottawa Morning Citizen*, 15 septembre 1933.

49 BAC, RG33-17, vol. 4, dossier 11B (1), Archives de la Commission royale sur le système bancaire et le régime monétaire, H. J. Coon, Banque de Nouvelle-Écosse, p. 14.

50 BAC, Documents de King, « Resolution No 124 of the Commission on Public Finance, Adopted Unanimously by the International Financial Conference, Brussels », 1920.

51 BAC, RG33-17, vol. 4, dossier 11B (1), Archives de la Commission royale sur le système bancaire et le régime monétaire, H. J. Coon, Banque de Nouvelle-Écosse, p. 14.

52 BAC, Documents de Bennett, vol. 1047, « WA Pope, HANDS OFF THE BANKS! Bank Act Must Not Become Target of Political Argument or Subject of Hasty Consideration or Experiment », *Saturday Night*, 29 octobre 1932.

53 BAC, Documents de Bennett, « Personal Memorandum to the Rt. Hon R.B. Bennett, Canadian Bankers' Association: Is It Desirable to Establish a Central Bank in Canada? Additional Conversations, from one of the Members Referred to in Mr. J.A. McLeod's Letter of the 3rd October 1932 in Reference to the Above », p. 3.

54 *Ibid.*, p. 6.

55 BAC, RG33-17, vol. 4, dossier 11B (1), Archives de la Commission royale sur le système bancaire et le régime monétaire, H. J. Coon, Banque de Nouvelle-Écosse, p. 14.

56 *Ibid.*, p. 16.

57 *Ibid.*, p. 23.

58 *Ibid.*, p. 25.

59 BAC, Documents de Bennett, « Personal Memorandum to the Rt. Hon R.B. Bennett, Canadian Bankers' Association: Is It desirable to Establish a Central Bank in Canada? », p. 1.

60 BAC, RG33-17, vol. 4, dossier 11B (1), Archives de la Commission royale sur le système bancaire et le régime monétaire, H. J. Coon, Banque de Nouvelle-Écosse, p. 30.

61 Sur ce point, Bennett lui-même a des doutes. Dans sa copie de l'ouvrage de J. P. Day, *A Central Bank in Canada*, Bennett écrit dans la marge, à côté d'un passage concernant l'allégation des banquiers selon laquelle ces derniers n'ont aucun pouvoir sur le contrôle du

crédit en ce qui concerne l'inflation et la déflation : « Grands menteurs! »; BAC, Documents de Meighen, John Percival Day, *A Central Bank in Canada*, Université McGill/Macmillan Canada, 1933, p. 51.

62 BAC, RG33-17, vol. 7, dossier 12, Archives de la Commission royale sur le système bancaire et le régime monétaire, « Private Sitting Ottawa, August 8, 1933, Copy of Rt. Hon. R.B. Bennett, Prime Minister », p. 9. Au nombre des personnes présentes figurent les commissaires eux-mêmes; B. J. Roberts, secrétaire; A. F. W. Plumptre, secrétaire adjoint; J. A. McLeod, président de l'Association des banquiers canadiens; H. B. Henwood, Banque de Toronto; Jackson Dodds, Banque de Montréal; S. H. Logan, Banque Canadienne de Commerce; M. W. Wilson, Banque Royale du Canada; Henry T. Ross, secrétaire, Association des banquiers canadiens; A. W. Rogers, secrétaire adjoint, Association des banquiers canadiens; professeur Gilbert Jackson, conseiller; et W. C. Clark, sous-ministre des Finances.

63 BAC, RG33-17, vol. 7, dossier 12, Archives de la Commission royale sur le système bancaire et le régime monétaire, « Private Sitting Ottawa, August 8, 1933 », p. 10.

64 *Ibid.*, p. 11.

65 *Ibid.*

66 *Ibid.*

67 *Ibid.*, p. 31 (J. Dodds).

68 *Ibid.*, p. 27 (S. H. Logan).

69 *Ibid.*, p. 37.

70 *Ibid.*, p. 44.

71 *Ibid.*, p. 53.

72 *Ibid.*, p. 54.

73 *Ibid.*, p. 60.

74 BAC, Documents de Bennett, Chambre de commerce de Strom à G. D. Robertson, ministre du Travail (acheminé au Cabinet du premier ministre), 22 octobre 1930.

75 BAC, RG33-17, vol. 7, dossier 12, Archives de la Commission royale sur le système bancaire et le régime monétaire, « Private Sitting Ottawa, August 9, 1933 (Day 2), Copy of [Remarks of] Rt. Hon. R.B. Bennett, Prime Minister », p. 12.

76 *Ibid.*, p. 109.

77 ARCH. BE, OV 58/14 2053/1, E. A. Peacock à J. A. C. Osborne, 27 septembre 1933; « Memorandum: A Central Bank for Canada » (ABC, 29 juin 1933/17 juillet 1933).

78 *Ibid.*

79 *Ibid.*

80 ARCH. BE, OV 58/14 2053/1, E. A. Peacock à J. A. C. Osborne, 27 septembre 1933.

81 *Ibid.*; « Memorandum: A Central Bank for Canada », p. 2.

82 *Ibid.*

83 *Ibid.*, « Memorandum 'Gold.' » Une note indique : « Donné personnellement à Clark à Ottawa septembre 1933, RK. » Clark est le sous-ministre des Finances.

84 *Ibid.*, E. A. Peacock à J. A. C. Osborne, 27 septembre 1933; « Memorandum: A Central Bank for Canada », p. 18.

85 *Ibid.*, J. A. C. Osborne à E. A. Peacock, 2 octobre 1933.

86 BAC, MG26-J13, Journal personnel du premier ministre William Lyon Mackenzie King (ci-après Journal personnel de King), 27 septembre 1933.

87 BAC, RG33-17, vol. 4, dossier 11B (3), Archives de la Commission royale sur le système bancaire et le régime monétaire, Jackson Dodds, « Royal Commission on Banking and Currency, Matters of General Policy ».

88 ARCH. BE, OV 58/1 2049/1, J. L. Fisher à Kershaw, 14 août 1933.

89 *Ibid.*

90 *Ibid.*

91 *Ibid.*

92 *Ibid.*

93 *Ibid.*; voir également *ibid.*, « Memorandum Royal Commission on Banking and Currency of Some Points to Be Discussed with Representatives of the Canadian Banking Association at Meetings to Be Held at Ottawa on 13 September 1933, and Following Days ».

94 *Ibid.*, J. L. Fisher à Kershaw, 13 août 1933.

95 *Ibid.*

96 BAC, RG33-17, vol. 7, dossier 1, Archives de la Commission royale sur le système bancaire et le régime monétaire, « Press Release – Report of the Royal Commission on Banking and Currency », p. 1.

97 *Ibid.*, p. 2 et 3.

98 *Ibid.*, p. 5.

99 *Ibid.*, p. 7.

100 BAC, RG33-17, vol. 7, Archives de la Commission royale sur le système bancaire et le régime monétaire, Rapport, p. 88 et 89.

101 *Ibid.*, p. 90.

102 ARCH. BE, OV 58/14 2053/1, Commission royale sur le système bancaire et le régime monétaire au Canada.

103 *Ibid.*, p. 5. Une note de service de la BE, cependant, mentionne d'autres faits « intéressants », dont celui que le Canada est passé de la Grande-Bretagne aux États-Unis pour le placement privé de billets.

104 *Ibid.*, Bureau du Haut-commissaire du Royaume-Uni au très honorable J. H. Thomas, secrétaire d'État aux Affaires du Dominion, Londres, 23 novembre 1933.

105 BAC, RG25, vol. 1671, Archives du ministère des Affaires extérieures, O. D. Skelton au colonel Vanier, 21 décembre 1933; O. D. Skelton à W. C. Clark, 15 novembre 1933; télégraphe n° 155, Haut-commissaire au sous-ministre des Finances, 15 novembre 1933.

106 ARCH. BE, OV 58/14 2053/1, Bureau du Haut-commissaire du Royaume-Uni à J. H. Thomas, 23 novembre 1933.

107 *Ibid.*

108 « Canada to Borrow Central Banker », *New York Times*, 18 mai 1934.

109 *Ibid.*

110 *Ibid.*

111 BAC, Documents de King, « Central Bank. Prime Minister's Attitude and Representations re: C108463 ».

112 *Ibid.*, « Attitude of Government towards Central Bank », C108748. On compte d'innombrables pages exposant en détail l'évolution des positions du premier ministre sur le sujet.

113 *Ibid.*, « Central Bank », p. 9, tiré du *Hansard*, s.d.

114 Canada, cinquième séance, 17e législature, 24 Geo V. 1934, *Loi constituant en corporation la Banque du Canada* – Projet de loi 19, 22 février 1934.

115 ARCH. BE, OV 58/14 2053/1, W. C. Clark à R. M. Kershaw, 24 février 1934; voir également R. M. Kershaw au gouverneur Norman, 26 avril 1934; Haut-commissaire du Canada G. H. Ferguson à R. M. Kershaw, 25 avril 1934.

116 *Ibid.*, « Bank of Canada Bill », 26 avril 1934.

117 *Ibid.*, Kershaw à Clark par l'entremise de G. H. Ferguson, Haut-commissaire, 2 mai 1934.

118 *Ibid.*, « Central Bank Bill 25/2/34, Kershaw ».

119 « Canada To Have Central Bank », *New York Times*, 23 février 1934.

120 Cité dans *ibid.* Voir également « The Bank of Canada », *The Globe*, 23 février 1934.

121 « Transfer of Gold at Former Price Strongly Opposed », *The Globe*, 1er juin 1934.

122 BAC, Documents de King, « RE: Central Bank ».

123 BAC, Journal personnel de King, 8 septembre 1932.

124 BAC, Documents de King, « RE: Central Bank ».

125 *Ibid.*

126 *Ibid.*, N. M. Rogers à William Lyon Mackenzie King, 26 septembre 1932.

127 *Ibid.*

128 BAC, Journal personnel de King, 8 février 1933.

129 ARCH. BE, OV 58/31, « Canada. Banking and Currency Legislation, Overseas and Foreign Department, Notes on the Proposed Nationalisation of the Bank of Canada », 15 novembre 1935.

130 « Bank of Canada Stays As It Is, Labor Is Told », *The Globe*, 7 février 1935.

131 BAC, Journal personnel de King, 1er mars 1934.

132 *Ibid.*

133 *Ibid.*, 21 mars 1934.

134 « Bans Public Control over Bank of Canada – Commons at Ottawa Defeats Motion to Nationalize New Central Institution », *New York Times*, 22 juin 1934.

135 *Ibid.*

136 BAC, Documents de King, « Central Bank 108534 ».

137 « Strong Opposition for Banking Bill by Western Group: Labor and Progressive Members Lambaste Amendments: Dictatorship Charted: Committee Told Small Group Controls Dominion's Finances », *The Globe*, 2 mars 1934.

138 « Fight Is Started by Radical Group against Bank Act. Amendment Calling for Government Ownership Is Moved. Liberals Offer Aid. Right Hon. WLM King Agrees to Expedite Passage of Bill », *The Globe*, 9 mars 1934.

139 « Mr. Bennett's Message », *The Globe*, 1er janvier 1935.

140 ARCH. BE, OV 58/14 2053/1, « Overseas and Foreign Dept., Canada. Memorandum Chartered Banks' Cash Reserves », 6 juillet 1934.

141 *Ibid.*, Personnel et confidentiel, R. M. Kershaw à W. C. Clark, 13 juillet 1934.

142 « Central Bank Plans Are Fully Achieved: Shares Are Offered », *The Globe*, 17 septembre 1934.

143 « Banks to Reduce Size of Currency », *The Globe*, 24 septembre 1934.

144 ARCH. BE, OV 58/14 2053/1, « Copy. Telegram from the High Commissioner in Canada for His Majesty's Government in the United Kingdom to the Secretary of State for Dominion

Affairs, September 7, 1934 Received 10.20 pm. 7 September 1934, No. 153 »; « Young Canadian Named Central Bank Governor », *The Globe*, 7 septembre 1934.

145 « Canada Picks Head for Central Bank », *New York Times*, 7 septembre 1934.

146 « Primary Industries to Provide Directors for Bank of Canada », *The Globe*, 5 octobre 1934.

147 « Sixty-Nine Names for Bank Board: Wife of Senator James Murdock Included in Nominations », *The Globe*, 13 décembre 1934.

148 « Bradshaw Is Named Executive Director of Bank of Canada », *The Globe*, 31 janvier 1935.

149 BAC, Documents de King, « Criticism of Private Ownership (cont'd) C108599 ».

150 « Bank of Canada Handles Millions on Opening Day: Branches throughout Country Start Business without Ceremony », *The Globe*, 11 mars 1935.

151 « The Bank of Canada Opens », *The Globe*, 11 mars 1935.

152 BAC, Journal personnel de King, 13 mars 1935.

153 « Ottawa to Profit When Banks Hand over Gold », *The Globe*, 23 février 1934.

154 ARCH. BE , OV 58/31, « Canada. Banking and Currency Legislation, Copy. Privy Council Order in Council PC, 1110 », p. 1; « Chartered Banks Held 40 Per Cent of Gold Reserves », *The Globe*, 6 juin 1935.

155 « Bank of Montreal Branch at Wheatley Being Closed », *The Globe*, 27 décembre 1934.

156 ARCH. BE , OV 58/1 2049/1, « Overseas Dept., Canada, Memorandum Sir Charles Gordon's Picture… », s.d.

157 *Ibid.*

158 « Bank of Montreal Annual General Meeting Held 3rd December 1934 », *The Globe*, 6 décembre 1934.

159 *Ibid.*

160 *Ibid.*

161 « Canada Well Served by Banking System: High Standards of Dominion's Institutions Lauded », *The Globe*, 26 décembre 1934.

162 « Central Bank Destined to End Present Trend but Cooperation of Canadian Banks Praised by Dodds », *The Globe*, 9 novembre 1934.

163 *Ibid.*

164 BAC, Documents de Meighen, vol. 149, John Percival Day, « A Central Bank in Canada », p. 43.

165 *Ibid.*, p. 44.

166 BAC, Documents de Bennett, Coupures de presse, vol. 1047.

167 *Ibid.*, « Jackson Dodds Attacks 'Noxious' Credit Theories », *Toronto Star*, 14 novembre 1935.

168 ARCH. BE, OV 58/31, « Canada. Banking and Currency Legislation, Overseas and Foreign Department, Nationalisation of Bank of Canada », 20 août 1935.

169 *Ibid.*

170 BAC, Documents de King, « Currency Credit and Banking », C108441.

171 *Ibid.*, C108443.

172 *Ibid.*, « Credit and Banking – Mackenzie King », 108464.

173 *Ibid.*, « Currency Credit and Banking », C108443.

174 *Ibid.*, Documents de King, « Rt. Hon Mackenzie King, Speaking at Windsor », 7 octobre 1935, C108359.

175 ARCH. BE, OV 58/31. « Canada. Banking and Currency Legislation. Memorandum: Control », 29 juillet 1936.

176 BAC, Documents de King, Première série de correspondance, Norman Priestley au premier ministre Mackenzie King, 4 septembre 1936.

177 P. J. Cain, « Gentlemanly Imperialism at Work: The Bank of England, Canada, and the Sterling Area, 1932–1936 », *Economic History Review*, vol. 49, n° 2 (mai 1996) : p. 336 à 357.

178 *Ibid.*, p. 352.

179 *Ibid.*, p. 342.

180 *Ibid.*, p. 348.

181 *Ibid.*, p. 354.

182 ARCH. BE, OV 58/14 2053/1, « Notes for Mr. Osborne's Speech to the '39 Club' », février 1939.

183 *Ibid.*

184 *Ibid.*, « EY Jackson to the Governor of the Bank of England », 6 septembre 1937.

Chapitre treize

1 ARCH. BMO, Rapport annuel de la Banque de Montréal, 1939. Le début de la Seconde Guerre mondiale est, en partie, responsable de la recrudescence tandis que les gouvernements lancent un vaste programme d'emprunt pour commencer à financer l'effort de guerre.

2 *Ibid.*

3 ARCH. BMO, *Staff Magazine* de la Banque de Montréal, octobre 1945, février 1958.

4 ARCH. BMO, Rapport annuel de la Banque de Montréal, 1939.

5 *Ibid.*

6 « Huntly Drummond Sees Canada United, Strong in Emergency », *The Globe and Mail*, 1er décembre 1939.

7 ARCH. BMO, Rapport annuel de la Banque de Montréal, 1939.

8 *Ibid.*, 1942.

9 *Ibid.*, 1943.

10 *Ibid.*, 1941.

11 ARCH. BMO, B35-5, boîte 2, dossier 21, 2012-216-76, n° 631, A. W. Currie à D. Oliver, 30 novembre 1917.

12 *Ibid.*

13 *Ibid.*, sénateur sir Arthur Meighen à J. Dodds, 12 janvier 1942.

14 *Ibid.*, J. Dodds à A. Meighen, 13 janvier 1942.

15 *Ibid.*

16 *Ibid.*, Meighen à Dodds, 14 janvier 1942.

17 ARCH. BMO, Rapport annuel de la Banque de Montréal, 1941.

18 *Ibid.*, 1940.

19 ARCH. BMO, Circulaires commerciales de la Banque de Montréal, « Memorandum, Bank of Montreal Head Office to Superintendents », 5 novembre 1941.

20 ARCH. BMO, Circulaires de la Banque de Montréal, « Memorandum, Bank of Montreal Office of the Superintendent to Managers (Montreal District Branches) », 27 novembre 1941.

21 ARCH. BMO, Circulaires de la Banque de Montréal, « Memorandum, Bank of Montreal Head Office to Superintendents », 27 mars 1943.

22 ARCH. BMO, Rapport annuel de la Banque de Montréal, 1943.

23 Norman Hillmer, « Emprunts de la Victoire », dans *L'Encyclopédie canadienne,* Historica Canada, 2006. https://www.thecanadianencyclopedia.ca/fr/article/emprunts-de-la-victoire.

24 ARCH. BMO, Circulaires de la Banque de Montréal, « Memorandum, Bank of Montreal Head Office to Superintendents », 13 janvier 1945.

25 ARCH. BE, OV 58/4-430, sir Montagu Norman à G. F. Towers, 5 mars 1940.

26 ARCH. BMO, Rapport annuel de la Banque de Montréal, 1942.

27 ARCH. BMO, *Staff Magazine* de la Banque de Montréal, avril 1942. Voir également *ibid.*, « Excerpts from Speech by Mr. G. W. Spinney about Ninth Victory Bond », octobre 1945.

28 *Ibid.*, avril 1942, p. 23.

29 Laurence B. Mussio, *Un destin plus grand que soi : L'histoire de la Banque de Montréal de 1817 à 2017*, Montréal/Kingston, McGill-Queen's University Press, 2016, p. 33.

30 James Darroch, *Canadian Banks and Global Competitiveness,* Montréal/Kingston, McGill-Queen's University Press, 1994, p. 45.

31 Alan O. Gibbons, « Foreign Exchange Control in Canada, 1939–51 », *Canadian Journal of Economics and Political Science / Revue canadienne d'économique et de science politique*, vol. 19, n° 1 (février 1953), p. 35–54.

32 « Finance at Large », *The Globe and Mail,* 9 décembre 1943.

33 *Ibid.*

34 ARCH. BE, 58/4 430, « Canada. "Should the Canadian $ be Pegged to Sterling?" » (pièce jointe à la lettre 28.2.40). Voir également *ibid.*, 58/4, « Foreign Exchange Control in Canada: Purposes and Methods », par Louis Rasminsky.

35 ARCH. BE, OV 58/4, « Canada's Economic War Policies », automne 1941.

36 *Ibid.*

37 Voir, à titre d'exemple, APS, G1, 1944.21, « The CCF Policy on MONEY » (FCC de la Saskatchewan, 1944).

38 *Ibid.*

39 APS, S-G1, 1944, 23, « Where's the Money Coming From? », message radiophonique de T. C. Douglas, député, 3 au 9 février 1944.

40 CCF, « Security for All », dans *Canadian Party Platforms, 1867–1968*, D. Owen Carrigan (dir.), Toronto, Copp Clark Publishing 1968, p. 168–178.

41 Larry A. Glassford, « Meighen, Arthur », dans *DCB*, vol. 18.

42 Keith Archer, *Political Choices and Electoral Consequences: A Study of Organized Labour and the New Democratic Party,* Montréal/Kingston, McGill-Queen's University Press, 1990, p. 17–19.

43 « Banking Monopoly in Canada Opposed », *New York Times,* 7 décembre 1943; « Montreal Bank Head Calls for Initiative », *New York Times,* 5 décembre 1944.

44 « Montreal Bank Head Calls for Initiative », *New York Times,* 5 décembre 1944.

45 ARCH. BMO, *Staff Magazine* de la Banque de Montréal, « Toronto Staff War Service Committee », avril 1940.

46 ARCH. BMO, *Staff Magazine* de la Banque de Montréal, octobre 1941.

47 *Ibid.*, août 1940.
48 *Ibid.*, octobre 1940.
49 *Ibid.*, avril 1942.
50 *Ibid.*, juin 1942.
51 *Ibid.*, février 1941.
52 *Ibid.*
53 *Ibid.*, août 1941.
54 ARCH. BMO, Banque de Montréal, *Field of Honour: The Second World War, 1939–1945*, Montréal, Banque de Montréal, 1950.
55 *Ibid.*
56 ARCH. BMO, Rapport annuel de la Banque de Montréal, 1940.
57 *Ibid.*
58 ARCH. BMO, « Historical Diary, Bank of Montreal », 1er septembre 1939.
59 ARCH. BMO, *Staff Magazine* de la Banque de Montréal, « Waterloo Place », août 1944.
60 ARCH. BMO, « Historical Diary, Bank of Montreal », 16 février 1940.
61 *Ibid.*, 9 février 1943.
62 ARCH. BMO, *Staff Magazine* de la Banque de Montréal, « Gleanings from Letters of Members of the Staff Now Overseas », avril 1944.
63 ARCH. BMO, Rapport annuel de la Banque de Montréal, 1944.
64 Darroch, *Canadian Banks and Global Competitiveness*, p. 47.
65 *Ibid.*
66 ARCH. BMO, Procès-verbaux du comité de direction du conseil, 5 déc. 1927-13 févr. 1953, 4 janvier 1945.
67 ARCH. BMO, Rapport annuel de la Banque de Montréal, 1945.
68 *Ibid.*
69 ARCH. BMO, Circulaires de la Banque de Montréal, « An Analytical Summary of the Dominion-Provincial Conference, Ottawa, Prepared for the Confidential Information of the Directors by our Economic Advisor Mr. W.T.G. Hackett, Montreal », août 1945.
70 *Ibid.*
71 *Ibid.*
72 *Ibid.*
73 ARCH. BMO, Procès-verbaux du comité de direction du conseil, 5 déc. 1927–13 févr. 1953, 4 janvier 1945.